"中国民族语言语法标注文本丛书"为"十二五""十三五"国家重点图书出版规划项目

中国民族语言语法标注文本丛书

达让语
语法标注文本

江 荻 燕海雄 黄 行／主编

刘 宾 孟佳仪 李大勤／著

社会科学文献出版社
SOCIAL SCIENCES ACADEMIC PRESS (CHINA)

基金资助项目：

中国社会科学院重大课题（2011~2013）：
中国民族语言语法标注文本丛书（YZDA2011-18）

国家社科基金重大招标项目（2011~2016）：
中国民族语言语法标注文本及软件平台（10&ZD124）

中国社会科学院创新工程（2013~2015）：
中国民族语言语料工程及深度应用研究

国家社科基金重大招标项目（2012~2019）：
基于大型词汇语音数据库的汉藏历史比较语言学研究（12&ZD174）

语言能力省部共建协同创新中心建设经费支持（教育部）

江苏高校优势学科建设工程三期项目经费支持（江苏师范大学中国语言文学）

国家语委语言能力高等研究院经费支持（江苏省重点培育智库）

前　言

在中国民族语言研究历程中，资源和语料建设一直是重中之重。语料的形式和内容多种多样，譬如词汇、词典、文本、音档、语图、语音参数、文字图片、多语对照词汇、语言或方言地图，以及人名、地名等其他各类专题语料资源。

通过图书出版而面世的语料主要有各种民族语言描写专著提供的案例，特别是其中附载的词汇和文本，这是所谓单一语言或方言语料的常见汇集形式。零星出版的这类专著很多，此处不能一一列出，而以丛书形式发布的则影响较大，主要有"中国少数民族语言简志"丛书（近 60 卷）、"中国新发现语言研究"丛书（40 余卷）和"中国少数民族语言方言研究"丛书（近 20 卷），以及"中国少数民族语言系列词典"丛书（20 余卷）。此外，近年一批以"参考语法"为题的博士学位论文大多也附带一定数量的分类词汇和篇章文本。至于涉及多种语言或方言语料的各语族论著也蔚为大观，例如孙宏开主编的《藏缅语语音和词汇》、黄布凡主编的《藏缅语族语言词汇》、王辅世和毛宗武合著的《苗瑶语古音构拟》、梁敏和张均如合著的《侗台语族概论》、严其香和周植志合著的《中国孟高棉语族语言与南亚语系》（7 种语言 14 个方言点）、孙竹主编的《蒙古语族语言词典》(6 种语言 16 个方言点)、陈宗振主编的《中国突厥语族语言词汇集》(8 种语言),朝克编著的《满通古斯语族语言词汇比较》(6 种语言),等等。

随着信息化时代的发展,21 世纪以来,前期调查和出版的相当部分词汇数据进入了电子化资源检索平台,改变了语言学家的工作方式和工作流程,拓宽了他们的研究领域和研究方向,增强了他们驾驭语言资源的能力,甚至推动他们创造出新的语言学说和方法。据我们了解,这些电子化数据资源中影响较大的有"汉藏语同源词检索系统"和"东亚语言词汇语音数据检索系统"。有研究表明,这两个系统为学术研究的深度发展提供了新的契机,解决了不少研究中的疑难问题。

可是,以上所述成果形式无论是附着于描写或专题论著还是独立资源著作,似乎主要集中在各类民族语言的词汇和词典方面,说明学界历年积累的资源还有重大空白,尤其缺乏文本性质的熟语料标注资源。

随着语言研究的深入和研究领域的拓展,特别是伴随着语言类型学(语法类型、语音类型等)、普遍语法、语系学说、语言接触、语言心理、语言生态、语言检索和多语机器翻译等新兴跨学科研究在中国的蓬勃兴起,学术界开始呼唤一种跨语言、跨方言的资源性建设研究,呼唤创造多样性的真实文本资源和跨语言对齐文本资源。值得称道的是,中央民族大学少数民族语言文学学院适时推出了一套"中国少数民族语言话语材料"丛书,迄今已出版黎语、临高语、佤语、仡佬语、布央语、布依语、撒拉语等双语对照文本材料,初步弥补了该领域的不足。

约 20 年前,北京大学老朋友郭锐教授跟我聊起民族语言,询问我民族语言研究领域是否有文本性语篇材料。我当时一愣,老实回答他尚无此类资源。其时,我刚刚主持完成"中国少数民族语言研究文摘数据库系统"(该网页目前尚存),显见,当时的思路还处在仅仅为研究者提供研究信息的阶段。1998 年,孙宏开先生和丁邦新先生合作开展汉藏语同源词研究,我受命研制电子版同源词检索系统。此后进入 21 世纪,我又承担了研制东亚语言词汇语音检索系统的工作。也许是学术使命使然,我并没有忘记郭锐兄之问,开始在民族语言学界推动文本资源开发。最初我将世界少数民族语文研究院

（SIL）的文本处理工具 Toolbox 教学软件资料编译成中文，2006 年起在多所高校讲授。2009 年，我们实验室举办 Toolbox 培训班，跟部分民族语言专家签署开发标注语料协议。2010 年我们得到中国社会科学院重大课题(YZDA2011-18)支持，这就走上了"中国民族语言语法标注文本丛书"的研制道路，其后又进一步得到国家社科基金重大项目(10&ZD124)的支持和中国社会科学院创新工程项目"中国民族语言语料工程及深度应用研究"的支持。这是本丛书研制的基本背景。

这套丛书有多方面的价值和特征。

（1）创新范式。在描写语言学领域内，以往传统观念总是把记录语料作为语法著作的附录，数量少且处于附属地位。这套丛书虽然也安排了语言概况或语法导论，却以服务于作为正文的标注文本为目的，这种以传统著作附录作为正篇的研制思路既是对文本语料缺乏的弥补，也开拓了语言研究的新方向。跟学界倡导的记录语言学不谋而合。更具价值的是，丛书作者所采纳的文本大多来自田野调查，或来自民间记录故事。与以往的例句翻译式调查或诱导式例句调查相比，这样的语料从本源上避免了主观性，甚至杜绝了母语人自身的内省式语法案例。从方法论上看，以真实文本为语料的研究很可能引起中国描写语言研究范式的变革，这未尝不是好事。

（2）基础标注。课题组提出一个关于标注的基本标准，即描写语法的基础标注。这么做是基于我们为语言专题深度研究提供支撑的服务理念，包括服务于作者自己的深度专题研究。我们从三方面加以说明。其一，我们认为新近发展的一些语言分支学科具有资源依赖性质，例如语言类型学一般是跨语言或跨方言的，语言接触研究也需要双语或多语言资源的支持。对于无文字的语言，它们的语法化或词汇化研究更需要亲属语言的相互印证。至于机器翻译也一定是在双语或多语语料相互对照条件下才能开展起来的。其二，丛书中有藏缅语言、侗台语言、苗瑶语言、南亚语言，还有阿尔泰语言，语言自身类型差异很大，譬如一些语言是 SVO 语序，另一些则是 SOV 语序，有些是前置词系统，有些则是后置词（词格）系统，等等。特别是目前各语言研究的广度和深度差异较大，采纳的理论和研究的方法也不完全相同，为此，确定一个简洁的基本结构方法或描写方法对文本进行语法标注是合适的。其三，业有所长，术有专攻。真正利用这套丛书语料的学者未必熟悉各种语言，更不可能很快掌握这些陌生语言的语法体系，要求每个学者都调查多种语言、掌握多种语言并不现实，也没必要。在这个意义上，我们组织合适的专业人员开发可供其他学者开展专题深入研究的文本资源，特别是熟语料语法标注文本就非常有价值。显然，从以上叙述可以看出，基础标注就是：无论某语言是何种类型，无论某语言研究的深度如何，这套丛书都以基本语法结构框架来标注各种语言的词法形态和句法现象，例如"性、数、格、时、体、态"范畴，同时标上通用语对译词语。甚至如果某些语法现象在某种语言中尚未被认识或尚未得到阐释，例如"复指"(anaphora)或"示证"(evidentiality)，则完全可以不标，这样也给使用者留下专题深度挖掘和拓展的空间，这就是描写语法基础标注的意义和价值所在。值得提示的是，这套丛书的作者都是具体语言领域的专家，他们对语言的结构描写和基础标注为读者提供了一个高起点的平台。

（3）后续可为。中国地广人多，有上百种语言和数千种方言（调查点），无论从共时还是历时的图景观察，这些多样性的资源都是极为宝贵的人类知识财富。我们组织的第一批文本标注丛书已出版 10 部，第二批计划出版 12 部，这就意味着这种研究方法刚刚起步，今后的工作还大有可为。不妨让我们联系美国结构主义的调查方法来看，在这种调查中，所有语言的、文化的和社会的探索都起始于现实文本记录调查，其次是文本标注，包括语法标注；词汇是在标注文本基础上抽取出来的；最终才是文本内容社会的、文化的、人类学的解读。所以我们希望，文本调查和文本标注不仅是一种语言研究的方法，还可以是未来语言研究的一种范式，一种探索文化的范式、一种理解社会的范式。我们期待这套丛书的出版能抛砖引玉，带来更多更好的同类成果。可以说，中国民族语言语法标注资源建设不仅是一种量的积累，而且是一种质的变化，持之以恒，后续工作将创造更有价值的丰富文本资源和学术财富。

为提高丛书可读性，我想对这套丛书的研制方法和阅读要点做一点介绍。

（1）隔行对照化和标注方式：术语"隔行对照化"来自英语的 Interlinearization，

指民族语（大多是小语种）词语跟标注语（通用语，例如汉语或英语）以及语法标注的分行对齐。这种方法是目前世界各国学者研究少数族群语言的主流方法，通过隔行对照化形成一种所有语言学家或语言学专业研究生都能读懂的文本。例如藏语拉萨话：

文字行：	ཁོང་ལྷ་སར་ཕྱིན་སོང་།			
原文行：	khong	lha sar	phyin	song
分析行：	khong	lha sa-la	vgro -ed	song
标注行：	3sg	拉萨-ALA	去-PST	ASP-PEF
翻译行：	他去了拉萨。			

大多数情况下，"文字行"并不一定需要，无文字语言则无此选项。"原文行"是记录的真实文本话语，多数情况下采用音标记录形式，本例采用了藏文的拉丁转写。"分析行"主要对"原文行"词语加以形态或句法标注，本例 lha sar 书写上包含了向格（la）的文字变体形式（-r），黏着在前面不带辅音韵尾的音节上；而 phyin 则是动词 vgro（走，去）的过去时形式，很像英语 went 是原形动词 go 的过去时形式，所以"分析行"还原了语法变化前的形式，譬如 phyin = vgro + -ed（过去时等于原形加表示过去时的标记 -ed）。"标注行"是对"分析行"进行通语（汉语普通话）标注和语法标注，-ALA 表示向格，-ed 表示过去时，-PEF（或 ASP-PEF）表示体范畴的已行体。"翻译行"是原文行的通语直译。

（2）"三行一体"还是两行一体？不少中国民族语言缺乏类似印欧语言的词法形态，即所谓词根语或孤立语。这样一来，"分析行"跟"原文行"基本一致，因此有些语言就不需要采用"三行一体"格式。例如壮语：

原文行：	tu³¹	kai³⁵pau⁴²	ɕa:i³⁵	ŋa:i³¹	tu³¹	ma²⁴	hap³³	ta:i²⁴
标注行：	CL-只	公鸡	又	PASS-挨	CL-条	狗	咬	死
翻译行：	公鸡又被那条狗咬死了。							

就我们看到的标注文本，侗台语言、苗瑶语言和部分藏缅语言或许只需原文行和标注行。个别情况下是作者未标出形态变化而无需分析行。

丛书中，林幼菁教授撰写的《嘉戎语卓克基话语法标注文本》增加了韵律单位内容，即在展开语法标注之前，先根据口语韵律边界切分文本，然后才标注文本，这样就产生了韵律分析行。例如：

韵律行：	161 təwamɲeɲe ʃikoj				
原文行：	təwamɲeɲê			ʃikôj	
分析行：	tə-	wam	=ɲeɲê	ʃikô	=j
标注行：	N-	熊	=PL	树上	=LOC

韵律行：	162 ... təwi kəzeɲti ptʂerə						
原文行：	təwi	kəzaɲti				ptʂêrə	
分析行：	tə-	wi	kə-	za	-ɲ	=ti	ptʂêrə
标注行：	N-	橡实	NMZL-	吃1	-2/3PL	=TOP：OBL	然后
翻译行：	161-162 老熊在树上吃橡实的时候						

我相信，这样的标注为读者提供了更多信息，而且一定会让关注语篇语音现象的专家欣喜。

（3）标注符号体系。上文拉萨话案例"标注行"中包含了一些语法标注符号，例如3sg、-ALA、-PST、-PEF等，这是丛书研制初始建立的语法标注体系。这套标注符号借鉴了国际规范，同时也补充了标注中国语言特定语法现象的符号。为此，课题组建议丛书作者采纳统一的标注符号，但同时也可增加该语言特定需求的符号。所以每一部标注文本著作的前面都列出了标注符号缩写表。

（4）文本语料的规范与标准。为了实现标注文本的实用性，课题组建议调查或选用的文本具有原生性、连续性、记述性、口传性等特征，而传统口传故事、族群起源传说、儿童或寓言故事、日常口语记录大致包含这些特征，表述通俗、朴实，用词简单、口语化。不过，民间故事口语词汇重复，用词量少，语法结构也过于简单，为了弥补这些不足，也建议选用部分母语作家复杂的民间文学作品，或者少量报刊语体文本；同时，鉴于句类特征（陈述、疑问、祈使、感叹等），还建议选用一两篇问答型对话文本。记录民间故事的时候，发音人是否擅长叙述故事也是很重要的条件。同一个发音人往往风格一致、用词有限，所以尽量选择多个材料提供人和不同题材故事也是较好的策略。课题组还建议书稿作者不选或少选韵文类的诗歌、民歌、唱本之类，这也是为了保证语法现象的完整性和通用性，囊括更多的词汇和语法现象。

（5）整体布局与对照词汇。每部著作都包含三部分："1.语法导论""2.标注文本""3.对照词汇"。"语法导论"分量不大，主要包括音系、词汇和词法句法要点。"标注文本"除了句对齐直译，每篇文本之后给出全文翻译。最后的"对照词汇"是从文本中抽取的词汇，即仅列出现于著作文本中的词语，而不是这个语言或方言的任意词汇。词汇基本按照汉语词目拼音顺序排序。部分著作还列出了词语出现次数。不过，这里需要说明的是，由于排版技术的限制，对照词汇没有列出每个词出现的页码，这算是一件遗憾之事。

这套丛书经历了多阶段和多项课题支持，其中中国社会科学院重大课题和实验室项目于2013年顺利结项，被评定为院级优秀项目，中国社会科学院创新工程项目也于2015年圆满完成。2015 年，"中国民族语言语法标注文本丛书"（第一批）获得国家出版基金资助，并于2016年10月由社会科学文献出版社正式出版发行，共10部专著，分别为：

《藏语拉萨话语法标注文本》（江荻）

《土家语语法标注文本》（徐世璇、周纯禄、鲁美艳）

《哈尼语语法标注文本》（白碧波、许鲜明、邵丹）

《白语语法标注文本》（王锋）

《藏语甘孜话语法标注文本》（燕海雄、江荻）

《嘉戎语卓克基话语法标注文本》（林幼菁）

《壮语语法标注文本》（蓝利国）

《纳木兹语语法标注文本》（尹蔚彬）

《水语语法标注文本》（韦学纯）

《维吾尔语语法标注文本》（王海波、阿力木江·托乎提）

2019 年，"中国民族语言语法标注文本丛书"（第二批）再次获得国家出版基金资助，共 12 部专著，分别为：

《哈尼语窝尼话语法标注文本》（杨艳、江荻）

《义都语语法标注文本》（李大勤、郭晓、宗晓哲）

《达让语语法标注文本》（刘宾、孟佳仪、李大勤）

《多续语语法标注文本》（齐卡佳）

《藏语噶尔话语法标注文本》（龙从军）

《彝语凉山话语法标注文本》（马辉）

《独龙语语法标注文本》（杨将领）

《纳西语语法标注文本》（钟耀萍）

《黎语白沙话语法标注文本》（吴艳）

《德昂语广卡话语法标注文本》（刘岩、尹巧云）

《佤语语法标注文本》（陈国庆、魏德明）

《朝鲜语语法标注文本》（千玉花）

这些作者既是田野调查的实践者，又是调查描写的高手，他们把第一手的材料用科学方法整合起来，费心尽力地加以标注，使得本套丛书展示出学术研究的深度和绚烂夺目的多样性族群文化色彩。对于年轻一代学者，包括在读博士生来说，尽管项目仅要求基础标注和简短的语言导论，而语法单位的关联性和语法系统的体系性难度远超一般专题研究，给他们带来不小的挑战。他们记住了项目的目标和宗旨，即服务于学界，推动中国民族语言研究走向新的高度，开辟新的生长点和新的路径。我相信，这批著作的标注资源使得其他学科有了发力点，有了依托性，其价值之高怎么评价都不为过。在这个意义上，我也真诚呼吁中国最大的语言研究群体，广大的汉语研究学者，充分利用这个平台，巧用如此丰富的资源，透过你们的宏观视野和软实力，创造出更为恢宏的语言理论，甚或中国学者原创的学术体系。

当我初步编完这批著作，我由衷地相信，课题设计初衷所包含的另一个目的也已基本达成，这就是培养一批年轻学者。这个项目深化了他们的语言调查和专业分析技能，同时也推动他们创造出更多的优秀成果。

21 世纪初，中国学术界呈现出各学科的发展大势，总结 20 世纪的学术成就并预测新世纪的方向，中国民族语言学界也思考了民族语言研究的未来领域。我记得 20 世纪 90 年代我的老师孙宏开教授、我所道布教授和黄行教授曾提出新世纪民族语言的"本色语法"或"精深语法"研究，还有学者认为在全面的语言普查和初步描写之后应开展专题性深度研究，此外，语言材料的电子化典藏和文本资源的加工也是议题之一。现在，"中国濒危语言志·少数民族语言系列丛书"（本色语法）项目已经启动，各语言专题研究已有不少成果，本丛书也初步实现了中国民族语言文本资源的熟语料汇集。不积跬步，无以至千里，不积小流，无以成江海，中国民族语言深度资源建设已上路。

江 荻

北京·都会华庭寓所

2019 年 10 月 1 日

目　录

缩写符号

PROS	prospective	将行体
IMM	imminent	即行体
MER	merely past	方过体
PEF	perfect	已行体
PRES	presentive	现行体
PROG	progressive	进行体
NOM	nominalizer	名词化
ICP	inceptive	起始貌
CON	continuative	延续貌
TER	termination	终结貌
SEM	semelfactive	单次持续貌
ITE	iterative	多次重复貌
CAU	causative	使动态
REC	reciprocal	互动态
PSV	passive	被动态
AG	agentive	施格
LOC	locative	位格
ALLA	allative	向格
GEN	genitive	领属格
INS	instrumental	工具格
ABL	ablative	从格
DAT	dative	与格
OBJ	objective	对象格
GEN	genitive	属格
CMT	comitative	涉事格
COC	co-referential comparative	比较格
HS	hearsay	述说示证
DIR-TO	directional: towards the speaker	向心趋向
DIR-AW	directional: away from the speaker	离心趋向
TOP	topic	话题标记
ROU	directional: round the speaker	往返趋向
IND	indicative	陈述语气
ASP	aspect particle	体标记

1 语法导论

1.1 达让语概况

达让人,主要分布于西藏自治区东南部察隅县的杜莱河流域和察隅河流域,在当地,达让人被统称为"僜人",属于一个未定民族。据了解,僜人总人口为 1500 余人(包括达让人和格曼人),达让人人口不详。

达让人的语言称为达让语。达让语是藏缅语族的一个分支语言,它跟格曼语、义都语有相似之处,结构上跟格曼语稍微接近,词汇上跟义都语有相似之处。达让语是藏缅语族中语支未定的一种语言。

从目前所掌握的材料来看,达让语的研究最早追述到 1837 年《孟加拉亚洲研究》(*Journal of the Asiatic Society of Bengal*)第 6 卷所刊登的 Brown 的文章《印度-中国语言比较》。该文对达让语做了相对简单的描述。

Brown 之后,涉及达让语研究的论文、专著或达让语研究专著等逐渐增多。其中涉及达让语的专著主要有《米什米人的语言》(Robinson, 1856)、《孟加拉描写民族学》(Dalton, 1872)、《印度语言样本》(Campbell, 1874)、《印度语言调查》(Grierson, 1909)、《汉藏语概论》(Benedict, 1972)、《汉藏语概览》(Thurgood & LaPolla, 2003)、《原始藏缅语手册》(Matisoff, 2003)。达让语的专著主要有《米什米读音读本》(Sastry,1984)、《米什米语法》(Sastry,1984)、《达让语读本》(Pulu, 1991)、《达让语研究》(江荻等, 2013)。有关达让语的论文主要有《汉藏语言分类》(Shafer, 1955)、《中印边境(麦克马洪)地区的民族及语言》(孙天心, 1990)、《达让僜语》(孙宏开, 1980)、《藏东南藏缅语的领属结构》(江荻, 2014)等。

下面我们根据 2015 年在西藏自治区察隅县上察隅镇和下察隅镇等实地调查所了解的情况,结合《达让僜语》和《达让语研究》对达让语做扼要介绍。

1.2 达让语语音

达让语的语音系统与景颇语族语言比较接近,在整体上达让语语音系统相对简单。

1.2.1 声母

达让语有 47 个声母,其中单辅音声母 28 个,复辅音声母 19 个。

1.2.1.1 单辅音声母和复辅音声母

单辅音声母如下:

塞音:p、t 、k 、ph、th、kh、b、d、g

塞擦音:ts、tʂ、tɕ、tsh、tɕh、dz、dʑ

鼻音：m、n、ɳ、ŋ

擦音：s、ɕ、h

边近音：l、ɬ

卷舌：r

近音：w、j

复辅音声母如下：

pr、pl、plʲ、phr、phl、br、bl、mr、ml、kr、kl、khr、khl、khlʲ、gr、gl、thr、dr、hr

1.2.1.2 声母说明

（1）塞擦音[tʂ]、[tʂh]、[dz]数量相对较少，多出现在汉语或藏语借词中。

（2）浊音塞音与浊音塞擦音经常出现前置同部位鼻音。由于带鼻音前置音的浊塞音、浊塞擦音与不带前置音的辅音不具备区分意义的功能，我们把它们处理为浊辅音的变体形式，如[ŋg]与[g]，[ndz]与[dz]，[nd]与[d]，[ŋgr]与[gr]。

（3）腭化现象突出。唇音、齿音、软腭音、边音、喉音基本上会发生腭化。

（4）声母的软腭塞音和声门音偶有唇化现象，例如[kʷ]、[gʷ]。

（5）辅音[ɬ]常与辅音组合[hl]变读。我们将[ɬ]列入音位系统，但是它实际出现较少。

（6）喉塞音[ʔ]一般不充当声母。我们不把它列入音位系统中。

（7）鼻音[m]、[n]、[ŋ]可自成音节，也可以清化后自成音节，但清化鼻音不担任声母。

（8）复辅音不稳定。一些复辅音出现极少，有时候跟其他形式交替出现。

1.2.1.3 声母例词

p	poŋ⁵³	痕迹	pã⁵⁵ɕim⁵⁵	蚀	pa³¹wɯn⁵⁵	银子
t	tɯm⁵⁵	天	tu³⁵	油	ta³¹pro⁵⁵	毯子
k	ka³¹ra³⁵	雨	kɯ³¹ja⁵⁵	晚上	ki³¹gen³⁵	老师
ph	phɯi⁵³	磨	phin⁵⁵kuo⁵⁵	苹果	phu⁵⁵ti⁵⁵	被子
th	thɯ³¹broŋ³⁵	阳光	thɯ³¹tʲa⁵³	下巴	thɯ⁵⁵me⁵³	扣子
kh	kha³¹dɯn⁵⁵	星星	kha³¹lʲau⁵⁵	水田	khɯ³¹lai³⁵	口水
b	bu³¹rʷa³⁵	雷鸣	bu³¹rʷa³⁵	龙	bɯ³¹lɯm⁵⁵	眼睛
d	deŋ³⁵	站	dɯŋ⁵⁵	结尾	di⁵⁵	坐
g	gu⁵³	草木灰	gu⁵⁵pa⁵⁵	大蒜	gui³⁵	抱
ts	tsau⁵⁵tsau⁵⁵	一会儿	tsi³⁵	骡子	tsa³⁵baŋ⁵⁵	蛤
tʂ	tʂoŋ⁵⁵tʂoŋ⁵⁵	大雁	tʂoŋ⁵⁵	葱	po⁵⁵tʂai⁵³	菠菜
tɕ	tɕan⁵⁵tʷi⁵⁵	铝	tɕu⁵³la³⁵	牦牛	tɕo⁵⁵ma⁵⁵	柳树
tsh	tshoŋ³⁵	光	tshɯ⁵⁵	喜鹊	tshau⁵³	虱子

tɕh	tɕhe⁵⁵tsi⁵⁵	茄子	tɕha⁵⁵	鱼网	tɕhi⁵³	走
dz	dzɯŋ⁵⁵	庙	dza³¹wa⁵⁵	镰刀	dzu⁵³	写
dʑ	dʑa³⁵pla⁵³	砖	dʑɑu⁵⁵	下	dʑoŋ³⁵	学
m	ma³¹tɕi⁵³	水	ma³¹ro⁵³	石崖	ma³¹tɕu⁵³	鹿
n	na³¹tɕi⁵³	霜	na³¹mɯn⁵⁵	火	nen⁵⁵mro⁵⁵	兄弟
ȵ	ȵa⁵⁵mʲu⁵⁵	正面	ȵiŋ⁵⁵	儿媳	ȵoŋ⁵⁵	按
ŋ	ma³¹ŋa³⁵	五	ta²¹ŋa⁵³	鱼		
s	sai⁵³	铁	sa⁵⁵	筋	so⁵⁵lʲe⁵⁵	锯子
ɕ	ɕa⁵³	巴麦牛	ɕi³¹kʷa⁵⁵	西瓜	ɕi⁵⁵	红
h	ha⁵⁵lo⁵⁵	月亮	ha³¹blɯ⁵⁵	闪电	ha³¹kham⁵⁵	大麦
l	la³¹bã³⁵	露水	liŋ⁵⁵kau⁵⁵	平坝	lɯm⁵⁵kuŋ⁵⁵	房子里
ɬ	ɬa⁵⁵	菩萨	ɬai⁵⁵	剥	ɬai⁵⁵	吹
r	rɯn⁵⁵	太阳	ren⁵⁵a⁵⁵	小山	ro⁵³	握
w	we⁵⁵poŋ⁵⁵	附近	wo⁵⁵sun⁵⁵	莴苣	wa⁵³a³¹ha⁵⁵	男人
j	ja⁵⁵a³¹	晚上	ji³¹li⁵³	泥鳅	jo⁵³	小米
pr	pra⁵⁵dʑi⁵³	治愈	pra⁵³ha³¹kɯ³¹tʲoŋ⁵³ 短裤	prem⁵⁵	牛圈
pl	pla³⁵	盐	plɯŋ⁵⁵mʲu⁵⁵	反面	plem⁵⁵blai⁵⁵	眼垢
plʲ	plʲu⁵³	青冈树	plʲɯ⁵³groŋ⁵³	猪脚	plʲɯ⁵³so⁵⁵	猪油
phr	phri⁵³	磨刀石	phri⁵⁵	撕	phraŋ⁵⁵lʲa⁵³	掷
phl	phlaŋ³⁵	石头	phlã⁵⁵	趴	phla⁵⁵	烙
br	bra³⁵	竹子	bru⁵⁵	腮帮子	bro⁵⁵	天花
bl	blem⁵⁵	眼睛	blai⁵⁵	眼泪		
mr	tɯ³¹mroŋ⁵⁵	朋友	a³¹mroŋ⁵⁵	哥哥	nen⁵⁵mro⁵⁵	兄弟
ml	mlã³⁵len⁵⁵	山阴	mlã³⁵me³⁵	村民	mlã³⁵a³¹deŋ⁵⁵	地震
kr	krau⁵³	驴	kru⁵³	头	kru⁵³na³⁵	耳朵
kl	klaŋ⁵⁵	窟窿	kle³⁵	碟了		
khr	khra⁵³	说话声	khro⁵³	哭	khrã³⁵	枯
khl	khlɑi⁵⁵	地	khlɯ⁵⁵	蟑螂	khlo⁵³la⁵⁵	小舌
khlʲ	khlʲu³⁵	麸皮	khlʲau⁵³ba⁵³	劳动		
gr	groŋ⁵³tʲoŋ⁵⁵	蹄	groŋ⁵³pa⁵⁵	脚	gra³⁵	喊
gl	glei⁵³	麦子	gle³⁵	干净	glai⁵⁵	运
thr	thro⁵³	蜡烛				
dr	ma³¹tɕi⁵³tɯ³¹hu⁵³dru⁵³	洪水				
hr	hra⁵⁵	拆	hrɑɯ⁵³	烧	hrau⁵³tʲu⁵⁵	灰

1.2.2 韵母

韵母共有 36 个，其中单元音韵母 6 个，鼻化元音韵母 17 个，其他韵尾韵母 4 个，复元音韵母 9 个。具体如下。

1.2.2.1 韵母表

单元音韵母：ɑ、i、e、u、o、ɯ

鼻化元音韵母：am、om、um、im、em、ɯm、an、ɯn、un、in、en、ɑŋ、oŋ、ɯŋ、uŋ、iŋ、eŋ

其他韵尾韵母：ɯk、ak、el、ɯχ

复元音韵母：ai、au、aɯ、ei、ou、ui、ɯu、ɯi、uɯ

1.2.2.2 韵母说明

（1）元音[e]的音质略低，近似[ɛ]，不带辅音韵尾时有复元音化的倾向，音值接近[ei]。

（2）元音[o]的音质略低，单独作韵母时有复元音化的倾向，音值接近[ou]。

（3）韵尾元音[ɯ]不稳定，偶有喉塞音、喉擦音或软腭音伴随现象。

（4）部分词的元音音位有鼻化现象，但不稳定，因此，本系统不设鼻化元音音位。

1.2.2.3 韵母例词

ɑ	ha^{55}lo^{55}	月亮	kha^{31}dɯn^{55}	星星	ha^{31}blɯ^{55}	闪电
i	ni^{55}	乳汁	ma^{31}tɕi^{53}	水	tɯ^{31}wi^{55}	湖
e	ta^{31}tse^{55}	鳍	kɯ^{31}le^{55}	碟子	ha^{55}le^{53}	蜕
u	bu^{31}r^{w}a^{35}	雷鸣	pu^{55}tɯ^{55}	矿	gu^{53}	草木灰
o	bo^{53}	去	ço^{55}	露水	ho^{53}	打
ɯ	dɯ^{35}	多	gɯ^{35}	帽子	thɯ^{31}broŋ^{35}	光线
am	am^{35}	云	ham^{55}	休息	tɕha^{55}tham^{55}	意见
om	kom^{55}na^{35}	耳朵	blom^{55}	坟墓	gom^{55}	柜子
um	ta^{31}bum^{55}	填	ma^{31}dʐum^{53}	野山羊	thɯ^{55}ja^{31}brum^{55}	高地
im	tɕim^{35}	果实	ȵim^{35}	刷	tim^{35}	喝
em	lem^{55}	果仁	blem^{55}	眼睛	gem^{55}sa^{55}	头巾
ɯm	tɯm^{55}	天	sɯm^{35}	芋头	bɯm^{55}	陷阱
an	m^{j}an^{35}t^{j}au^{53}	面条	tɕan^{35}	碱	jan^{55}tɕhau^{55}	铲子
ɯn	rɯn^{55}çoŋ^{35}	天旱	rɯn^{55}	太阳	kɯn^{53}	硫磺
un	kun^{55}tsi^{53}	裹腿	kun^{55}	卷	wo^{55}sun^{55}	莴苣
in	ȵin^{55}	卧房	tin^{53}	播种	bin^{35}	截水
en	sen^{55}	茎	tsen^{53}	楼	wen^{53}	朽

aŋ	phlaŋ³⁵	石头	klaŋ⁵⁵	窟窿	mlaŋ³⁵	地方
oŋ	tshoŋ³⁵	光	mboŋ⁵⁵	旁边	toŋ⁵³	过程
ɯŋ	rɯŋ³⁵	山坡	dɯŋ⁵⁵	结尾	thɯŋ³⁵	头发
uŋ	kruŋ⁵³	轮子	n̠uŋ³⁵	你	pa³¹huŋ⁵⁵	脖子
iŋ	tɕiŋ³⁵	肚脐	n̠iŋ⁵⁵	儿媳	tiŋ⁵³	衣服
eŋ	peŋ³⁵	船	tseŋ⁵⁵	发票	hʷeŋ⁵⁵	看
ɯk	ɕuk⁵³	筛粮	hʷɯk⁵⁵	剔	bɯk⁵³hʷeŋ⁵⁵	看一下
ak	gʷak³⁵	道士	thak⁵³tɕhin⁵³	贪心	tiŋ⁵³sak⁵³	衣服里子
el	el³⁵	撬				
ɯχ	prɯχ⁵⁵	根				
ai	ha³¹rʷai⁵⁵	雪	khɯ³¹lai⁵⁵	地	po⁵³kɯ³¹rai⁵⁵	井
au	ta³¹tʲau⁵⁵	时间	krau⁵³	驴		
aɯ	kʷaɯ⁵³	狗	tʲaɯ⁵³	葡萄	hraɯ⁵³	烧
ei	mei⁵⁵go³¹	起初	glei⁵³	麦子	tsei⁵⁵	撕
ou	ka³¹rou³⁵	客人	tshou⁵⁵thi⁵³	抽屉	ba⁵⁵lou⁵⁵	足球
ui	kui⁵⁵tsi⁵⁵	柜子	gui³⁵	抱	kui⁵⁵	挖
ɯu	ɕɯu⁵³a³¹	喘	ɕɯu⁵³dʑo⁵⁵	屏住气		
ɯi	lɯi⁵³	搬	phɯi⁵³	磨	pɯi⁵⁵da⁵⁵	很
uɯ	ɕuɯ⁵³preŋ⁵⁵	力气	guɯ⁵³	雕刻	a³¹huɯ⁵⁵	派遣

1.2.3 声调

1.2.3.1 声调系统

　　达让语是单音节声调型语言，它的声调基本稳定。达让语有四个声调：高平调 55，高降调 53，中升调 35，低降调 31。

1.2.3.2 声调例词

高平调，调值 55。例如：

tɯm⁵⁵	天	rɯŋ⁵⁵	太阳	soŋ⁵⁵soŋ⁵⁵	水蒸气
pã⁵⁵ɕim⁵⁵	蚀	ɕo⁵⁵	露水	khlai⁵⁵	地

高降调，调值 53。例如：

sai⁵³	铁	kɯn⁵³	硫磺	gu⁵³	草木灰
kʷaɯ⁵³	狗	tʲu⁵³	鸡	tʲo⁵³	喜鹊

中升调，调值 35。例如：

bra³⁵	竹子	sɯm³⁵	芋头	gra³⁵	虎啸
bri³⁵	低	ɕi³⁵	拿	rai³⁵	拧

低降调，调值 31。例如：

| ta³¹roŋ⁵⁵ | 胖 | n̪u³¹ | 从 | go³¹ | 因为 |
| ko³¹ne³¹ | 后 | mu³¹ | 也 | tɕa³¹ma⁵⁵ | 斤 |

1.2.4 音节结构类型

达让语的音节结构有如下特点。

（1）达让语整体属于音高固化于音节的声调型语言。

（2）声调边界划分了各类音节词的连接边界，因此我们仍然可以以单个音节为单位进行描述。

（3）达让语词汇结构音节类型多样。

音节中音素的组合，一般有以下六种方式（C 代表辅音，V 代表元音）。

	组合方式	例词	
（1）	V	a⁵⁵	孩子
（2）	CV	tsi³⁵	骡子
（3）	CCV	glei⁵³	小麦
（4）	VC	am⁵³	是
（5）	CVC	naŋ³⁵	树叶
（6）	CCVC	kruŋ⁵³	轮子

1.3 达让语语法

1.3.1 词类

达让语的基本词类包括名词、代词、数词、量词、动词、形容词、副词、连词、语气词、叹词等十类。以下我们进行简要的介绍。

1.3.1.1 名词

名词是表示人、事物、时间、地点或抽象概念的词类。名词可以按照语义特点和语法特点从多个角度进行分类。以下我们仅根据达让语本身的特点就一些重要的小类做简要的说明。

（1）普通名词

普通名词是表示人、事物或物质的名词。例如：

tɯ³¹mroŋ⁵⁵ 朋友　ki³¹gen³⁵ 老师　ma³¹dʑi³⁵ 水牛　ma³¹roŋ⁵⁵ 马　ma³¹tɕi⁵³ 水　ri³¹boŋ³⁵ 骨头　ha³¹rɯŋ⁵⁵ 风　ka³¹ra³⁵ 雨

普通名词在句子中一般充当主语、宾语等，也可充当其他名词的修饰语。例如：

ma³¹tɕi⁵³ mu³¹ pɯi⁵⁵da⁵⁵ dɯŋ⁵⁵ a³¹

水　　也　很　清　PEF

水也很清。

tɕe⁵⁵a³¹lɯŋ³⁵ we⁵⁵   dɯ³¹roŋ³⁵ ta³¹pẽ³⁵ ŋ̊³⁵ di⁵⁵
他们   TOP   鸡爪谷 饭   给 PROS
他们做鸡爪谷饭。

（2）抽象名词

抽象名词是表示动作、状态、品质或其他抽象概念的名词。例如：

kɯn³⁵lɯm⁵⁵ 事情   oŋ⁵⁵tɕha⁵⁵ 权利   ha³¹ tʰɯ⁵⁵ 影子

抽象名词一般充当句子的主语和宾语等成分，不受数量词修饰，不需要添加复数。
例如：

a⁵⁵me⁵⁵ ka³¹sa⁵³ a³¹ ta³¹prɯ⁵³ pʲan⁵⁵ ka³¹dʲɯ⁵⁵ ɕi⁵⁵ ka³¹sa⁵³ a³¹
生   会   PRES 东西   REC 都   死 会   吗
凡是能生孩子的东西不是都会死吗？

mo³¹hʷa⁵⁵ we⁵⁵ thau⁵⁵ɕi⁵⁵ aŋ⁵⁵ba³⁵a³¹ jim⁵⁵
富人   TOP 办法   有   没
富人没有办法。

（3）专有名词

表示特有事物、特定人或特定地点名称的名词称为专有名词。例如：

ɕa⁵³ 巴麦牛   ka³¹tsɯm⁵³ 青稞   tsa⁵⁵ji⁵⁵ 察隅   tɯ³¹lɯm³⁵ 察隅河

专有名词可以充当主语、宾语。例如：

ro⁵³lie⁵³ ma⁵⁵ ma³¹tʲɯŋ⁵⁵ a³¹ me³⁵ ma⁵⁵ a³¹lɯm⁵⁵pa⁵⁵ n̥uŋ³⁵haŋ³⁵ ta³¹prɯ⁵³
若列   和 村   GEN 人 和 一起   自己   东西

ɕi³⁵ a³¹go⁵⁵ ta³¹prɯ⁵³ kha³¹ji³⁵ga³⁵ bo⁵³ bo³¹a³¹ lɯi⁵³a³¹
拿 后 东西   交换   去 DIR ΛW PEF
若列和同村人一起到集市去交换货物。

tsa⁵⁵ji⁵⁵ we⁵⁵ pɯi⁵⁵da⁵⁵ ta³¹groŋ⁵⁵
察隅   TOP 很   美丽
察隅是个很美丽的地方。

（4）集合名词

达让语没有真正意义上的集合名词,但是某些名词可以通过词干合成的方式构成类
似集合名词的形式。例如：

kɯ³¹tɕi⁵³ + ta³¹rau³⁵   →   羊群
羊   群

ŋ⁵⁵ + be⁵⁵   →   房间
房　　间
kɯ³¹prai⁵³+ta³¹rau³⁵   →   麻雀群
麻雀　　　　群

（5）方位名词

基本方位词不多，大致有以下一些：

rɯn⁵⁵bo⁵⁵mʲu³⁵	东	ma³¹nu⁵⁵	南
rɯn⁵⁵leŋ⁵⁵kɯ³¹mʲu³⁵	西	ma³¹thaɯ⁵³	北
ka⁵⁵mʲu⁵⁵	正面	tɯ³¹kʲu⁵⁵mʲu⁵⁵	左方
plɯŋ⁵⁵mʲu⁵⁵	反面	tɯ³¹tɕa⁵⁵mʲu⁵⁵	右方
ha⁵⁵n̠a⁵⁵mʲu⁵⁵	前面	ka³¹poŋ⁵⁵	旁边
plɯŋ⁵⁵mʲu⁵⁵	后面	tɯ³¹boŋ³⁵	中间
tɯ³¹kʲaŋ⁵⁵	上	lɯm⁵⁵kuŋ⁵⁵	里边
ha³¹la⁵⁵	下	a³¹boŋ⁵⁵	外边
we⁵⁵poŋ⁵⁵	附近	ka³¹poŋ⁵⁵	边儿
ka³¹poŋ⁵⁵ka³¹waŋ⁵⁵	周围	mʲu⁵⁵	对面
tɯ³¹kʲaŋ⁵⁵	上首	ha³¹ja⁵³bʲau⁵⁵	垂直
ha³¹la⁵⁵	下首	ha³¹ra⁵³	偏斜

方位名词一般放在处所名词、时间名词等后面构成以方位词为中心语的方位词组。
这种方位词组在更大的词组或句子中主要作状语或存现句的主语。比如：

ŋ³⁵ kʲaŋ⁵⁵ go³¹ pren⁵⁵pu⁵³ dɯ³⁵ pɯi⁵⁵da⁵⁵ aŋ⁵⁵ la⁵³
屋里 LOC 铜锅　 多　 很　　　有　 HS
屋里有很多铜锅。

1.3.1.2 数词

达让语数词主要有基数词、复合数词、序数词、约数词、分数词、倍数词等六类。

（1）基数词

基数词表示数目。达让语的基本数词如下：

khɯn⁵⁵/ kɯ⁵³	一	lim³⁵	八
ka³¹n⁵⁵	二	kɯn⁵⁵n̠iŋ⁵⁵	九
ka³¹sɯŋ³⁵	三	ha⁵⁵lɯŋ⁵⁵	十
ka³¹prai⁵⁵	四	ma³¹lɯm⁵⁵	百
ma³¹ŋa³⁵	五	ri³¹dzeŋ⁵⁵	千
ta³¹hro⁵³	六	lau⁵³	万
weŋ⁵³	七	rɯ³¹pha⁵³	亿

（2）复合数词

"十"以上数词的构成方式一般是位数词加系数词形式，但是，[ha⁵⁵lɯŋ⁵⁵]"十"中的词根韵尾一般脱落，例如：

ha⁵⁵lɯ⁵⁵khɯn⁵⁵	十一	ha⁵⁵lɯ⁵⁵ta³¹hro⁵³	十六
ha⁵⁵lɯ⁵⁵ka³¹n⁵⁵	十二	ha⁵⁵lɯ⁵⁵weŋ⁵³	十七
ha⁵⁵lɯ⁵⁵ka³¹sɯŋ³⁵	十三	ha⁵⁵lɯ⁵⁵lim³⁵	十八
ha⁵⁵lɯ⁵⁵ka³¹prai⁵⁵	十四	ha⁵⁵lɯ⁵⁵kɯn⁵⁵n̠iŋ⁵⁵	十九
ha⁵⁵lɯ⁵⁵ma³¹ŋa³⁵	十五		

"二十"以上数词的构成一般是基数词加[ha⁵⁵lɯŋ⁵⁵]"十"构成，如果再带个位数，则继续加基数词。例如：

ka³¹n⁵⁵ha⁵⁵lɯŋ⁵⁵	二十	ka³¹sɯŋ³⁵ha⁵⁵lɯŋ⁵⁵	三十
ka³¹prai⁵⁵ha⁵⁵lɯŋ⁵⁵	四十	ma³¹ŋa³⁵ha⁵⁵lɯŋ⁵⁵	五十
ta³¹hro⁵³ha⁵⁵lɯŋ⁵⁵	六十	wen⁵³ha⁵⁵lɯŋ⁵⁵	七十

达让语"百"以上的整数词分别用[ma³¹lɯm⁵⁵]"百"、[ri³¹dzeŋ⁵³]"千"、[laɯ⁵³]"万"加上系数词构成。例如：

ri³¹dzeŋ⁵⁵kɯ⁵³	一千	ri³¹dzeŋ⁵⁵ka³¹n⁵⁵	两千

（3）序数词

达让语的序数词一般是在基数词前添加构词前缀 bɯ³⁵构成。例如：

bɯ³⁵khɯn⁵⁵ 第一　　　bɯ³⁵ka³¹n⁵⁵ 第二　　　bɯ³⁵ka³¹sɯŋ³⁵ 第三

（4）约数词

表示约数方式多样，不确定概数则用两个相邻数词表示。例如：

khɯn⁵⁵ka³¹n⁵⁵kɯ⁵³	一两个	kɯ³¹n̠⁵³ka³¹sɯŋ³⁵ka³¹prai⁵⁵	三四天
ha⁵⁵lɯŋ⁵⁵ma³¹lɯ⁵⁵	十多个	kɯ³¹n̠⁵³a³¹blai⁵⁵gʲe⁵³	几天

（5）分数和倍数词

分数的表达是在分母数与分子数之间插入[kʷeŋ⁵⁵go³¹]。例如：

ka³¹prai⁵⁵kʷeŋ⁵⁵go³¹ khɯn⁵⁵	四分之一
ha³¹lɯŋ⁵⁵ kʷeŋ⁵⁵go³¹ ka³¹n̠ɯŋ⁵⁵	十分之九
doŋ³¹kɯ⁵³ta³¹bɯ³¹lɯ⁵⁵	一倍

1.3.1.3 量词

达让语量词分类作用不明显，它保留了原来名词的一些类别特征。达让语的量词主要有名量词和动量词两类。

（1）名量词

名量词包括个体量词、容器量词、度量词等。

个体量词

个体量词是用于计量事物的自然单位。例如：

naŋ⁵⁵　件　　　tɯ³¹ru⁵⁵　双　　　naŋ³⁵　张

pla⁵⁵	本	khɯ³¹ja⁵⁵	只	bom⁵⁵	个

容器量词

di⁵³kɯ⁵⁵lɯ³¹	瓶	gɯ³¹bi³⁵	盒	wɯn⁵⁵	碗	thɯ⁵³	沓

度量词

ta³¹rɯɯŋ⁵³	尺		koŋ⁵⁵tshi⁵⁵	尺（借词）
tɕau⁵⁵	亩		soŋ⁵⁵	两
tɕa³¹ma⁵⁵	斤		liŋ⁵³ka³¹n⁵⁵	庹（两手平伸的长度）
ha³¹ka⁵⁵	柞（大拇指与中指间的长度）			

（2）动量词

bɯk⁵³hʷak⁵³ho³¹ja³¹	打一顿	tʲa⁵⁵ ka³¹ŋ⁵⁵ma³¹ro⁵⁵	说两遍

1.3.1.4 代词

达让语的代词有人称代词、指示代词、疑问代词、反身代词和泛指代词五类。

（1）人称代词

达让语人称代词有单数、双数和复数的区别。例如：

haŋ³⁵	我	ŋ̍⁵⁵ka³¹n⁵⁵	我俩	ŋ̍⁵⁵tɕu³¹	我们
ȵuŋ³⁵	你	a³¹ne⁵⁵ka³¹n⁵⁵	你俩	a³¹ne⁵⁵tɕu³¹	你们
tɕe⁵⁵	他	tɕe⁵⁵ka³¹n⁵⁵	他俩	tɕe⁵⁵a³¹lɯŋ³⁵tɕu³¹	他们

（2）指示代词

根据所指对象的不同，达让语指示代词可分为指物指示代词、指处所指示代词和指性状指示代词等。

①指物指示代词

指物指示代词有单数与复数，近指与远指。例如：

近指：e⁵⁵	这	e⁵⁵je⁵⁵	这个
远指：a³¹we⁵⁵	那	a³¹we⁵⁵je⁵⁵	那个

②处所指示代词

指处所的指示代词有近指和远指之分。例如：

近指：e⁵⁵	这	e⁵⁵go³¹	这里，这边
远指：a³¹we⁵⁵	那	a³¹we⁵⁵gʲen⁵⁵	那里,那边

③性状指示代词：

性状指示代词指代动作、性质和状貌，也有近指与远指之分。例如：

近指：a³¹li⁵⁵ 或 a³¹li⁵⁵ȵo⁵⁵ 这样，这么

远指：wu³¹li⁵⁵ 或 wu³¹li⁵⁵ȵo⁵⁵ 那样，那么

（3）疑问代词

疑问代词是对人、事物、处所、时间及其数量、性状等提问的代词。疑问代词主要有六类，现分述如下：

指人疑问代词：ɕa⁵⁵ 谁

指物疑问代词：ɕim⁵⁵　什么；ha³¹nu⁵⁵we⁵⁵　哪（哪种东西）

处所疑问代词：ha³¹nu⁵⁵we⁵⁵　哪；ha³¹nu⁵⁵　哪里

时间疑问代词：ka³¹di⁵⁵goŋ⁵⁵　什么时候

数量疑问代词：ka³¹da³⁵kɯ⁵⁵　多少

性状疑问代词：ka³¹da³⁵　怎样

（4）反身代词

达让语反身代词形式多样，具体如下：

	第一人称	第二人称	第三人称
单数	haŋ³⁵thɯi⁵³	n̪uŋ³⁵thɯi⁵³	tɕe⁵⁵thɯi⁵³
单数	haŋ³⁵tʲo⁵⁵pɯi⁵⁵	n̪uŋ³⁵tʲo⁵⁵pɯi⁵⁵	tɕe⁵⁵tʲo⁵⁵pɯi⁵⁵
双数	ŋ⁵⁵ka³¹n⁵⁵tɯi⁵³	a³¹ne⁵⁵ka³¹n⁵⁵tɯi⁵³	tɕe⁵⁵ka³¹n⁵⁵tɯi⁵³
复数	ŋ⁵⁵tɯi⁵³	a³¹ne⁵⁵tɯi⁵³	
复数	ŋ⁵⁵n̪uŋ³⁵haŋ³¹tɯi⁵³	a³¹ne⁵⁵n̪uŋ³⁵haŋ³¹tɯi⁵³	tɕe⁵⁵lɯŋ³⁵tɯi⁵³

（5）泛指代词

达让语的泛指代词主要有两个，即：

ka³¹dʲɯ³⁵　大家　　　　me³⁵pei⁵⁵　或　me³⁵tɕu³¹　别人

1.3.1.5 动词

达让语动词主要有判断动词、存在动词、动作动词、心理行为动词、致使动词、助动词等六类，以下我们按照动词基本性质对其进行简单介绍。

（1）判断动词

达让语判断句一般由主语与体词性或形容词性谓语直接构成，句中不带严格意义上的判断动词。

在是非疑问句的肯定与否定回答中，肯定用[am⁵³]。

否定意义的判断词出现在否定判断句中用[jim⁵⁵]。

（2）存在动词

达让语有两个表示领有或者存在的动词。即：

aŋ⁵⁵/am⁵⁵和i⁵⁵

（3）动作动词

我们根据达让语特点把其动词分为自主动词、不自主动词，及物动词、不及物动词等。

①自主及物动词

dɯŋ⁵³　we⁵⁵　pren⁵⁵pu⁵³　khɯn⁵⁵　go³¹　pren⁵⁵pu⁵³　a⁵⁵　khɯn⁵⁵　tsho⁵³　a³¹　la⁵³
穷人　TOP　铜锅　　一　LOC　铜锅　　小　一　放置　PEF　HS
穷人在铜锅里放了一口小铜锅。

mo³¹hʷa⁵⁵　we⁵⁵　pren⁵⁵pu⁵³　ɕi³⁵　na⁵⁵　goŋ³⁵ho³¹　la⁵³

富人　　　TOP　铜锅　　拿 ROU PEF　　HS
富人又来拿铜锅。

②自主不及物动词

mo³¹hʷa⁵⁵ we⁵⁵ ha⁵⁵ha⁵⁵ ma³¹ra⁵⁵ a³¹
富人　　　TOP 哈哈　笑　　PEF
富人哈哈大笑。

ta³¹pʰɯ⁵⁵，ta³¹ n̥⁵⁵，ta³¹prɯ³⁵ ha³¹pʲan⁵⁵ha³¹tʲo⁵⁵ a³¹kau³⁵ a³¹
狐狸　　　狗熊　　狼　　互相　　　　　爬 PEF
狐狸、狗熊和狼走过来。

③不及物动词

krau⁵³ we⁵⁵ tɕe⁵⁵a³¹lɯŋ³⁵ ha³¹na⁵⁵ na⁵⁵ hɯ³¹tʲɯŋ⁵³ a³¹go³¹ bɯ³¹doŋ⁵³ we⁵⁵ i⁵⁵
驴 TOP 他们　　　来 ROU 看见 PEF　又　　想　　有

na⁵⁵ a³¹go³¹
ROU PEF
驴看到他们来了，有了一个好主意。

ka³¹rou³⁵ na⁵⁵plɯn⁵³ go³¹ me³⁵jaŋ⁵⁵a⁵⁵ ma⁵⁵ba³⁵ ma³¹wa⁵⁵ ma⁵⁵ba³⁵
客人　　　离开　　LOC 女人　　　　父母　　丈夫　　父母
a³¹lɯŋ⁵⁵pa⁵⁵a³¹ di⁵⁵ a³¹go³¹ ma³¹ro⁵⁵ ga³⁵ ja³¹
一起　　　　　　坐 PEF 说话　REC PRES
客人离开后，两家的父母还会一起聊一聊。

（4）心理行为动词

haŋ³⁵ a³¹ne⁵⁵ we³¹ we⁵⁵ta³¹rɯ⁵⁵ di⁵⁵
我　你们 OBJ 担心　　　PRES
我担心你们。

pa³¹wɯn⁵⁵ aŋ⁵⁵ ja³¹ me³⁵ we⁵⁵ ɕu⁵⁵rʷi⁵⁵ moŋ⁵³ a³¹ tha³¹rɯŋ⁵⁵ ha³¹lʲo⁵⁵ a³¹
钱　　　　有 NOM 人 TOP 笛子　　吹 PEF 听　　喜欢 PEF
有钱人喜欢听吹笛子。

（5）致使动词

tɕe⁵⁵ go³¹ a³¹we⁵⁵ ka³¹ra⁵⁵ ɲi⁵³ dɯu⁵³ koŋ³⁵ bo³¹
他　AG 那　绳子　　割　断 CAU DIR-AW

他把那根绳子割断了。

（6）助动词

助动词的主要功能是表达某些语气、体貌、语态等。达让语助动词表达的主要有可能性、必要性、确定性以及其他意义。

①表示可能语气的助动词

tɕe⁵⁵ kha⁵⁵ tʲu⁵³ tɕhi⁵³ ja³¹ ha³¹ne⁵⁵ ho³¹ jim⁵⁵
他　迈步　MER 走　PRES 可以　　MER 不
他每走一步都很吃力。

we⁵⁵ me³⁵ ma³¹ro⁵⁵ tɕe⁵⁵ ha⁵³roŋ⁵⁵tʲoŋ⁵⁵ ma³¹pra⁵³ tɕiŋ⁵³ a³¹ la⁵³
那　人　说　他　驼背　医治　能　PROS HS
那人说他能治好驼背。

②表示许可语气的助动词

po⁵³ we⁵⁵ tʲu⁵³ma³¹na⁵³ bom⁵⁵ ka³¹n⁵⁵ su⁵³ ɕi³⁵ a³¹
奴仆 TOP　鸡蛋　　个　二　煮 允许 PEF
让奴仆煮了两个鸡蛋。

a³¹tʲa⁵⁵ ta³¹tʲau⁵⁵ ȵuŋ³⁵ tɕhi⁵³ ha³¹ne⁵⁵ ja³¹　ba⁵³ ha³¹ne⁵⁵ a³¹tʲa⁵⁵ta³¹tʲau⁵⁵
现在　　　　　你　走 可以　PRES 做 可以　　现在

ȵuŋ³⁵ dɯŋ⁵³ a³¹ hʷeŋ⁵⁵ a³¹ la⁵³, haŋ³⁵ ȵuŋ³⁵ we³¹ ta³¹prɯ⁵³ dɯ³⁵ ŋ̊³⁵ noŋ⁵⁵ di⁵⁵
你　穷　PRES 看 PEF HS　我　你　DAT 东西　多　给 要 PROG

la⁵³
HS
看到你这么善良、勤劳却如此穷苦，我要送一些礼物给你。

③表示确定语气的助动词

ta³¹breŋ⁵³ ma⁵⁵ ta³¹na³⁵ ka³¹diɯ⁵⁵ dɯɯ³⁵ tha⁵³ nu⁵⁵
肉　　和　蔬菜　都　　多　吃 必须
肉跟蔬菜都要多吃。

a³¹lim⁵⁵ tɕhi⁵³ ja³¹ ka³¹ro⁵³ ɕa⁵³ jim⁵⁵ di⁵⁵ ma³¹roŋ⁵⁵ ta³¹kroŋ⁵⁵ ma³¹la⁵³
路　　走 NOM 快　变 不 PRES 马　　勤快　寻找
noŋ⁵⁵

必须

走路不快寻骏马。

④一些意义虚化的动词作为助动词

tɕe⁵⁵ ɕu⁵⁵rʷi⁵⁵ moŋ⁵³ ka³¹sa⁵³ di⁵⁵ thɯi⁵³ e⁵⁵ tɕo⁵³ ha³¹laɯ⁵³ jim⁵⁵ la⁵³
他　笛子　　吹　会　PRES 自己 这 敢　假　　　不　HS
他再也不敢假装自己会吹笛子了。

（7）动词的语法特点

达让语的动词的语法特征相当复杂，我们描述的主要包括体貌标记、语态标记、趋向标记、语气标记等。体貌标记包含 6 种体标记和 4 种貌标记，趋向标记有 2 类，语态标记有 3 类。

①动词的体

达让语动词主要有 6 种体标记形式，分别是将行体（PROS）、即行体（IMM）、进行体（PROG）、现行体（PRES）、已行体（PEF）、方过体（MER）。

A. 将行体（PROS,prospective）

达让语在表示人为安排和预见的行为、事件时采用将行体。将行体的表示方法是在谓语动词之后添加将行体标记。将行体标记一般区分人称，第一人称和第二人称用[n̩⁵⁵di⁵⁵]，或简略形式[n̩⁵⁵]、[di⁵⁵]，第三人称用[bi³⁵ja³¹]或[ja³¹]、[ja³¹]在不同语境有不同变体[ɑ³¹]、[wɑ³¹]、[ɦɑ³¹]、[ŋɑ³¹]等。例如：

tɕe⁵⁵ɑ³¹lɯŋ³⁵ we⁵⁵ dɯ³¹roŋ³⁵ tɑ³¹pẽ³⁵ ŋ̊³⁵ di⁵⁵, dɯ³¹roŋ³⁵ ju⁵³ ha³¹dʲɯŋ⁵⁵
他们　　　　TOP　鸡爪谷　饭　　给　PROS 鸡爪谷　酒　　敬

di⁵⁵
PROS
他们给做鸡爪谷饭，敬鸡爪谷酒。

tɕe⁵⁵ ma³¹tɕi⁵³ kʲaŋ⁵⁵ du⁵³ mʲoŋ³⁵ ɑ³¹　　bo³¹　　kʲe³⁵kau⁵⁵ ɕi³⁵　na⁵⁵ go³¹
他　水　　里　　跳　想　PROS DIR-AW 金币　　拿　　ROU　DIR-TO
n̩⁵⁵di⁵⁵
PROS
他想跳进水里去摸金币。

B. 即行体（IMM,imminent）

即行体表示客观性较强的行为、事件。即行体第一人称和第二人称一般用[n̩⁵⁵di⁵⁵]（或简略形式[n̩⁵⁵]、[di⁵⁵]），或者[ja³¹]，这跟将行体相同；第三人称用[tʰu⁵³ja³¹]或[ja³¹]，和将行体不同。鉴于上，我们认为即行体范畴是存在的。例如：

a³¹mʲu⁵⁵ go³¹ tsa⁵⁵ji⁵⁵ go³¹ me³⁵ dɯ³⁵ ta³¹ ha³¹na⁵⁵ tʲu⁵³ja³¹ kʲɯ⁵³

今后　　LOC　察隅　　LOC　人　多　总是　来　　IMM　祈使语气

今后希望有更多的人来察隅。

ta³¹hʷi⁵⁵ kɯ³¹thɯn⁵³ ja³¹　a³¹tʲo⁵³ we⁵⁵ ma³¹ko⁵⁵ thɯi⁵³ n̩uŋ³⁵

虹　　指　　　NOM　手　TOP　用　　自己　　你

kɯ³¹sa⁵³pɯm⁵⁵ ba⁵³ tʲu⁵³ja³¹ dza³¹ la⁵³

屁股　　　　　　摸　IMM　DIR-TO HS

用指彩虹的手摸一下自己的屁股。

C. 进行体（PROG, progressive）

进行体表示动作正在持续进行。进行体标记区分人称，第三人称用[ha³¹kɯn⁵⁵ja³¹]或者[ja³¹]、[a³¹]，非第三人称用[ha³¹kɯn⁵⁵di⁵⁵]或者[di⁵⁵]。这两个标记在前一音节韵尾发音影响下会发生语音变化，说成[a³¹kɯn⁵⁵di⁵⁵]、[a³¹kɯn⁵⁵aŋ³¹]、[ha³¹kɯn⁵⁵a³¹]等。例如：

dɯŋ⁵³ we⁵⁵ raŋ⁵⁵ we⁵⁵ ja³¹ bo³¹ la⁵⁵ e⁵⁵je⁵⁵ ha³¹laɯ⁵³ a³¹

穷人　TOP 半天　想　PROG DIR-AW ABL 这样 假　　 PEF

穷人假装想了半天。

D. 现行体（PRES, presentive）

现行体表示行为动作或事件经常出现或反复出现。现行体的第一和第二人称使用[di⁵⁵]，第三人称使用[ja³¹]、[a³¹]等。例如：

ɕi⁵³ma³¹mʲu⁵⁵ me³⁵ we⁵⁵ ta³¹we⁵⁵ pra⁵⁵ la⁵³ ŋ³⁵ tɯ³¹mroŋ⁵⁵ pra⁵⁵ i⁵⁵ ja³¹

那里　　　 人　TOP　心　　好　HS 家　朋友　　　 好　是 PRES

那里的人们和我们一样善良。

tɕe⁵⁵ ŋ̍⁵³ la³¹mɯŋ³⁵ tha⁵³ pra⁵⁵ tha⁵³ ja³¹ aŋ⁵⁵, haŋ³⁵ thʲɯ⁵⁵ja⁵⁵ kʲaŋ⁵⁵

他　白天　每　　 吃　好　吃　NOM 有　我　　山　　　上

i⁵⁵ di⁵⁵ doŋ³¹n̩u³¹ pra⁵⁵ joŋ³⁵

住 PRES 比　　好　助词

他每天都有好东西吃，比我住在山上好。

E. 已行体（PEF, perfect）

已行体表示说话时间之前动作或事件已发生，状态已变化，并且相对说话时间已经发生较久。已行体一般在动词之后添加已行体标记[lɯi⁵³(j)a³¹]或[goŋ³⁵(j)a³¹]。已行体不区分人称，但区分示证概念。[lɯi⁵³a³¹]一般用于亲自见到或知道的动作和事件，而[goŋ³⁵a³¹]则一般用于猜测、非亲见的动作和事件。例如：

tɕe⁵⁵ ka³¹n⁵⁵ me³⁵ khu⁵³ga³⁵lɯi⁵³a³¹
他　　俩　　人　　吵架　　PEF
他们两个吵了起来。

me³⁵ thɯŋ³⁵ aŋ⁵⁵ ɕa⁵³ lɯi⁵³a³¹ pɯi⁵⁵da⁵⁵ dzɯ⁵³ ɕa⁵³ goŋ³⁵a³¹
人　头发　有　变　PEF　　很　　聪明　变　PEF
人有头发并且是最聪明的。

F. 方过体（MER, merely past）

　　方过体表示说话时间之前动作或事件刚刚发生，在说话时间与事件之间没有其他动作和事件发生的现象。已行体和方过体仅在第三人称体现出差别。方过体第三人称标记用[tʲu⁵³ja³¹]。例如：

brʷa³⁵ dɯ³¹rɯŋ⁵⁵ khɯ⁵⁵ tɕe⁵⁵ we³¹ hʷeŋ⁵⁵ la⁵³, rai⁵³ ja³¹go³¹ tʲɯŋ⁵⁵
龙　大　　　　一　　他　CMT　看　HS　怕　后　　身体

ka³¹dʲɯ⁵⁵ ha³¹glɯm⁵³ a³¹, tʲa⁵⁵ge⁵³ gra³⁵ a³¹go³¹ pʲɯk⁵³ tʲu⁵³ bo³¹
全　　　发抖　　　PEF　一声　喊　PEF　　跑　MER DIR-AW
一条大龙在看他，他吓得浑身发抖，大叫一声就逃跑了。

②动词的貌

　　达让语主要有 5 类表示貌的标记，分别是起始貌（ICP）、延续貌（CON）、终结貌（TER）、单次持续貌（SEM），及多次重复貌（ITE）。

A. 起始貌（ICP, inceptive）

起始貌表示动作的起始。其标记为[(j)a³¹bo⁵⁵]。例如：

ma³¹tɕi⁵³ we⁵⁵ khɯ³¹lai⁵⁵ kʲaŋ⁵⁵ go³¹ dau⁵³ goŋ³⁵ja³¹ a³¹bo⁵⁵
水　　　TOP　地　　上　　LOC　漏　PEF　　ICP

laŋ³¹tshuo⁵³hu³⁵ we⁵⁵ lʲɯ⁵⁵ goŋ³⁵a³¹
浪措湖　　　　　TOP　变　PEF
水洒在了地上，形成了浪措湖。

ɕa⁵⁵ e⁵⁵ pu⁵³ kʲaŋ⁵⁵ go³¹ ta³¹pẽ³⁵ tha⁵³ di⁵⁵ a³¹bo⁵⁵ me³⁵ we⁵⁵ a³¹lim⁵⁵
谁　这　锅　里　　LOC　饭　　吃　IMM　ICP　人　那　路

kɯ³¹ɬai⁵⁵ ɕa⁵³ na⁵⁵ la⁵³
反　　　变　ROU HS

凡是从这大锅里吃饭的人都会走向恶途。

B. 延续貌（CON, continuative）

延续貌表示动作或事件的延续。其标记是[tʲu³¹ga³⁵]或者[ga³⁵]。例如：

haŋ³⁵ je⁵⁵ ta³¹dzi³⁵ kʲaŋ⁵⁵ tan⁵⁵ ho³¹ go³¹ ka³¹rʷi⁵⁵ ma³¹goŋ⁵⁵ tʲu³¹ga³⁵
我 TOP 坡 上 拉 MER LOC 绳子 拉 CON

ma³¹dʲoŋ⁵⁵ di⁵⁵
准备 PRES
我在坡上准备好绳子。

pren⁵⁵pu⁵³ khɯn⁵⁵ a³¹ŋa³⁵ di⁵⁵ ga³⁵ a³¹go⁵⁵, pren⁵⁵pu⁵³ ka³¹n⁵⁵ ha³¹na⁵⁵
铜锅 一 借 PRES CON 后 铜锅 二 来

na⁵⁵ la⁵⁵ ho³¹
ROU ABL MER
借出去一个铜锅却还回来两个。

C. 终结貌（TER, termination）

终结貌表示动作或事件的终止。其标记是[di³¹ga³⁵]。例如：

be⁵⁵e⁵⁵ ma³¹dʐa⁵³rai⁵³ bo⁵³ tɕhi⁵³ di³¹ga³⁵ goŋ³⁵a³¹
慢慢地 猫 去 走 TER PEF
猫慢慢地走过去。

jim³⁵ ja³¹ me³⁵ we⁵⁵ pɯ³¹e⁵⁵bo⁵⁵ khɯ³¹lai⁵⁵ go³¹ pɯau⁵⁵ bo³¹ di³¹ga³⁵
飞 NOM 人 那 慢慢地 地 LOC 降落 DIR-AW TER

goŋ³⁵a³¹
PEF
飞着的人慢慢地降落了。

D. 单次持续貌（SEM, semelfactive）

单次持续貌指动作或事件发生一次并可持续。单次持续貌的标记是[so⁵³]。例如：

pei⁵⁵ ma⁵⁵ tshu⁵³so⁵⁵ ma⁵⁵ glai⁵³ di³¹ga³⁵ a³¹go³¹ liŋ⁵⁵kau⁵⁵ kʲaŋ⁵⁵
梯子 和 柴火 和 背 TER PEF 平 上

tsho⁵³ so⁵³ di⁵⁵

放置 SEM PRES

把梯子、柴火背到平地放好。

na³¹muɯ⁵⁵ khau⁵⁵ khau⁵⁵ a³¹lɯn³¹go³¹, pei⁵⁵ we⁵⁵ ha⁵³jao⁵⁵ ha⁵³i⁵⁵ so⁵³
火　　　　烟　　烟　　后　　　　梯子　TOP　下去　　放　　SEM

ja³¹
PRES

烟消散完之后，就把梯子放下去。

E. 多次重复貌（ITE, iterative）

多次重复貌指动作或事件多次或反复重复。其标记是[ta³¹la⁵⁵]。例如：

la⁵³ha³¹lau⁵³ja³¹me³⁵ ha³¹pei⁵³　goŋ³⁵a³¹　ta³¹la⁵⁵
骗子　　　　　　　　　坏　　PEF　　ITE

骗子总是害人。

pin⁵⁵niau³¹ thʲɯ⁵⁵ja⁵⁵ ta³¹breŋ⁵⁵ma³¹lɯŋ⁵³ ta³¹la⁵⁵
宾鸟　　　　山　　　打猎　　　　　　　　ITE

宾鸟常常上山打猎。

③动词的态

孙宏开（1980）认为达让语存在态范畴，分别为使动态、互动态、被动态三类。

A. 使动态（CAU, causative）

使动态和自动态相对而言。使动态的表达方式和自动态的不仅有词根形态上而且有句法标记上的差别。例如：

a⁵⁵gu³¹deŋ⁵³ba⁵⁵ we⁵⁵ la³¹ma⁵⁵ khem⁵⁵mʲoŋ⁵⁵ e⁵⁵dɯ³¹pɯi⁵⁵ koŋ³⁵a³¹ la⁵³
阿古登巴　　　　　TOP　和尚　生气　　　　故意　　　CAU　HS

阿古登巴激怒了僧人。

kɯ³¹tɕi⁵³ we⁵⁵ kʷaɯ⁵³ta³¹prɯ³⁵ tha⁵³ a³¹dɯŋ⁵⁵ koŋ³⁵ ho³¹
山羊　　TOP　豺狗　　　　　吃　完　　CAU　MER

山羊被豺狗吃光了。

B. 互动态（REC, reciprocal）

达让语互动态的句法标记是[ga³⁵]或[pʲan⁵⁵]。例如：

bo³¹da⁵⁵ we⁵⁵ a⁵⁵ba⁵⁵ta³¹ni³⁵ nen⁵⁵mro⁵⁵ tsai⁵⁵ i⁵⁵ ga³⁵ di⁵⁵ hʲa⁵³po³¹
老虎　　TOP　阿巴达尼　　　兄弟　　尊重　是　REC PRES 可以

jim⁵⁵ la⁵³hlaɯ³⁵ jim⁵⁵ bi³⁵ la⁵³。

不	谎言	不	PROS HS

老虎是阿巴达尼的兄弟，是不能冒犯的。

ŋ⁵⁵tɕu³¹ ha³¹pʲan⁵⁵ha³¹tʲo⁵⁵ ɑ³¹bruŋ⁵⁵ ga³⁵ ɑ³¹

我们	互相	帮助	REC PEF

我们互相帮助。

C. 被动态（PSV, passive）

被动态由添加句法标记构成。其标记有[e⁵⁵ɕi⁵⁵tʲu⁵³]、[ɕi⁵⁵tʲu⁵³]、[e⁵⁵]，常见的是[ɕi⁵⁵tʲu⁵³]。例如：

dɯŋ⁵³ we⁵⁵ pren⁵⁵pu⁵³ ma³¹ko⁵⁵ ɕi⁵⁵tʲu⁵³ na⁵⁵ la⁵³ pren⁵⁵pu⁵³ ba⁵³ɑ⁵⁵ ɕa⁵³

穷人	TOP	铜锅	用	PSV	ROU HS	铜锅	薄	变

koŋ³⁵ na⁵⁵ la⁵³ rai⁵³ ja³¹。

CAU ROU HS	怕	PEF

穷人怕铜锅越用越薄。

kʷɑɯ⁵³ta³¹prɯ³⁵ we⁵⁵ ma³¹roŋ⁵⁵ groŋ⁵³ gʲaŋ⁵⁵ ha³¹la⁵⁵ hɯ³¹tʲɯŋ⁵³ bi⁵⁵

豺狗	TOP	马	腿	上	下首	看	PEF

ma³¹roŋ⁵⁵ lʲo⁵⁵ we⁵⁵ pi³⁵ ɕe⁵⁵ goŋ³⁵ tʲu⁵³ la⁵³

马	白	TOP	踢	死	PEF	PSV HS

豺狗低头看马蹄，被白马踢死了。

ha⁵³roŋ⁵⁵tʲoŋ⁵⁵ me³⁵ me³⁵ kɯ⁵³ saŋ³⁵ ɕe⁵⁵ ɕi⁵⁵tʲu⁵³ goŋ³⁵ɑ³¹

驼背	人	位	一	踩	死	PSV	PEF

驼背人被踩死了。

④动词的趋向

达让语的趋向主要分为向心趋向、离心趋向和回归趋向三类。

A. 向心趋向（Directional: towards the speaker）

向心趋向以说话人为中心，趋向中心的动作或事件在谓语后添加标记[dzɑ³¹]。例如：

haŋ³⁵ pren⁵⁵pu⁵³ me³⁵pei⁵⁵ we³¹ ɑ³¹ŋa³⁵ ɑ³¹go⁵⁵ pʲan⁵⁵, ha³¹lʲɑ⁵³ na⁵⁵ dzɑ³¹

我	铜锅	别人	DAT	借	后	REC	扔	ROU DIR-TO

ɑ³¹go⁵⁵, kɯ³¹tʲe⁵³e⁵⁵ ba⁵³ɑ⁵⁵ ɕa⁵³ ta³¹la⁵⁵ ho³¹
后　　　一点　　　　薄　　变　　总是　MER
我把铜锅借给其他人，还回来后总是用薄了一点。

pʲa⁵⁵ kɯ³¹ŋ⁵³ kɯ⁵³ jim³⁵ dza³¹
鸟　个　　　一　飞　　DIR-TO
一只鸟飞过来。

B. 离心趋向（Directional: away from the speaker）

离心趋向指动作或事件指向说话人为中心之外的地方。离心趋向一般多用于第三人称的句子，似有推测意。语法标记一般是[bo³¹ɑ³¹]或者[bo³¹]，变体形式是[(bo³¹)wa³¹]。例如：

me³⁵ta³¹pɑɯ⁵⁵ ka³¹leŋ⁵⁵klou⁵⁵ doŋ³¹ bo⁵³ kɯ³¹ŋ⁵⁵ tɯ³¹kaŋ⁵⁵ we⁵⁵ ha³¹rʷi⁵³
老人　　　门口　　　　　　ALLA 走　时候　葫芦　　TOP 掉

pra⁵⁵jim⁵⁵ ɑ³¹ bo³¹ la⁵³
坏　　　PEF DIR-AW HS
老人走到洞口时，摔坏了葫芦。

bɯ⁵⁵kɯ⁵³ɡɯi⁵⁵go⁵⁵ɑ³¹ tɕe⁵⁵ me³⁵ ta³¹dzɯ⁵⁵ me³⁵ tɯ³¹ru⁵³ga⁵⁵ bo³¹ me³⁵
一次　　　　　　　　他 人　聪明　　人　遇见　　　DIR-AW 人

ɑ³¹mɯŋ⁵⁵ tʂa⁵⁵ba⁵⁵ la⁵³
名字　　　扎巴　　HS
有一次，他遇到了聪明的扎巴。

C. 回归趋向 (Directional: round the speaker)

往返趋向表示动作或事件从某地发出又返回某地，其标记是[na⁵⁵]。例如：

nuŋ³⁵ haŋ³⁵ we³¹ pren⁵⁵pu⁵³ khɯ⁵⁵ ɑ³¹ŋa³⁵ ŋ̥³⁵ na⁵⁵ la⁵³
你　我　DAT 铜锅　　一　借　给　ROU HS
你借给我一口铜锅吧。

kɯ³¹ŋ⁵³ ka³¹n⁵⁵ ɕa⁵³li⁵³ja³¹go³¹, mo³¹hʷa⁵⁵ we⁵⁵ pren⁵⁵pu⁵³ ɕi³⁵ na⁵⁵
天　二　后　　　　富人　TOP 铜锅　　拿　ROU

goŋ³⁵ho³¹ la⁵³
PEF   HS
过了两天，富人又来拿铜锅。

⑤动词的式

语法上的式范畴实际上通过动词的形态方式表达语气。孙宏开（1980）认为达让语主要有命令和祈使两类式，前者口气强硬，不带任何语法标记；后者口气缓和，带有商量或者请求的意思，可添加语法标记。江荻等（2013）则将祈使式改为意愿式。

A. 命令式

命令式一般不带语气词或其他语法标记。例如：

ma³¹ro⁵⁵
说
说！

n̻uŋ³⁵ ma³¹ro⁵⁵
你   说
你说！

B. 意愿式

意愿式可以带[tʲa⁵³kɯ⁵³]、[tʲa⁵³]、[kɯ⁵³]和[ne³⁵]等语气标记。例如：

haŋ³⁵ mu³¹ mlaŋ³⁵ ha³¹nu⁵⁵la⁵³goŋ³⁵ hʷeŋ⁵⁵ tha⁵³ bo³¹a³¹ kʲɯ⁵³
我   也   地方 到处   看   吃 DIR-AW 祈使语气
希望我有机会去看看外面的世界。

⑥述说示证（HS, hearsay）

达让语有类似示证或传信的表达方式，它通过标记[la⁵³]表示猜测、道听途说或未经确认的消息。述说标记一般放在句子最后，即体貌标记之后。例如：

n̻uŋ³⁵ la⁵³ di⁵⁵ we⁵⁵ ɕa⁵³ jim⁵⁵ la⁵³
你   说 PROG TOP 错误 没 HS
你说的没错。

me³⁵ khɯn⁵⁵ we⁵⁵ ŋ̍³⁵ me⁵³en⁵⁵ ta³¹rɯ⁵³ a³¹ la⁵³
人   一   TOP 房屋 新   盖房 PEF HS
一个人盖了新房子。

1.3.1.6 形容词

形容词是表示人或事物以及动作、行为、发展、变化的性质和状态的词。例如：

ka³¹lɯŋ⁵⁵	长	kɯ³¹tʲoŋ⁵³	短
bɯ³¹lim³⁵	粗	pre⁵³kɯ³¹tʲẽ⁵³	细
ta³¹lɯ⁵⁵	厚	ba⁵³ɑ⁵⁵	薄

达让语形容词句法功能多样，可作名词、动词的修饰语，也可作谓语，后带体貌、语态、趋向等标记。

（1）形容词作修饰语

修饰名词时形容词一般放在名词之后和动词之前。例如：

ŋ̊³⁵ me⁵³en⁵⁵   kɯm⁵³ɑ⁵⁵ ta³¹groŋ⁵⁵

房屋 新   盒子   美丽

新房子   美丽的盒子

ma³¹roŋ⁵⁵ lʲo⁵⁵   thau⁵⁵ɕi⁵⁵ pra⁵⁵

马   白   办法   好

白马   好办法

pra⁵⁵ tha⁵³   pra⁵⁵ ɑ³¹ku⁵³hoŋ⁵⁵

好   吃   好   照顾

好吃   好好招待

形容词受副词修饰，一般放在副词后面。例如：

pɯi⁵⁵da⁵⁵ khem⁵⁵mʲoŋ⁵⁵   pɯi⁵⁵da⁵⁵ po⁵³ɑ³¹

很   生气   很   贵

很生气   很贵

ka³¹ba⁵⁵ ɕoŋ³⁵

很   瘦

很瘦

（2）形容词作谓语

达让语形容词作谓语可带状语修饰语和相应的体貌、语态等标记。例如：

me³⁵ta³¹paɯ⁵⁵ we⁵⁵ ta³¹we⁵⁵ ŋ̩⁵⁵na³¹ go³¹

老人   TOP 心   内疚 DIR-TO

老人很内疚。

haŋ³⁵ ka³¹ba⁵⁵ ɕoŋ³⁵ ho³¹ ,thoʔ⁵³ mu³¹ dɯ³⁵ ɑ³¹ jim⁵⁵

我   很   干 MER 肉   也   多 PRES 不

我很瘦，也没有很多肉。

phɯ⁵⁵ ta³¹ŋ̍⁵⁵ ta³¹prɯ³⁵ we⁵⁵ gɯ⁵³ ɑ³¹go³¹ ɕi⁵⁵ goŋ³⁵ɑ³¹ la⁵³

狐狸 狗熊 狼   TOP 累 PEF 死 PEF   HS

狐狸、狗熊和狼累死了。

（3）状态形容词

状态形容词的构成是通过在单音节或者多音节形容词后添加不成词语素然后再加上语素[da⁵⁵]实现的。例如：

lʲo⁵³tʲa⁵³da⁵⁵	白白的
ma⁵⁵kluɳ⁵⁵da⁵⁵	黑黑的
miɳ⁵⁵tʲa⁵³da⁵⁵	黄黄的
ɕi⁵³dzuŋ⁵⁵dzuɯ⁵⁵da⁵⁵	红彤彤的

1.3.1.7 副词

达让语的副词按照语义可以分为时间副词、频度副词、范围副词、程度副词、性状副词、语气副词及否定副词等七类。

（1）时间副词

时间副词说明动作或事件发生的时间。例如：

| ha⁵⁵joŋ⁵⁵ | 从前 | we³¹guɯ⁵⁵luɯn³¹ | 后来 |
| a³¹mʲu⁵⁵ | 今后 | buɯ⁵⁵pa⁵⁵a³¹ | 突然 |

（2）频度副词

频度副词表示一段时间内动作或事件间隔时间或反复的频次。例如：

a³¹tʲa⁵⁵a³¹tʲa⁵⁵	常常	buɯ³¹raŋ³⁵	刚才
bei³⁵thuɯ⁵³	立刻，马上	baɯ⁵³tsai⁵⁵	再
a³¹tʲa⁵⁵mu⁵³	还	buɯ³¹doŋ⁵³	又

（3）范围副词

范围副词表示动作或事件涉及对象或数量的范围。例如：

| ka³¹dʲuɯ⁵⁵ | 都，全 | a⁵⁵ja³¹mei⁵³ | 全部 |
| a³¹luɯŋ⁵⁵pa⁵⁵a³¹ | 一起 | mu³¹ | 也 |

（4）程度副词

程度副词表达谓词短语性质的程度。例如：

| ka³¹ba⁵⁵ | 很，太 | joŋ³⁵ | 最 |
| puɯi⁵⁵da⁵⁵ | 很 | | |

（5）性状副词

性状副词描述动作、行为的方式、状态等情貌。

| ma³¹ɕa⁵⁵aŋ³⁵ | 悄悄地 | ta³¹la⁵⁵ | 不断地 |
| puɯ³¹e⁵⁵ | 慢慢地 | guɯ³¹luɯi⁵³ dʑim³¹ | 真正地 |

（6）语气副词

语气副词主要表示说话人对动作或事件的主观态度或评估。例如：

| ha³¹ji⁵⁵ɳam⁵⁵ | 一定 | e⁵⁵lan⁵⁵go³¹ | 究竟 |
| sa⁵³ | 大概 | guɯ³¹luɯi⁵⁵dʑim³¹ | 到底，真正 |

（7）否定副词

达让语有两个否定副词形式。

jim⁵⁵   不   ja⁵³   不要，别

1.3.1.8 体词标记

达让语用丰富的词格来表达丰富的句法结构关系。体词性标记中最重要的是词格标记。

（1）属格标记（GEN）

属格体现的是名词与名词之间的关系。达让语属格标记主要有一个 [a³¹ba⁵⁵]。例如：

tɕe⁵⁵ ŋ³⁵a³¹ba⁵⁵ a⁵⁵ju⁵⁵a⁵⁵ ka³¹pa⁵⁵ ha³¹lɯi⁵³a³¹
他 家 GEN 儿子   哑巴   PEF
他家的儿子是哑巴。

haŋ³⁵ je⁵⁵ ta³¹prɯ³⁵a³¹ba⁵⁵ ŋ̍³⁵ kɯn⁵⁵ ta³¹rɯ⁵³ we⁵⁵ di⁵⁵ la⁵³
我 TOP 冰   GEN 房屋 一 盖房   想 PRES HS
我要建一座冰宫。

（2）施格标记（AG）

施格标记一般放在施事名词之后。带双宾语及物动词句、表示相互行为的动词句和造成动作结果的句子需要添加施格标记。达让语施格标记是[go³¹]。例如：

tɕe⁵⁵ go³¹ ma³¹sɯŋ⁵⁵ we³¹ thɯi⁵³ja⁵⁵ kʲaŋ⁵⁵ ɳu³¹ ha³¹jaɯ⁵⁵ a³¹bu⁵⁵ dza³¹
他 AG 柴   从 山   上   ABL 往下   扛 DIR-TO
他把柴从山上扛下来。

（3）对象格标记（OBJ）

达让语的心理行为动作的对象宾语需要添加标记，我们把它称为对象格，其词格标记是[we³¹]。例如：

tɕe⁵⁵a³¹lɯŋ³⁵ka³¹sɯŋ³⁵a³¹lɯŋ⁵⁵pa⁵⁵a³¹go³¹ a⁵⁵joŋ⁵⁵ we³¹ a³¹khaŋ⁵⁵tsho⁵⁵ a³¹
他们   三   一起   LOC 小弟 OBJ 欺侮   PEF
他们三个一起欺负弱小。

tɕe⁵⁵ me³⁵jaŋ⁵⁵a⁵⁵ we³¹ we⁵⁵ga³⁵ a³¹ la⁵³
他 女人   OBJ 爱 PEF HS
他看上了一个年轻姑娘。

（4）与格标记（DAT）

达让语的双宾语句，间接宾语需要添加与格标记。达让语的与格标记是[we³¹]。例如：

me³⁵jaŋ⁵⁵a⁵⁵ we⁵⁵ ta³¹pro⁵⁵ kɯn⁵⁵ tʲɯ⁵³ a³¹ bo⁵³mʲoŋ³⁵ tṣa⁵⁵ɕi⁵⁵phiŋ³⁵tsuo⁵³
女人　　　 TOP 毯子　 一　 织　 PEF　 想　 扎西平措

we³¹ ŋ̊³⁵ ja³¹ la⁵³
DAT 送 PEF HS
姑娘想编一条毯子送给扎西平措。

me³⁵jaŋ⁵⁵a⁵⁵ we⁵⁵ ha³¹lʲo⁵⁵ a³¹go⁵⁵ pɯi⁵⁵da⁵⁵ pra⁵⁵ tɕe⁵⁵ we³¹ tha⁵³tim³⁵ ŋ̊³⁵
女人　　　 TOP 高兴　 后　　 很　　 好　 他 DAT 食品　　 给

a³¹ la⁵³
PEF HS
姑娘还热情地款待了他。

（5）工具格标记（INS）

达让语的工具名词一般需添加工具格标记。达让语工具格标记是[go³¹]。例如：
ma³¹tʲɯŋ⁵⁵ go³¹ me³⁵ je⁵⁵ sai⁵³praŋ⁵³ta³¹krai⁵³ go³¹ ma³¹rɯŋ⁵⁵ dɯŋ³⁵ kɯ⁵³
村　　　 LOC 人　 TOP 铁丝　　　　　 INS 野羊　　 只　 一

se⁵³tɕiŋ⁵⁵ ho³¹
杀　　　 MER
村里人用铁丝网捕杀了一头野羊。

tɕe⁵⁵ ma³¹tsau⁵³ go³¹ dʲɯŋ³⁵ kun⁵⁵ kʲe³⁵kau⁵⁵ ma³¹ŋa³⁵ ji³⁵ ja³¹ ga³⁵
他 牛　　　 INS 只　 一　 金币　　 五　　 换 PEF REC
他用一头牛换了五个金币。

a⁵⁵joŋ⁵⁵ we⁵⁵ ta³¹tsai⁵⁵joŋ⁵⁵ ma³¹gɯŋ⁵⁵ pra⁵⁵ ɕa⁵³ ho³¹ hɯ³¹tʲɯŋ⁵³
小弟 TOP 年长　　　　 黄瓜　　 好　 变 MER 看见

a³¹go³¹ we⁵⁵kɯ³¹reχ⁵⁵ so⁵³, ma³¹gɯŋ⁵⁵ we⁵⁵ we⁵⁵ groŋ⁵³ go³¹ saŋ³⁵ pra⁵⁵jim⁵⁵
PEF 嫉妒　　 SEM 黄瓜　　 那 TOP 脚　 INS 踩　 坏
goŋ³¹bo³¹.

PEF

弟弟看到哥哥的黄瓜种得好非常嫉妒，于是用脚把哥哥的黄瓜踩坏了。

（6）涉事格标记（CMT，comitative）

达让语动作动词句在涉及与动作相关的人或事物时，需添加涉事格标记。涉事格的标记是[we³¹]。例如：

ma³¹tʲɯŋ⁵⁵ go³¹ me³⁵ bo⁵³mʲoŋ³⁵ ro⁵³lie⁵³ we⁵⁵ ha³¹na⁵⁵ be⁵⁵na⁵⁵ jim⁵⁵
村　　LOC　人　　想　　若列　TOP　来　　回　　不

a³¹go⁵⁵ tɕe⁵⁵ ta³¹prɯ⁵³ we³¹ peŋ⁵³ goŋ³⁵a³¹
后　　他　东西　CMT　分　PEF

村里人以为若列不能回来了，就私分了他的东西。

a⁵⁵tuo⁵⁵ka³¹pu⁵⁵ ŋ³⁵ khɯn⁵⁵ we⁵⁵ tɯm⁵⁵ la³¹mɯŋ³⁵ toŋ⁵⁵la⁵⁵ʂan⁵⁵
阿多嘎布　　　　家　一　TOP　天　每　　东拉山

we³¹ doŋ³⁵ a³¹ la⁵³
CMT 通过 PEF HS

阿多嘎布一家经常翻越东拉山。

（7）处所格标记（LOC）

处所格表示动作或事件发生的地点或时间点。处所格标记是[go³¹]和[ȵu³¹]。例如：

e⁵⁵ liŋ⁵⁵kau⁵⁵ gʲaŋ⁵⁵ go³¹ ma³¹roŋ⁵⁵ ta³¹hʷi⁵³ ha³¹ne⁵⁵ me³⁵ ta³¹groŋ⁵⁵
这个平原　　上　LOC　马　　教　　可以　人　美丽

kɯn⁵⁵ i⁵⁵ a³¹ la⁵³
一　　有 PEF HS

这片草原上有位英俊的驯马能手。

me³⁵ pei⁵⁵ ka³¹leŋ⁵⁵klou⁵⁵ kʲaŋ⁵⁵ go³¹ ma³¹roŋ⁵⁵ha⁵³ne⁵³ ta³¹groŋ⁵⁵
别人　门口　　　　　上　LOC　铃铛　　　　美丽

khɯn⁵⁵ tshɯʔ⁵³ ho³¹
一　　吊　　MER

有一户人家门口上吊着一串美丽的铃铛。

（8）从格标记（ABL）

从格表示出处或来源。达让语从格的标记是[n̪u³¹go³¹]、[n̪u³¹]或者[go³¹]。例如：

ŋ⁵⁵ je⁵⁵ ma³¹tɕi⁵⁵ ta³¹goŋ⁵⁵ tɯ³¹kʲaŋ⁵⁵ n̪u³¹go³¹ luɯi⁵³ dza³¹

我 TOP 河　　沟　　上游　　　ABL　搬 DIR-TO

我们是从河上游搬迁过来的。

（9）向格标记（ALLA）

向格表示"朝"向某处运动。达让语向格标记是[doŋ³¹]、[n̪u³¹], 甚至[doŋ³¹ n̪u³¹]。例如：

me³⁵ pra⁵⁵ ɕi⁵⁵ a³¹go⁵⁵ tɯm⁵⁵ n̪u³¹ bo⁵³ a³¹ la⁵³ me³⁵ ha³¹pei⁵³ ɕi⁵⁵

人 好 死 后　　天 ALLA 去 PROS HS 人 坏　　死

a³¹go⁵⁵ khɯ³¹lai⁵⁵ n̪u³¹ bo⁵³ a³¹ la⁵³

后　　地　　ALLA 去 PROS HS

好的人在天堂，坏的人在地狱。

a⁵⁵ju⁵⁵a⁵⁵ tɕe⁵⁵ thɯi³¹ tom⁵⁵ka³¹rai⁵⁵ tɯm⁵⁵ doŋ³¹ jim³⁵ goŋ³⁵a³¹ bo³¹ la⁵³

儿子　　他 自己 飞机　　　天 ALLA 飞 PEF DIR-AW HS

儿子驾驶自己的飞机腾空而上。

（10）比较格标记（COC）

达让语比较格标记是[doŋ³¹/dʲoŋ³¹]，一般放在被比较名词之后。例如：

me³⁵ta³¹pɑɯ⁵⁵ we⁵⁵ lʷo⁵⁵pu⁵³ kɯn⁵⁵ ha³¹prau⁵³ dza³¹ a³¹ la⁵³,

老人　　　那 萝卜　一　拔　　DIR-TO PEF HS

dɯ³¹rɯŋ⁵⁵ dʲu⁵⁵gɑ³⁵ a³¹ tɕan⁵⁵tʷi⁵⁵pu⁵³ dʲoŋ³¹ a³¹ la⁵³

大　　　相同 PEF 铝锅　　　COC PEF HS

老人挖出一个大得像铝锅一样的萝卜。

1.3.1.9 连词

达让语的连词主要表示并列和偏正关系。连词既可以连接词、词组构成句子，也可连接分句构成复句。

（1）并列连词。例如：

ma⁵⁵　　和　　khen⁵⁵dʲɯŋ⁵⁵　或　　bɯ³¹doŋ⁵³　　　又

praɯ⁵⁵　还是　we³¹gɯ⁵⁵lɯn³¹　然后　we⁵⁵lɯi⁵⁵a³¹go³¹　此外

（2）偏正关联连词。例如：

bʲeŋ⁵³　　如果　　go³¹　　因为　　we⁵⁵a³¹dʲo⁵⁵　　但是　　go³¹bʲeŋ⁵³　　假如

tɕe⁵⁵ ɕi³⁵dɯ³¹ga³⁵ ha³¹nu⁵⁵ go³¹ kha³¹ji³⁵ ja³¹,we⁵⁵a³¹dʲo⁵⁵ kha³¹ji³⁵

他　拿去　　　　地方　LOC　卖　　PEF　但是　　　　　　卖

jim⁵⁵ bo³¹ a³¹ la⁵³

没　DIR-AW PEF HS

他拿去卖，却没卖掉。

1.3.1.10 语气词

达让语的语气词主要跟各类情态密切相关。

表肯定语气：dɯ³¹pɯi⁵⁵或 dɯ³¹pɯi⁵⁵bo⁵³m⁵⁵　　　　　的确，肯定

表协商语气：ha³¹rɯŋ³⁵或 rɯŋ³⁵　　　　　　　　　　行吗

表可能语气：deŋ³⁵或 bo⁵³m⁵⁵　　　　　　　　　　　行吧，吧

表陈述语气：na³⁵

表自愿语气：ŋ̩³⁵

表必须语气：dɯ³¹ga³⁵

表决定语气：koŋ⁵⁵lɯ³¹

表疑问语气：ja³⁵　　　　　　　　　　　　　　　吗

e⁵⁵ta³¹hi⁵⁵ ka³¹ra³⁵ma³¹n̩a⁵³ we⁵⁵ a³¹bei³⁵raŋ⁵⁵thɯi⁵³ ha³¹rɯŋ⁵⁵ri⁵⁵bo³¹

这种　　　　下雨　　　　TOP　马上　　　　　　　停

dza³¹　　　　　　　deŋ³⁵ ja³¹ la⁵³

DIR-TO　表可能 PRES HS

这种雨一会儿就停。

me³⁵jaŋ⁵⁵a⁵⁵ we⁵⁵ pin⁵⁵niɑu³¹ thɯ³¹tʲa⁵⁵ a³¹ la⁵³ we⁵⁵ ha³¹bɯŋ⁵⁵ta³¹breŋ⁵⁵

女人　　　TOP　宾鸟　　告诉　　PEF HS　那　野兽

jim⁵⁵ dɯ³¹pɯi⁵⁵

不　肯定语气

女人告诉宾鸟那不是野兽。

1.3.1.11 叹词

叹词表示惊讶、不满、叹惜、应答或者打招呼等意思。例如：

wɑi⁵⁵ 喂（表示招呼）　e⁵⁵呀（表示喜悦或赞叹）hi³⁵ɕa⁵³ 哎（表示意外或惊讶）

1.3.2 词组

达让语的词组结构主要有六种基本类型，即联合结构、偏正结构、主谓结构、述宾结构、述补结构、连谓结构。

1.3.2.1 联合结构

由两个或两个以上单位并列构成的结构称为联合结构。并列单位之间一般需要添加形式上的标记，如并列连词[ma⁵⁵]。例如：

ta⁵³tɕha⁵³gɯm³⁵ ma⁵⁵ ma³¹dʐa⁵³rai⁵³ ma⁵⁵
野猫　　　　　　和　猫　　　　　　和
野猫和家猫
kʷaɯ⁵³ ma⁵⁵ tʲu³⁵a⁵⁵ ma⁵⁵
狗　　　和　主人　　和
狗和主人

1.3.2.2 偏正结构

偏正结构词组包括体词性偏正结构和谓词性偏正结构。比如：

ha³¹bra⁵⁵ plaŋ⁵⁵　　　　　　　　me³⁵ ka³¹n⁵⁵
苦荞　　　块　　　　　　　　　　人　二
一块苦荞　　　　　　　　　　　　两个人
bɯ⁵⁵pa⁵⁵a³¹ ma³¹ro⁵⁵　　　　　　dɯ³¹rɯŋ⁵⁵ dʲu⁵⁵ga³⁵jim⁵⁵
突然　　　　　说　　　　　　　　大　　　　　不同
突然说　　　　　　　　　　　　　不一样大

（1）体词性偏正结构

体词性偏正结构按照修饰语位置可分为三种情况，后置修饰语、前置修饰语和前、后置修饰语。此外，还有带标记的偏正结构。

①后置修饰语。例如：

ta³¹plai⁵⁵ kɯm⁵⁵　　　　　　　　ta³¹prɯ⁵³ dɯ³⁵
种子　　　一　　　　　　　　　　东西　　多
一粒种子　　　　　　　　　　　　许多东西
ta³¹poŋ⁵³ kɯ³¹dɯŋ⁵³　　　　　　ta³¹mim⁵³ dɯ³¹rɯŋ⁵⁵
糌粑　　　仅　　　　　　　　　　猴子　　大
仅有的糌粑　　　　　　　　　　　大猴子

②前置修饰语。例如：

lʷo⁵⁵pu⁵³ ta³¹plai⁵⁵　　　　　　ka³¹tsɯm⁵³ lei⁵³ji⁵⁵
萝卜　　　种子　　　　　　　　　青稞　　　嫩芽

萝卜种子　　　　　　　　　青稞苗

ta³¹dʲɯŋ⁵³ na³⁵　　　　　　kɯ³¹tʲe⁵³e⁵⁵ lei⁵³ji⁵⁵

肥　　　树叶　　　　　　　小的　　　　　嫩芽

肥嫩的叶子　　　　　　　　幼苗

③前置和后置修饰语。例如：

pei⁵³ ta³¹mim⁵³ mei⁵³　　　ma³¹seŋ⁵⁵ kɯm⁵³a⁵⁵ ta³¹groŋ⁵⁵

其他 猴子　　 全部　　　　木头　　盒子　　　美丽

其他全部猴子　　　　　　　漂亮的木头盒子

④带标记的偏正结构。例如：

tɕe⁵⁵ ŋ³⁵ goŋ⁵⁵ a⁵⁵ju⁵⁵a⁵⁵

他　家　GEN　儿子

他家的儿子

dai⁵³ba³¹me³⁵ goŋ⁵⁵ ha⁵⁵joŋ⁵⁵me³⁵

僜人　　　　　GEN　祖先

僜人的祖先

（2）谓词性偏正结构

①谓词性偏正结构的中心语一般是动词或者形容词，修饰语一般是副词或者形容词。

动词的修饰语。例如：

ka³¹ro⁵³ ha³¹pi⁵⁵ ha³¹na⁵⁵　　pra⁵⁵koŋ⁵⁵ʔaŋ⁵⁵ gra³⁵

快　　 钻　 来　　　　　　痛快　　　　　喊

快速地钻出来　　　　　　　失声大喊

a³¹lɯŋ⁵⁵pa⁵⁵a³¹ leŋ⁵³bi³¹　　ta³¹la⁵⁵ ta³¹ɕiŋ⁵⁵

一起　　　　　 出来　　　　不断地 唱

一起出来　　　　　　　　　一直唱歌

②形容词的修饰语。例如：

kɯ³¹tʲe⁵³e⁵⁵ dɯ³⁵　　　　　pɯi⁵⁵da⁵⁵ mo³¹hʷa⁵⁵

一点儿　 多　　　　　　　很　　　富

多一点儿　　　　　　　　　很富有

1.3.2.3 主谓结构

主谓结构最基本的关系是陈述与被陈述关系，主语是陈述的对象，谓语陈述主语。例如：

tɕe⁵⁵ ka³¹pa⁵³tsha⁵⁵ we⁵⁵noŋ⁵⁵tʲu⁵⁵ a³¹　　la⁵³

他　愚蠢　　　骄傲　　　　 PEF　HS

他愚昧、傲慢。

a³¹tʲa⁵⁵ me³⁵ rɯŋ³⁵tsai⁵⁵ tha⁵³kɯ³¹la⁵⁵ hʷeŋ⁵⁵ ja³¹ la⁵³

现在 人 每天 镜子 看 PRES HS

现在，人们天天照镜子。

1.3.2.4 述宾结构

述宾结构短语的述语一般表示动作或者行为,而宾语表示与动作或行为相关联的事物。达让语一般宾语在前,述语在后。例如:

tha⁵³kɯ³¹la⁵⁵ hʷeŋ⁵⁵	kʲe³⁵kau⁵⁵ ba⁵³
镜子 照	金币 摸
照镜子	摸金币
ta³¹so⁵⁵ phlam⁵³ ba⁵³	ta³¹pẽ³⁵phen³⁵ tha⁵³
酥油 茶 做	手抓饭 吃
做酥油茶	吃手抓饭

1.3.2.5 述补结构

补语是谓语的一部分,用来说明动作的结果或状态。述补结构主要分为表示结果的和表示状态的述补结构两类。例如:

dɯ³¹rɯŋ⁵⁵ ka³¹mai⁵³	tha⁵³ a³¹dɯŋ⁵⁵
大 瞪眼	吃 完
瞪大眼睛	吃完
ma³¹ɕa⁵⁵aŋ³⁵ ɕi³⁵ tsau⁵⁵	ta³¹dzi⁵⁵ jim³⁵
悄悄地 拿 跑	高 飞
偷偷拿走	飞得高

1.3.2.6 连谓结构

动词与动词或者动词与形容词连用形成的结构称为连谓结构。例如:

tɕɕ⁵⁵a³¹lɯŋ³⁵ bɯ³¹doŋ⁵³ ta³¹saɯ⁵³ kʲaŋ⁵⁵ ha³¹na⁵⁵ na⁵⁵ a³¹go³¹ krau⁵³ we⁵⁵

他们 又 野草 上 来 ROU PEF 驴 那

ma³¹la⁵³ na⁵⁵ goŋ³⁵ho³¹

寻找 ROU PEF

他们又到草地找驴。

me³⁵ta³¹pɑɯ⁵⁵ bo⁵³ a³¹ hɯ³¹tʲɯŋ⁵³ a³¹ groŋ⁵³ we⁵⁵ wa⁵³ɕa⁵⁵ goŋ³⁵a³¹ la⁵³

老人 走 PEF 看见 PEF 腿 TOP 受伤 PEF HS

老人走过去,发现小麻雀的腿受伤。

1.3.3 句法

1.3.3.1 句法成分

达让语句法成分可以分为六大类：主语、谓语、宾语、定语、补语和状语。

（1）主语

充当句子主语的一般是体词性的成分，动词和形容词作主语一般需要加带名词化标记。例如：

haŋ³⁵ ɑ³¹tʲa⁵⁵n̥⁵³ buɯ³⁵khuɯ⁵⁵ ha³¹na⁵⁵ tʲu⁵³ la⁵³

我　　今天　　　第一　　　　来　　MER HS

今天我第一次来。

kuɯ³¹prai⁵³ we⁵⁵ ma³¹ro⁵⁵ ɑ³¹ wu³¹ li⁵⁵ jim⁵⁵ ɑ³¹

麻雀　　　　TOP　说　　PEF 那样　　不是　PEF

麻雀说不是那样的。

（2）谓语

充当句子谓语的主要是动词或形容词短语。例如：

me³⁵ ta³¹ma⁵⁵ba³¹pu⁵⁵ me³⁵ kuɯ⁵⁵ tuɯ³¹ru⁵³ka³¹po⁵³ luɯi⁵³ luɯi⁵³

人　医生　　　　　　位　一　　碰见　　　　PEF

那个人碰见一个医生。

tɕe⁵⁵ ka³¹n⁵⁵ mei⁵³dʲuɯ⁵⁵ ɑ³¹khaŋ⁵⁵ɕa⁵³ goŋ³⁵ɑ³¹。

他　二　都　　　　失败　　　PEF

他们两个都输了。

（3）宾语

宾语指动作行为直接涉及的人或事物，一般位于动词谓语之前，常由名词、代词或名词性的偏正词组充当。例如：

kuɯ³¹n̥⁵³ kuɯ⁵⁵ go³¹ ma³¹wa⁵³ɑ⁵⁵ kuɯ⁵⁵ ma⁵⁵ ɑ⁵⁵jaŋ⁵⁵ kuɯ⁵⁵ ma³¹tsau⁵³

天　　一　　LOC 男孩　　　一　和　女孩　　一　牛

ɑ³¹kou⁵³ ɑ³¹ bo⁵⁵ la⁵³

放　　PEF ICP HS

一天，一个男孩和一个女孩在放牛。

pru⁵⁵jaŋ⁵⁵ a⁵⁵ ka³¹tsɯm⁵³ ka³¹dʲɯ⁵⁵ ɕi³⁵ beŋ⁵⁵na⁵⁵ di³¹ga³⁵ bo³¹ la⁵³
神　　　TOP　青稞　　　全部　拿　回　　　TER　DIR-AW HS
神收回了所有的青稞。

（4）定语

体词性偏正结构里修饰中心语的成分称为定语。名词、形容词、数量词和大部分代词可以充当定语。

①名词作定语

名词作定语多数置于中心语之前。例如：

ma³¹seŋ⁵⁵ ta³¹plai⁵⁵ khɯn⁵⁵　　　　　da³¹raŋ⁵³ tɯ³¹kɯ⁵⁵
果子　　　种子　　　一　　　　　　　　达让　话
一粒果树种子　　　　　　　　　　　　　达让话

khi⁵⁵ a³¹mɯŋ⁵⁵　　　　　　　　　　dai⁵⁵ a⁵⁵
汉　名字　　　　　　　　　　　　　　僜人 孩子
汉族名字　　　　　　　　　　　　　　僜人 孩子

②形容词作定语。例如：

ka³¹tsɯm⁵³ kɯ³¹tʲe⁵³e⁵⁵　　　　　　kɯn³⁵lɯm⁵⁵ pra⁵⁵
青稞　　　一点　　　　　　　　　　事情　　　好
一点青稞　　　　　　　　　　　　　好事情

ta³¹tha⁵³ ka³¹dʲɯ⁵⁵　　　　　　　　dzɯ⁵³ me³⁵
粮食　　　全部　　　　　　　　　　聪明　人
全部粮食　　　　　　　　　　　　　聪明人

③数量词作定语。例如：

ri³¹boŋ³⁵ khɯn⁵⁵　　　　　　　　　a⁵⁵ju⁵⁵a⁵⁵ ka³¹n⁵⁵
骨头　　　一　　　　　　　　　　　儿子　　二
一根骨头　　　　　　　　　　　　　两个儿子

④代词作定语。例如：

haŋ³⁵ ŋ³⁵　　　　　　　　　　　　　tɕe⁵⁵lɯɯʝ³⁵ ŋ³⁵tɯ³¹wã⁵⁵
我　家　　　　　　　　　　　　　　他们　　　院子
我家　　　　　　　　　　　　　　　他们家的院子

haŋ³⁵ ka³¹ja⁵³goŋ³⁵
我　　祭品
我的祭品

⑤名词化短语作定语。例如：

pla³⁵ kha³¹tʲau⁵⁵ ja³¹ kɯ³¹tʲe⁵³e⁵⁵ khɯn⁵⁵
盐　带　　　　NOM 小的　　　一
一小块带回来的盐巴

jim³⁵ ja³¹ me³⁵

飞　NOM　人

飞的人

ɕe⁵⁵　goŋ³⁵ɑ³¹　me³⁵

死　PEF　　人

死人

（5）补语

达让语的补语大多是形容词或动词，表示动作的结果或程度。例如：

ka³¹ro⁵³ thɯi⁵³pʲɯk⁵³　　　　　　be⁵⁵e⁵⁵　ɑ³¹kau³⁵

快　　跑　　　　　　　　　　　慢　　爬

跑得快　　　　　　　　　　　爬得慢

dʲɑ⁵³ pʲɯk⁵³　　　　　　　　　lʲɑ⁵³ ɕe⁵⁵

远　跑　　　　　　　　　　　扔　死

跑远　　　　　　　　　　　　砸死

（6）状语

状语是动词或形容词的修饰语。充当状语的主要是副词和一些带词格句法标记的短语。我们这里只讨论充当状语的成分。例如：

①处所

haŋ³⁵　ɑ³¹tʲo⁵³　gʲaŋ⁵⁵　go³¹　ho⁵³

我　　手　　　上　　LOC　打

打在我手上

pu⁵⁵hʷaŋ⁵⁵　kʲaŋ⁵⁵　go³¹　i⁵⁵

山洞　　　里　　LOC　住

住在山洞里

ka³¹leŋ⁵⁵klou⁵⁵　doŋ³¹　bo⁵³

门口　　　　　ALLA　走

朝门口走去

②时间

ha⁵⁵joŋ⁵⁵ khi⁵³　　　　　　　plɯŋ⁵⁵　go³¹　bei³⁵

先　　　到　　　　　　　　后　　LOC　跳

先到　　　　　　　　　　　后跳

③来源

mɑ³¹tɕi⁵³　we⁵⁵　n̪u³¹ tɑ³¹bu⁵⁵　pu⁵⁵hʷaŋ⁵⁵　kɯŋ⁵⁵　go³¹　blɯm⁵³　dza³¹　tʲu⁵³ja³¹

水　　　　TOP　从　蛇　　山洞　　　里　　LOC　流　　DIR-TO MER

la⁵³

HS

水是从毒蛇洞里流出来的。

④工具：

haŋ³⁵ e⁵⁵ ta³¹ra⁵⁵ go³¹ ta³¹breŋ⁵³ lʲe³⁵ n⁵⁵

我　　这　刀　　INS　肉　　　切　PROG

我用这把刀切肉。

⑤比较：

na³¹tʲa⁵⁵ je⁵⁵ na³¹ja⁵⁵ ɖoŋ³¹ kɯ³¹nuŋ⁵⁵ ha⁵⁵lɯŋ⁵⁵ ma³¹lɯ⁵⁵ ta³¹tsai⁵⁵ joŋ³⁵。

爷爷　TOP　奶奶　COC　岁　　十　　多　　大　　比较标记

爷爷比奶奶大十几岁。

1.3.3.2 单句

根据汉藏语的特点，句子大致可以定义如下：具有完整意义的、带有一定句调且前后有停顿的语言形式。句子不一定具备所有句法成分，基本语言单位只要带上适合的语气和语调就能成句。

根据句子的语用功能，达让语的句子可以分为为陈述句、疑问句、祈使句和感叹句。

（1）陈述句

陈述句是一种具有逻辑命题的句子，可以判断真假值的句子。例如：

ma³¹dʐa⁵³rai⁵³ ta³¹we⁵⁵ kʲan⁵⁵ go³¹ pɯi⁵⁵da⁵⁵ khem⁵⁵mʲoŋ⁵⁵ ho³¹ koŋ⁵⁵

猫　　　　　　心　里　LOC　很　　生气　　　　MER 陈述语气

猫心里很生气。

（2）疑问句

含有疑问语气的句了叫做疑问句。疑问句主要包括是非疑问句、特指疑问句、选择疑问句、正反疑问句四种类型。

①是非疑问句

tha⁵³kɯ³¹la⁵⁵ kʲaŋ⁵⁵ me³⁵ haŋ³⁵ ja³⁵

镜子　　　　里　人　我　吗

镜子里的人是我吗？

②特指疑问句

ça⁵⁵ ta³¹dzi⁵⁵ jim³⁵ a³¹ sa³¹

谁　高　　　飞　PROS 表疑问

谁飞得高？

ɕim⁵⁵ken⁵⁵neŋ⁵⁵ haŋ³⁵ me³⁵pei⁵⁵ we³¹ ŋ̊³⁵ goŋ³⁵ di³¹ga³⁵ la⁵³
为什么　　　　　我　别人　　DAT 送 PEF　TER　HS
为什么要把我送给别人呢？

③选择疑问句
tɕe⁵⁵ me³⁵ da³¹roŋ⁵⁵ joŋ³⁵ je³⁵ haŋ³⁵ me³⁵ da³¹roŋ⁵⁵ joŋ³⁵
他　人　胖　　比较标记 还　我　人　胖　　　比较标记
他胖还是我胖？

④正反问句
bɯ³¹lɯm⁵⁵ khɯn⁵⁵ hɯ³¹tʰɯŋ⁵³jim⁵⁵ ta³¹ni⁵³ we⁵⁵ a³¹kau⁵³ a³¹ deŋ³⁵
眼睛　　　　一　　看不见　　　　松鼠　TOP 偷　疑问 表估计
是不是一只眼睛看不见的松鼠偷的东西？

（3）祈使句
祈使句是表达听话人需要做某事或不做某事的句子。达让语祈使句分为命令句、禁止句（劝阻句）、请求句（建议句或商议句）等。
①命令句
命令句要求听话人服从内容指令。例如：
a³¹bei³⁵raŋ⁵⁵tʰɯ⁵³ ha³¹na⁵⁵
立即　　　　　　　来
马上来！

②禁止句（劝阻句）
禁止句（劝阻句）表示听话人不得做某件事，或劝告听话人不能做或不准做某件事。例如：
ȵuŋ³⁵ rai⁵³ ja³¹ la⁵³
你　怕　别　HS
你别害怕！

haŋ³⁵ ka³¹ro⁵³ joŋ³⁵ pʰou⁵³ ha³¹ne⁵⁵ ja³¹ bʲeŋ⁵³ nuŋ³⁵ haŋ³⁵ we³¹ tha⁵³ ja³¹
我　快　最　跑　可以　PRES 如果　你　我　CMT 吃　不
如果我跑得最快，你就别吃我了！

③请求句（建议句或商议句）
请求句（建议句或商议句）表达请求他人做某事的意思。例如：
ȵuŋ³⁵ ŋ⁵⁵ ŋ³⁵ go³¹ ha³¹na⁵⁵ ta³¹pẽ³⁵ tha⁵³ bo³¹

你　我　家　LOC　来　　饭　　吃　DIR-AW
你来我们家吃饭吧！

ŋ⁵⁵ ka³¹dʲɯ⁵⁵ ta³¹saɯ⁵³ kʲaŋ⁵⁵ go³¹ bei³⁵ kʲɯ⁵³
我们　全部　　野草　　上　　LOC　跳　祈使语气
我们在草地上跳个舞吧！

（4）感叹句

感叹句表达说话人强烈的情感。达让语感叹句经常使用叹词,还可添加感叹语气词。例如：

pɯi⁵⁵da⁵⁵ roŋ⁵⁵ tʲa⁵³
太　　　逗　祈使语气
太好玩了！

1.3.2.3　复句

复句由两个或多个分句（小句）构成。

（1）并列复句

并列复句由两个或两个以上分句构成，它们之间没有主次之分。例如：

ha⁵⁵joŋ⁵⁵ go³¹, tha⁵³khɯ³¹n̩im⁵⁵ mo³¹hʷa⁵⁵ me³⁵ khɯn⁵⁵ i⁵⁵ ja³¹ la⁵³,
以前　　LOC　　沓菁　　　　富人　　人　一　有 PEF HS

ŋ̍³⁵ kʲan⁵⁵ go³¹ pren⁵⁵pu⁵³ dɯ³⁵ pɯi⁵⁵da⁵⁵ aŋ⁵⁵ la⁵³
房屋里　LOC　铜锅　　多　很　　有　HS
从前，有个沓菁的富人，他家里有很多铜锅。

（2）顺承复句

多个动作或者事件按照顺序逐个叙述，先后关系一般不宜更换，表示这类关系的分句称为顺承复句。例如：

tɕʲaŋ⁵⁵la⁵⁵ we⁵⁵ ta³¹breŋ⁵³ ku³¹su⁵³ we⁵⁵ ɕi³⁵ dza³¹ a³¹go⁵⁵ tɕe⁵⁵ we⁵⁵ ŋ̍³⁵
江拉　　　TOP　肉　　　骨髓　TOP　拿 DIR-TO 后　他　TOP　给
a³¹ la⁵³
PEF HS
江拉拿过骨髓递给他。

（3）递进复句

分句与分句之间的语义在数量、程度、时间、范围等方面呈现加深或推进关系的句子称为递进复句。例如：

e⁵⁵go³¹ ma³¹tɕi⁵³ta³¹koŋ⁵⁵ pɯi⁵⁵da⁵⁵ dɯ³⁵ aŋ⁵⁵, ma³¹tɕi⁵³ mu³¹ pɯi⁵⁵da⁵⁵
这里　　河　　　　很　　多　　有　水　　也　　很

dɯŋ⁵⁵ a³¹
清　PEF
这里有很多河，河水非常清澈。

（4）选择复句
说话人提供两种或两种以上情况供听话人选择的复句称为选择复句。例如：
a⁵⁵tʲa⁵³nɯŋ⁵⁵ ta³¹jiŋ⁵⁵ n̠u³¹ tɕiŋ⁵⁵ a³¹bʲan⁵⁵ ŋ⁵⁵ ŋ̍³⁵ kheŋ⁵⁵tiŋ⁵³
今年　　　　钱　　LOC　赚　如果　我　家　或者

ma³¹tsau⁵³ dʲɯŋ³⁵ kɯ⁵³ kheŋ⁵⁵tiŋ⁵³ ma³¹roŋ⁵³ dʲɯŋ³⁵ kɯ⁵³ brai³⁵ ja³¹
牛　　头　　一　或者　　马　　　匹　一　买　PROS
今年挣了钱，我家或者买一头牛，或者买一匹马。

（5）因果复句
分句之间存在原因与结果关系的复句称为因果复句。例如：
n̠uŋ³⁵ pren⁵⁵pu⁵³ me⁵⁵ a³¹ go³¹ a³¹lɯŋ⁵⁵pa⁵⁵a³¹ n̠uŋ³⁵ we³¹ ha³¹lʲa⁵³ na⁵⁵
你　铜锅　　生　PEF 因为　一起　　　　　你　DAT 扔　ROU

di⁵⁵
PRES
因为是你的铜锅生的，一起还给你吧。

（6）假设复句
假设复句是偏正型复句。假设复句中，偏句提出假设或条件，正句表示假设或条件结果。例如：
a³¹tʲo⁵³ we⁵⁵ ta³¹hʷi⁵⁵ kɯ³¹thɯn⁵³ bʲeŋ⁵³ a³¹tʲo⁵³ n̠oŋ⁵⁵proŋ⁵³ a³¹ la⁵³
手　TOP 虹　指　　如果　手　烂　　　PROS HS
如果用手指彩虹的话，指头就会烂掉。

kɯ³¹mu⁵³ we⁵⁵ tɯ³¹kɯ⁵⁵ ha³¹pei⁵³ ma³¹ro⁵⁵ a³¹ kɯ³¹mu⁵³ we⁵⁵ ho⁵³ a³¹
女婿　那　话　坏　　说话　PEF 女婿　那　打　PEF

pei⁵⁵go³¹bʲeŋ⁵³ kɯ³¹mu⁵³ we³¹ dɯŋ⁵⁵tɯm⁵⁵ hʷa⁵³ɕa⁵³ we⁵⁵ŋ̍⁵⁵na³¹ n̠u³¹ la⁵³

假如　　　　　女婿　　CMT 赔礼　　　　后悔　　难过　　DIR-TO HS
如果骂了或者打了女婿，要给女婿赔礼道歉。

（7）转折复句
正句跟偏句的意思相反或相对的句子称为转折复句。例如：

krau⁵³ tɕe⁵⁵ we⁵⁵ ta³¹phɯ⁵⁵, ta³¹m̥⁵⁵, ta³¹prɯ³⁵ tha⁵³ ja³¹ we⁵⁵ma³¹sa⁵³
驴　他 TOP　狐狸　　狗熊　　狼　　　吃 PRES 忘记

goŋ³⁵ho³¹,we⁵⁵ pʲeŋ⁵⁵ ta³¹phɯ⁵⁵, ta³¹m̥⁵⁵, ta³¹prɯ³⁵ tɕe⁵⁵a³¹lɯŋ³⁵ we⁵⁵ma³¹sa⁵³
PEF　　 但是　　狐狸　　狗熊　　狼　　　他们　　　　忘记

ho³¹ jim⁵⁵
MER 没
驴已经忘了狐狸、狗熊、狼要吃他，可是狐狸、狗熊、狼却没有忘。

1.4　参考文献

Benedict，P. K.，Sino-Tibetan: A Conspectus. Cambridge University Press，1972.

Brown，N.，Comparison of Indo-Chinese Languages. Journal of the Asiatic Society of Bengal，Vol. VI，1837，pp. 1023 and ff. Note on Mishmi on pp. 1026；vocabulary（of Digaru）on pp. 1032.

Campbell，G.，Specimens of Languages of India: Including Those of the Aboriginal tribes of Bengal, the Central Provinces, and the Eastern Frontier. Calcutta，1974. Sulikata and Digaru Mishmee on pp.239 and ff.

Sastry，G. D. P.，Mishmi Phonetics Reader，Central Institute of Indian Languages，1984. CIIL Printing Press.

Sastry，G. D. P.，Mishmi grammar. Central Institute of Indian Languages，1984.

Dalton，E.J.T.，Descriptive Ethnology of Bengal. Calcutta: Office of the Superintendent Of Government Printing. 1872.

Grierson，G. A.，Linguistic Servey of India. Vol. I . Delhi:Gian Publishing House. 1909.

Matisoff，J. A.，Handbook of Proto-Tibeto-Burman: System and Philosophy of Sino-Tibetan Reconstruction. University of California Press，2003.

Pulu，J.，A Phrase Book on Taraon Language. Assam，1991.

Robinson，W.，Notes on the Languages Spoken by the Mi-shmi，Journal of the Asiatic Society of Bengal.，Vol. XXIV，1856，pp. 307 and ff.

Shafer，R.，Classification of the Sino-Tibetan Languages，Word Ⅱ.1955.

Thurgood，G. & Randy J. L.，ed.，The Sino-Tibetan Languages. Routledge，2003.

江荻、李大勤、孙宏开：《达让语研究》，民族出版社，2013。

江荻：《藏东南藏缅语的领属结构》，《语言研究》2014 年第 4 期。

孙宏开、陆绍尊、张济川、欧阳觉亚：《门巴、珞巴、僜人的语言》， 中国社会科学出版社，1980。

孙天心：《中印边疆"麦克马洪"地区的民族及语言》，西藏研究委员会编《西藏研究论文集-3》，台北，1990。

2 标注文本

2.1 彩虹

dai⁵³ ba⁵⁵ me³⁵ a³¹ tʲo⁵³ ma³¹ ko⁵⁵ ta³¹ hʷi⁵⁵ kɯ³¹ thɯn⁵³ bo³¹ a³¹ jim⁵⁵ la⁵³.
僜人　　　　　　手　　用　　　　虹　　　指　　　　DIR-AW 不　HS
僜人不能用手指指彩虹。

lʲa⁵⁵ na⁵⁵ ha³¹ di⁵⁵ a³¹ tʲo⁵³ we⁵⁵ ta³¹ hʷi⁵⁵ kɯ³¹ thɯn⁵³ bʲeŋ⁵³ a³¹ tʲo⁵³
又　　风俗　　手　　TOP 虹　　　指　　　　　　　如果　手
僜人的说法是如果指的话，

ȵoŋ⁵⁵ proŋ⁵³ a³¹　　la⁵³. haŋ³⁵ a⁵⁵ ta³¹ tʲau⁵⁵ go³¹ ka³¹ sa⁵³ jim⁵⁵ ta³¹ tʲau⁵⁵ go³¹
烂　　　PROS HS 我　小 时候　　LOC 懂　不　时候　　LOC
指头就会烂掉。我小时候不懂事，

ta³¹ hʷi⁵⁵ kɯ³¹ thɯn⁵³ a³¹　koŋ³⁵ a³¹ la⁵³. me³⁵ ta³¹ paɯ⁵⁵ we⁵⁵ hʷeŋ⁵⁵
虹　　　指　　　　PEF CAU　　HS 老人　　　　TOP 看
用手指了彩虹，老年人看到后

kɯn⁵⁵ di⁵⁵ a³¹ go⁵⁵ ka³¹ ro⁵³ thɯi⁵³ haŋ³⁵ a³¹ tʲo⁵³ kʲaŋ⁵⁵ go³¹ ho⁵³ dza³¹.
PRES 后　立刻　　　我　手　上　　LOC 打　DIR-TO
会马上打我的手，

lɯŋ³⁵ we⁵⁵ ta³¹ hʷi⁵⁵ we³¹ kɯ³¹ thɯn⁵³ jim⁵⁵ bo³¹　　la⁵³. ta³¹ hʷi⁵⁵
我　TOP 虹　　CMT 指　　　　　不　DIR-AW HS　虹
意思是我不能用手指彩虹，

kɯ³¹ thɯn⁵³ ja³¹ a³¹ tʲo⁵³ we⁵⁵ ka³¹ ro⁵³ thɯi⁵³ ȵu³¹ kɯ³¹ sa⁵³ pɯm⁵⁵ ba⁵³
指　　　NOM 手　TOP 快　　　　AG　屁股　　　　摸
还让我用指彩虹的手摸一下自己的屁股，

tʲu⁵³ ja³¹ dza³¹　la⁵³. wu³¹ li⁵⁵ a³¹ go⁵⁵ kɯ³¹ nɯm⁵⁵ jim⁵⁵ bo³¹　la⁵³ la⁵³.
IMM　DIR-TO HS 那样　后　　事情　　没　DIR-AW HS
说这样就没事了。

僜人不能用手指指彩虹。僜人的说法是如果指的话，指头就会烂掉。我小时候不懂事，用手指了彩虹。老年人看到后会马上打我的手，意思是我不能用手指彩虹，还让我用指彩虹的手摸一下自己的屁股，说这样就没事了。

2.2 僜人的语言

ta³¹ ko⁵⁵ gʲaŋ⁵⁵ go³¹ da³¹ raŋ⁵³ me³⁵ kɯ³¹ man³⁵ me³⁵ i⁵³ du⁵⁵ me³⁵ je⁵⁵
书　　上　　LOC　达让　　人　格曼　　人　义都　人　TOP

ka³¹ dʲɯ⁵⁵ dai⁵³ ba⁵⁵ me³⁵. dai⁵³ ba⁵⁵ me³⁵ je⁵⁵ deŋ⁵⁵ ren³⁵ la⁵³.
都, 全　代巴玫　　　代巴玫　　　TOP 僜人　　HS
书上把达让人、格曼人、义都人统称为代巴玫，也就是僜人。

dai⁵³ ba⁵⁵ me³⁵ tɯ³¹ kɯ⁵⁵ ma³¹ ro⁵⁵ ja³¹ na³⁵ ta³¹ ko⁵⁵ jim⁵⁵. da³¹ raŋ⁵³ me³⁵
僜人　　话　　　说　　PEF IND 文字　没　达让　　人
僜人只有语言没有文字。

a⁵⁵ da³¹ raŋ⁵³ tɯ³¹ kɯ⁵⁵ ma³¹ ro⁵⁵ a³¹. da³¹ raŋ⁵³ me³⁵ ti⁵³ i⁵⁵ joŋ³¹
TOP 达让　话　　　说　　PEF 达让　　人　个别
达让人说达让话，

kɯ³¹ man³⁵ tɯ³¹ kɯ⁵⁵ ma³¹ ro⁵⁵ a³¹. kɯ³¹ man³⁵ me³⁵ tʲɯ⁵³, kɯ³¹ man³⁵
格曼　　话　　　说　　PEF 格曼　　人　少　格曼
只有个别达让人会说格曼话。格曼人特别少，

tɯ³¹ kɯ⁵⁵ ma³¹ ro⁵⁵ a³¹, ka³¹ dʲɯ⁵⁵ da³¹ raŋ⁵³ tɯ³¹ kɯ⁵⁵ ma³¹ ro⁵⁵ a³¹. i⁵³ du⁵⁵
话　　说　　PEF 全部　达让　　话　　说　　PEF 义都
他们说格曼话，也都会说达让话。

me³⁵ ti⁵³ i⁵⁵ joŋ³¹ i⁵³ du⁵⁵ tɯ³¹ kɯ⁵⁵ ma³¹ ro⁵⁵ a³¹. a³¹ tʲa⁵⁵ tɕe⁵⁵ a³¹ lɯŋ³⁵
人　个别　义都　话　　说　　PEF 现在　他们
义都人中只有少数还会说义都话，

ma³¹ ro⁵⁵ son⁵⁵ lin³⁵ tɯ³¹ kɯ⁵⁵. dʲu⁵⁵ ba⁵⁵ me³⁵ ta³¹ paɯ⁵⁵ kɯn⁵⁵ ka³¹ n⁵⁵ je⁵⁵
说　　松林　　话　　义都人　老　　一　二　TOP
他们现在都说松林话。义都的老年人中有一两个会说达让话，

da^{31} raŋ^{53} tɯ^{31} kɯ^{55} ma^{31} ro^{55} a^{31}, tɕe^{55} a^{31} lɯŋ^{35} kɯ^{31} man^{35} tɯ^{31} kɯ^{55}
达让　　话　　说　　PEF 他们　　　格曼　　话
但义都人都不会说格曼话。

ma^{31} ro^{55} jim^{55}.
说　　　不

　　书上把达让人、格曼人、义都人统称为代巴玫，也就是僜人。僜人只有语言没有文字。达让人说达让话，只有个别达让人会说格曼话。格曼人特别少，他们说格曼话，也都会说达让话。义都人中只有少数还会说义都话，他们现在都说松林话。义都的老年人中有一两个会说达让话，但义都人都不会说格曼话。

2.3　察隅的雨

tsa^{55} ji^{55} we^{55} ka^{31} ra^{35} ma^{31} ɳa^{53} ja^{31} a^{31} bei^{35} raŋ^{55} thɯi^{53} ma^{31} ɳa^{53}
察隅　　TOP 雨　　下　　　　PEF 立刻　　　　　　下
在察隅，雨说下就下。

t^{j}u^{31} ga^{35} la^{53}. rɯn^{55} je^{55} tɯm^{55} k^{j}aŋ^{55} a^{31} bei^{35} raŋ^{55} thɯi^{53} ka^{31} ra^{35}
CON　　　HS 太阳 TOP 天　　上　　立刻　　　　　　雨
也许太阳还在天上，

ma^{31} ɳa^{53} dza^{31}　la^{53}. e^{55} ta^{31} hi^{55} ka^{31} ra^{35} ma^{31} ɳa^{53} we^{55}
下　　　　DIR-TO HS 这种　　雨　　下　　　　TOP
雨就下了起来，

a^{31} bei^{35} raŋ^{55} thɯi^{53} ha^{31} rɯŋ^{55} ri^{55} bo^{31} dza^{31}　den^{35}　ja^{31}　la^{53}. haŋ^{35}
立刻　　　　　　停　　　　　　DIR-TO 表估计 PRES IIS　我
这样的雨可能一会儿就停了。

bɯ^{31} t^{j}aɯ^{53} go^{31} ka^{31} ra^{35} ma^{31} ɳa^{53} ha^{31} l^{j}o^{55} a^{31},　bɯ^{31} t^{j}aɯ^{53} go^{31} ka^{31} ra^{35}
有时　　LOC 雨　　下　　　喜欢　　PRES 有时　　LOC 雨
有时候我挺喜欢下雨的，

ma^{31} ɳa^{53} ha^{31} l^{j}o^{55} jim^{55}. ka^{31} ra^{35} ma^{31} ɳa^{53} bɯ^{31} t^{j}aɯ^{53} go^{31} kɯn^{35} lɯm^{55}
下　　　喜欢　　不　　雨　　下　　　有时　　LOC 事情
但有时候又不喜欢下雨。

pra⁵⁵ am⁵³ bo⁵⁵. a³¹ go³¹ we⁵⁵ ka³¹ ra³⁵ ma³¹ n̠a⁵³ jim⁵⁵ bʲeŋ⁵³ ta³¹ tha⁵³
好 是 ICP 因为 雨 下 不 如果 粮食
下雨是好事，

ka³¹ dʲɯ⁵⁵ we⁵⁵ ɕoŋ³⁵ koŋ³⁵ a³¹ la⁵³. ka³¹ ra³⁵ ma³¹ n̠a⁵³ bʲeŋ⁵³ ta³¹ tha⁵³
全部 TOP 干 CAU HS 雨 下 如果 粮食
因为没有雨水庄稼就被晒干了，

ka³¹ dʲɯ⁵⁵ pra⁵⁵ ɕa⁵³ a³¹ la⁵³. we³¹ gɯ³⁵ haŋ³⁵ ha³¹ lʲo⁵⁵ a³¹ la⁵³.
全部 好 变 PROS HS 因此 我 喜欢 PRES HS
下雨庄稼才能长得好，所以我喜欢下雨。

bɯ³¹ tʲaɯ⁵³ go³¹ kɯ³¹ ŋ⁵³ ka³¹ dʲɯ⁵⁵ go³¹ ka³¹ ra³⁵ ma³¹ n̠a⁵³ a³¹. ha³¹ nu⁵⁵
有时 LOC 天 全部 LOC 雨 下 PRES 哪里
有的时候雨一下就是一整天，

bo⁵³ ja³¹ m⁵⁵ hʲa⁵³ po³¹ jim⁵⁵, ta³¹ we⁵⁵ kʲan⁵⁵ go³¹ pɯi⁵⁵ da⁵⁵ hʷi³⁵
去 PRES 肯定语气 可以 不 心 里 LOC 很 烦恼
出门也不方便，感觉比较麻烦，

ja³¹. we³¹ gɯ³⁵ haŋ³⁵ ha³¹ lʲo⁵⁵ jim⁵⁵.
PRES 因此 我 喜欢 不
（那样的话，）我就不喜欢了。

　　在察隅，雨说下就下。也许太阳还在天上，雨就下了起来，这样的雨可能一会儿就停了。有时候我挺喜欢下雨的，但有时候又不喜欢下雨。下雨是好事，因为没有雨水庄稼就被晒干了，下雨庄稼才能长得好，所以我喜欢下雨。有的时候雨一下就是一整天，出门也不方便，感觉比较麻烦，（那样的话，）我就不喜欢了。

2.4 对待女婿的态度

dai⁵³ ba⁵⁵ me³⁵ ma³¹ a⁵⁵ me³⁵ a⁵⁵ lʲu⁵⁵ tha⁵⁵ we³¹ gɯi⁵⁵ a³¹ go⁵⁵ a³¹ jaŋ⁵⁵ ma⁵⁵
僜人 男人 女人 结婚 后来 女儿 和
僜人男女结婚后，

kɯ³¹ mu⁵³ ma⁵⁵ jau⁵⁵ bra⁵⁵ ŋ³⁵ kʲan⁵⁵ go³¹ ta³¹ breŋ⁵³ tha⁵³ jim⁵⁵ la⁵³.

女婿　　　　和　　　岳母 岳父 家 里　　LOC 肉　　　　吃　　不　　HS
女儿和女婿到女方家不可以吃肉。

ja³¹ ta³¹ tʲu⁵³ proŋ³⁵ ta³¹ breŋ⁵⁵ ma³¹ lɯŋ⁵³ na⁵⁵ we⁵⁵ tha⁵³ dza³¹　jim⁵⁵ la⁵³.
动物　　　　　喂　　打猎　　　　　　　ROU TOP 吃　DIR-TO 不　　HS
家养的禽畜和猎捕的动物不可以吃，

khɯ³¹ ja⁵⁵ pʲa⁵³ ha³¹ tui⁵³ ma³⁵ ka³¹ pʲa⁵⁵ a⁵⁵　ta³¹ ŋa⁵³ a⁵⁵　tha⁵³ hʲa⁵³ po³¹
只　　　野鸡　　　鸟　　　　　TOP 鱼　　　TOP 吃　　可以
野鸡、鸟和鱼可以吃。

a³¹　la⁵³. na³¹ bra⁵⁵ jau⁵⁵ ma⁵⁵ kɯ³¹ mu⁵³ a³¹ mɯŋ⁵⁵ la⁵³ jim⁵⁵ la⁵³. a³¹ mɯŋ⁵⁵
PEF HS 岳父　　岳母 TOP 女婿　　名字　　说　不　HS 名字
在女方家不能说女婿的名字，

la⁵³ ja³¹　thɯi⁵³ je³¹ tɕe⁵⁵ lɯŋ³⁵ ba³¹ me³⁵ a³¹ mɯŋ⁵⁵ kɯ³¹ mu⁵³ la⁵³.
说　PRES 时候　　他们　姓　　名字　女婿　　HS
要指称女婿这个人只能说他的家族名。

kɯ³¹ mu⁵³ wa³¹　kɯ³¹ nɯm⁵⁵ noŋ⁵⁵ ka³¹ rou³⁵ e:⁵⁵ ʔi⁵⁵ po⁵³ tɯ³¹ kɯ⁵⁵
女婿　　DIR-AW 态度　　　要　客气　　　　　　　话
对女婿要和善，

ha³¹ pei⁵³ ma³¹ ro⁵⁵ ta³¹ jim⁵⁵ la⁵³ kɯ³¹ mu⁵³ we³¹ ho⁵³ ta³¹ jim⁵⁵ la⁵³.
坏　　　说　　ITE 不　HS 女婿　　CMT 打　ITE 不　HS
不能对女婿没事找事，

kɯ³¹ mu⁵³ we³¹ tɯ³¹ kɯ⁵⁵ ha³¹ pci⁵³ ma³¹ ro⁵⁵ a³¹　kɯ³¹ ɯu⁵³ we³¹ ho⁵³ a³¹
女婿　　DAT 话　　坏　　说　　PEF 女婿　　CMT 打　PEF
更不能打骂女婿。

pei⁵⁵ go³¹ bʲen⁵³ kɯ³¹ mu⁵³ we³¹ dɯŋ⁵⁵ tɯm⁵⁵ hʷa⁵³ ɕa⁵³ we⁵⁵ ŋ̍⁵⁵ na³¹ n̩u³¹
假如　　　女婿　　DAT 赔礼　　后悔　难过　　DIR-TO
如果骂了或者打了女婿，要给女婿赔礼道歉，

la⁵³. dʲɯŋ⁵³ pʲen³⁵ we⁵⁵ lɯi⁵⁵ tɯ³¹ kɯ⁵⁵ kʲaŋ⁵⁵ go³¹ kɯ³¹ mu⁵³ we³¹
HS　除了　　　　　　话　　上　　LOC 女婿　　CMT

除了口头上道歉外，

pa³¹ wɯn⁵⁵ dɯ³⁵ ta³¹ prɯ⁵³ dɯ³⁵ ŋ̊³⁵ mu³¹ bɯ³¹ doŋ⁵³ bo³¹ wa³¹ la⁵³.
钱　　　多　东西　　多　给　也　又　　DIR-AW　HS
还要给女婿一些钱和东西。

　　僜人男女结婚后，女儿和女婿到女方家不可以吃肉。家养的禽畜和猎捕的动物不可以吃，野鸡、鸟和鱼可以吃。在女方家不能说女婿的名字，要指称女婿这个人只能说他的家族名。对女婿要和善，不能对女婿没事找事，更不能打骂女婿。如果骂了或者打了女婿，要给女婿赔礼道歉，除了口头上的道歉外，还要给女婿一些钱和东西。

2.5　难忘的事

me³⁵ sɯŋ⁵⁵ dʲɯ⁵⁵ we⁵⁵ ma³¹ sa⁵³ jim⁵⁵ kɯn³⁵ lɯm⁵⁵ aŋ⁵⁵. haŋ³⁵
每个人　　　忘记　　　不　事情　　　有　我
每个人都有难忘的事，

we⁵⁵ ma³¹ sa⁵³ jim⁵⁵ kɯn³⁵ lɯm⁵⁵ we⁵⁵ tʂou⁵⁵ hʷa³⁵ tɕʲan⁵³ tsa⁵⁵ ji⁵⁵ ha³¹ na⁵⁵
忘记　　　不　事情　　TOP　周华健　　　察隅　来
我难忘的一件事是歌手周华健来察隅。

a³¹ go³¹ ta³¹ ɕiŋ⁵⁵ goŋ³⁵ a³¹. ŋ⁵⁵　ka³¹ dʲɯ⁵⁵ tɕe⁵⁵ ha³¹ na⁵⁵ ja³¹ ka³¹ sa⁵³
PEF　唱　PEF　　我们　全部　　他　来　　PEF　知道
我们知道他要来都特别开心，

a³¹ go³¹ pɯi⁵⁵ da⁵⁵ ha³¹ lʲo⁵⁵ a³¹. me³⁵ ha³¹ prɯ⁵³ jaŋ⁵⁵ rau⁵⁵
PEF　很　高兴　　PEF　青年男人　　青年女子
　
tʂou⁵⁵ hʷa³⁵ tɕʲan⁵³ ha³¹ na⁵⁵ ja³¹　la⁵³ ka³¹ sa⁵³ a³¹ go³¹ bei³⁵ ja³¹ ma³¹ dʲoŋ⁵⁵
周华健　　　来　PRES HS　知道　PEF　跳　NOM　准备

ho³¹ tɕe⁵⁵ we³¹ ha³¹ ru⁵³ ja³¹. tɕe⁵⁵ ŋ̊⁵⁵　we³¹ ta³¹ ɕiŋ⁵⁵ ja³¹ go³¹, me³⁵ pei⁵⁵
MER　他　CMT　接待　PRES　他　我们 DAT　唱　　时候　人　别的
年轻的姑娘和小伙子们准备了舞蹈欢迎他。

khro⁵³ a³¹. hʷeŋ⁵⁵ ja³¹ me³⁵ dɯ³⁵ ka³¹ ba⁵⁵ ɕa⁵³ a³¹ go³¹ haŋ³⁵ a³¹ tʲo⁵³ mu³¹
哭　PEF 看　NOM 人　多　很　　后　　我　手　也

他给我们唱歌，有些人流下了眼泪。由于来的人太多，

ro⁵³ tɕiŋ⁵⁵ a³¹　jim⁵⁵. dʲa⁵³ go³¹ hɯ³¹ tʲɯŋ⁵³ a³¹　go³¹　mu³¹ ha³¹ lʲo⁵⁵ a³¹. tɕe⁵⁵
握　获得　PEF　没　远　LOC　看　　　PEF　时候　也　高兴　　PEF　他
我都没能跟他握手，但能远远地看着也很开心。

pɯi⁵⁵ da⁵⁵ ta³¹ groŋ⁵⁵, ta³¹ ɕiŋ⁵⁵ ja³¹ mu³¹ tha³¹ rɯŋ⁵⁵ pra⁵⁵. a³¹ mʲu⁵⁵ go³¹
很　　美丽　　唱　PEF　也　听　　好　今后　LOC
他长得很帅，唱歌也很好听，

mu³¹ hɯ³¹ tʲɯŋ⁵³ ta³¹ la⁵⁵ a³¹　kʲɯ⁵³.
也　看　　ITE　PROS　祈使语气
希望还能见到他。

每个人都有难忘的事，我难忘的一件事是歌手周华健来察隅。我们知道他要来都特别开心，年轻的姑娘和小伙子们准备了舞蹈欢迎他。他给我们唱歌，有些人流下了眼泪。由于来的人太多，我都没能跟他握手，但能远远地看着也很开心。他长得很帅，唱歌也很好听，希望还能见到他。

2.6 达让人的自称和他称

da³¹ raŋ⁵³ me³⁵ ɳuŋ³⁵ haŋ³⁵ thɯi⁵³ da³¹ raŋ⁵³ ba³¹ me³⁵ dai⁵³ ba⁵⁵ me³⁵ la⁵³
达让　人　自己　　自己　达让　民族　代巴玫　　说
达让人自称达让巴玫或者代巴玫。

tʲu⁵³ ja³¹. dai⁵³ ba⁵⁵ me³⁵ je⁵⁵ da³¹ raŋ⁵³ me³⁵ ma⁵⁵ kɯ³¹ mɑn³⁵ me³⁵ i⁵⁵ a³¹.
IMM　代巴玫　　TOP 达让　人　和　格曼　人　有 PRES
代巴玫包括达计巴玫和格曼巴玫。

kɯ³¹ mɑn³⁵ tɯ³¹ kɯ⁵⁵ ma³¹ ro⁵⁵ ja³¹ me³⁵ we⁵⁵ tɕe⁵⁵ lɯŋ³⁵ thɯi⁵³ ka³¹ dʲɯ⁵⁵
格曼　话　说　NOM 人 TOP 他们　自己　全部
说格曼话的人自称格曼，

kɯ³¹ mɑn³⁵ me³⁵ la⁵³ tʲu⁵³ ja³¹. da³¹ raŋ⁵³ me³⁵ kɯ³¹ mɑn³⁵ tɯ³¹ kɯ⁵⁵
格曼　人　叫 IMM　达让　人　格曼　话
格曼人叫 IMM 达让人格曼话

ma³¹ ro⁵⁵ ja³¹ me³⁵ we⁵⁵ tɕau⁵³　　ba³¹ me³⁵ la⁵³ di⁵⁵. da³¹ raŋ⁵³ me³⁵ we⁵⁵

说　　　NOM 人　TOP 叫（格曼）民族　　叫 PROG 达让　人　TOP

达让人称呼说格曼话的人是叫巴玫（音）。

dʲu⁵⁵　　tɯ³¹ kɯ⁵⁵ ma³¹ ro⁵⁵ ja³¹ me³⁵ we⁵⁵ dʲu⁵⁵　　ba³¹ me³⁵ la⁵³ ja³¹. dʲu⁵⁵
珞巴族 话　　　说　　　NOM 人　TOP 珞巴族 民族　　叫 PRES 珞巴族

达让人称呼说义都话的人是丢巴玫（音），

ba³¹ me³⁵ je⁵⁵ ŋ³⁵ dai⁵³ ba⁵⁵ me³⁵ tsai⁵⁵ jim⁵⁵. dʲu⁵⁵　　ba³¹ me³⁵ me³⁵
民族　　TOP 家 代巴玫　　　计算 不　珞巴族 民族　　人

丢巴玫不属于代巴玫。

kɯ³¹ tʲe⁵³ e⁵⁵ i⁵⁵ ja³¹. mbu⁵⁵ weŋ⁵³ lim³⁵ me³⁵ aŋ⁵⁵ ma³¹ thɯɯ⁵³ tsa⁵⁵ ji⁵⁵
少的　　　　　是 PRES 户　七　八　人家 有 上游　　　察隅

丢巴玫的数量很小，只有七八户人家，

soŋ⁵⁵ lin³⁵ kʲan⁵⁵ go³¹ i⁵⁵ ja³¹. dʲu⁵⁵　　ba³¹ me³⁵ ta³¹ paɯ⁵⁵ kʲan⁵⁵ go³¹ me³⁵
松林　　里　LOC 住 PRES 珞巴族 民族　　老年人　里　LOC 人

居住在上察隅的松林村。丢巴玫的老年人中，

khɯn⁵⁵ ka³¹ n⁵⁵ da³¹ raŋ⁵³ tɯ³¹ kɯ⁵⁵ ka³¹ sa⁵³ a³¹. tɕe⁵⁵ lɯŋ³⁵ kɯ³¹ man³⁵
一　　二　　达让　话　　会　PRES 他们　格曼

只有一两个会说达让话，

tɯ³¹ kɯ⁵⁵ ka³¹ sa⁵³ jim⁵⁵. deŋ⁵⁵ reŋ³⁵ we⁵⁵ tʂuŋ⁵⁵ gʷuo³⁵ a³¹ dza⁵⁵ go³¹ tsho⁵³
话　　会　不　僜人　TOP 中国　　官　AG 叫

但是不会说格曼话。

a³¹. deŋ⁵⁵ reŋ³⁵ we⁵⁵ da³¹ raŋ⁵³ me³⁵ ma⁵⁵ kɯ³¹ man³⁵ me³⁵ a³¹.　dʲu⁵⁵
PRES 僜人　　TOP 达让　人　和 格曼　　人 PRES 珞巴族

僜人是中国官方的说法，包括达让人和格曼人，

ba³¹ me³⁵ a³¹　jim⁵⁵. jin⁵³ du⁵³ deŋ⁵⁵ reŋ³⁵ we⁵⁵ dʲu⁵⁵　　me³⁵ dai⁵³ ba⁵⁵ me³⁵
民族　　PRES 没 印度　僜人　　TOP 珞巴族 人　代巴玫

不包括义都人。印度的僜人把义都人叫作代巴玫，

tsho⁵³ a³¹.　da³¹ raŋ⁵³ me³⁵ ma⁵⁵ kɯ³¹ man³⁵ me³⁵ jim⁵⁵.
叫　PRES 达让　人　和　格曼　　人 没

不包括达让人和格曼人。

　　达让人自称达让巴玫或者代巴玫。代巴玫包括达让巴玫和格曼巴玫。说格曼话的人自称格曼，达让人称呼说格曼话的人是叫巴玫（音）。达让人称呼说义都话的人是丢巴玫（音），丢巴玫不属于代巴玫。丢巴玫的数量很小，只有七八户人家，居住在上察隅的松林村（注：应为西巴村，此处发音人有误）。丢巴玫的老年人中，只有一两个会说达让话，但是不会说格曼话。

　　僜人是中国官方的说法，包括达让人和格曼人，不包括义都人。印度的僜人把义都人叫作代巴玫，不包括达让人和格曼人。

2.7　种粮食

ta³¹ plai⁵⁵ tin⁵³ ja³¹　kɯ³¹ nɯŋ⁵⁵ rɯŋ⁵⁵ tsai⁵⁵ pei⁵⁵ ha⁵⁵ lo⁵⁵ ta³¹ tʲau⁵⁵ khi⁵³
播种　　　　PRES 年　　　听　每　四月　　　时候　　到

ja³¹ go³¹, ŋ⁵⁵　na³¹ bõ³⁵ ta³¹ plai⁵⁵ tin⁵³ ja³¹　ta³¹ tʲau⁵⁵ khi⁵³ ja³¹. ha⁵⁵ joŋ⁵⁵
时候　我们　玉米　播种　　　　PRES 时间　　到　PRES 先
每年四月，我们开始种玉米。

ka⁵³ lʲaŋ⁵³ di⁵⁵ we⁵⁵ li⁵³ ja³¹ go³¹ ta³¹ plai⁵⁵ tin⁵³ ja³¹. ha⁵⁵ lo⁵⁵ ge⁵³
耕地　　　　后　　LOC 播种　　　　PEF 月　助词
先耕地，然后播种，

ça⁵³ a³¹ go³¹ kha³¹ lʲau⁵⁵ pre⁵³ di⁵⁵. ha⁵⁵ lo⁵⁵ ka³¹ n⁵⁵ ça⁵³ a³¹ go³¹ tɯ³¹ ri⁵⁵
后　　　　地（一块）除草 PRES 月　　二　　后　　　　肥料

tsho⁵³ ja³¹. ra³⁵ ha⁵⁵ lo⁵⁵ khi⁵³ ja³¹ go³¹ ha³¹ pɯ³⁵ na⁵⁵ ja³¹. na³¹ bõ³⁵
放置 PRES 十月　　　到　后　　　收获　　ROU PRES 玉米
一个月后除草，两个月后施肥，到十月就可以收割。

to⁵³ ge⁵³ go³¹ pa³¹ wun⁵⁵ pla⁵⁵ ge⁵³　ma³¹ lɯ⁵⁵ kha³¹ ji³⁵ çi³⁵　a³¹.
一斤　ASP 钱　　　元　助词　多　　卖　　可以 PRES
玉米一斤可以卖一块多钱。

m⁵⁵ ha⁵⁵ lo⁵⁵ khi⁵³ ja³¹ go³¹ ka³¹ tsɯm⁵³ ta³¹ plai⁵⁵ tin⁵³ ja³¹. ka³¹ tsɯm⁵³
十一月　　　到　后　青稞　　播种　　　　PRES 青稞
十一月开始种青稞，

kha³¹ lʲau⁵⁵ pre⁵³ li⁵³ ja³¹ go³¹ tɯ³¹ ri⁵⁵ tsho⁵³ ja³¹. tsheŋ⁵⁵ ha⁵⁵ lo⁵⁵ khi⁵³
地（一块）除草 后　　　 肥料　放置　PRES 五月　　　　　 到
除完草后施肥，

ja³¹ go³¹ ka³¹ tsɯm⁵³ ha³¹ pɯ³⁵ na⁵⁵ ja³¹. ka³¹ tsɯm⁵³ ha³¹ pɯ³⁵ na⁵⁵ li⁵³ ja³¹
后　青稞　　收获　ROU PRES 青稞　　 收获　　ROU ASP
来年五月份开始收割，

pra⁵⁵ we⁵⁵ ka⁵⁵ ge⁵³ ju⁵³ kʷan⁵³ ja³¹　ha⁵³ lɯ⁵⁵ na⁵⁵ ja³¹. ka⁵⁵ ge⁵³ je⁵⁵
好　TOP 半 助词 酒 酿　　PRES 剩　 ROU PRES 半 助词 TOP
收获的青稞一部分酿酒，

pa³¹ wɯn⁵⁵ kha³¹ ji³⁵ ja³¹. to⁵³ ge⁵³ go³¹ pa³¹ wɯn⁵⁵ pla⁵⁵ ge⁵³　ma³¹ lɯ⁵⁵.
钱　　　卖　　PRES 一斤　ASP 钱　　　元　助词 多
一部分卖钱，一斤可以卖一块多钱。

每年四月，我们开始种玉米。先耕地，然后播种，一个月后除草，两个月后施肥，到十月就可以收割。玉米一斤可以卖一块多钱。十一月开始种青稞，除完草后施肥，来年五月份开始收割。收获的青稞一部分酿酒，一部分卖钱，一斤可以卖一块多钱。

2.8　达让叔叔的故事

haŋ³⁵ kɯ³¹ nɯŋ⁵⁵ ma³¹ ŋa³⁵ ha⁵⁵ lɯŋ⁵⁵ ma³¹ lɯ⁵⁵ ɕa⁵³ a³¹.　kɯ³¹ nɯŋ⁵⁵
我　年龄　　五十　 十　多　　变　PRES 年龄
我今年五十多岁，

ka³¹ da³⁵ kɯ⁵⁵ khi⁵³ ja³¹　we⁵⁵ haŋ³⁵ ka³¹ sa⁵³ jim⁵⁵. haŋ³⁵ a³¹ ba³⁵ a³¹ ma⁵⁵
多少　　　 到　PRES TOP 我　知道 不 我　父亲　母亲
具体年龄不清楚，

haŋ³⁵ me⁵⁵ a³¹ go³¹ ta³¹ tʲau⁵⁵ we⁵⁵ ka³¹ sa⁵³ jim⁵⁵. haŋ³⁵ a³¹ tʲa⁵⁵ je⁵⁵
我　生　LOC 时间　TOP 知道 不 我　祖父　TOP
因为我的爸爸妈妈生我的那个时候还不知道时间。

kɯ⁵³ la⁵³ mlã³⁵ n̠u³¹ la⁵⁵ ma³⁵ mlã³⁵ ha³¹ na⁵⁵, na³¹ bõ³⁵ kha³¹ lʲau⁵⁵ ba⁵³
印度　　　 从　西藏　　　来　玉米　地（一块）做

我的爷爷从印度到西藏，

ɑ³¹ go³¹ ta³¹ pẽ³⁵ tha⁵³ di⁵⁵. haŋ³⁵ ta³¹ ko⁵⁵ ka³¹ prai⁵⁵ nɯɯ⁵⁵ tsai⁵⁵ ja³¹. khi⁵⁵
PEF 饭 吃 PRES 我 书 四 年 读 PEF 汉
靠种玉米养活一家人。我上过四年学，

ta³¹ ko⁵⁵ khoŋ⁵⁵ dɯ³⁵ pra⁵⁵ ka³¹ sa⁵³ ɑ³¹. khi⁵⁵ doŋ³¹ tɯ³¹ mroŋ⁵⁵ e⁵⁵
文字 足够 多 好 知道 PRES 汉族 ALLA 朋友 这
认识了很多汉字，

ja³¹ go³¹ khi⁵⁵ tɯ³¹ kɯ⁵⁵ ka³¹ sa⁵³ ɑ³¹. haŋ³⁵ tɕo⁵³ rɯi³⁵ mu³¹ bei³⁵ ka³¹ sa⁵³
后 汉 话 知道 PRES 我 热巴舞 也 跳 知道
我通过和汉族人交朋友来学习汉语。我还会跳热巴舞，

ɑ³¹. me³⁵ ha³¹ prɯ⁵³ ta³¹ tʲau⁵⁵ go³¹ thʲɯ⁵⁵ ja⁵⁵ ta³¹ breŋ⁵³ o⁵³ bo⁵³ di⁵⁵.
PRES 青年男人 时候 LOC 山 猎物 射 去 PRES
年轻的时候经常去山上打猎，

ta³¹ pɯm⁵⁵ kui⁵⁵ di⁵⁵. ɑ³¹ tʲa⁵⁵ je⁵⁵ na³¹ bõ³⁵ kha³¹ lʲau⁵⁵ ma⁵⁵ ka³¹ tsɯm⁵³
虫（总称） 挖 PRES 现在 TOP 玉米 地（一块） 和 青稞
也挖过虫草，现在主要种玉米和青稞。

kha³¹ lʲau⁵⁵ ba⁵³ di⁵⁵. haŋ³⁵ ɑ⁵⁵ ju⁵⁵ ɑ⁵⁵ ka³¹ prai⁵⁵ i⁵⁵ ja³¹. ɑ⁵⁵ ju⁵⁵ ɑ⁵⁵
地（一块） 做 PRES 我 儿子 四 有 PRES 儿子
我有四个儿子，

ta³¹ tsai⁵⁵ we⁵⁵ ta³¹ ko⁵⁵ tsai⁵⁵ ja³¹. ɑ⁵⁵ ju⁵⁵ ɑ⁵⁵ ka³¹ sɯŋ³⁵ we⁵⁵ haŋ³⁵ doŋ³¹
年长 TOP 书 读 PRES 儿子 二 TOP 我 ALLA
大儿子在上学，

ɑ³¹ lɯŋ⁵⁵ pa⁵⁵ ɑ³¹ kha³¹ lʲau⁵⁵ ba⁵³ di⁵⁵. ɑ³¹ tʲa⁵⁵ je⁵⁵ tha⁵³ ja³¹ tim³⁵ ja³¹
一起 地（一块） 做 PRES 现在 TOP 吃 PRES 喝 PRES
其他三个儿子和我一起干活，

mu³¹ pra⁵⁵.
也 好
现在生活得很幸福。

我今年五十多岁，具体年龄不清楚，因为我的爸爸妈妈生我的那个时候还不知道时间。我的爷爷从印度到西藏，靠种玉米养活一家人。我上过四年学，认识了很多汉字，我通过和汉族人交朋友来学习汉语。我还会跳热巴舞，年轻的时候经常去山上打猎，也挖过虫草，现在主要种玉米和青稞。我有四个儿子，大儿子在上学，其他三个儿子和一起我干活，现在生活得很幸福。

2.9 我的家乡

haŋ³⁵ mlaŋ³⁵ tsa⁵⁵ ji⁵⁵ we⁵⁵ puɪ⁵⁵ da⁵⁵ ta³¹ groŋ⁵⁵. e⁵⁵ go³¹ thʲɯ⁵⁵ ja⁵⁵
我 家乡 察隅 TOP 很 美丽 这里,这边 山
我的家乡察隅是个美丽的地方，

ta³¹ dzi⁵⁵ aŋ⁵⁵, thʲɯ⁵⁵ ja⁵⁵ kʲaŋ⁵⁵ go³¹ ma³¹ seŋ⁵⁵ aŋ⁵⁵, we⁵⁵ luɪ⁵⁵ a³¹ go⁵⁵,
高 有 山 上 LOC 树（总称） 有 然后
这里有高山，山上有很多树，

ha³¹ buŋ⁵⁵ i⁵⁵ ja³¹ ta³¹ breŋ⁵⁵ we⁵⁵ tɕu³¹ i⁵⁵ ja³¹, haŋ³⁵ ha⁵⁵ joŋ⁵⁵
野生动物 那些 有 PEF 我 以前
还有很多野生动物。

me³⁵ ha³¹ prɯ⁵³ ta³¹ tʲau⁵⁵ go³¹ thʲɯ⁵⁵ ja⁵⁵ ta³¹ breŋ⁵⁵ ma³¹ lɯŋ⁵³ di⁵⁵.
青年男人 时候 LOC 山 打猎 PRES
我年轻的时候经常到山上去打猎。

e⁵⁵ go³¹ ma³¹ tɕi⁵³ ta³¹ koŋ⁵⁵ puɪ⁵⁵ da⁵⁵ dɯ³⁵ aŋ⁵⁵. ma³¹ tɕi⁵³ mu³¹
这里,这边 河 很 多 有 水 也
这里有很多河，

puɪ⁵⁵ da⁵⁵ dɯŋ⁵⁵ a³¹. e⁵⁵ me³⁵ puɪ⁵⁵ da⁵⁵ pra⁵⁵, kha³¹ lʲau⁵⁵ waŋ⁵⁵ jim⁵⁵ go³¹
很 清 PEF 这 人 很 好 水田 忙 LOC
河水非常清澈。这里的人都很善良，

ŋ̍⁵⁵ tɕu³¹ ha³¹ pʲan⁵⁵ ha³¹ tʲo⁵⁵ a³¹ brɯŋ⁵⁵ ga³⁵ a³¹. e⁵⁵ kɯ³¹ nɯŋ⁵⁵ go³¹, e⁵⁵
我们 互相 帮助 REC PEF 这 年 LOC 这
农忙的时候我们会互相帮助。

tsa⁵⁵ ji⁵⁵ mlaŋ³⁵ we⁵⁵ me³⁵ dɯ³⁵ lɯ³¹ dɯ³⁵ lɯ³¹ ka³¹ sa⁵³ ho³¹. m̥⁵⁵ bo³¹
察隅　　　地方　TOP 人　多　越　多　越　知道　　MER 玩耍 DIR-AW
这几年，越来越多的人知道察隅这个地方，

ja³¹ me³⁵ mu³¹ dɯ³⁵ ha³¹ na⁵⁵. ŋ̊⁵⁵　tɕe⁵⁵ a³¹ lɯŋ³⁵ we⁵⁵ kha³¹ tʲau⁵⁵ a³¹ go³¹
PEF 人　也　多　来　　　我们 他们　　　　TOP 带　　PEF
并来察隅旅游。

thʲɯ⁵⁵ ja⁵⁵ hʷeŋ⁵⁵ ŋ̊⁵⁵ di⁵⁵, ma³¹ tɕi⁵³ ta³¹ groŋ⁵⁵ hʷeŋ⁵⁵ ŋ̊⁵⁵ di⁵⁵.
山　　看　PROS 水　美丽　　看　PROS
我们会带他们去看高山和绿水，

tɕe⁵⁵ a³¹ lɯŋ³⁵ we⁵⁵ dɯ³¹ roŋ³⁵ ta³¹ pẽ³⁵ ŋ̊³⁵ di⁵⁵, dɯ³¹ roŋ³⁵ ju⁵³ ha³¹ dʲɯŋ⁵⁵
他们　　　TOP 鸡爪谷　饭　给 PROS 鸡爪谷　酒 敬
会给他们做鸡爪谷饭，请他们喝鸡爪谷酒。

di⁵⁵. hʷeŋ⁵⁵ ja³¹ go³¹ tɕe⁵⁵ a³¹ lɯŋ³⁵ mu³¹ pɯi⁵⁵ da⁵⁵ ha³¹ lʲo⁵⁵ ho³¹, ŋ⁵⁵　mu³¹
PROS 看　　LOC 他们　　　也　很　　高兴　　MER 我们 也
看着他们很开心，

pɯi⁵⁵ da⁵⁵ i⁵⁵ pra⁵⁵. a³¹ mʲu⁵⁵ go³¹ tsa⁵⁵ ji⁵⁵ go³¹ me³⁵ dɯ³⁵ ta³¹　ha³¹ na⁵⁵
很　　是 好　今后　LOC 察隅　LOC 人　多　总是　来
我们也很高兴。

tʲu⁵³ kʲɯ⁵³. haŋ³⁵ mu³¹ mlaŋ³⁵ ha³¹ nu⁵⁵ la⁵³ goŋ³⁵ hʷeŋ⁵⁵ tha⁵³ bo³¹ a³¹ kʲɯ⁵³.
IMM 祈使语气我 也　地方　到处　　　　　看　吃　DIR-AW 祈使语气
希望有更多的人来察隅，也希望我有机会去看看外面的世界。

　　我的家乡察隅是个美丽的地方，这里有高山，山上有很多树，还有很多野生动物。我年轻的时候经常到山上去打猎。这里有很多河，河水非常清澈。这里的人都很善良，农忙的时候我们会互相帮助。这几年，越来越多的人知道察隅这个地方，并来察隅旅游。我们会带他们去看高山和绿水，会给他们做鸡爪谷饭，请他们喝鸡爪谷酒。看着他们很开心，我们也很高兴。希望有更多的人来察隅，也希望我有机会去看看外面的世界。

2.10　僜人买老婆

dai⁵³ me³⁵ jaŋ⁵⁵ ma³¹ wa⁵⁵ ru⁵⁵ ga⁵³ a³¹,　me³⁵ jaŋ⁵⁵ mu³¹ brai³⁵ a³¹.

倥人 夫妻　　　　　　　恋爱　PRES 妻子　　　也　买　　PRES
僜人可以自由恋爱，也可以买老婆。

me³⁵ jaŋ⁵⁵ brai³⁵ a³¹　ma³¹ tsau⁵³ bɯ³¹ lʲɯ⁵⁵ dɯ³⁵ ma³¹ dʲoŋ⁵⁵ ja³¹,　lʲa⁵⁵ na⁵⁵
妻子　　买　PRES 牛（总称）猪　　　多　准备　　　PRES 又
僜人买老婆要准备好猪牛，

a³¹ go⁵⁵ ma³¹ tsau⁵³ ha⁵⁵ lɯŋ⁵⁵,　bɯ³¹ lʲɯ⁵⁵ ka³¹ n⁵⁵ ha⁵⁵ lɯŋ⁵⁵. me³⁵ jaŋ⁵⁵ a⁵⁵
后　牛（总称）十　　猪　　二十　　　　　女人
一般是十头牛、二十头猪，

ŋ̊³⁵ we⁵⁵ dɯŋ⁵³ gɯ⁵⁵ mu³¹　ma³¹ tsau⁵³ ka³¹ prai⁵⁵ ŋ̊³⁵ ja³¹. bɯ³¹ lʲɯ⁵⁵
家 TOP 穷　不管，哪怕 牛（总称）四　　给 PRES 猪
无论女方穷富，男方都要保证至少四头牛，

ha⁵⁵ lɯŋ⁵⁵ ma³¹ lɯ⁵⁵ ŋ̊³⁵ ja³¹. me³⁵ jaŋ⁵⁵ brai³⁵ di⁵⁵　we⁵⁵ ŋ̊⁵³　go³¹, jau⁵⁵
十　　多　　给 PRES 妻子　买　PRES 那　白天 LOC 岳母
十几头猪。结婚当天，

bra⁵⁵ ŋ̊³⁵ go³¹ kɯ³¹ mu⁵³ bɯ³¹ lʲɯ⁵⁵ ma³¹ tsau⁵³ sa⁵³ a³¹ we⁵⁵ tɕu³¹ tha⁵³ a³¹.
岳父 家 LOC 女婿　　猪　　牛（总称）送 那些　　吃 PRES
女方家要把新郎送来的猪全部吃掉，

ma³¹ tsau⁵³ ka³¹ n⁵⁵ tʲɯ⁵⁵ ja³¹ go³¹ tha⁵³ ja³¹.　a³¹ ȵuŋ⁵⁵ tɯ³¹ mroŋ⁵⁵
牛（总称）二　砍　后　吃 PRES 亲属　　朋友
再吃至少两头牛，

ma³¹ tʲɯŋ⁵⁵ me³⁵ reŋ⁵⁵ ja³¹. ka³¹ rou³⁵ po⁵³ peŋ⁵³ na⁵⁵ a³¹　go³¹, bɯ³¹ lʲɯ⁵⁵
村　　　人　请 PRES 客人　　分别　　ROU PROS 时候 猪
（女方一般）邀请亲戚朋友和村里的人。

ta³¹ breŋ⁵³ ma³¹ tsau⁵³ ta³¹ breŋ⁵³ a³¹ baɯ⁵⁵ ɕi³⁵ na⁵⁵ di³¹ ga³⁵ ja³¹. ka³¹ rou³⁵
肉　　牛肉　　　　　捆　　拿 ROU TER　PRES 客人
（婚宴）结束的时候，新娘家会给来做客的亲戚朋友一些猪肉和牛肉带回家。

peŋ⁵³ go³¹ me³⁵ jaŋ⁵⁵ a⁵⁵ ma⁵⁵ ba³⁵ ma³¹ wa⁵⁵ ma⁵⁵ ba³⁵ a³¹ lɯŋ⁵⁵ pa⁵⁵ a³¹
分　 LOC 女人　　父母　　丈夫　父母　　一起

di⁵⁵ ja³¹ go³¹ ma³¹ ro⁵⁵ ga³⁵ ja³¹. jau⁵⁵ bra⁵⁵ ŋ³⁵ we⁵⁵ kɯ³¹ mu⁵³ be⁵⁵ na⁵⁵
坐　　后　　　说　　 REC　PRES　岳母　岳父　家　TOP　女婿　　回
客人离开后，双方的父母会坐下来再聊聊。

tʲu⁵³ go³¹　　ta³¹ prɯ⁵³ ŋ³⁵ ja³¹. ge⁵⁵ ha³¹ rau⁵⁵, pren⁵⁵ pu⁵³, pa³¹ wɯn⁵⁵,
MER DIR-TO 东西　　给 PRES 枪　　　　铜锅　　　银子
新娘的父母还会给新郎家一些银首饰、铜锅、刀枪等等。

ta³¹ ra⁵⁵. a³¹ mʲu⁵⁵ go³¹, jau⁵⁵ bra⁵⁵ ŋ³⁵ khi⁵³ ja³¹ go³¹ ta³¹ breŋ⁵³ tha⁵³
刀　　　今后　　LOC　岳母　岳父　家　到　时候　肉　　吃
女婿今后回到女方家不可以吃肉，

pra⁵⁵ jim⁵⁵. tɯ³¹ kɯ⁵⁵ ha³¹ pei⁵³ mu³¹ ma³¹ ro⁵⁵ pra⁵⁵ jim⁵⁵. kha³¹ lʲau⁵⁵
禁忌　　话　　坏　　也　说　　禁忌　　地（一块）
也不可以说坏话、脏话。

ka³¹ da³⁵ kɯ⁵⁵, waŋ⁵⁵ jim⁵⁵ go³¹　mu³¹ a³¹ brɯŋ⁵⁵ bo⁵³ ja³¹.
多少　　　　忙　　　时候 也　帮助　　去 PRES
农忙的时候，再怎么忙女婿也要去帮丈母娘家。

　　僜人可以自由恋爱，也可以买老婆。僜人买老婆要准备好猪牛，一般是十头牛、二十头猪，无论女方穷富，男方都要保证至少四头牛，十几头猪。结婚当天，女方家要把新郎送来的猪全部吃掉，再吃至少两头牛，女方一般要邀请亲戚朋友和村里的人。（婚宴）结束的时候，新娘家会给来做客的亲戚朋友一些猪肉和牛肉带回家。客人离开后，双方的父母会坐下来再聊聊。新娘的父母还会给新郎家一些银首饰、铜锅、刀枪等等。女婿今后回到女方家不可以吃肉，也不可以说坏话、脏话。农忙的时候，再怎么忙女婿也要去帮丈母娘家。

2.11　我的一天

a³¹ m⁵⁵ çi⁵³ ta³¹ pɯ⁵⁵ a³¹ ta³¹ tʲau⁵⁵ khi⁵³ ja³¹ go³¹, na³¹ bõ³⁵ ta³¹ plai⁵⁵ tin⁵³
桃子　　开花　　时光　　到　时候　玉米　　播种
桃花开的时候，开始种玉米。

ta³¹ tʲau⁵⁵ khi⁵³ ja³¹. a³¹ na⁵³ tʲoŋ⁵³ a³¹ go³¹, ha⁵⁵ joŋ⁵⁵ ma³¹ tsau⁵³ proŋ³⁵
时候　　到 PRES 早晨　起床 PEF　　先去　牛（总称）喂

早上起来，

di⁵⁵　we⁵⁵　li⁵³ ja³¹ go⁵⁵　bɯ³¹　lʲɯ⁵⁵ proŋ³⁵ di⁵⁵,　tʲu⁵³ proŋ³⁵ di⁵⁵.
PRES　然后　　　　　　猪　　喂　PRES 喂　　　　PRES
先去喂牛、猪，

we⁵⁵ li⁵³ ja³¹ go⁵⁵,　ŋ̍³⁵ ka³¹ dʲɯ⁵⁵ me³⁵ a³¹ lɯŋ⁵⁵ pa⁵⁵ a³¹ a³¹ na⁵³ ta³¹ pẽ³⁵
然后　　　　　　家 全部　人　一起　　　　早饭
然后全家人一起吃早饭，

tha⁵³ di⁵⁵.　ta³¹ pẽ³⁵ tha⁵³ dɯŋ⁵⁵ a³¹ go³¹ kha³¹ lʲau⁵⁵ ka³¹ lʲaŋ⁵³ a³¹ bu⁵⁵
吃　PRES 饭　吃　完　PEF　地（一块）犁　　　扛
吃完饭就扛着犁耙，

a³¹ go³¹ ma³¹ tsau⁵³ ka³¹ tʲau⁵⁵ a³¹ go³¹ kha³¹ lʲau⁵⁵ bo⁵³ di⁵⁵.　ma³¹ wa⁵³ a⁵⁵
PEF　牵　　　　　PEF　地（一块）去 PRES 男人
牵着牛去地里。

ha⁵⁵ joŋ⁵⁵ ka³¹ lʲaŋ⁵³ di⁵⁵,　ka³¹ lʲaŋ⁵³ a³¹ dɯŋ⁵⁵ li⁵³ ja³¹ go³¹ a³¹ põ³⁵
先　犁　　PRES 犁　　完　　后　　栅栏
男人们先犁地，

ka³¹ tʲau⁵⁵ di⁵⁵.　ma³¹ tsau⁵³ ha³¹ na⁵⁵ du⁵³ na⁵⁵ la⁵³ ka³¹ tʲo⁵³ di⁵⁵.　dɯŋ⁵⁵
引　　PRES 牛（总称）来　　断 ROU HS 堵　　PRES 完
犁完地以后做围栏，这是为了防止牛进来。

li⁵³ ja³¹ go³¹,　me³⁵ jaŋ⁵⁵ a⁵⁵ me³⁵ ka³¹ n̍⁵⁵ dʲɯ⁵⁵ ta³¹ plai⁵⁵ tin⁵³ a³¹.　kɯ³¹ ŋ̍⁵³
后　　　女人　人 二　每　种子　播种 PRES 天
做好这些之后，女人们两人一组开始播种，

dʲɯ⁵⁵ go³¹ kha³¹ lʲau⁵⁵ dɯ³¹ rɯŋ⁵⁵ khɯŋ⁵⁵ tin⁵³ dɯŋ⁵⁵ a³¹.　ta³¹ pẽ³⁵ tha⁵³
每 LOC 地（一块）大　一　播种 完 PRES 饭　吃
一天可以播种一大块地。

ta³¹ tʲau⁵⁵ khi⁵³ ja³¹ go³¹ ŋ̍³⁵ kʲan⁵⁵ bo⁵³ na⁵⁵ di⁵⁵,　tha³¹ dʲoŋ³⁵ li⁵³ ja³¹ go³¹ ŋ̍⁵³
时候　到　后　家里　去 ROU PRES 饱　　后　　　睡
到了吃饭的时候就一起回家去，吃饱饭后休息一下，

di⁵⁵. n̩⁵³ li⁵³ ja³¹ go³¹ bɯ³¹ doŋ⁵³ kʰa³¹ lʲau⁵⁵ bo⁵³ di⁵⁵. kʰa³¹ lʲau⁵⁵ kɯ³¹ ŋ⁵³
PRES 睡 后　　　　　又　　　　地（一块）去　PRES 地（一块）天
休息完下午继续去地里干活。

ge⁵³ ba⁵³ a³¹ go³¹, rɯn⁵⁵ lɯŋ⁵³ a³¹ go³¹ ŋ̍³⁵ kʲan⁵⁵ bo⁵³ na⁵⁵ di⁵⁵. me³⁵ jaŋ⁵⁵
助词 做 PEF　太阳 落下 PEF　家里　去 ROU PRES 妻子
干了一天活，太阳落山后回到家，

we⁵⁵ lʲoŋ⁵⁵ ta³¹ peŋ³⁵ ma³¹ dʲoŋ⁵⁵ a³¹. haŋ³⁵ je⁵⁵ ma³¹ tsau⁵³ proŋ³⁵ di⁵⁵
TOP 晚饭　　　　准备　　PRES 我　TOP 牛（总称）喂　　PRES
妻子做晚饭，

bɯ³¹ lʲɯ⁵⁵ proŋ³⁵ di⁵⁵. ta³¹ pẽ³⁵ tʰa⁵³ li⁵³ ja³¹ go³¹, gɯ⁵³ ja³¹ go³¹ n̩⁵³ bo⁵³
猪　　喂　　PRES 饭　吃 后　　　　累 后　　　　睡 走
我去喂牛和猪。吃完饭，累了就去睡觉。

goŋ³⁵ a³¹. e⁵⁵ we⁵⁵ haŋ³⁵ kɯ³¹ ŋ⁵³ ge⁵³　ma⁵⁵ go⁵⁵.
PEF　　这 TOP 我　天　　助词 ASP
这就是我的一天。

　桃花开的时候，开始种玉米。早上起来，先去喂牛、猪，然后全家人一起吃早饭，吃完饭就扛着犁耙，牵着牛去地里。男人们先犁地，犁完地以后做围栏，这是为了防止牛进来。
　做好这些之后，女人们两人一组开始播种，一天可以播种一大块地。到了吃饭的时候就一起回家去，吃饱饭后休息一下，休息完下午继续去地里干活。干了一天活，太阳落山后回到家，妻子做晚饭，我去喂牛和猪。吃完饭，累了就去睡觉。这就是我的一天。

2.12　打猎的故事

haŋ³⁵ ha⁵⁵ joŋ⁵⁵ ta³¹ tʲau⁵⁵ go³¹ ta³¹ breŋ⁵³ pɯi⁵⁵ da⁵⁵ ma³¹ lɯŋ⁵³ di⁵⁵.
我　以前　时候　LOC 动物　很　打猎　　　PRES
我以前经常打猎，

tʰʲɯ⁵⁵ ja⁵⁵ go³¹ ma⁵³ pʲa⁵³ ja³¹ we⁵⁵ dɯ³⁵ i⁵⁵ ja³¹. la⁵⁵ na⁵³ pʲe⁵⁵ ta³¹ m̩⁵⁵ i⁵⁵
山　　LOC 动物　　　TOP 多 是 PRES 比如　　狗熊　有
山上有很多动物，

ja³¹, ta³¹ la⁵³ i⁵⁵ ja³¹, ha³¹ min³⁵ i⁵⁵ ja³¹, ta⁵³ kɯŋ⁵⁵ i⁵⁵ ja³¹. haŋ³⁵ ma⁵⁵
PRES 獐子　有 PRES 山羊　　有 PRES 野牛　　有 PRES 我　和
比如狗熊、獐子、山羊、野牛。

pa³¹ mroŋ⁵⁵　　ma⁵⁵ ta³¹ breŋ⁵⁵ ma³¹ lɯŋ⁵³ bo⁵³ di⁵⁵. ŋ̍⁵⁵ ka³¹ n⁵⁵
弟弟（兄姐称）和　　打猎　　　　　去 PRES 我俩
我和表弟去打猎时，

ge⁵⁵ ha³¹ rau⁵⁵, ta³¹ lʲaŋ⁵⁵, tha⁵³ tim³⁵ glai⁵³ ja³¹ go³¹ bo⁵³ di⁵⁵.
枪　　　　子弹　　食品　　背　后　去 PRES
一般带上枪、子弹、粮食。

ta³¹ breŋ⁵⁵ ma³¹ lɯŋ⁵³ bo⁵³ ja³¹　kɯ³¹ ja⁵⁵ ka³¹ n⁵⁵ a³¹ lim⁵⁵. thʲɯ⁵⁵ ja⁵⁵ khi⁵³
打猎　　　　　去 PRES 晚上　二　路　山　到
去山上打猎要走两天，

ja³¹ go³¹, phlaŋ³⁵ ha³¹ la⁵⁵ go³¹ i⁵⁵ di⁵⁵　we⁵⁵ lɯi⁵⁵ a³¹ go⁵⁵, ma³¹ sen⁵⁵
时候　石头　下面　LOC 住 PRES 然后　　　　　柴火
到了山上，（我们会）先在石头底下找好住处，

ma³¹ la⁵³ di⁵⁵. ta³¹ breŋ⁵⁵ ma³¹ lɯŋ⁵³ di⁵⁵　go³¹　rɯn⁵⁵ mu³¹ lʲen⁵³ jim⁵⁵ go³¹
寻找　PROG 打猎　　　　　　PRES 时候 太阳　也　升起 没　时候
然后准备柴火。打猎的时候，

bo⁵³ di⁵⁵. ge⁵⁵ ha³¹ rau⁵⁵ a³¹ bu⁵⁵ ho³¹ go³¹　　ma⁵³ pʲa⁵³ ja³¹ groŋ⁵³ poŋ⁵³
走 PRES 枪　　　　扛　MER DIR-TO 动物　　脚印　痕迹
天还没亮就要出发，

ma³¹ la⁵³ di⁵⁵. ta³¹ breŋ⁵³ ta³¹ saɯ⁵³ tha⁵³ a³¹　hɯ³¹ tʲɯŋ⁵³ a³¹, raŋ⁵⁵ ho³¹
寻找　PRES 动物　野草　吃 PROG 看见　　PRES 躺 MER
拿着枪寻找动物的脚印。

hɯ³¹ tʲɯŋ⁵³ a³¹ go⁵⁵ ga⁵⁵ a⁵⁵ bo⁵³ a³¹　o⁵³ di⁵⁵. kɯ³¹ ŋ̍⁵³ ge⁵³ khɯn⁵⁵ go³¹,
看　后　近　去 PRES 射 PRES 天　助词 一　LOC
（如果）发现猎物在吃草或睡觉，我们就走过去，在距离猎物近一点的地方开枪。

haŋ³⁵ ma⁵⁵ pa³¹ mroŋ⁵⁵   ma⁵⁵ ta³¹ breŋ⁵⁵ ma³¹ lɯŋ⁵³ di⁵⁵   a³¹ kʷi⁵⁵
我 和 弟弟（兄姐称） 和 打猎   PROG 山谷
有一次，我和表弟打猎，

ha³¹ la⁵⁵ ṇu³¹ go³¹ ta³¹ m̥⁵⁵ khɯn⁵⁵ tɕhi⁵³ ja³¹ hɯ³¹ tʲɯŋ⁵³ a³¹.
下面 LOC 狗熊 一 走 PEF 看见   PEF
看见沟下面有一只狗熊。

we⁵⁵ lɯi⁵⁵ a³¹ go⁵⁵, haŋ³⁵ ha⁵³ kʲaŋ⁵⁵ ṇu³¹ go³¹ di⁵⁵ ga³⁵. haŋ³⁵ doŋ³¹ ṇu³¹
然后   我 上面 LOC 坐 CON 我 COC
我在上面等着，

ha³¹ rɯŋ⁵⁵ a³¹ go³¹ haŋ³⁵ ha⁵⁵ ma⁵⁵ we⁵⁵ nɯŋ³⁵ tim⁵³ ho³¹ jim⁵⁵. ta³¹ m̥⁵⁵
风 PEF 我 气味 TOP 闻   MER 没 狗熊
因为逆风狗熊闻不到我的气味，

ga⁵⁵ a⁵⁵ ha³¹ na⁵⁵ bo⁵³ go³¹ plɯŋ⁵⁵ go³¹ o⁵³ a³¹. o⁵³ a³¹ go³¹ ta³¹ m̥⁵⁵ we⁵⁵
近 来 走 时候 后背 LOC 射 PEF 射 PEF 狗熊 TOP
等它靠近之后，我向狗熊的后背开枪，

bɯ⁵⁵ pa⁵⁵ a³¹ deŋ³⁵ dza³¹   go³¹ au⁵⁵ au⁵⁵ gra³⁵ a³¹. we⁵⁵ lɯi⁵⁵ a³¹ go⁵⁵ ɬai⁵⁵
突然   站 DIR-TO 时候 嗷嗷 喊 PEF 然后   翻
狗熊突然站了起来，嗷嗷叫喊，然后就滚到山下去了。

di³¹ ga³⁵ bo³¹. haŋ³⁵ pa³¹ mroŋ⁵⁵   we³¹ gra³⁵ na⁵⁵ a³¹ go³¹,
TER DIR-AW 我 弟弟（兄姐称） CMT 喊 ROU PEF
我叫上表弟，

a³¹ lɯŋ⁵⁵ pa⁵⁵ a³¹ bo⁵³ di³¹ ga³⁵ a³¹. phlaŋ³⁵ kɯ³¹ tʲe⁵³ e⁵⁵ ɕi³⁵ a³¹ go³¹ lʲa⁵³
一起   去 TER PEF 石头 小的   拿 PEF 扔
一起去看，用小石子砸狗熊。

di⁵⁵. ta³¹ m̥⁵⁵ ɕi⁵⁵ hɯ³¹ tʲɯŋ⁵³ a³¹   ma³¹ tɕi⁵³ ga⁵⁵ a⁵⁵ ma³¹ goŋ⁵⁵ di³¹ ga³⁵
PRES 狗熊 死 看见   PEF 水 近 拖   TER
见狗熊死了，

a³¹   pen⁵⁵ ɬai⁵⁵ di⁵⁵. we⁵⁵ lɯi⁵⁵ a³¹ go⁵⁵, na³¹ mɯn⁵⁵ mɯn⁵⁵ breχ³⁵ a³¹

PRES 皮　　剥　　PRES 然后　　　　　　　火　　　烧　　　　　　PRES
就把它拉到有水的地方扒皮。

ma³¹ seŋ⁵³ ma³¹ la⁵³ ɑ³¹ gu⁵³ pluɯ⁵⁵ ba⁵³, ta³¹ m̥⁵⁵ ta³¹ breŋ⁵³ we⁵⁵ dʲuɯŋ³⁵
木头　　寻找　　保护　　后　　做　　狗熊　　肉　　　　TOP　块
然后我们找柴火，点好火，将狗熊的肉切成块，

tʲɯ⁵⁵ ɑ³¹ go³¹ ha³¹ ka⁵³ di⁵⁵. ha³¹ ka⁵³ li⁵³ ɑ³¹ go⁵⁵, glai⁵³ na⁵⁵ di³¹ ga³⁵
砍　　PEF　烤　　　PRES 烤　　后　　　　背　　ROU TER
放在火上烤，

ɑ³¹ go³¹ tha⁵³ pra⁵⁵ tha⁵³. kɯ³¹ ja⁵⁵ ge⁵³　ɕa⁵³ li⁵³ ɑ³¹ go³¹, bɯ³¹ doŋ⁵³
PEF　吃　好　吃　　晚上　助词 后　　　　　　　又
烤好之后就可以带回去大吃一顿。

ta³¹ breŋ⁵⁵ ma³¹ lɯŋ⁵³ bo⁵³ di⁵⁵.
打猎　　　　　　　去　IMM
第二天我们继续出去打猎。

　　我以前经常打猎，山上有很多动物，比如狗熊、獐子、山羊、野牛。我和表弟去打猎时，一般带上枪、子弹、粮食。去山上打猎要走两天，到了山上，（我们会）先在石头底下找好住处，然后准备柴火。打猎的时候，天还没亮就要出发，拿着枪寻找动物的脚印。（如果）发现猎物在吃草或睡觉，我们就走过去，在距离猎物近一点的地方开枪。
　　有一次，我和表弟打猎，看见沟下面有一只狗熊。我在上面等着，因为逆风狗熊闻不到我的气味，等它靠近之后，我向狗熊的后背开枪，狗熊突然站了起来，嗷嗷叫喊，然后就滚到山下去了。我叫上表弟，一起去看，用小石子砸狗熊。见狗熊死了，就把它拉到有水的地方扒皮。然后我们找柴火，点好火，将狗熊的肉切成块，放在火上烤，烤好之后就可以带回去大吃一顿。第二天我们继续出去打猎。

2.13　抓野鸡的故事

ɑ⁵⁵ ta³¹ tʲau⁵⁵ go³¹, haŋ³⁵ ta³¹ breŋ⁵³ pɯi⁵⁵ da⁵⁵ ha³¹ lʲo⁵⁵ ɑ³¹. ŋ̍⁵³
小　时候　　LOC　我　肉　　很　　爱　PEF 白天
小的时候，我很爱吃肉，

la³¹ muɯŋ³⁵ thʲɯ⁵⁵ ja⁵⁵ bo⁵³ ɑ³¹ go³¹ pʲa⁵³ ta³¹ ɳa⁵⁵ rʷo⁵³ di⁵⁵. ha³¹ na⁵⁵ na⁵⁵
每　　山　　　　去　PEF　　雉　　捉　PRES 来　　ROU

经常去山上抓野鸡，

a³¹ go³¹ a³¹ ma⁵⁵ ma³¹ ȵu⁵³ goŋ³⁵ a³¹ haŋ³⁵ tha⁵³ di⁵⁵. kɯ³¹ ŋ̍⁵³ khɯn⁵⁵ go³¹,
PEF 母亲 煮 PEF 我 吃 PRES 天 一 LOC
回来让妈妈给我煮着吃。有一天，

haŋ³⁵ ta³¹ breŋ⁵³ tha⁵³ mʲoŋ³⁵ na⁵⁵ go³¹, ma³¹ dʲoŋ⁵⁵ na⁵⁵ a³¹ go³¹ thʲɯ⁵⁵ ja⁵⁵
我 肉 吃 想 ROU 时候 准备 ROU PEF 山
我又想吃肉了，

bɯ³¹ doŋ⁵³ pʲa⁵³ ta³¹ ȵa⁵⁵ rʷo⁵³ dza³¹ na⁵⁵ bo⁵³ di⁵⁵. haŋ³⁵ ha³¹ bɯŋ⁵⁵ go³¹
又 雉 抓 DIR-TO ROU 去 PRES 我 森林 LOC
就准备去山上抓野鸡。

pui⁵⁵ da⁵⁵ rai⁵³ ja³¹. ta³¹ m̩⁵⁵ tɯ³¹ ru⁵³ ga⁵⁵ tʲu⁵³ na⁵⁵ la⁵³ rai⁵³ ja³¹. we⁵⁵ go³¹
太 怕 PEF 狗熊 遇见 IMM ROU HS 怕 PEF 那之后
可是我比较胆小，害怕遇见狗熊，

haŋ³⁵ tɯ³¹ mroŋ⁵⁵ khɯn⁵⁵ ma³¹ la⁵³ a³¹ go³¹ a³¹ lɯŋ⁵⁵ pa⁵⁵ a³¹ bo⁵³ di⁵⁵.
我 朋友 一 寻找 PEF 一起 去 PRES
所以我叫朋友跟我一起去。

ŋ̍⁵⁵ ka³¹ n̩⁵⁵ pʲa⁵³ ta³¹ ȵa⁵⁵ rʷo⁵³ ja³¹ ta³¹ prɯ⁵³ ɕi³⁵ ho³¹ go³¹ thʲɯ⁵⁵ ja⁵⁵ khi⁵³
我俩 雉 抓 PEF 东西 拿 MER 时候 山 到
我们带着抓野鸡的工具来到山上。

ja³¹. pʲa⁵³ ta³¹ ȵa⁵⁵ tɕiŋ⁵⁵ tha⁵³ a³¹, ha⁵⁵ joŋ⁵⁵ je⁵⁵ pʲa⁵³ ta³¹ ȵa⁵⁵ poŋ⁵³
PEF 雉 获得 吃 PROS 先 TOP 雉 痕迹
为了能抓到野鸡，首先要在山上找到野鸡留下的痕迹。

ma³¹ la⁵³ di⁵⁵. ŋ̍⁵⁵ ka³¹ n̩⁵⁵ raŋ⁵⁵ thɯi⁵³ ma³¹ la⁵³ a³¹.
寻找 PRES 我俩 半天 后 寻找 PEF
我们两个人找了很久，

we³¹ gɯi⁵⁵ a³¹ go⁵⁵ lɯn³¹ pʲa⁵³ ta³¹ ȵa⁵⁵ i⁵⁵ poŋ⁵³ khɯn⁵⁵ hɯ³¹ tʲɯŋ⁵³ a³¹.
然后 雉 有 痕迹 一 看见 PEF
终于发现了野鸡的痕迹，

we⁵⁵ bʲe⁵⁵ ŋ̍⁵⁵ ka³¹ n̩⁵⁵ we⁵⁵ go³¹ ta³¹ krai⁵⁵ tsho⁵³ ne³¹ gɑ³⁵ di⁵⁵. khɯn⁵⁵
于是　　我俩　　那里　　　套索　　放置　CON　　PRES 一
于是，我们在那里设下套索。

ta³¹ krai⁵⁵ li⁵³ ja³¹ go³¹ ka³¹ ro⁵³ thɯi⁵³ mlã³⁵ khɯn⁵⁵ doŋ⁵³ go³¹ tsho⁵³ di⁵⁵.
套索　　　后　　快　　　　地方　一　　又　LOC 放置　PRES
设好一个套索后就赶紧找下一个地方，

kɯ³¹ ŋ̍⁵³ ge⁵³ go³¹, ma³¹ lɯm⁵⁵ ge⁵³ ta³¹ krai⁵⁵ di⁵⁵. tsho⁵³ li⁵³ ja³¹ go³¹ ŋ̍³⁵
天　　助词 LOC 百　　　　助词 套索　　PROS 放置 后　　　　　家
一天可以设一百个套索，设好套索之后就可以回家了，

kʲan⁵⁵ bo⁵³ na⁵⁵ di⁵⁵. ka³¹ n̩⁵⁵ ɕa⁵³ li⁵³ ja³¹ go³¹, pʲa⁵³ ta³¹ ɳa⁵⁵ rʷo⁵³ ho³¹ we⁵⁵
里　　去 ROU PRES 二　　后　　　　　　雉　　抓　MER TOP

se⁵³ ho³¹ sa³¹　　se⁵³ ho³¹ jim⁵⁵ sa³¹　　la⁵³ hʷeŋ⁵⁵ na⁵⁵ bo⁵³ di⁵⁵. ŋ̍³⁵ kʲan⁵⁵
死 MER 表疑问 死 MER 没 表疑问 HS 看　　ROU 去 PRES 家　里
第二天再来看有没有野鸡跑到我们设好的套索中。

khi⁵³ na⁵⁵ li⁵³ ja³¹ go³¹, haŋ³⁵ pʲa⁵³ ta³¹ ɳa⁵⁵ rʷo⁵³ ho³¹ we⁵⁵
到 ROU 后　　　我　雉　　　　捉　MER TOP
回家之后，

ka³¹ da³⁵ kɯ⁵⁵ se⁵³ ho³¹ sa³¹　　la⁵⁵ we⁵³ di⁵⁵. kɯ³¹ ŋ̍⁵³ ka³¹ n̩⁵⁵ khi⁵³
多少　　　死 MER 表疑问 PRES　　天　二　到
我总是会想明天能抓到多少只野鸡，

na⁵⁵ a³¹ go³¹, haŋ³⁵ a³¹ na⁵³ ja³¹ dʲoŋ⁵⁵ a³¹ go³¹ thʲɯ⁵⁵ ja⁵⁵ pʲou⁵³ na⁵⁵
PEF　　我 早晨　PEF 赶　PEF 山　　跑 ROU
到了第二天，我很早就起床，跑到山上看，

di³¹ gɑ³⁵ a³¹ go³¹ pʲa⁵³ ta³¹ ɳa⁵⁵ rʷo⁵³ ho³¹ we⁵⁵ hʷeŋ⁵⁵ na⁵⁵ ja³¹.
TER PEF 雉　　　　捉　MER TOP 看　ROU PEF

pʲa⁵³ ta³¹ ɳa⁵⁵ se⁵³ ho³¹ hɯ³¹ tʲɯŋ⁵³ a³¹ go³¹ haŋ³⁵ ha³¹ lʲo⁵⁵ a³¹. khɯn⁵⁵ go³¹
雉　　　　死 MER 看　　PEF 我 高兴　PEF 一　　因为

看到有野鸡在套索里我就开心，

se⁵³ ho³¹ jim⁵⁵ bʲeŋ⁵³, ka³¹ ro⁵³ thɯi⁵³ pʲou⁵³ di³¹ ga³⁵ a³¹ go³¹ khɯɯŋ⁵⁵ go³¹
死　MER　没　如果　快　　　跑　TER　PEF　一　　LOC
没有我就赶紧跑到下一个设下套索的地方。

hʷeŋ⁵⁵ di⁵⁵. ka³¹ dʲɯ⁵⁵ me⁵³ hʷeŋ⁵⁵ a³¹ dɯŋ⁵⁵ li⁵³ ja³¹ go³¹, pʲa⁵³ ta³¹ n̪a⁵⁵
看　PRES　都　　　看　完　后　　　雉
看完所有的套索，

ka³¹ sɯŋ³⁵ t̪õ⁵⁵ ma⁵⁵ ka³¹ prai⁵⁵ t̪õ⁵⁵ ma⁵⁵ se⁵³ ho³¹. we⁵⁵ li⁵³ ja³¹ go⁵⁵, haŋ³⁵
三　　个　和　四　　　个　和　死　MER　然后　　　我
一般可以抓到三四只野鸡。

pʲa⁵³ ta³¹ n̪a⁵⁵ glai⁵³ ho³¹ go³¹ ha³¹ lʲo⁵⁵ a³¹　ŋ³⁵ kʲan⁵⁵ bo⁵³ na⁵⁵ di⁵⁵.
雉　　　背　MER LOC 高兴　PEF 家　里　去 ROU PRES
之后，我就高兴地背着野鸡回家了。

　　小的时候，我很爱吃肉，经常去山上抓野鸡，回来让妈妈给我煮着吃。有一天，我又想吃肉了，就准备去山上抓野鸡。可是我比较胆小，害怕遇见狗熊，所以我叫朋友跟我一起去。我们带着抓野鸡的工具来到山上。为了能抓到野鸡，首先要在山上找到野鸡留下的痕迹。我们两个人找了很久，终于发现了野鸡的痕迹，于是，我们在那里设下套索。设好一个套索后就赶紧找下一个地方，一天可以设一百个套索，设好套索之后就可以回家了，第二天再来看有没有野鸡跑到我们设好的套索中。回家之后，我总是会想明天能抓到多少只野鸡。到了第二天，我很早就起床，跑到山上看，看到有野鸡在套索里我就开心，没有我就赶紧跑到下一个设下套索的地方。看完所有的套索，一般可以抓到三四只野鸡。之后，我就高兴地背着野鸡回家了。

2.14　放牛的故事

haŋ³⁵ a⁵⁵　ta³¹ tʲau⁵⁵ go³¹, kha³¹ lʲau⁵⁵ ba⁵³ ka³¹ sa⁵³ jim⁵⁵. ma³¹ tsau⁵³ ne⁵³
我　孩子　时候　LOC 地（一块）做　会　不　牛（总称）又
我很小的时候，还不会种地，

a³¹ ku⁵³ di⁵⁵. we⁵⁵ ta³¹ tʲau⁵⁵ go³¹, haŋ³⁵ ma³¹ tsau⁵³ a³¹ ku⁵³ ja³¹ we⁵⁵
守　PRES 那　时候　LOC 我　牛（总称）守　　　PEF TOP
所以只能去放牛。那时候，我很喜欢放牛。

ha³¹ lʲo⁵⁵ a³¹. ma³¹ tsau⁵³ a³¹ ku⁵³ di⁵⁵　go³¹, haŋ³⁵ ma³¹ seŋ⁵⁵　ha³¹ la⁵⁵ di⁵⁵
喜欢　PEF 牛（总称）守　PRES 时候 我　树（总称）下面　坐
放牛的时候，我坐在大树底下，

ja³¹ go³¹, ma³¹ tsau⁵³ ta³¹ saɯ⁵³ tha⁵³ a³¹　hʷeŋ⁵⁵ di⁵⁵.
后　牛（总称）野草　吃 PEF 看　PRES
看牛吃草，

kha³¹ lʲau⁵⁵ ba⁵³ ja³¹ me³⁵ tɕu³¹ we³¹ hʷeŋ⁵⁵ di⁵⁵　ɕim⁵⁵ ba⁵³ tha⁵³ ja³¹ ta³¹
农民　　　　　们 CMT 看　PRES 什么 做　吃 PEF ITE
看农民们种地吃东西，

a³¹　jim⁵⁵ go³¹ pʲa⁵⁵　　o⁵³ we⁵⁵ di⁵⁵. kɯ³¹ ŋ̍⁵³ khɯn⁵⁵ go³¹, haŋ³⁵
PRES 没　时候 鸟（总称）射 想　PRES 天　一　　LOC 我
无聊的时候还会打鸟玩。有一天，

ma³¹ tsau⁵³ a³¹ ku⁵³ di⁵⁵. haŋ³⁵ kha³¹ lʲau⁵⁵ go³¹ ta³¹ saɯ⁵³ dɯ³⁵ tin⁵³ ho³¹
牛（总称）守　PRES 我　地（一块）LOC 野草　多　播种 MER
我去放牛，我找到一大片草地，

hɯ³¹ tʲɯŋ⁵³ a³¹. ma³¹ tsau⁵³ we⁵⁵ we⁵⁵ go³¹ tha⁵³ di⁵⁵. haŋ³⁵ je⁵⁵ ma³¹ seŋ⁵⁵
看见　PEF 牛（总称）TOP 那里　吃 PRES 我　TOP 树（总称）
让牛在那里吃草，

pɯi⁵⁵ thɯŋ⁵⁵ a³¹　ha³¹ la⁵⁵ go³¹ di⁵⁵ di⁵⁵. ha³¹ la⁵⁵ di⁵⁵ di⁵⁵　go³¹. khlai⁵⁵
凉快　　PEF 下面　LOC 坐 PRES 下面　坐 PRES 时候 地
我自己就坐在大树底下乘凉。

kʲaŋ⁵⁵ kɯ³¹ jɯ⁵⁵ dɯ³⁵ a³¹ kau³⁵ a³¹　hɯ³¹ tʲɯŋ⁵³ a³¹. kɯ³¹ jɯ⁵⁵
上　蚂蚁　多　爬　PEF 看见　　PEF 蚂蚁
乘凉的时候我看到地上有很多蚂蚁，

ha³¹ pʲan⁵⁵ ha³¹ tʲo⁵⁵ tɕhi⁵³ ja³¹. kɯ³¹ jɯ⁵⁵ tsai⁵⁵ ta³¹ prɯ⁵³ tɕe⁵⁵ doŋ³¹ n̠u³¹
来回　　　　 走 PEF 蚂蚁　每　东西　它 COC
蚂蚁走来走去，

dɯ^{31} rɯŋ^{55} joŋ^{35}　　　glai^{53} ho^{31}. tɕe^{55} a^{31} lɯŋ^{35} kɯ^{31} tʲe^{53} e^{55} kɯ^{31} tʲe^{53} e^{55} ŋ̍^{35}
大　　　　比较标记 背　MER 他们　　　一点　　　一点　　　家
每只蚂蚁都背着比自己还大的东西，

kʲan^{55} ȵu^{31} ɕi^{31} tsa^{35} a^{31}. rɯn^{55} je^{55} han^{35} we^{31} ha^{31} tʲuʔ^{53} a^{31}. be^{55} e^{55} go^{31}
里 LOC 搬　PEF 太阳 TOP 我　CMT 遮　　PEF 慢　　LOC
他们一点一点地往自己家里搬。阳光晒着我，

haŋ^{35} je^{55} ma^{31} seŋ^{55}　ha^{31} la^{55} go^{31} raŋ^{55} a^{31} go^{31} ŋ̍^{53} goŋ^{35} ho^{31}. haŋ^{35} ŋ̍^{53}
我　TOP 树（总称）　下面　LOC 躺　PEF　睡 PEF　　我　睡
慢慢地我就躺在大树底下睡着了。

na^{55} we^{55} ta^{31} tʲau^{55} ka^{31} sa^{53} jim^{55}. han^{35} dzɯ^{53} sa^{53}　na^{55} di^{55}　go^{31}, tɯm^{55}
ROU TOP 时间　知道　不　我　醒　大概 ROU PRES LOC 天
不知道睡了多长时间，我醒来的时候，

thɯi^{53} ka^{31} no^{55} tʲu^{53} ja^{31} ɕa^{53} ja^{31}. bɯ^{55} pa^{55} a^{31} han^{35} ma^{31} tsau^{53} i^{55} jim^{55}
自己 黑　IMM　变 PRES 突然　　我　牛（总称）　不在
天已经快黑了，

hɯ^{31} tʲɯŋ^{53} a^{31}. han^{35} we^{55} ma^{31} tʲu^{53} tʲɯ^{35}　　　a^{31} rai^{53} tʲɯ^{35}　　　a^{31}.
看见　PRES 我　TOP 着急　边……边 PEF 怕　边……边 PEF
这时我发现我的牛不见了，我又着急又害怕，

ma^{31} tsau^{53} ka^{31} ma^{55} a^{31} go^{31} bʲeŋ^{53} ŋ̍^{35} kʲan^{55} khi^{53} na^{55} a^{31} go^{31} hok^{53}
牛（总称）遗失　PEF　如果 家 里　到 PEF　　打
如果牛丢了，回家一定会挨打，

tɯ^{31} ru^{53} bo^{31}　　deŋ^{35}. han^{35} ha^{31} jɯ^{55} ȵam^{55} ma^{31} tsau^{53} we^{55} hɯ^{31} tʲɯŋ^{53}
遇见 DIR-AW 表估计 我　一定　　　牛（总称）TOP 看见

na^{55} go^{31} ne^{31} ŋ̍^{35} kʲan^{55} bo^{53} na^{55} ja^{31}. we^{55} bʲe^{55}, ka^{31} da^{35} ma^{31} la^{53} go^{31}
ROU 后　家 里　去 ROU PRES 结果　怎样　寻找　DIR-TO
所以我必须把牛找到才能回家。

mu^{31} hɯ^{31} tʲɯŋ^{53} jim^{55}. tɯm^{55} thɯi^{53} ka^{31} no^{55} a^{31}　ɕa^{53}. han^{35} ŋ̍^{35} kʲan^{55} bo^{53}
也　看不见　　　天　自己 黑　PEF 变 我　家里　去

可是找了很久也没找到。天已经黑了，我该回家了。

na⁵⁵ noŋ⁵⁵. we³¹ luɯ³¹ go³¹, haŋ³⁵ kha³¹ lʲau⁵⁵ kʲan⁵⁵ go³¹ ma⁵⁵ khɯɯ⁵⁵ i⁵⁵
ROU 要 这时 我 地（一块）里 LOC 黑 一 有
这时，我看见地里有一个黑色的东西，

ja³¹ hɯ³¹ tʲɯŋ⁵³ a³¹. ga⁵⁵ a⁵⁵ hʷeŋ⁵⁵ ja³¹ pʲan⁵⁵ haŋ³⁵ ma³¹ tsau⁵³ ho³¹. haŋ³⁵
PEF 看见 PEF 近 看 PEF REC 我 牛（总称） MER 我
走近一看，是我的牛，

pɯi⁵⁵ da⁵⁵ ha³¹ lʲo⁵⁵ a³¹. we⁵⁵ bʲe⁵⁵, haŋ³⁵ hɯ³¹ tʲɯŋ⁵³ a³¹ ma³¹ tsau⁵³ we⁵⁵
很 高兴 PEF 结果 我 看见 PRES 牛（总称） TOP
我非常高兴。

ka³¹ tsɯm⁵³ dɯ³⁵ tha⁵³ goŋ³⁵ ho³¹. haŋ³⁵ we⁵⁵ ma³¹ tʲu⁵³ a³¹. ma³¹ tsau⁵³ we⁵⁵
青稞 多 吃 PEF 我 TOP 着急 PEF 牛（总称） TOP
可是，我发现牛吃了很多青稞，我很着急，

me³⁵ ka³¹ tsɯm⁵³ kha³¹ lʲau⁵⁵ dɯ³⁵ tha⁵³ goŋ³⁵ ho³¹. ŋ³⁵ kʲan⁵⁵ bo⁵³
人家 青稞 地（一块）多 吃 PEF 家 里 去
因为牛破坏了别人家的青稞，

na⁵⁵ a³¹ go³¹ dʲu⁵⁵ ga³⁵ hok⁵³ tɯ³¹ ru⁵³ ja³¹. ma³¹ tsau⁵³ ka³¹ ma⁵⁵ a³¹ jim⁵⁵
PEF 相同 打 遇见 PEF 牛（总称） 遗失 PEF 没
回家也一样会挨打。不过还好牛没有丢。

go³¹ pra⁵⁵ ça⁵³ bo³¹. haŋ³⁵ ta³¹ we⁵⁵ kʲan⁵⁵ go³¹ we⁵⁵ di⁵⁵: a³¹ mʲu⁵⁵
因为 好 变 DIR-AW 我 心 里 LOC 想 PRES 今后
我心里想，
ma³¹ tsau⁵³ a³¹ ku⁵³ di⁵⁵ go³¹ ŋ̩⁵³ jim⁵⁵.
牛（总称） 守 PRES 时候 睡 不
下次放牛的时候一定不能睡觉了。

　　我很小的时候，还不会种地，所以只能去放牛。那时候，我很喜欢放牛。放牛的时候，我坐在大树底下，看牛吃草，看农民们种地吃东西，无聊的时候还会打鸟玩。
　　有一天，我去放牛，我找到一大片草地，让牛在那里吃草，我自己就坐在大树底下乘凉。乘凉的时候我看到地上有很多蚂蚁，蚂蚁走来走去，每只蚂蚁都背着比自己还大的东西，他们一点一点地往自己家里搬。阳光晒着我，慢慢地我就躺在大树底下睡着了。不知道睡了多长时间，我醒来的时候，天已经快黑了，这时我发现我的牛不见了，我又着急又害怕，如果牛丢了，回家一定会挨打，所以我必须把牛找到才能回家。可是找了很久也没找到。天已经黑了，我该回家了。这时，我看见地里有一个黑色的东西，走近一看，是我的牛，我非常高兴。可是，我发现牛吃了很多青稞，我很着急，因为牛破坏了别人家的青稞，回家也一样会挨打。不过还好牛没有丢。我心里想，下次放牛的时候一定不能睡觉了。

2.15 采蜂蜜的故事

tsheŋ⁵⁵ ha⁵⁵ lo⁵⁵ khi⁵³ ja³¹ go³¹, thʲɯ⁵⁵ ja⁵⁵ go³¹ ta³¹ wa⁵³ hui⁵⁵ dɯ³⁵ i⁵⁵ ja³¹.
五月　　　　　到　时候　山　　LOC　蜂蜜　　　多　有　PRES
五月，山上的蜂蜜多了，

tɯ³¹ mroŋ⁵⁵ ma⁵⁵ haŋ³⁵ ma⁵⁵ ta³¹ wa⁵³ hui⁵⁵ ni⁵³ bo⁵³ ja³¹ ma³¹ dʲoŋ⁵⁵ di⁵⁵.
朋友　　　和　我　和　蜂蜜　　　采　上　准备　　IMM
我和两个朋友准备去采蜂蜜。

ta³¹ wa⁵³ hui⁵⁵ ni⁵³ bo⁵³ ja³¹　kɯ³¹ ja⁵⁵ ka³¹ sɯŋ³⁵ a³¹ lim⁵⁵. we³¹ gɯ⁵⁵ lɯn³¹
蜂蜜　　　采　去　PRES　晚上　三　　　路　　后来
采蜂蜜要在路上走三天，

go³¹ tha⁵³ min⁵⁵ dɯ³⁵ ma³¹ dʲoŋ⁵⁵ di⁵⁵. we⁵⁵ go³¹ pu⁵³, kʲe³⁵ kɑu⁵⁵,
LOC　粮食　　　多　准备　　IMM　那之后　锅　大米
所以我们准备了充足的粮食，

pɯ³¹ tsɑɯ⁵⁵, pla³⁵, thu⁵⁵ tɕi⁵⁵, wɯn⁵⁵. lʲoŋ⁵⁵ thʲɯ⁵⁵ ja⁵⁵ ŋ̍⁵³ ja³¹ go³¹,
辣椒　　　盐　植物油　碗　　傍晚　山　　　睡　后
包括锅、大米、辣椒、盐、油以及碗。

kha³¹ dzem⁵³ tʲau⁵³ kɯ³¹ tʲa⁵³ ja³¹ ma³¹ dʲoŋ⁵⁵ ho³¹. a³¹ na⁵³ bo⁵³ di³¹ ga³⁵
被子　　　盖上　　　NOM 准备　　MER　早晨　去　TER
（因为）晚上要在山上住，我们还带了被子。

a³¹ go³¹, kɯ³¹ ŋ̍⁵³ ge⁵³ tɕhi⁵³ ja³¹　ne³¹ khi⁵³ ja³¹. khi⁵³ li⁵³ ja³¹ go³¹,
PEF　　天　　助词　走　PRES 后　到　PRES 到　后
早上出发，走一天才可以走到。

liŋ⁵⁵ kau⁵⁵ go³¹ n̩⁵³ mlɑŋ³⁵ ba⁵³ di⁵⁵, we⁵⁵ li⁵³ ja³¹ ne³¹ na³¹ mɯn⁵⁵
平　　　LOC 睡 地方　做　PRES 后　　　　　火
到了之后，先在平地上弄好住的地方，

mɯn⁵⁵ breχ³⁵ ɑ³¹ go³¹ ta³¹ pẽ³⁵ ma⁵³ n̠o⁵⁵ di⁵⁵. ta³¹ pẽ³⁵ tha³¹ dʲoŋ³⁵
烧　　　PEF　饭　做　IMM 饭　饱
然后烧火做饭。

li⁵³ ja³¹ go³¹, ta³¹ wa⁵³ hui⁵⁵ ni⁵³ ja³¹ ma³¹ dʲoŋ⁵⁵ di⁵⁵. ha⁵⁵ joŋ⁵⁵ tshu⁵³ sen⁵⁵
后　　　　 蜂蜜　　采 NOM 准备　IMM 先　松树茎
吃饱之后，就要准备采蜂蜜了。（他们）先要找好柴火，

ma³¹ dʲoŋ⁵⁵ ja³¹. we⁵⁵ li⁵³ ja³¹ ne³¹ ta³¹ rau⁵⁵ ma³¹ la⁵³ ja³¹. ta³¹ rau⁵⁵
准备　　PRES 后　　　　　藤子　寻找　PRES 藤子
再找足够的藤条做成梯子，

ma³¹ la⁵³ li⁵³ ja³¹ go³¹ ta³¹ pro⁵⁵ dʲoŋ⁵⁵ ba⁵³ ja³¹. we⁵⁵ ne³¹ ta³¹ pro⁵⁵ dʲoŋ⁵⁵
寻找　后　　　　木梯　　　　做 PRES 那 后　木梯
寻找后做成梯子，

ma⁵⁵ tshu⁵³ sen⁵⁵ ma⁵⁵ glai⁵³ di³¹ ga³⁵ ɑ³¹ go³¹ liŋ⁵⁵ kau⁵⁵ kʲaŋ⁵⁵ tsho⁵³ so⁵³
和 松树茎　和 背 TER　PEF 平原　上　放置 SEM
然后把梯子、柴火背到平地放好，

di⁵⁵. ɑ³¹ su⁵³ na⁵³ ta³¹ wa⁵³ hui⁵⁵ ni⁵³ di⁵⁵ go³¹ non⁵⁵ ɑ³¹. ɑ³¹ na⁵³ dʲoŋ⁵⁵
PRES 明天　　蜂蜜　　采 IMM 时候 要　PEF 早晨　赶
以备第二天采蜂蜜时用。

ɑ³¹ go³¹. ŋ⁵⁵ ka³¹ sɯŋ³⁵ ba⁵³ ja³¹ peŋ⁵³ ga³⁵ di⁵⁵. bo⁵³ ja³¹ tɕhi⁵³ ha⁵³ ne⁵⁵
PEF 我们 三　　 做 NOM 分 REC PRES 上　 走　厉害
第二天早上起来，我们三个开始分工，

ja³¹ me³⁵ we⁵⁵ ta³¹ wa⁵³ hui⁵⁵ ni⁵³ bo⁵³ ja³¹. han³⁵ je⁵⁵ ha³¹ kum⁵⁵ kʲaŋ⁵⁵
NOM 人 TOP 蜂蜜　　采 上　　我 TOP 山坡　　上
胆子大的那个人到悬崖边上采蜂蜜，

ta³¹ rẽ⁵⁵ ha³¹ prau⁵³ go³¹ ka³¹ rʷi⁵⁵ ma³¹ goŋ⁵⁵ ga³⁵ ja³¹ 　ma³¹ dʲoŋ⁵⁵ di⁵⁵.

拔　　　　　　　　LOC 绳子　　拉　　　　CON PRES 准备　　　PRES
我在坡上拿好绳子, 准备接采好的蜂蜜,

me³⁵ khɯn⁵⁵ doŋ⁵³ we⁵⁵ ta³¹ wa⁵³ hui⁵⁵ ɕi³⁵ dza³¹ go³¹　　ha³¹ tʲo⁵⁵ ja³¹　me³⁵
人　一　　又　TOP 蜂蜜　　　　拿来　DIR-TO 攥　　　PRES 人
还有一个人将拿上来的蜂蜜捏好,

ha³¹ tʲo⁵⁵ ho³¹ we⁵⁵ kɯ³¹ tseŋ⁵³ kʲan⁵⁵ tsho⁵³ ja³¹. bo⁵³ ja³¹ mboŋ⁵⁵ khi⁵³
攥　　MER TOP 水桶　　　里　放置　PRES 上　　旁边　到
装在桶里。到了悬崖边以后,

ja³¹ go³¹, ha⁵⁵ joŋ⁵⁵ tshu⁵³ sen⁵⁵ mɯn⁵⁵ breχ³⁵ ɑ³¹ go³¹. we⁵⁵ go³¹
后　先　　松树　茎　烧　　　PEF　那之后
先把柴火点着,

ta³¹ wa⁵³ hui⁵⁵ mlaŋ³⁵ lʲa⁵³ ja³¹. ta³¹ wa⁵⁵ ha³¹ bom⁵⁵ ma³¹ tɕha⁵⁵ goŋ³⁵ ja³¹.
蜂蜜　　　　　地方　扔　PRES 蜜蜂　　熏　　　散开　PEF
然后扔在有蜂蜜的地方, 把蜜蜂熏散。

na³¹ mɯn⁵⁵ khau⁵⁵ khau⁵⁵ ɑ³¹ lɯn³¹ go³¹, ta³¹ pro⁵⁵ dʲoŋ⁵⁵ we⁵⁵ ha³¹ jau⁵⁵ so⁵³
火　　烟　　冒烟　后　　　　木梯　　　TOP 下降　　SEM
等烟散完之后, 就把梯子放下去,

ja³¹. ta³¹ wa⁵³ hui⁵⁵ ni⁵³ ha³¹ ne⁵⁵ ja³¹ me³⁵ we⁵⁵ tʲɯŋ⁵⁵ go³¹ ka³¹ rʷi⁵⁵ tʲã⁵⁵
PRES 蜂蜜　　　　采　可以　NOM 人　TOP 身体　LOC 绳子　系
采蜂蜜的那个人腰上捆好绳子,

tʲu⁵³ ɑ³¹ go³¹ bo⁵³ di³¹ ga³⁵ ja³¹. ta³¹ wa⁵³ hui⁵⁵ ni⁵³ li⁵³ ja³¹ go³¹ ɣɯ³⁵ dza³¹
IMM PEF 去　TER　PRES 蜂蜜　　　采　后　　喊　　DIR-TO
就下去找蜂蜜,

ja³¹. haŋ³⁵ ka³¹ sa⁵³ li⁵³ ja³¹ go³¹ ka³¹ rʷi⁵⁵ ha³¹ jau⁵⁵ lʲa⁵³ ja³¹. tɕe⁵⁵ ni⁵³
PRES 我　知道　后　　绳子　下降　扔　PRES 他　采
等他采到蜂蜜以后就大喊几声通知我, 我知道以后就把绳子扔下去,

li⁵³ ja³¹ go³¹ ka³¹ rʷi⁵⁵ go³¹ tʲã⁵⁵ dza³¹　ja³¹. we⁵⁵ go³¹ haŋ³⁵ ka³¹ rʷi⁵⁵
后　　绳子　LOC 系　DIR-TO PRES 那之后　我　绳子

他将采好的蜂蜜挂在绳子上系好，

pɯ³¹ e⁵⁵ ha³¹ tʲo⁵⁵ ma³¹ goŋ⁵⁵ di⁵⁵. we⁵⁵ go³¹ khɯn⁵⁵ doŋ⁵³ me³⁵ we⁵⁵ ŋ̊³⁵
慢慢　攥　　拉　　　PRES 那之后　一　　又　人　TOP　给
我再将绳子慢慢拉上来，将蜂蜜交给另外一个人，

ja³¹. tɕe⁵⁵ ha³¹ tʲo⁵⁵ li⁵³ ja³¹ go³¹ kɯ³¹ tseŋ⁵³ kʲan⁵⁵ tsho⁵³ ja³¹. ta³¹ wa⁵³ hui⁵⁵
PRES 他　攥　　后　　　水桶　　　里　放置　PRES 蜂蜜
他捏好后将蜂蜜放在桶里。

ni⁵³ a³¹ dɯŋ⁵⁵ bo³¹　go³¹, ta³¹ wa⁵³ hui⁵⁵ ni⁵³ ja³¹ me³⁵ we⁵⁵ ha³¹　tʲo⁵⁵
采　完　　DIR-AW 时候　蜂蜜　　　采　NOM 人　TOP　攥
采完　　DIR-AW 时候　蜂蜜　　　采　NOM 人　TOP　攥

ɕou⁵⁵ na⁵⁵ dza³¹　a³¹ go³¹. kɯ³¹ ŋ̊⁵³ ka³¹ n⁵⁵ a³¹ na⁵³ go³¹, ta³¹ wa⁵³ hui⁵⁵
上车 ROU DIR-TO PEF　天　二　　早晨　　LOC　蜂蜜
蜂蜜采完以后，采蜂蜜的那个人就爬上来上车回家了。

bɯ³¹ doŋ⁵³ ma³¹ la⁵³ na⁵⁵ di⁵⁵. ta³¹ wa⁵³ hui⁵⁵ dɯ³⁵ tɕiŋ⁵⁵ a³¹ go³¹ pʲan⁵⁵,
又　　寻找　　ROU PRES 蜂蜜　　　多　获得 PEF　REC
第二天我们继续找有蜂蜜的地方。

tɕa³¹ ma⁵⁵ ma³¹ lɯm⁵³ ka³¹ n⁵⁵ ma³¹ lɯ⁵⁵ glai⁵³ di⁵⁵. gɯ⁵³ ja³¹ go³¹ mu³¹
斤　　二百　　　　多　背　PRES 累　时候　　也
我们最多的时候一个人要背200多斤蜂蜜下山，

ta³¹ we⁵⁵ kʲan⁵⁵ go³¹ pɯi⁵⁵ da⁵⁵ ha³¹ lʲo⁵⁵ a³¹.
心　　里　　LOC 很　　　高兴　PRES
虽然很累但是我们很开心。

　　五月，山上的蜂蜜多了，我和两个朋友准备去采蜂蜜。采蜂蜜要在路上走三天，所以我们准备了充足的粮食，包括锅、大米、辣椒、盐、油以及碗。（因为）晚上要在山上住，我们还带了被子。早上出发，走一天才可以走到。到了之后，先在平地上弄好住的地方，然后烧火做饭。吃饱之后，就要准备采蜂蜜了。（他们）先要找好柴火，再找足够的藤条做成梯子，然后把梯子、柴火背到平地放好，以备第二天采蜂蜜时用。第二天早上起来，我们三个开始分工，胆子大的那个人到悬崖边上采蜂蜜，我在坡上拿好绳子，准备接采好的蜂蜜，还有一个人将拿上来的蜂蜜捏好，装在桶里。到了悬崖边以后，先把柴火点着，然后扔在有蜂蜜的地方，把蜜蜂熏散。等烟散完之后，就把梯子放下去，

采蜂蜜的那个人腰上捆好绳子，就下去找蜂蜜，等他采到蜂蜜以后就大喊几声通知我，我知道以后就把绳子扔下去，他将采好的蜂蜜挂在绳子上系好，我再将绳子慢慢拉上来，将蜂蜜交给另外一个人，他捏好后将蜂蜜放在桶里。蜂蜜采完以后，采蜂蜜的那个人就爬上来上车回家了。第二天我们继续找有蜂蜜的地方。我们最多的时候一个人要背200多斤蜂蜜下山，虽然很累但是我们很开心。

2.16 钓鱼的故事

a⁵⁵ ta³¹ tʰau⁵⁵ go³¹, haŋ³⁵ ŋ̊⁵³　la³¹ muŋ³⁵ tɯ³¹ mroŋ⁵⁵ doŋ³¹ ta³¹ ŋa⁵³ lʲa³⁵
小 时候　LOC 我 白天 每　朋友　ALLA 鱼 钓
小时候，我经常和我的朋友去钓鱼。

bo⁵³ di⁵⁵. ma³¹ tʰɯŋ⁵⁵ kʲan⁵⁵ go³¹ ma³¹ tɕi⁵³ kɯ³¹ tʲe⁵³ e⁵⁵ mlaŋ³⁵ aŋ⁵⁵.
去 PRES 村　里 LOC 河　小的　地方 有
村里有条小河，

ma³¹ tɕi⁵³ kʲan⁵⁵ go³¹ ta³¹ ŋa⁵³ dɯ³⁵ i⁵⁵ ja³¹. ta³¹ tʰau⁵⁵ aŋ⁵⁵ go³¹, haŋ³⁵
河 里 LOC 鱼 多 有 PRES 时间 有 时候 我
河里有很多鱼。一有时间，

tɯ³¹ mroŋ⁵⁵ doŋ³¹ ta³¹ ŋa⁵³ lʲa³⁵ bo⁵³ di⁵⁵. ŋ̊⁵⁵　je⁵⁵ ha⁵⁵ jon⁵⁵ ta³¹ ŋa⁵³ lʲa³⁵
朋友　ALLA 鱼　钓 去 PRES 我们 TOP 先　鱼 钓
我就和我的朋友去钓鱼。

ja³¹　tha⁵³ tim³⁵ ma³¹ dʲon⁵⁵ ja³¹. ta³¹ ŋa⁵³ lʲa³⁵ di⁵⁵　jim⁵⁵ go³¹　ta³¹ dʑi³⁵
PRES 食品　准备　PRES 鱼　钓 PRES 没　时候 蚯蚓
我们先要准备钓鱼用的鱼饵，

dɯ³⁵ ma³¹ la⁵³ ja³¹. ta³¹ dʑi³⁵ ma³¹ la⁵³ a³¹ dɯŋ⁵⁵ li⁵³ ja³¹ go³¹, ŋ̊⁵⁵
多 寻找　PRES 蚯蚓 寻找 完　后　我们
所以钓鱼前要先抓很多蚯蚓。抓完蚯蚓后，

ta⁵³ pra⁵⁵ mboŋ⁵⁵ ha³¹ na⁵⁵. lʲa³⁵ mlaŋ³⁵ ma³¹ la⁵³ a³¹ go³¹, we⁵⁵ thɯi⁵³
河　旁边 来　钓 地方 寻找 PEF 那 后
我们来到河边，找好位置，

ta³¹ ŋa⁵³ lʲa³⁵ di⁵⁵. ta³¹ ŋa⁵³ lʲa³⁵ di⁵⁵　go³¹　ta³¹ we⁵⁵ tha³¹ rau⁵⁵. ta³¹ ŋa⁵³

鱼　　　钓　PRES 鱼　　　钓　PRES 时候 耐心　　　　　　　　鱼
就开始钓鱼。钓鱼要有耐心，

ta³¹ khrai⁵⁵ we⁵⁵ ma³¹ tʲan⁵⁵ a³¹ jim⁵⁵ go³¹ ta³¹ we⁵⁵ tha³¹ rau⁵⁵ ka³¹ lʲoŋ³⁵
绳子　　　TOP 晃　　　　　没 时候 耐心　　　　　　　等候
在鱼竿没有动的时候，要耐心地等，

ja³¹, ma³¹ tʲan⁵⁵ a³¹ jim⁵⁵. kɯ³¹ ŋ⁵³　　khɯn⁵⁵ go³¹, tɯ³¹ mroŋ⁵⁵ ka³¹ n⁵⁵ ma⁵⁵
PRES 移动　　　　　不　天（量词）一　LOC 朋友　　　二　　和
不能动。有一天 ，

haŋ³⁵ ma⁵⁵ ta³¹ ŋa⁵³ lʲa³⁵ bo⁵³ di⁵⁵. raŋ⁵⁵ jim⁵⁵ thɯi⁵³ haŋ³⁵ ta³¹ ŋa⁵³
我　和　鱼　钓 去 PRES 半天 没 后　我　鱼
我和两个朋友去钓鱼，不一会儿，

dɯ³¹ rɯŋ⁵⁵ ka³¹ n⁵⁵ lʲa³⁵ tɕiŋ⁵⁵ a³¹. we⁵⁵ bʲe⁵⁵ haŋ³⁵ tɯ³¹ mroŋ⁵⁵ ka³¹ n⁵⁵
大　　二　钓 到 PRES 结果　我　朋友　　二
我就钓到两条大鱼，可是，

we⁵⁵ khɯn⁵⁵ mu³¹ tɕiŋ⁵⁵ ho³¹ jim⁵⁵. haŋ³⁵ tɕe⁵⁵ ka³¹ n⁵⁵ we³¹ ha³¹ tʲa⁵⁵ di⁵⁵
TOP 一　也　获得 MER 没 我　他俩　　DAT 告诉　PRES
我的两个朋友一条也没钓到，

ta³¹ we⁵⁵ tha³¹ rau⁵⁵, ka³¹ lʲoŋ³⁵ tha³¹ rau⁵⁵ tʲa⁵³.　raŋ⁵⁵ jim⁵⁵ thɯi⁵³
耐心　　　　　　等候　耐心　　祈使语气 半天 没　后
我就告诉他们要耐心一点，

ta³¹ ŋa⁵³ tɕiŋ⁵⁵ bo³¹.　ma³¹ ro⁵⁵ a³¹ dɯŋ⁵⁵ a³¹ go³¹, haŋ³⁵ tha³¹ rau⁵⁵ di⁵⁵
鱼　　获得 DIR-AW 说　完　PEF　我　耐心　　PRES
一会儿鱼就上钩了。说完，

ja³¹ go³¹ ta³¹ ŋa⁵³ lʲa³⁵ na⁵⁵ di⁵⁵. ta³¹ we⁵⁵ kʲan⁵⁵ go³¹ we⁵⁵ di⁵⁵, bɯ³¹ doŋ⁵³
后　鱼　钓 ROU PRES 心　里　LOC 想　PRES 又
我又专心地开始钓鱼，心里想，

ta³¹ ŋa⁵³ dɯ³¹ rɯŋ⁵⁵ ka³¹ n⁵⁵ tɕiŋ⁵⁵ a³¹　pʲan⁵⁵. lʲoŋ⁵⁵ ta³¹ pẽ³⁵ go³¹ ta³¹ ŋa⁵³
鱼　大　　二　获得 PRES REC 傍晚 饭　　时候 鱼

再钓两条大鱼，

tha⁵³ tɕiŋ⁵⁵ ja³¹. we⁵⁵ di⁵⁵ we⁵⁵ di⁵⁵ thuɪ⁵³, huɪ³¹ tʲɯŋ⁵³ a³¹ ta³¹ ŋa⁵³
吃　　到　　PRES 想　　PRES 想　　PRES 后　　看见　　　PRES 鱼
晚饭就可以吃鱼了。想着想着，

bɯ³¹ doŋ⁵³ se⁵³ ja³¹. haŋ³⁵ be⁵⁵ e⁵⁵ deŋ³⁵ di⁵⁵. haŋ³⁵ ta³¹ ŋa⁵³ ta³¹ khrai⁵⁵
又　　死　 PRES 我　　慢　　站　PRES 我　鱼　　绳子
看见有鱼上钩了，我慢慢地站起来，

we⁵⁵ ɕi³⁵ na⁵⁵ n̩⁵⁵ di⁵⁵ la⁵³ ma³¹ dʲoŋ⁵⁵ di⁵⁵ go³¹, haŋ³⁵ tɯ³¹ mroŋ⁵⁵ ka³¹ n⁵⁵
TOP 拿 ROU PROS HS 准备　　　PRES 时候 我　 朋友　　　二
正准备收鱼竿的时候，

we⁵⁵ gra³⁵ ka³¹ dʲu³⁵ goŋ³⁵ dza³¹. haŋ³⁵ ta³¹ ŋa⁵³ rai⁵³ ja³¹ go³¹ bo⁵³
TOP 大喊 角落　　PEF DIR-TO 我　鱼　　怕　　后　　走
我的两个朋友在旁边大叫一声 ，把我的鱼吓跑了。

goŋ³¹ bo³¹. haŋ³⁵ ta³¹ ŋa⁵³ ta³¹ khrai⁵⁵ tʲaŋ⁵⁵ a³¹ go³¹ ta³¹ ŋa⁵³ se⁵³ ho³¹ jim⁵⁵.
PEF 我　鱼　绳子　　抬　PEF 鱼　　杀 MER 没
我提起鱼竿发现鱼钩上并没有鱼，

tɕe⁵⁵ ka³¹ n⁵⁵ ha⁵⁵ ha⁵⁵ la⁵³ ma³¹ ra⁵⁵ a³¹. haŋ³⁵ pɯi⁵⁵ da⁵⁵ khem⁵⁵ mʲoŋ⁵⁵
他俩　　哈哈　 HS 笑　　PRES 我　很　　生气
他们哈哈大笑起来，我非常生气。

a³¹. haŋ³⁵ tɕe⁵⁵ a³¹ lɯŋ³⁵ we³¹ hʷeŋ⁵⁵ ja³¹ jim⁵⁵. bɯ³¹ doŋ⁵³ di⁵⁵ na⁵⁵ a³¹ go³¹
PRES 我　他们　　CMT 看　　没　又　　坐 ROU PEF
我没有理他们，

ta³¹ ŋa⁵³ lʲa³⁵ na⁵⁵ di⁵⁵. raŋ⁵³ pra⁵⁵ ɕa⁵³ jim⁵⁵ go³¹, haŋ³⁵ bɯ³¹ doŋ⁵³ ta³¹ ŋa⁵³
鱼　钓 ROU PRES 一会　　　　LOC 我　又　　　鱼
又坐下来开始钓鱼，过了一会儿，

ka³¹ n⁵⁵ se⁵³ na⁵⁵. tɕe⁵⁵ ka³¹ n⁵⁵ a³¹ tʲa⁵⁵ mu³¹ ta³¹ ŋa⁵³ khɯn⁵⁵ ɳu³¹ tɕiŋ⁵⁵
二　 杀 ROU 他俩　　　现在　也　鱼　　一　　ALLA 获得
我又钓到两条大鱼，他俩还是一条都没有钓到。

ho³¹ jim⁵⁵. haŋ³⁵ huɯ³¹ tʲɯŋ⁵³ a³¹ go³¹ tɕe⁵⁵ ka³¹ n⁵⁵ ta³¹ ŋa⁵³ khɯn⁵⁵ ȵu³¹
MER 没 我 看见 PEF 他俩 鱼 一 ALLA
我看他们一条鱼都没有钓到，

tɕin⁵⁵ ho³¹ jim⁵⁵. haŋ³⁵ ta³¹ ŋa⁵³ we⁵⁵ tɕe⁵⁵ ka³¹ n⁵⁵ we³¹ ŋ̊³⁵ peŋ⁵³ na⁵⁵.
获得 MER 没 我 鱼 TOP 他俩 DAT 给 分 ROU
就把自己的鱼分给他们，

tɕe⁵⁵ ka³¹ n⁵⁵ ha³¹ lou⁵⁵ a³¹ a³¹ go³¹ ɕi³⁵ tɕo⁵³ ho³¹ jim⁵⁵. haŋ³⁵ we³¹ la⁵³ ŋ̊⁵⁵
他俩 害羞 PEF 拿 敢 MER 不 我 DAT 说 我们
他们不好意思要，对我说：

ka³¹ n⁵⁵ je⁵⁵ ȵun³⁵ ta³¹ ŋa⁵³ we⁵⁵ rai⁵³ kon³⁵ jim⁵⁵. haŋ³⁵ la⁵³ di⁵⁵: non⁵⁵ jim⁵⁵
二 TOP 你 鱼 TOP 怕 CAU 不 我 说 PRES 必须 不
我们不应该吓跑你的鱼。我说：没关系，

bo⁵³ m⁵⁵. a³¹ mʲu⁵⁵ ta³¹ ŋa⁵³ tha³¹ rau⁵⁵ lʲa³⁵ tʲa⁵³.   me³⁵ pei⁵⁵ we⁵⁵
肯定语气 今后 鱼 耐心 钓 祈使语气 别人 TOP
下次要专心钓鱼，

hʷeŋ⁵⁵ ja³¹ jim⁵⁵. ȵun³⁵ han³¹ ta³¹ ŋa⁵³ ta³¹ khrai⁵⁵ we⁵⁵ hʷeŋ⁵⁵ ja³¹ go³¹ ne³¹
看 不 自己 鱼 绳子 TOP 看 后
不要看别人，

ta³¹ ŋa⁵³ lʲa³⁵ tɕin⁵⁵ a³¹.
鱼 钓 获得 PRES
只看自己的鱼竿才能钓到大鱼。

　　小时候，我经常和我的朋友去钓鱼。村里有条小河，河里有很多鱼。一有时间，我就和我的朋友去钓鱼。我们先要准备钓鱼用的鱼饵，所以钓鱼前要先抓很多蚯蚓。抓完蚯蚓后，我们来到河边，找好位置，就开始钓鱼。钓鱼要有耐心，在鱼竿没有动的时候，要耐心地等，不能动。
　　有一天，我和两个朋友去钓鱼，不一会儿，我就钓到两条大鱼，可是，我的两个朋友一条也没钓到，我就告诉他们要耐心一点，一会儿鱼就上钩了。说完，我又专心地开始钓鱼，心里想，再钓两条大鱼，晚饭就可以吃鱼了。想着想着，看见有鱼上钩了，我慢慢地站起来，正准备收鱼竿的时候，我的两个朋友在旁边大叫一声，把我的鱼吓跑了。我提起鱼竿发现鱼钩上并没有鱼，他们哈哈大笑起来，我非常生气。我没有理他们，又坐下来开始钓鱼，过了一会儿，我又钓到两条大鱼，他俩还是一条都没有钓到。我看他们一条鱼都没有钓到，就把自己的鱼分给他们，他们不好意思要，对我说：我们不应该吓跑你的鱼。我说：没关系，下次要专心钓鱼，不要看别人，只看自己的鱼竿才能钓到大鱼。

2.17　浪措湖的来历

bɯ⁵⁵ a³¹ go⁵⁵	dʲu⁵⁵	me³⁵	pu⁵⁵ hʷaŋ⁵⁵ kʲan⁵⁵ go³¹	i⁵⁵	ja³¹	la⁵³.	tɕe⁵⁵ lɯŋ³⁵
很久以前	珞巴族 人	山洞	里	LOC	住	PRES HS	他们

从前，珞巴族人住在一个山洞里，

pu⁵⁵ hʷaŋ⁵⁵ kʲan⁵⁵ go³¹	i⁵⁵	ra⁵⁵	i⁵⁵ ja³¹	di³¹ ga³⁵.	me³⁵	ka³¹	dʲɯ⁵⁵	we⁵⁵
山洞	里	LOC	住	长久 住	TER	人	全部	TOP

他们在岩洞里住得太久了，

a³¹ boŋ⁵⁵	pu⁵⁵ hʷaŋ⁵⁵	hʷeŋ⁵⁵	we⁵⁵	bo³¹ a³¹ la⁵³.	kɯ³¹	ŋ̊⁵³	kɯn⁵⁵ go³¹
房子外	山洞	看	想	DIR-AW HS	天	一	LOC

大家就决定去洞外看看。有一天，

tɕe⁵⁵ lɯŋ³⁵	tɕu³¹ a³¹ lɯŋ⁵⁵	pa⁵⁵	a³¹ boŋ⁵⁵	pu⁵⁵ hʷaŋ⁵⁵	bo⁵³ a³¹	la⁵³.
他们	一起		房子外	山洞	去	PEF HS

人们一起去岩洞外。

me³⁵	ta³¹ paɯ⁵⁵	kɯn⁵⁵	we⁵⁵	pu⁵⁵ hʷaŋ⁵⁵ kʲan⁵⁵ go³¹	ma³¹ tɕi⁵³	a⁵⁵	hu⁵⁵	jim⁵⁵
老人	一	TOP		山洞 里	LOC	泉水	舍得	不

一位老太婆舍不得洞里的泉水，

di³¹ ga³⁵,	pu⁵⁵ hʷaŋ⁵⁵ kʲan⁵⁵	ma³¹ tɕi⁵³	a⁵⁵	tɯ³¹ kaŋ⁵⁵ kʲan⁵⁵ go³¹	tsho⁵³ a³¹
TER	山洞 里	泉水		葫芦 里 LOC	放置 PEF

就把洞里的水装到一个大葫芦里，

la⁵³,	a³¹ boŋ⁵⁵	ɕi³⁵ dɯ³¹	ga³⁵	we⁵⁵	di³¹ ga³⁵.	we⁵⁵	gʲe³¹ je⁵⁵	me³⁵	ta³¹ paɯ⁵⁵
HS	房子外	拿去		想	TER	但是		老人	

想带出洞外。但是，

| ka³¹ | leŋ⁵⁵ | klou⁵⁵ | doŋ³¹ | bo⁵³ kɯ³¹ | ŋ⁵⁵ | tɯ³¹ kaŋ⁵⁵ | we⁵⁵ | ha³¹ | rʷi⁵³ | pra⁵⁵ | jim⁵⁵ | a³¹ |

门口　　　　　ALLA 走 时候　葫芦　　TOP 掉　　坏　　　PEF
老太婆走到洞口时，摔坏了葫芦，

bo³¹　　la⁵³, ma³¹ tɕi⁵³ we⁵⁵ khɯ³¹ lai⁵⁵ kʲaŋ⁵⁵ go³¹ dau⁵³ goŋ³⁵ ja³¹ a³¹ bo⁵⁵,
DIR-AW HS　水　　　TOP 地上　　　　　LOC 漏 PEF　　ICP
把水洒在了地上，

laŋ³¹ tshuo⁵³ hu³⁵ we⁵⁵ lʲɯ⁵⁵ goŋ³⁵ a³¹.
浪措湖　　　　　　TOP 变 PEF
形成了浪措湖。

　　从前，珞巴族人住在一个山洞里，他们在山洞里住得太久了，大家就决定去洞外看看。有一天，人们一起去山洞外。一位老太婆舍不得洞里的泉水，就把洞里的水装到一个大葫芦里，想带出洞外。但是，老太婆走到洞口时，摔坏了葫芦，把水洒在了地上，形成了浪措湖。

2.18　大锅

saŋ⁵⁵ a⁵⁵ kha³¹ ɯ³¹ si⁵³ kʲan⁵⁵ go³¹ pa⁵⁵ kɯn⁵⁵ ma³¹ ɳu⁵³ goŋ³⁵ a³¹ pu⁵³ ba⁵³
桑阿卡尔寺　　　　里 LOC 雕塑 一　　煮　　PEF　　锅 做
德庆桑阿卡尔寺把一个镀金的铜像熔成了一口大锅，

goŋ³⁵ a³¹. a⁵⁵ gu³¹ deŋ⁵³ ba⁵⁵ ka³¹ sa⁵³ a³¹ go⁵⁵ lɯ³¹ joŋ³⁵ khem⁵⁵ mʲoŋ⁵⁵ a³¹.
PEF　　阿古登巴　　　知道 后　　更　　生气　　PEF
阿古登巴发现后，很生气，

e⁵⁵ pu⁵³ we³¹ tʲu⁵³ di⁵⁵ ta³¹ we⁵⁵ we⁵⁵ a³¹ la⁵³. we⁵⁵ lɯi³¹ goŋ³⁵ pa⁵⁵ ɕe³⁵
这 锅　CMT 打 IMM 打算　　　　PEF HS 还　　　　　诅咒
打算砸了这口大锅，

lɯi⁵³ a³¹ ɕa⁵⁵ e⁵⁵ pu⁵³ kʲaŋ⁵⁵ go³¹ ta³¹ pẽ³⁵ tha⁵³ di⁵⁵ a³¹ bo⁵⁵ me³⁵ we⁵⁵
PEF　谁 这 锅 里 LOC 饭　　吃 IMM ICP　人　那
于是后来（他）规定，

a³¹ lim⁵⁵ kɯ³¹ ɬai⁵⁵ ɕa⁵³ na⁵⁵ la⁵³. a⁵⁵ gu³¹ deŋ⁵³ ba⁵⁵ we⁵⁵ la³¹ ma⁵⁵
路　　反　　变 ROU HS 阿古登巴　　　TOP 和尚
凡是从这大锅里吃饭的人都要走向恶途。

khem⁵⁵ mʲoŋ⁵⁵ e⁵⁵ dɯ³¹ pɯi⁵⁵ koŋ³⁵ a³¹ la⁵³. la³¹ ma⁵⁵ kʷaɯ⁵³ ma³¹ tɕha⁵⁵
生气　　　故意　　CAU　HS　和尚　狗　　散开
阿古登巴激怒了僧人，

tɕe⁵⁵ thaɯ⁵³ kɯn⁵⁵ ja³¹ la⁵³. a⁵⁵ gu³¹ deŋ⁵³ ba⁵⁵ pu⁵³ we⁵⁵ kru⁵³ tsaɯ⁵⁵ dzem⁵⁵
他　咬　PROG　HS　阿古登巴　　　锅　那　头顶　顶
僧人放狗咬他。

a³¹ ta³¹ ko⁵³ go³¹ pu⁵³ we³¹ woʔ⁵³ ta³¹ la⁵⁵. we³¹ gɯi⁵⁵ a³¹ go⁵⁵, e⁵⁵ pu⁵³ we⁵⁵
PEF　锥子　INS　锅　CMT　扎　ITE　后来　　　　这　锅　TOP
阿古登巴头顶大锅，用锥子扎锅底。后来，

saŋ⁵⁵ a⁵⁵ kha³¹ ɯr³¹ si⁵³ kʲan⁵⁵ tsho⁵³ goŋ³⁵ a³¹ la⁵³.
桑阿卡尔寺　　　　　里　放置　PEF　HS
传说这锅被放在桑阿卡尔寺的佛塔里。

　　德庆桑阿卡尔寺把一个镀金的铜像熔成了一口大锅，阿古登巴发现后，很生气，打算砸了这口大锅。于是后来（他）规定，凡是从这大锅里吃饭的人都走向恶途。阿古登巴激怒了僧人，僧人放狗咬他。阿古登巴头顶大锅，用锥子扎锅底。后来，传说这锅被放在桑阿卡尔寺的佛塔里。

2.19　安吉的故事

an⁵⁵ tɕi³⁵ bro⁵³ ja³¹ we⁵⁵ gɯ³¹ mu³¹ a³¹ mɯŋ⁵⁵ aŋ⁵⁵ jim⁵⁵. tɕe⁵⁵ ma⁵⁵ ba³⁵ we⁵⁵
安吉　生　PEF　但是　　　名字　有　不　她　父母　TOP
安吉出生时没有名字，

kɯ³¹ ŋ̍⁵³ 　khɯn⁵⁵ go³¹ a³¹ mɯŋ⁵⁵ tsho⁵³ ŋ̍⁵⁵ di⁵⁵ we⁵⁵ a³¹ mɯŋ⁵⁵ tsho⁵³
天（量词）一　LOC　起名　　　PROS　想　起名
她的父母第一天想取名字取不出来，

ka³¹ sa⁵³ jim⁵⁵. kɯ³¹ ŋ̍⁵³ ka³¹ n̍⁵⁵ a³¹ mɯŋ⁵⁵ tsho⁵³ ŋ̍⁵⁵ di⁵⁵ we⁵⁵ tsho⁵³
会　不　天　二　起名　　　PROS　TOP　起
第二天也取不出来。

ka³¹ sa⁵³ jim⁵⁵. we⁵⁵ lɯi⁵⁵ bʲe⁵⁵ pʲa⁵⁵　　　kɯ³¹ ŋ̍⁵³ kɯ⁵³ jim³⁵ dza³¹.

会　　不　　然后　　　　　　鸟（总称）个　　　一　　飞　　DIR-TO
刚好，

pʲa⁵⁵　　　we⁵⁵ an⁵⁵ tɕi³⁵ an⁵⁵ tɕi³⁵ la⁵³. an⁵⁵ tɕi³⁵ ma⁵⁵ ba³⁵ we⁵⁵ an⁵⁵ tɕi³⁵
鸟（总称）TOP 安吉　　安吉　　叫　安吉　　父母　　　TOP 安吉
一只鸟飞过来一直叫"安吉，安吉"。

tɯ³¹ kɯ⁵⁵ we⁵⁵ tha³¹ rɯŋ⁵⁵ ta³¹ n̠oŋ⁵⁵ wu³¹ li⁵³ we⁵⁵ ti⁵³ goŋ³⁵ a³¹. tɕe⁵⁵
话　　TOP 听　　好听　　觉得　　　　PEF　　他
安吉的父母觉得"安吉"挺好听，

a³¹ jaŋ⁵⁵ a³¹ mɯŋ⁵⁵ je⁵⁵ an⁵⁵ tɕi³⁵ tsho⁵³ goŋ³⁵ a³¹. an⁵⁵ tɕi³⁵ dɯ³¹ rɯŋ⁵⁵ ɕa⁵³
女儿　　名字　　TOP 安吉　　叫　PEF　　安吉　　大　　　　变
就给女儿取名叫"安吉"了。安吉长大了，

bo⁵⁵, me³⁵ ŋ̊³⁵ ja³¹ bo³¹ a³¹ ɕa⁵³ bo⁵⁵. an⁵⁵ tɕi³⁵ me³⁵ ŋ̊³⁵ bo³¹ a³¹ kɯ³¹ ŋ⁵⁵ go³¹
ICP 人　嫁　　DIR-AW 成功　安吉　　人　嫁　DIR-ΛW 时候　LOC
该出嫁了。可在出嫁的那天，

ha³¹ rɯŋ⁵⁵ khɯn⁵⁵ ɬai⁵⁵ di⁵⁵　an⁵⁵ tɕi³⁵ we⁵⁵ tɕhi⁵³ ɕa⁵³ goŋ³⁵ a³¹. me³⁵
风　　　一　　吹　PROG 安吉　　TOP 走　变　PEF　　人
一阵大风吹来，把她吹跑了。

ka³¹ dʲɯ⁵⁵ we⁵⁵ we³¹ ka⁵⁵ an⁵⁵ tɕi³⁵ we³¹ ka⁵⁵ hɯ³¹ tʲɯŋ⁵³ jim⁵⁵. tɕe⁵⁵
全部　　TOP 到处　安吉　　到处　看不见　　　　他
大家哪儿都找不到她，

a³¹ mɯŋ⁵⁵ tsho⁵³ jim⁵⁵ a³¹ go⁵⁵ wu³¹ li⁵⁵ ɕa⁵³ goŋ³⁵ a³¹ la⁵³. we⁵⁵ lɯi⁵⁵ bʲe⁵⁵
名字　　起　没　后　那样　变　PEF　　HS　于是
都觉得是安吉出生时没有名字所以才失踪的。从此以后，

me³⁵ ka³¹ dʲɯ⁵⁵ we⁵⁵ wu³¹ li⁵⁵ ta³¹ we⁵⁵ tsho⁵³ naŋ⁵⁵. a⁵⁵　bro⁵³ kɯ³¹ ŋ⁵³
人　全部　　TOP 那样　记住　　　　　　孩子 生　天
大家吸取了教训，

ka³¹ sɯŋ³⁵ kɯŋ⁵⁵ go³¹ a³¹ mɯŋ⁵⁵ tsho⁵³ a³¹.
三　　　里　LOC 起名　　　　　PEF

孩子出生后三天之内就取好名字了。

安吉出生时没有名字，她的父母第一天想取名字取不出来，第二天也取不出来。刚好，一只鸟飞过来一直叫"安吉，安吉"。安吉的父母觉得"安吉"挺好听，就给女儿取名叫"安吉"了。安吉长大了，该出嫁了。可在出嫁的那天，一阵大风吹来，把她吹跑了。大家哪儿都找不到她，都觉得是安吉出生时没有名字所以才失踪的。从此以后，大家吸取了教训，孩子出生后三天之内就取好名字了。

2.20 啄木鸟

bɯ⁵⁵ a³¹ go⁵⁵ ha⁵⁵ lo⁵⁵ ɕe⁵⁵ goŋ³⁵ a³¹ ma³¹ mʲu⁵⁵ li⁵⁵ na⁵³ a³¹. me³⁵ ɕe⁵⁵
很久以前   月亮   死 PEF   后   生   PEF 人 死
从前，月亮死了能活过来，

goŋ³⁵ a³¹ ma³¹ mʲu⁵⁵ li⁵⁵ na⁵³ a³¹. kɯ³¹ n̥⁵³ kɯn⁵⁵ go³¹, a⁵⁵ ba⁵⁵ da³⁵ ni³⁵ we⁵⁵
PEF   后   生   PEF 天   一   LOC 阿巴达尼   TOP
人死了也能活过来。有一天，

ma³¹ seŋ⁵³ pʲa⁵³ tɯ³¹ kɯ⁵⁵ ha⁵⁵ lo⁵⁵ ɕe⁵⁵ goŋ³⁵ a³¹ ma⁵⁵ me³⁵ ɕe⁵⁵ goŋ³⁵ a³¹
啄木鸟   通知   月亮   死 PEF   和 人 死 PEF
阿巴达尼叫啄木鸟去通知死了的月亮和死了的人，

tɯ³¹ kɯ⁵⁵ tɕe⁵⁵ ma³¹ seŋ⁵³ pʲa⁵³ we³¹ la⁵³ a³¹: ha⁵⁵ lo⁵⁵ ɕe⁵⁵ goŋ³⁵ a³¹
通知   他   啄木鸟   DAT 说 PEF 月亮   死 PEF
他对啄木鸟说："月亮死了，

ma³¹ mʲu⁵⁵ ha³¹ na⁵⁵ be⁵⁵ na⁵⁵ jim⁵⁵ bo³¹.   me³⁵ ɕe⁵⁵ goŋ³⁵ a³¹ ma³¹ mʲu⁵⁵
后   来   回   不   DIR-AW 人 死 PEF   后
不要回来了；人死了，

ha³¹ na⁵⁵ be⁵⁵ na⁵⁵ na⁵⁵ la⁵³. we⁵⁵ gʲe³¹ je⁵⁵ ma³¹ seŋ⁵³ pʲa⁵³ we⁵⁵ tɯ³¹ kɯ⁵⁵
来   回   ROU HS 但是   啄木鸟   TOP 话
要回来。"

kɯ³¹ ɬai⁵⁵ thɯ³¹ tʲa⁵⁵ goŋ³⁵ di⁵⁵. we⁵⁵ lɯi⁵⁵ bʲe⁵⁵ ha⁵⁵ lo⁵⁵ ɕe⁵⁵ goŋ³⁵ a³¹ gɯi⁵⁵
反   告诉   PEF PRES 于是   月亮   死 PEF 后
可是啄木鸟把话传反了，

li⁵⁵ na⁵³ a³¹, me³⁵ ɕe⁵⁵ goŋ³⁵ a³¹ gui⁵⁵ li⁵⁵ na⁵³ jim⁵⁵. a⁵⁵ ba⁵⁵ da³⁵ ni³⁵ we⁵⁵
生　　PEF 人　死　PEF　　后　生　不　　阿巴达尼　　　TOP
所以月亮死了还能活过来，人死了就不能活过来了。

pui⁵⁵ da⁵⁵ khem⁵⁵ mʲoŋ⁵⁵ goŋ³⁵ a³¹. we³¹ gɯ³⁵ ma³¹ seŋ⁵³ pʲa⁵³ we⁵⁵ ta³¹ hʷi⁵³
很　　生气　　　　PEF　　因此　啄木鸟　　　　TOP 教
阿巴达尼很生气，决定处罚啄木鸟，

dʲeŋ⁵⁵ a³¹. a⁵⁵ ba⁵⁵ da³⁵ ni³⁵ we³¹ gɯ³⁵ ma³¹ seŋ⁵³ pʲa⁵³ we⁵⁵ kru⁵³ rui⁵⁵ pla⁵⁵
同意 PEF 阿巴达尼　　　因此　啄木鸟　　　　那头　压　扁
所以就夹扁了它（啄木鸟）的脑袋，

ɕa⁵³ ha³¹ na⁵⁵ goŋ³⁵ a³¹, thɯ³¹ liŋ⁵³ na³⁵ ni⁵³ du⁵³ goŋ³⁵ a³¹.
变 Roc　PEF　　舌头　　割 断　PEF
割掉了它的舌头。

we³¹ ma³¹ mʲu⁵⁵ go⁵⁵ gui⁵⁵ me³⁵ tɕu³¹ khu⁵³ ga³⁵ thui⁵³ je³¹ wu³¹ li⁵⁵ ta³¹ la⁵⁵
后来　　　　　　　别人　吵架　时候　那样　经常
以后，人们吵架的时候，

teŋ⁵⁵ mei⁵⁵ ja³¹ me³⁵ we⁵⁵ ma³¹ seŋ⁵³ pʲa⁵³ we⁵⁵ kɯ³¹ ta⁵³ dʐoŋ³⁵ jim⁵⁵ la⁵³.
劝架　　NOM 人 TOP 啄木鸟　　　TOP 呼叫　学　不 HS
常说劝架的人不能学啄木鸟叫。

　　从前，月亮死了能活过来，人死了也能活过来。有一天，阿巴达尼叫啄木鸟去通知死了的月亮和死了的人，他对啄木鸟说："月亮死了，不要回来了；人死了，要回来。"可是啄木鸟把话传反了，所以月亮死了还能活过来，人死了就不能活过来了。阿巴达尼很生气，决定处罚啄木鸟，所以就夹扁了它（啄木鸟）的脑袋，割掉了它的舌头。以后，人们吵架的时候，常说劝架的人不能学啄木鸟叫。

2.21　僜人祖先的来历

bɯ⁵⁵ a³¹ go⁵⁵, ȵuŋ³⁵ mroŋ⁵⁵ ka³¹ prai⁵⁵ i⁵⁵ ja³¹ la⁵³. tɕe⁵⁵ lɯŋ³⁵ je⁵⁵ ŋ̍⁵⁵
很久以前　你 兄弟 四　　有 PEF HS 他们　　TOP 我们
很久以前，有四个兄弟，

ha⁵⁵ joŋ⁵⁵ me³⁵ i⁵⁵ ja³¹. tɕe⁵⁵ lɯŋ³⁵ tɯi⁵³ ma³¹ sen⁵⁵ bɯŋ⁵⁵ pa⁵⁵ go³¹ i⁵⁵ ja³¹
祖先　　　　　是 PRES 他们　　自己 森林　　　　　　　LOC 住
他们是我们的祖先。他们住在森林里，

wu⁵⁵ bo³¹, tha⁵³ kɯm⁵³ ja³¹ ha³⁵ pra⁵³ jim⁵⁵ ja³¹. kɯ³¹ ŋ̍⁵³ kɯn⁵⁵ go³¹ e⁵⁵
DIR-AW 吃　　　　　NOM 好　　　不　Pers 天　　　一　　TOP
日子过得不好。有一天，

ta³¹ dzai⁵⁵ joŋ⁵⁵ we⁵⁵ peŋ⁵³ ɡa³⁵ la⁵³ a³¹. we⁵⁵ a³¹ dʲo⁵⁵ a⁵⁵ joŋ⁵⁵ we⁵⁵
老大　　　　　那 分别　　说 PEF 但是　　　小弟　那
大哥提出分家，

ha³¹ lʲo⁵⁵ jim⁵⁵. kha³¹ lʲau⁵⁵ wa³¹　bo⁵³ a³¹ di³¹ ɡa³⁵ la⁵³. a⁵⁵ joŋ⁵⁵ we⁵⁵ bo⁵³
喜欢　不　水田　　DIR-AW 去 PEF TER　HS 小弟　那　走
但小弟不乐意，就去田里干活了。

plɯŋ⁵⁵ ɡon³⁵ a³¹. ta³¹ dzai⁵⁵ joŋ⁵⁵ ŋ³⁵ kun⁵⁵ ta³¹ prɯ⁵³ we³¹ ka³¹ dʲɯ⁵⁵ mai⁵⁵
后　　PEF　　老大　　　　家 里　东西　　CMT 全部的
小弟走了以后，

peŋ⁵³ a³¹　ka³¹ prai⁵⁵ we⁵⁵ di³¹ ɡa³⁵ peŋ⁵³ ɡon³⁵ a³¹. ta³¹ dzai⁵⁵ joŋ⁵⁵
分 PEF 四　　　想 TER　分 PEF　老大
大哥把家里的财产分成了四份。

ȵuŋ³⁵ haŋ³⁵ ta³¹ prɯ⁵³ dɯ³¹ ɕi³⁵ dɯ³¹ ɡa³⁵ bo³¹　　ma⁵³ liŋ⁵⁵ kau⁵⁵ ja⁵⁵ go³¹
自己　　东西　多 拿去　　　　　DIR-AW 平原　　　　上 LOC
大哥带着自己的财产，搬去平原了。

lɯi⁵³ bo³¹　　di³¹ ɡa³⁵. wu³¹ li⁵⁵ a⁵³ go³¹, ta³¹ dzai⁵⁵ joŋ⁵⁵ kɯ⁵³ mroŋ⁵⁵ kʰi⁵⁵
搬 DIR-AW TER　后来　　　老大　　　一 兄弟 汉族
后来，

ha⁵⁵ joŋ⁵⁵ me³⁵ lʲɯ⁵⁵ ɡoŋ³⁵ a³¹. ta³¹ dzai⁵⁵ joŋ⁵⁵ ha³¹ la⁵⁵ we⁵⁵ ɕa⁵³ a³¹　dʲu⁵⁵
祖先　　　变 PEF　　老大　　　　下首　TOP 变 PEF 珞巴族
大哥变成了汉族的祖先。

ha⁵⁵ joŋ⁵⁵ me³⁵ ɕa⁵³ a³¹. ta³¹ plɯŋ⁵⁵ mroŋ⁵⁵ ja⁵⁵ we⁵⁵ tʰʲɯ⁵⁵ kum⁵⁵ ɡʲaŋ⁵⁵

祖先　　　　　变　PEF　老三　　　　　　　　TOP　山　　　　　上
二哥变成了珞巴族的祖先。

p^jou⁵³ di³¹ ga³⁵ bo³¹ da⁵⁵ l^jɯ⁵⁵ gon³⁵ a³¹ la⁵³. a⁵⁵ jon⁵⁵ we⁵⁵ ta³¹ dzai⁵⁵ jon⁵⁵
跑　　TER　　老虎　　变　PEF　HS　小弟　　TOP　老大
三哥跑到山上去了，（后来）变成了老虎。

d^jon⁵⁵ bo³¹ wa³¹ th^jɯ⁵⁵ ja⁵⁵ d^jon⁵⁵ ja³¹. d^jon⁵⁵ tɕin⁵⁵ jim⁵⁵ am⁵³. we³¹ gɯ³⁵
追　　DIR-AW　山　　　追　　Pers　追　到　不　感叹　因此
小弟去山上追大哥，可是追不上，

ha³¹ na⁵⁵ na⁵⁵ we⁵⁵ ma³¹ sen⁵⁵ bɯn⁵⁵ pa⁵⁵ ta³¹ la⁵⁵ i⁵⁵ gon³⁵ a³¹. a⁵⁵ jon⁵⁵
来　　ROU　那　森林　　　　　继续　在　PEF　　小弟
便返回森林里继续生活。

dai⁵³ ba³¹ me³⁵ gon⁵⁵ ha⁵⁵ jon⁵⁵ me³⁵ ɕa⁵³ ja³¹.
僜人　　　　GEN　祖先　　　　变　PEF
（后来）小弟变成了僜人的祖先。

　　很久以前，有四个兄弟，他们是我们的祖先。他们住在森林里，日子过得不好。有一天，大哥提出分家，但小弟不乐意，就去田里干活了。小弟走了以后，大哥把家里的财产分成了四份。大哥带着自己的财产，搬去平原了。后来，大哥变成了汉族的祖先。二哥变成了珞巴族的祖先。三哥跑到山上去了，（后来）变成了老虎。小弟去山上追大哥，可是追不上，便返回森林里继续生活。后来小弟变成了僜人的祖先。

2.22　聂赤赞普

sam⁵⁵ nam³¹ ja³¹ lun³⁵ ta³¹ kon⁵⁵ a³¹ k^wi⁵⁵ k^jan⁵⁵ na³⁵ da³¹ gɯ⁵⁵
山南　　　雅隆　　河谷　　　　　里　IND　山
在山南雅隆河谷，

pei⁵³ ta³¹ ȵon⁵⁵ la⁵³. me³⁵ da³¹ gɯ⁵⁵ a³¹ mɯn⁵⁵ ja³¹ la⁵⁵ ɕan⁵⁵ bo⁵⁵ la⁵³ a³¹,
奇怪　　　　HS　人　山　　名字　雅拉香波　　说　PRES
有一座神山，雅拉香波，

a³¹ t^ja⁵⁵ mu⁵³ ta³¹ h^wa⁵⁵ da³¹ gɯ⁵⁵ i⁵⁵ di⁵⁵. a³¹ go³¹ we⁵⁵ da³¹ gɯ⁵⁵ we⁵⁵
还　　　著名的　山　　　是　PRES　因为　　　山　　TOP

很有名。

ha⁵⁵ joŋ⁵⁵ a³¹ dza⁵⁵ bɯ³⁵ khɯn⁵⁵ ha³¹ pʲan⁵⁵ ha³¹ tʲo⁵⁵ ka³¹ tʲau⁵⁵ we⁵⁵
以前　　官　　第一　　　　互相　　　　　牵　　　那
因为它和第一代赞普聂赤赞普有很大的关系，

ma³¹ mʲu⁵⁵ go³¹ ta³¹ hʷa⁵⁵ ɕa⁵³ lɯi⁵³ a³¹. ha⁵⁵ joŋ⁵⁵ go³¹ ha³¹ di⁵⁵ ka³¹ sa⁵³
后　　LOC　著名的　变　PEF　　以前　　LOC　故事　记得
所以很出名。相传很早以前，

po⁵⁵ mi⁵³ kʲan⁵⁵ go³¹ me³⁵ jaŋ⁵⁵ a⁵⁵ pei⁵³ ta³¹ ȵoŋ⁵⁵ khɯn⁵⁵ i⁵⁵ ja³¹ la⁵³,
波密　里　LOC　女人　奇怪　　　　一　　有　PEF　HS
波密有个奇女子，

a³¹ mɯŋ⁵⁵ wu⁵⁵ bi³¹ re⁵⁵ la⁵³ ho³¹. tɕe⁵⁵ ɕi⁵³ ma³¹ mʲu⁵⁵ doŋ⁵³ a³¹ li⁵⁵ ka³¹ sa⁵³
名字　乌比热　　叫　MER　她　那里　　　　又　这里　知道
名叫乌比热。她神通广大，

a³¹ ha³¹ ne⁵⁵ a³¹. we⁵⁵ a³¹ dʲo⁵⁵ we⁵⁵ kʲan⁵⁵ me³⁵ we⁵⁵ tɕe⁵⁵ we⁵⁵ khɯ³¹ ȵim⁵⁵
PEF　可以　　PEF　但是　　那　里　人　TOP　她　TOP　鬼
但人们觉得她是妖怪，

we⁵⁵ ho³¹. we³¹ ɣɯi⁵⁵ a³¹ go⁵⁵, tɕe⁵⁵ we⁵⁵ po⁵⁵ mi⁵³ la⁵⁵ dʲoŋ⁵⁵ koŋ³⁵ a³¹. we⁵⁵
想　MER　后来　　　　她　TOP　波密　ABL　赶　CAU　那
把她赶出了波密。

lɯm⁵⁵ go³¹ bɯ⁵⁵ thɯ⁵⁵ ja³¹ luŋ³⁵ mlã³⁵ go³¹ me³⁵ ta³¹ hoŋ⁵⁵ i⁵⁵ a³¹.
时候　　就　　雅隆　地方　LOC　人　群　　有　PEF
刚好，

tɕe⁵⁵ lɯŋ³⁵ a³¹ dza⁵⁵ ma³¹ la⁵³ a³¹. tɕe⁵⁵ lɯŋ³⁵ wu⁵⁵ bi³¹ re⁵⁵ kɯ³¹ tʲɯŋ⁵³
他们　官　寻找　PROS　他们　乌比热　　看见
碰到雅隆部落的人在寻找部落首领。他们看到乌比热，

a³¹ go⁵⁵, wu³¹ li⁵³ we⁵⁵ ti⁵³ me³⁵ we⁵⁵ pom⁵⁵ ȵã⁵⁵ pei⁵³ ta³¹ ȵoŋ⁵⁵ pei⁵⁵ a³¹
后　　觉得　　　　人　TOP　相貌　奇怪　　　演戏
觉得她相貌奇特，

ha³¹ ne⁵⁵ a³¹. we³¹ gɯ³⁵ tɕe⁵⁵ we³¹ tʲaŋ⁵⁵ na⁵⁵ di⁵⁵ bo³¹ a³¹ a³¹ go⁵⁵
可以　　PEF　因此　　她　CMT　抬　ROU IMM DIR-AW 后
又是有本事的人，

a³¹ dza⁵⁵ lʲɯ⁵⁵ goŋ³⁵ a³¹. we⁵⁵ lɯi⁵⁵ bʲe⁵⁵ tɕe⁵⁵ we⁵⁵ ni⁵³ tʂi⁵³ tsan⁵³ phɯ³¹
官　变　PEF　　于是　　　　她　TOP　聂赤赞普
于是就抬她回去做了部落首领。从此，

ha³¹ tsho⁵³ goŋ³⁵ a³¹. tɕe⁵⁵ khɯ³¹ liŋ⁵⁵ pa³⁵ kʲaŋ⁵⁵ dʲoŋ⁵³ ja³¹ a³¹ dza⁵⁵ la⁵³
叫　　PEF　她　肩膀　　　上　乘坐 NOM 官　叫
人们称她为聂赤赞普，也就是"坐在肩膀上的国王"的意思。

goŋ³⁵ a³¹.
PEF

　　在山南雅隆河谷，有一座神山，雅拉香波，很有名。因为它和第一代赞普聂赤赞普有很大的关系，所以很出名。相传很早以前，波密有个奇女子，名叫乌比热。她神通广大，但人们觉得她是妖怪，把她赶出了波密。刚好，碰到雅隆部落的人在寻找部落首领。他们看到乌比热，觉得她相貌奇特，又是有本事的人，于是就抬她回去做了部落首领。从此，人们称她为聂赤赞普，也就是"坐在肩膀上的国王"的意思。

2.23　青稞种子的来历（1）

mo³¹ hʷa⁵⁵ we⁵⁵ ka³¹ tsɯm⁵³ ta³¹ plai⁵⁵ po⁵³ a³¹ a³¹ kau⁵³ dza³¹　na⁵⁵ a³¹ la⁵³
王子　　TOP 青稞　　种子　贵　偷　DIR-TO ROU PEF HS
王子盗取了珍贵的青稞种子，

ka³¹ tsɯm⁵³ ta³¹ plai⁵⁵ a³¹ kau⁵³ dza³¹　na⁵⁵ ja³¹ ta³¹ bu⁵⁵ a³¹ dza⁵⁵ we⁵⁵
青稞　　种子　偷　DIR-TO ROU NOM 蛇　官　TOP
被蛇王发现，

ka³¹ sa⁵³ goŋ³⁵ a³¹ la⁵³. ta³¹ bu⁵⁵ a³¹ dza⁵⁵ we⁵⁵ mɯn⁵⁵ dɯŋ⁵⁵ a³¹ go⁵⁵
知道　PEF　HS　蛇　官　　TOP 施魔法　　后
知道　PEF　HS　蛇　官　　TOP 施魔法　　后

mo³¹ hʷa⁵⁵ kʷaɯ⁵³ ji³⁵ goŋ³⁵ a³¹ la⁵³. kʷaɯ⁵³ ji³⁵ goŋ³⁵ a³¹ a³¹ go⁵⁵ kʷaɯ⁵³

王子　　　狗　　　变 PEF　　HS　狗　　变 PEF　　后　　狗
蛇王施法术把王子变成了一条狗。

we⁵⁵ ka³¹ tsɯm⁵³ ta³¹ plai⁵⁵ kha³¹ tʲau⁵⁵ me³⁵ kɯn⁵⁵ kʲan⁵⁵ go³¹ ha³¹ na⁵⁵ a³¹
那　青稞　　种子　　带　　人家 一　里　LOC 来　　PEF
王子带着青稞种子来到一户人家，

la⁵³. me³⁵ jaŋ⁵⁵ a⁵⁵ ma⁵⁵ kʷaɯ⁵³ ma⁵⁵ we⁵⁵ we⁵⁵ ga³⁵ goŋ³⁵ a³¹ tɕe⁵⁵ ka³¹ n⁵⁵
HS 女人　　　和　狗　　和 TOP 相爱　PEF　　他俩
这家的姑娘和这条狗心意相投。

ru⁵⁵ ga⁵³ goŋ³⁵ a³¹ la⁵³ kʷaɯ⁵³ we⁵⁵ me³⁵ ji³⁵ goŋ³⁵ na⁵⁵ la⁵³ la⁵³. mo³¹ hʷa⁵⁵
恋爱　PEF　　HS 狗　　TOP 人　变 PEF ROU HS　　王子
最后王子得到了姑娘的爱情，变回了人。

ma⁵⁵ me³⁵ jaŋ⁵⁵ a⁵⁵ a³¹ lɯŋ⁵⁵ pa⁵⁵ tɕhi⁵³ tɯ³¹ kɯ³¹ roŋ⁵⁵ a³¹ ba⁵³
和　女人　　　一起　　　走 辛勤　　　　　做
王子和姑娘在一起辛勤耕耘，

tɯ³¹ kɯ³¹ roŋ⁵⁵ a³¹ go³¹　ka³¹ tsɯm⁵³ dɯ³⁵ tɕiŋ⁵⁵ a³¹　la⁵³. we³¹ gɯ³⁵
辛勤　　　　　DIR-TO 青稞　　多　获得 PEF HS　因此
收获了更多的青稞，

ŋ̊⁵⁵ tɕu³¹ ka³¹ tsɯm⁵³ aŋ⁵⁵ a³¹　la⁵³.
我们　青稞　　　有 PEF HS
从此我们才有了青稞。

　　王子盗取了珍贵的青稞种子，被蛇工发现，蛇工施法术把王了变成了　条狗。王了带着青稞种子来到一户人家，这家的姑娘和这条狗心意相投。最后王子得到了姑娘的爱情，变回了人。王子和姑娘在一起辛勤耕耘，收获了更多的青稞，从此我们才有了青稞。

2.24　青稞种子的来历（2）

tɯm⁵⁵ ma⁵⁵ khɯ³¹ lai⁵⁵ ma⁵⁵ min⁵³ jin⁵⁵ ɕa⁵³ ta³¹ tʲau⁵⁵ go³¹ me³⁵ tɕu³¹
天　和　地　　和　刚刚　变 时候　LOC 别人
天地（世界）刚刚形成的时候，

ka³¹ tsɯm⁵³ ta³¹ plai⁵⁵ tin⁵³ a³¹ go⁵⁵ dɯ³⁵ ka³¹ tsɯm⁵³ ma³¹ kao⁵⁵ tɕiŋ⁵³ a³¹
青稞　　播种　　　后　多　青稞　　筛粮　　可以　PEF
人们播种了青稞，便会收获丰厚的果实。

la⁵³. kɯ³¹ n̩⁵³ kɯn⁵⁵ go³¹, ma³¹ wa⁵³ a⁵⁵ kɯn⁵⁵ ma⁵⁵ a⁵⁵ jaŋ⁵⁵ kɯn⁵⁵ ma⁵⁵
HS　天　一　　LOC　男孩　　　一　和　女孩　一　　和
一天，

ma³¹ tsau⁵³ a³¹ kou⁵³ a³¹ bo⁵⁵ la⁵³. tɕu⁵³ la³⁵ hɯ³¹ tʲɯŋ⁵³ a³¹　ma³¹ tɕi⁵³
牛（总称）放　　PEF　　HS　牦牛　看见　　PEF　河
一个男孩和一个女孩在放牛，

ɕi⁵³ ma³¹ mʲu⁵⁵ bo⁵³ tʲu³¹ ga³⁵ bo³¹　　la⁵³. ta³¹ poŋ⁵³ kha³¹ dʲu³⁵ bom⁵⁵ a³¹ ɕi⁵³
那边　　　去　CON　DIR-AW HS　糌粑　角落　块　那边
看见牦牛往河那边去了，

ma³¹ tɕi⁵³ kʲan⁵⁵ lʲa⁵³ a³¹　m̩⁵⁵　lɯi⁵³ a³¹ la⁵³. pru⁵⁵ jaŋ⁵⁵ hɯ³¹ tʲɯŋ⁵³ a³¹
河　　里　扔　PEF 玩耍 PEF　　HS　神　看见　　　PEF
就把一块糌粑坨坨往河那边扔着玩。

pɯi⁵⁵ da⁵⁵ khem⁵⁵ mʲoŋ⁵⁵ a³¹. tɕe⁵⁵ ta³¹ we⁵⁵ we⁵⁵ a³¹　me³⁵ e⁵⁵ we⁵⁵
很　　生气　　　　PEF 她　心　　想　PEF 人　这 TOP
神看到很生气，她想人这种东西，

kha³¹ lʲau⁵⁵ ba⁵³ jim⁵⁵ a³¹　dɯŋ⁵³　a³¹　tɕiŋ⁵³ jim⁵⁵ di⁵⁵　la⁵³ la⁵³. ka³¹ tsɯm⁵³
地（一块）做　不　PEF　充足的 PEF 可以　不　PRES HS　　青稞
不用付出太多就可以收获很多，这是不行的。

ha³¹ pɯ³⁵ a³¹ go⁵⁵ ka³¹ tsɯm⁵³ me³⁵ phlaŋ³⁵ n̩u³¹　a³¹ tʲa⁵⁵ a³¹ tʲa⁵⁵ lʲa⁵³
收获　　后　青稞　　　人 石头　ALLA 常常　　　扔
青稞丰收了，他们就把糌粑坨坨当作石头扔着玩，

goŋ³⁵ a³¹. ta³¹ ri⁵³ tɕi⁵⁵ gɯ³¹ lɯi⁵³ dʑim³⁵ i⁵⁵ a³¹　la⁵³ la⁵³. pru⁵⁵ jaŋ⁵⁵ a⁵⁵
PEF　　浪费　真正的　　　　是 PEF HS　神　　TOP
实在太浪费了。

ka³¹ tsɯm⁵³ ka³¹ dʲɯ⁵⁵ ɕi³⁵ beŋ⁵⁵ na⁵⁵ di³¹ ga³⁵ bo³¹　　la⁵³. kʷaɯ⁵³ a⁵⁵　we⁵⁵

青稞　　　　全部　　　拿 回　　　　TER　DIR-AW HS　狗崽　TOP 想
神收回了人间所有的青稞。

tʲu³⁵ a⁵⁵ we⁵⁵ ka³¹ tsɯm⁵³ tha⁵³ ja³¹ aŋ⁵⁵ jim⁵⁵. pru⁵⁵ jaŋ⁵⁵ we³¹ ma³¹ ro⁵⁵ a³¹
主人　TOP 青稞　　　吃　NOM 有 没 神　　　　DAT 说　PEF
狗觉得他的主人没有糌粑可吃了，便对神说：

la⁵³: haŋ³⁵ ta³¹ tha⁵³ tsho⁵³ be⁵⁵ na⁵⁵ la⁵³ kho⁵⁵ ta⁵⁵ ŋ̩uŋ³⁵. we⁵⁵ lɯi⁵⁵ bʲe⁵⁵,
HS 我　粮食　　放置 回　　HS 谢谢　　你　于是
　"求您留下我的粮食吧，谢谢您啦！" 于是，

pru⁵⁵ jaŋ⁵⁵ ka³¹ tsɯm⁵³ kɯ³¹ tʲe⁵³ e⁵⁵ ha³¹ lou⁵³ dʲa⁵⁵ goŋ³⁵ kʷaɯ⁵³ we³¹
神　　　青稞　　　一点　　留下　　　PEF 狗　DAT
神便留了一点点青稞给狗做粮食。

ta³¹ tha⁵³ tsho⁵³ be⁵⁵ na⁵⁵ la⁵³. we³¹ gɯi⁵⁵ a³¹ go⁵⁵, kʷaɯ⁵³ ma⁵⁵ tʲu³⁵ a⁵⁵
粮食　　放置 回　　HS 后来　　　　　狗　和　主人
之后，

a³¹ lɯŋ⁵⁵ pa⁵⁵ a³¹ ka³¹ tsɯm⁵³ tha⁵³ a³¹ aŋ⁵⁵ a³¹ la⁵³. me³⁵ ma⁵⁵ kʷaɯ⁵³
一起　　　青稞　　　吃 PEF 有 PEF HS 人 和 狗
狗和它的主人分享青稞。

ma⁵⁵ tɯ³¹ mroŋ⁵⁵ lʲɯ⁵⁵ goŋ³⁵ a³¹, kʷaɯ⁵³ pa⁵⁵ ɕe³⁵ jim⁵⁵ a³¹.
和 朋友　　　变 PEF 　狗　诅咒 不 PEF
人和狗成了朋友，人不会伤害狗。

　　　天地（世界）刚刚形成的时候，人们播种了青稞，便会收获丰厚的果实。一天，一个男孩和一个女孩在放牛，看见牦牛往河那边去了，就把一块糌粑坨坨往河那边扔着玩。神看到很生气，她想人这种东西，不用付出太多就可以收获很多，这是不行的。青稞丰收了，他们就把糌粑坨坨当作石头扔着玩，实在太浪费了。神收回了人间所有的青稞。狗觉得他的主人没有糌粑可吃了，便对神说："求您留下我的粮食吧，谢谢您啦！"于是，神便留了一点点青稞给狗做粮食。之后，狗和它的主人分享青稞。人和狗成了朋友，人不会伤害狗。

2.25 九个太阳

tɯm⁵⁵ ma⁵⁵ khɯ³¹ lai⁵⁵ ma⁵⁵ peŋ⁵³ ɡa³⁵ ha³¹ ne⁵⁵ jim⁵⁵, ha³¹ nu⁵⁵ ɑ³¹ dɯm⁵⁵
天　　和　　地　　　和　分　　　可以　不　到处　集中
（从前）天和地是分不开的，

ɑ³¹ nuŋ⁵⁵ ɑ³¹　　ɡa³⁵ la⁵³. ma³¹ mʲu⁵⁵ ɡo³¹ tɯm⁵⁵ ma⁵⁵ khɯ³¹ lai⁵⁵ ma⁵⁵
揉　　PRES REC HS 之后　　LOC 天　和　地　　和
混沌一团。后来，

pɯ³¹ e⁵⁵ pe⁵⁵ bo⁵⁵ po⁵³ peŋ⁵³ ɑ³¹　　la⁵³. we⁵⁵ ɡɯ³¹ mu³¹ khɯ³¹ lai⁵⁵ doŋ³¹
慢慢　　　　　分别　　PRES HS 但是　　地　　　ALLA
天逐渐离开了地，

ma³¹ tho⁵³ ka³¹ ta³¹ la⁵⁵ la⁵³. tɯm⁵⁵ ma⁵⁵ khɯ³¹ lai⁵⁵ ma⁵⁵ lʲu⁵⁵ tha⁵⁵ bo³¹
连接　　　ITE　HS 天　和　地　　和　结婚　DIR-AW
但还是和地连在一起。天和地结婚了。

la⁵³. ma³¹ mʲu⁵⁵ ɡo³¹ khɯ³¹ lai⁵⁵ we⁵⁵ ɑ⁵⁵　kɯn⁵⁵ ɳiŋ⁵⁵ ɑ⁵⁵ me⁵⁵ ɑ³¹ la⁵³.
HS 之后　　LOC 地　　　TOP 孩子 九　　分娩　　HS
不久，地生了九个太阳。

rɯn⁵⁵ weŋ⁵³ we⁵⁵ ɑ⁵⁵　　we⁵⁵ tɯm⁵⁵ doŋ³¹ ma³¹ tho⁵³ ka³¹ kɯŋ⁵⁵ ɡo³¹ i⁵⁵ ja³¹
太阳 七　　TOP 孩子 TOP 天　　ALLA 连接　　　里　　LOC 住
有七个太阳兄弟住在天和地相连的地方。

la⁵³. we⁵⁵ kɯŋ⁵⁵ ɡo³¹ phlaŋ³⁵ ka³¹ lɯŋ⁵⁵ khɯn⁵⁵ ɑŋ⁵⁵ la⁵³. tɯm⁵⁵ dzem⁵⁵ ho³¹
HS 那里 LOC 石头　高　　一　　有　HS 天　顶　　MER
那里有一根大石柱，

khɯ³¹ lai⁵⁵ deŋ³⁵ ho³¹ la⁵³. khɯ³¹ lai⁵⁵ kɯŋ⁵⁵ ɡo³¹ ma³¹ tɕi⁵³ we⁵⁵ phlaŋ³⁵
地　　　站　MER HS 地　　　里　LOC 水　　TOP 石头
上接天下触地，

mei⁵³ ɑ³¹ dɯm⁵⁵ bo³¹　　la⁵³. rɯn⁵⁵ weŋ⁵³ we⁵⁵ tɯm⁵⁵ la³¹ mɯŋ³⁵ ma³¹ tɕi⁵³
全部 集中　DIR-AW HS 太阳 七　　TOP 天　每　　水
地上的水都汇集在这里。

phlaŋ³⁵ luɯ³⁵ a³¹   a³¹ go⁵⁵ ble⁵⁵ a³¹   la⁵³. doŋ³¹ e⁵⁵ gʲen³¹ go³¹ ma³¹ tɕi⁵³
石头   晒   PRES 后   烫   PRES HS 从   这里   LOC 水
七个太阳兄弟整天把大石柱晒得火热，

ka³¹ dʲɯ⁵⁵ ɕoŋ³⁵ a³¹   la⁵³. wu³¹ li⁵⁵ khuɯ⁵⁵ dʲɯɯ⁵³ pʲen³⁵ khɯ³¹ lai⁵⁵ kʲaŋ⁵⁵
全部   干燥 PEF HS 那样   因而   地上
凡是流到这里的水，立刻被烤干了，

go³¹ ma³¹ tɕi⁵³ bluɯ⁵³ ku⁵³ ha³¹ jau⁵⁵ bo⁵³ jim⁵⁵ goŋ³⁵ bo³¹   la⁵³. ma³¹ tɕi⁵³
LOC 水   流   倒   去 不 PEF DIR-AW HS 水
所以水才不会倒流回去，

dɯ³⁵ ɕa⁵³ a³¹ go⁵⁵ ka³¹ dʲɯ⁵⁵ kʲaŋ⁵⁵ go³¹ ɕa⁵³ jim⁵⁵ goŋ³⁵ bo³¹   la⁵³. pei⁵³
多 变 后   全部   里 LOC 变 不 PEF DIR-AW HS 其他
导致水太多而造成灾害。

ruɯ⁵⁵ ka³¹ n⁵⁵ tuɯ⁵⁵ a³¹ ba³⁵ ha⁵³ kʲaŋ⁵⁵ go³¹ i⁵⁵ ja³¹ la⁵³. tuɯ⁵⁵ go³¹ blem⁵⁵
太阳 二   天   父亲   大腿 里 LOC 住   HS 天   LOC 眼睛
另外两个太阳兄弟，就住在天父的怀抱里，

kuɯ⁵³ tuɯ⁵⁵ la³¹ muɯŋ³⁵ ma⁵⁵ we³¹ hʷeŋ⁵⁵ a³¹   la⁵³. buɯk⁵³ khuɯ⁵⁵
一   天   每   母亲 CMT 看   PEF HS 次   一
像眼睛一样，整天看着大地母亲。一次，

khɯ³¹ lɑi⁵⁵ kʲɑŋ⁵⁵ go³¹ ta³¹ mim⁵³ tɕu³¹ a³¹ m⁵⁵ ɕi⁵³ wu⁵⁵ a³¹   la⁵³. ta³¹ mim⁵³
地上   LOC 猴子   们 桃子   掐 PROG HS   猴子

we⁵⁵ a⁵⁵   ka³¹ dʲɯ⁵⁵ a³¹ luɯŋ⁵⁵ pa⁵⁵ a³¹ a³¹ m⁵⁵ ɕi⁵³ wu⁵⁵ a³¹   la⁵³. ɕa⁵⁵
TOP 孩子 全部   一起   桃子   掐 PROG HS 谁
猴子带着自己的孩子摘桃子，

ka³¹ sa⁵³ la⁵³ tuɯ⁵⁵ gʲaŋ⁵⁵ go³¹ ruɯ⁵⁵ khuɯ⁵⁵ we⁵⁵ ta³¹ mim⁵³ a⁵⁵   we⁵⁵
知道   HS 天   上   LOC 太阳 一   TOP 猴子   孩子 TOP
天上的两个太阳把猴子的孩子晒死了，

ma³¹ ɕoŋ³⁵ ɕe⁵⁵ goŋ³⁵ a³¹ la⁵³. ta³¹ mim⁵³ we⁵⁵ khem⁵⁵ mʲoŋ⁵⁵ goŋ³⁵ bo³¹

晒　　　　死 PEF　　HS　猴子　　　TOP 生气　　　　　PEF DIR-AW
猴子非常生气，

la⁵³. a³¹ lai⁵³ ɕi³⁵ bi³⁵ ki⁵⁵ rɯn⁵⁵ o⁵³　goŋ³⁵ bo³¹　　la⁵³, rɯn⁵⁵ blem⁵⁵ o⁵³
HS　弓　拿 PEF　太阳　射箭 PEF　DIR-AW HS　太阳　眼睛　射
拔出箭射向一个太阳，

phrɯ⁵³ goŋ³⁵ a³¹ la⁵³. rɯn⁵⁵ blem⁵⁵ m̩⁵⁵ mlã³⁵ khɯ³¹ lai⁵⁵ gʲaŋ⁵⁵ go³¹
穿　　 PEF　　HS　太阳　睫毛　　地方 地　　上　　LOC
把一个太阳的眼睛射穿了，

ha³¹ rʷi⁵³ a³¹　la⁵³. we³¹ gɯ³⁵ tʲu⁵³ lʲɯ⁵⁵ goŋ³⁵ a³¹ la⁵³. we³¹ gɯ³⁵ rɯn⁵⁵ ɕe⁵⁵
掉　　 PEF HS　因此　鸡 变 PEF　　HS　因此　太阳 死
睫毛落到地上变成了鸡。

goŋ³⁵ a³¹ la⁵³. we³¹ gɯi⁵⁵ a³¹ go⁵⁵ tɯm⁵⁵ gʲaŋ⁵⁵ go³¹ rɯn⁵⁵ khɯn⁵⁵ aŋ⁵⁵ la⁵³.
PEF　　HS　后来　　　　天　　上　 LOC 太阳 一　　 有　HS
从此，天上只剩下了一个太阳。

　　（从前）天和地是分不开的，混沌一团。后来，天逐渐离开了地，但还是和地连在一起。
　　天和地结婚了。不久，地生了九个太阳。有七个太阳兄弟住在天和地相连的地方。那里有一根大石柱，上接天下触地，地上的水都汇集在这里。七个太阳兄弟整天把大石柱晒得火热，凡是流到这里的水，立刻被烤干了，所以水才不会倒流回去，导致水太多而造成灾害。另外两个太阳兄弟，就住在天父的怀抱里，像眼睛一样，整天看着大地母亲。一次，猴子带着自己的孩子摘桃子，天上的两个太阳把猴子的孩子晒死了，猴子非常生气，拔出箭射向一个太阳，把一个太阳的眼睛射穿了，睫毛落到地上变成了鸡。
　　从此，天上只剩下了一个太阳。

2.26　皮休嘎木的故事

bɯ⁵⁵ a³¹ go⁵⁵ Songtsan Gampo we⁵⁵ Lhasa go³¹ kha⁵³ ŋ³¹ ta³¹ rɯ⁵³ we⁵⁵ ja³¹
很久以前　　　松赞干布　　　 TOP 拉萨 LOC 宫殿　　建设　想 Pers
很久以前，松赞干布想在拉萨建一座宫殿。

la⁵³. tɕe⁵⁵ tha³¹ tʲɯŋ⁵³ lɯi⁵³ lɯi⁵³ in³¹ du³¹ go³¹ me³⁵ kɯ⁵³ i⁵⁵ ja³¹ la⁵³
HS　他　听见　　 PEF　　印度　 LOC 人　一　　住　　 HS

（他）听说印度有个叫皮休嘎木的工匠，

phi³⁵ ɕou⁵⁵ ka³¹ mu⁵³ i⁵⁵ la⁵³ la⁵³. a³¹ tʲu⁵³ ta³¹ tsu⁵³ pɯ⁵³ ta³¹ ka³¹ sa⁵³ aŋ⁵⁵.
皮休嘎木　　　　　　是　HS　　工匠　　　　　　本领　　　　　　有

a³¹ tʲu⁵³ ta³¹ tsu⁵³ ka³¹ lɯŋ⁵⁵ pɯ⁵³ ta³¹ ka³¹ sa⁵³ i⁵⁵ wa³¹ la⁵³. we⁵⁵ lɯi⁵⁵ bʲe⁵⁵
工匠　　　　　　高　　本领　　　　　有 PRES HS　于是
手艺高超，

ta³¹ rɯ⁵³ goŋ³⁵ a³¹ bu³¹ ta⁵⁵ la⁵⁵ ta³¹ rɯ⁵³ la⁵³. Songtsan Gampo je⁵⁵
建设　PEF　布达拉宫　建设　HS 松赞干布　　　TOP
于是（就请他）建造了布达拉宫，

a³¹ lɯ³¹ joŋ³⁵ ha³¹ lʲo⁵⁵ goŋ³⁵ a³¹ la⁵³, we⁵⁵ gɯ³¹ mu³¹ ɕim⁵⁵ a³¹ lɯ³¹ joŋ³⁵
更　　　　高兴　PEF　　HS　也　　　　　更
松赞干布很高兴，

tɕe⁵⁵ ta³¹ we⁵⁵ pʲoŋ⁵⁵ jim⁵⁵ a³¹　pɯi⁵⁵ da⁵⁵ ha³¹ lʲo⁵⁵ wa³¹　ɕa⁵³ di⁵⁵.
他　偏心　　　　　PEF 很,太　　喜欢　DIR-AW 变 PRES
也很欣赏他。

we⁵⁵ ge³¹ je⁵⁵ me³⁵ a³¹ blai⁵⁵ gʲe⁵³ we⁵⁵ hʷi³⁵ khem⁵⁵ mʲoŋ⁵⁵ ɕi⁵⁵ tʲu⁵³.
但是　　　　人　一些　　　TOP 烦恼　生气　　　PSV
但是，他遭到一伙人的嫉妒，

we³¹ gɯ³⁵ e⁵⁵ phi³⁵ ɕou⁵⁵ ka³¹ mu⁵³ je⁵⁵ bɯ³¹ lɯm⁵⁵ ka³¹ n⁵⁵ wa⁵⁵ koŋ³⁵ a³¹
因此　　　这 皮休嘎木　　　　TOP 眼睛　　二　挖　CAU
他们挖掉了皮休嘎木的双眼。

di⁵⁵　la⁵³. kɯ³¹ nɯŋ⁵⁵ a³¹ blai⁵⁵ gʲe⁵³ ko³¹ ne³¹ go³¹ wen³⁵ tʂheŋ³⁵ goŋ⁵⁵ tʂu³¹
PRES HS　年　　一些　　　后　　LOC 文成公主
过了几年，

je⁵⁵ khi⁵³　a³¹ kɯn⁵⁵ di⁵⁵ la³¹ ma⁵⁵ la³¹ ha³¹ na⁵⁵ lɯi⁵³ lɯi⁵³. we³¹ gɯ³⁵
TOP 到 PEF　　　　西藏　　来　　PEF　　　然后
文成公主来到西藏，

ʂi⁵⁵ tɕa⁵⁵ mo³⁵ ni³⁵ pʲa⁵⁵ pɯ³¹ dai⁵⁵ goŋ⁵⁵ pʲa⁵⁵ ɕi³⁵ dza³¹ la⁵³. we³¹ gɯ³⁵ e⁵⁵
释迦牟尼　　　雕像　金子　GEN　雕像　拿来　　HS　然后　　这
带来一尊释迦牟尼金像，

ma⁵⁵ dzɯŋ⁵⁵ ta³¹ rɯ⁵³ we⁵⁵ tsho⁵³ pʲa⁵⁵ e⁵⁵ je⁵⁵ ja³¹ la⁵³. we³¹ lɯn³¹ go³¹
庙　　　　建立　想　放置　雕像　这个　PEF　HS　这时
（她）打算修建一座寺庙安放（它）。

me³⁵ ta³¹ pɑɯ⁵⁵ khɯn⁵⁵ we⁵⁵ we⁵⁵ phi³⁵ ɕou⁵⁵ ka³¹ mu⁵³ we⁵⁵ we³¹
老人　　　　　一　　TOP　想　皮休嘎木　　　那　CMT
有一位老工匠想起了皮休嘎木，

ka³¹ sa⁵³ di³⁵ dɯ³¹ pɯi⁵⁵. we³¹ lɯn³¹ go³¹ tɕe⁵⁵ phi³⁵ ɕou⁵⁵ ka³¹ mu⁵³ ma³¹ la⁵³
记得　　肯定语气　于是　　　　他　皮休嘎木　　　　寻找
于是老工匠找到皮休嘎木，

khi⁵³ ha³¹ kɯn⁵⁵ ja³¹ la⁵³. we⁵⁵ go³⁵ e⁵⁵ phi³⁵ ɕou⁵⁵ ka³¹ mu⁵³ we³¹ me³⁵
到　PEF　　　　HS　还　　皮休嘎木　　　　CMT　人

ta³¹ pɑɯ⁵⁵ we⁵⁵ tsai⁵⁵ ma³¹ kau⁵³ a³¹ hu³⁵ di³¹ ga³⁵ a³¹　ka³¹ dʲɯ⁵⁵ a³¹ ba⁵⁵ a³⁵
老　　TOP　算　清楚　　问　TER　PEF　全部　　清楚
问清楚了所有细节，

tsai⁵⁵ a³¹ hu³⁵ di³¹ ga³⁵ a³¹. we⁵⁵ lɯi³¹ goŋ³⁵ phi³⁵ ɕou⁵⁵ ka³¹ mu⁵³ ŋ³⁵ gu⁵⁵
算　问　TER　PEF　还　　　皮休嘎木　　　　建设

ja³¹ ta³¹ ko⁵⁵ ta³¹ hʷi⁵³ ja³¹ me³⁵ ta³¹ ko⁵⁵ a³¹ kau⁵³ di³¹ ga³⁵ a³¹. a³¹ tʲa⁵⁵
NOM 老师　　　　　　书　偷　TER　　PEF 现在
还偷走了皮休嘎木的设计本。至今，

ʂi⁵⁵ tɕa⁵⁵ mo³⁵ ni³⁵ pʲa⁵⁵ pɯ³¹ dai⁵⁵ ɕau³¹ tʂau⁵⁵ si⁵³ tsho⁵³ ja³¹ la⁵³.
释迦牟尼　　　雕像　金子　小昭寺　　放置　PEF HS
释迦牟尼的金像仍安放在小昭寺里。

很久以前，松赞干布想在拉萨建一座宫殿。（他）听说印度有个叫皮休嘎木的工匠，手艺高超，于是（就请他）建造了布达拉宫。松赞干布很高兴，也很欣赏他。但是，他遭到一伙人的嫉妒，他们挖掉了皮休嘎木的双眼。过了几年，文成公主来到西藏，带来一尊释迦牟尼金像，他打算修建一座寺庙安放（它）。有一位老工匠想起了皮休嘎木，于是老工匠找到皮休嘎木，问清楚了所有细节，还偷走了皮休嘎木的设计本。至今，释迦牟尼的金像仍安放在小昭寺里。

2.27 怒江的来历

ha⁵⁵ joŋ⁵⁵ a³¹ go⁵⁵ a³¹ tʲa⁵⁵ ta³¹ tʲau⁵⁵ nu⁵³ tɕaŋ⁵⁵ we⁵⁵ ha⁵⁵ joŋ⁵⁵ liŋ⁵⁵ kau⁵⁵
从前　　　　　　现在　　　　　　怒江　TOP　以前　　平原
很久以前，现在的怒江流域是一片广阔的草原，

kɯ⁵³ dɯ³¹ rɯŋ⁵⁵ la⁵³. ma³¹ tɕi⁵³ ta³¹ koŋ⁵⁵ aŋ⁵⁵ jim⁵⁵ a³¹ la⁵³. e⁵⁵
一　大　　HS　河　　　　　　有　没　PEF　HS　这个
并没有河流。

liŋ⁵⁵ kau⁵⁵ kʲaŋ⁵⁵ go³¹ ma³¹ roŋ⁵⁵ ta³¹ hʷi⁵³ ha³¹ ne⁵⁵ me³⁵ ta³¹ groŋ⁵⁵ kɯn⁵⁵
平原　　上　LOC　马　　教　　可以　人　美丽　　一
在这片草原上有个英俊的驯马能手，

i⁵⁵ a³¹ la⁵³. a³¹ mɯŋ⁵⁵ a⁵⁵ tʂa⁵⁵ ɕi⁵⁵ phiŋ³⁵ tsuo⁵³ la⁵³ la⁵³. tɕe⁵⁵
有　PEF　HS　名字　　TOP　扎西平措　　　HS　　他
名叫扎西平措。

me³⁵ jaŋ⁵⁵ a⁵⁵ ta³¹ we⁵⁵ kʲan⁵⁵ ha³¹ lʲo⁵⁵ we⁵⁵ a³¹ mɯɯŋ⁵⁵ a⁵⁵
女人　　　心　　里　爱　TOP　名字　　TOP
他心爱的姑娘名叫玉琼梅朵。

i³¹ tɕhuŋ³⁵ mei³⁵ duo³¹ la⁵³ la⁵³. me³⁵ jaŋ⁵⁵ a⁵⁵ we⁵⁵ ta³¹ pro⁵⁵ kɯn⁵⁵ tʲɯ⁵³ a³¹
玉琼梅朵　　　　HS　　女人　　TOP　毯子　一　织　PEF

bo⁵³ mʲoŋ³⁵ tʂa⁵⁵ ɕi⁵⁵ phiŋ³⁵ tsuo⁵³ we³¹ ŋ̊³⁵ ja³¹ la⁵³. kɯ³¹ nɯŋ⁵⁵ ka³¹ sɯŋ³⁵
想　　扎西平措　　　　　　DAT　送　PEF　HS　年　　　三
姑娘想编一条毯子送给心上人，

ma³¹ lɯ⁵⁵ tʲɯ⁵³ a³¹ la⁵³ tʲɯ⁵³ a³¹ dɯŋ⁵⁵ ja³¹ la⁵³. we³¹ gwi⁵⁵ a³¹ go⁵⁵
多　　织　PEF　HS　织　完　　PEF　HS　后来
她织了三年多，终于织好了。这时，

ha³¹ rɯŋ⁵⁵ kɯn⁵⁵ iŋ⁵⁵ dza³¹ la⁵³ tɕe⁵⁵ ta³¹ pro⁵⁵ we⁵⁵ ha³¹ rɯŋ⁵⁵ ŋa³¹ di³¹
风　　　一　　刮　DIR-TO HS　她　毯子　TOP　刮　　　　　　TER
一阵旋风吹来，卷走了她的毯子，

a³¹ bo³¹　la⁵³. me³⁵ jaŋ⁵⁵ a⁵⁵ ta³¹ pro⁵⁵ tʲɯ⁵³ kɯn⁵⁵ rʷo⁵³ tsi⁵³ goŋ³⁵ a³¹ la⁵³
PEF DIR-AW HS　女人　　　毯子　织　一　抓　紧　PEF　　HS
姑娘死死地抓着毯子不放，

ha³¹ blu⁵⁵ koŋ³⁵ a³¹ lɯi⁵³ a³¹ bo³¹　jim⁵⁵. ta³¹ pro⁵⁵ we⁵⁵ a³¹ me⁵⁵ iŋ⁵⁵
释放　　　PEF　　DIR-AW 不　毯子　　TOP　风
　
dɯ³¹ rɯŋ⁵⁵ a³¹ lɯŋ⁵⁵ pa⁵⁵ a³¹ rɯn⁵⁵ leŋ⁵⁵ kɯ³¹ mʲu³⁵ ha³¹ rʷai⁵⁵ thʲɯ⁵⁵ ja⁵⁵
大　　　一起　　　西　　　　雪　　山
被旋风一起卷向西边的雪山去了。

glɯ⁵³ bo⁵³ koŋ³⁵ bo³¹　la⁵³. gu³⁵ dzu³⁵ tʲu⁵⁵ kɯ³¹ e⁵⁵ gʲaŋ⁵⁵ go³¹ khɯ³¹ n̠im⁵⁵
卷　去　CAU　DIR-ΛW HS　开头　　　　　这上　LOC 鬼
原来，雪山上有一个恶魔，

kɯn⁵⁵ aŋ⁵⁵ goŋ³⁵ la⁵³ la⁵³. tɕe⁵⁵ me³⁵ jaŋ⁵⁵ a⁵⁵ we³¹ we⁵⁵ ga³⁵ a³¹　la⁵³.
一　有　PEF　HS　　他　女人　　　OBJ 相爱　PEF HS
看上了年轻漂亮的姑娘，

me³⁵ jaŋ⁵⁵ a⁵⁵ mun⁵⁵ dɯŋ⁵⁵ a³¹ go⁵⁵ ha³¹ rɯŋ⁵⁵ ŋa³¹ a³¹ go⁵⁵ me³⁵ jaŋ⁵⁵ a⁵⁵
女人　　　施魔法　后　　刮　　　后　　女人
　
thʲɯ⁵⁵ ja⁵⁵ gʲaŋ⁵⁵ glɯ⁵³ goŋ³⁵ a³¹ la⁵³. tʂa⁵⁵ ɕi⁵⁵ phiŋ³⁵ tsuo⁵³ me³⁵ jaŋ⁵⁵ a⁵⁵
山　　上　卷　PEF　　HS　扎西平措　　　　女人
他施了魔法刮起旋风把姑娘带到了雪山。

hɯ³¹ tʲɯŋ⁵³ a³¹　ha³¹ rɯŋ⁵⁵ ŋa³¹ tʲu⁵³ a³¹ bo³¹　dʲoŋ⁵⁵ ta³¹ me³⁵ a³¹ la⁵³.
看见　PEF 刮　　　　PSV PEF DIR-AW 追　疯　　HS
扎西平措看到心上人被风卷走了，就使劲儿地追啊追，

hɯ³¹ tʲɯŋ⁵³ tɕiŋ⁵⁵ dʲoŋ⁵⁵ ɕim⁵⁵ we⁵⁵ wa³¹ la⁵³, ha³¹ rɯŋ⁵⁵ ŋa³¹ kʲan⁵⁵ go³¹
看见　　　到　追　想　PROS HS　风　　　里　LOC
眼看要追上姑娘的时候，

bɯ⁵⁵ pɑ⁵⁵ ɑ³¹ hɑ³¹ dɑ³⁵ kɯŋ⁵⁵ jim³⁵ ɑ³¹ lɑ⁵³. hɑ³¹ dɑ³⁵ tʲaŋ⁵⁵ gie⁵³ kɑ³¹ lɯŋ⁵⁵
突然　　　　哈达　　一　　飞　　PEF　HS　哈达　　宽　　又　　长
从旋风里飘出一条哈达来，哈达越来越宽，越来越长，

gie⁵³ çɑ⁵³ ɑ³¹ lɑ⁵³ n̪ɑ⁵³ pɯi³⁵ khɯ³¹ lai⁵⁵ kʲaŋ⁵⁵, bɯ⁵⁵ pɑ⁵⁵ ɑ³¹
又　　变　　PEF　HS　落下　　　地上　　　　　　　突然

mɑ³¹ tɕi⁵³ dɯ³¹ rɯŋ⁵⁵ kɯŋ⁵⁵ çɑ⁵³ goŋ³⁵ bo³¹ 　lɑ⁵³. tʂɑ⁵⁵ çi⁵⁵ phiŋ³⁵ tsuo⁵³
大水　　　　　　　　　一　　变　　PEF　DIR-AW　HS　扎西平措
落到地上变成了一条大河，

ɑ³¹ lim⁵⁵ we⁵⁵ kɑ³¹ tʲo⁵³ goŋ³⁵ bo⁵⁵ lɑ⁵³. tɕe⁵⁵ tɑ³¹ we⁵⁵ kʲan⁵⁵ hɑ³¹ lʲo⁵⁵
路　　TOP　堵　　PEF　ICP　HS　他　心　　里　爱
拦住了扎西平措的去路，

me³⁵ jaŋ⁵⁵ ɑ⁵⁵ hɯ³¹ tʲɯŋ⁵³ jim⁵⁵ lɑ⁵³. e⁵⁵ mɑ³¹ tɕi⁵³ we⁵⁵ nu⁵³ tɕaŋ⁵⁵ lɑ⁵³
女人　　　看不见　　　　　　HS　这　河　　　　TOP　怒江　　叫
他再也见不到他心爱的姑娘了。这条大河，就是怒江。

ɑ³¹ bo⁵⁵ ɑ³¹ lɑ⁵³.
ICP　　PEF　HS

很久以前，现在的怒江流域是一片广阔的草原，并没有河流。在这片草原上有个英俊的驯马能手，名叫扎西平措。他心爱的姑娘名叫玉琼梅朵。姑娘想编一条毯子送给心上人，她织了三年多，终于织好了。这时，一阵旋风吹来，卷走了她的毯子，姑娘死死地抓着毯子不放，被旋风一起卷向西边的雪山去了。原来，雪山上有一个恶魔，看上了年轻漂亮的姑娘，他施了魔法刮起旋风把姑娘带到了雪山。扎西平措看到心上人被风卷走了，就使劲儿地追啊追，眼看要追上姑娘的时候，从旋风里飘出一条哈达来，哈达越来越宽，越来越长，落到地上变成了一条大河，拦住了扎西平措的去路，他再也见不到他心爱的姑娘了。这条大河，就是怒江。

2.28　天和地

hɑ⁵⁵ joŋ⁵⁵ go³¹, tɯm⁵⁵ mɑ⁵⁵ khɯ³¹ lai⁵⁵ mɑ⁵⁵ aŋ⁵⁵. tɯm⁵⁵ we⁵⁵ mɑ³¹ wɑ⁵³ ɑ⁵⁵,
从前　　LOC　天　和　地　　和　有　天　　TOP　男人
从前，只有天和地。天是男的，

khɯ³¹ lai⁵⁵ we⁵⁵ me³⁵ jaŋ⁵⁵ a⁵⁵. tɕe⁵⁵ lɯŋ³⁵ lɯi⁵⁵ a³¹ go³¹, ɕim⁵⁵ aŋ⁵⁵ jim⁵⁵.
地　　　TOP　女人　　　　他们　　除了　　　　什么　有　没
地是女的。除了他们，什么也没有。

tɯm⁵⁵ ma⁵⁵ khɯ³¹ lai⁵⁵ ma⁵⁵ ma³¹ ro⁵⁵ ga³⁵ a³¹ ŋ̍⁵⁵ tɕu³¹ a⁵⁵　i⁵⁵ jim⁵⁵
天　和　地　　　　和　说　　REC PEF 我们　孩子　有　没
天和地说：我们没有子孙，

wu³¹ li⁵⁵ ɕa⁵³ jim⁵⁵. khɯ³¹ lai⁵⁵ we⁵⁵ dʲeŋ⁵⁵ li⁵³ ja³¹ go³¹ tɯm⁵⁵ we⁵⁵
那样　对　不　地　　　　TOP　同意　后　　　天　　TOP
那样不行。（他说咱们结婚吧）地答应了。

khɯ³¹ lai⁵⁵ kʲaŋ⁵⁵ ha³¹ rʷi⁵³ bo³¹,　a³¹ lɯŋ⁵⁵ pa⁵⁵ ne³⁵ ga³⁵ bo³¹.　tɯm⁵⁵
地上　　　掉　　DIR-AW 一起　　贴　REC DIR-AW 天
天就落到了地上，和地贴在了一起。

ma⁵⁵ khɯ³¹ lai⁵⁵ ma⁵⁵ lʲu⁵⁵　ga³⁵ bo³¹.　a⁵⁵　dɯ³⁵ me⁵⁵ ho³¹ rɯn⁵⁵ aŋ⁵⁵,
和　地　　　和　结婚　REC DIR-AW 孩子　多　生　MER 太阳　有
天地结婚了，生了很多孩子，

ha⁵⁵ lo⁵⁵ aŋ⁵⁵, kha³¹ dɯn⁵⁵ aŋ⁵⁵, ha³¹ bɯŋ⁵⁵ i⁵⁵ ta³¹ breŋ⁵³ i⁵⁵ ja³¹,
月亮　有　星星　　有　森林　　有　动物　　有　PEF
有太阳、月亮、星星、森林、动物、

ta³¹ tiŋ⁵³ ta³¹ re⁵³ aŋ⁵⁵, dʲu⁵⁵ ba⁵⁵ me³⁵ i⁵⁵ ja³¹. a⁵⁵　tɕu³¹ a³¹ sɯŋ⁵⁵ a³¹,
植物　　　有　义都人　有　PEF 孩子　们　长　　PEF
植物和珞巴族人。孩子们长大了，

tɯm⁵⁵ ma⁵⁵ khɯ³¹ lai⁵⁵ ma⁵⁵ ne³⁵ ga³⁵ bo³¹.　tɕe⁵⁵ lɯŋ³⁵ tim³⁵ ja³¹ tha⁵³ ja³¹
天　和　地　　　　和　贴　REC DIR-AW 他们　　喝　NOM 吃　NOM
但天和地挨得很近，他们无法生活，

aŋ⁵⁵ jim⁵⁵. we⁵⁵ lɯi⁵⁵ a³¹ go⁵⁵, me³⁵ tɕu³¹ me³⁵ khɯn⁵⁵ ka³¹ thɯ⁵³ ja³¹ go³¹
有　没　然后　　　　　　别人　人　一　选　　后
有没，然后　　　　别人　人一选后

tɯm⁵⁵ ma⁵⁵ khɯ³¹ lai⁵⁵ ma⁵⁵ kʲe⁵⁵ ga³⁵ ja³¹. tɕe⁵⁵ lɯŋ³⁵ tɯ³¹ kɯ⁵⁵ we⁵⁵ dʲeŋ⁵⁵

天　　和　　地　　　　和　　商量　　PEF　他们　　　话　　　TOP　同意
于是大家选了一个人跟天和地商量（让他们分开），

a³¹. tɯm⁵⁵ we⁵⁵ khɯ³¹ lai⁵⁵ kʲaŋ⁵⁵ go³¹ bo⁵³ goŋ³¹ bo³¹.　we⁵⁵ lɯi⁵⁵ a³¹ go⁵⁵,
PEF　天　　TOP　地上　　　　　　LOC　走　PEF　DIR-AW　然后
天同意了他们的要求，（于是）天离开了地。这个时候，

khɯ³¹ lai⁵⁵ kʲaŋ⁵⁵ go³¹ a³¹ me⁵⁵ iŋ⁵⁵ dza³¹.　a³¹ me⁵⁵ iŋ⁵⁵ dza³¹　go³¹ tɯm⁵⁵
地上　　　　　　LOC　刮大风　　DIR-TO　刮大风　　　DIR-TO　时候　天
地上刮了一股强风，

we⁵⁵ be⁵⁵ e⁵⁵ jim³⁵ di³¹ ga³⁵ bo³¹.　tɯm⁵⁵ we⁵⁵ tɕe⁵⁵ a⁵⁵　jɯ³⁵ ge³¹
TOP　慢　　飞　TER　DIR-AW　天　　TOP　它　孩子　一些
天被吹得向上飘，

kha³¹ tʲau⁵⁵ goŋ³¹ bo³¹. thʲɯ⁵⁵ ja⁵⁵ we⁵⁵ ha⁵⁵ joŋ⁵⁵ go³¹ ta³¹ dzi⁵⁵ jim⁵⁵. tɕe⁵⁵
带　　PEF　　山　　TOP　以前　LOC　高　　不　　他
天带着他的一些孩子走了。山原来是不高的，

tɯm⁵⁵ bo⁵³ hɯ³¹ tʲɯŋ⁵³ a³¹ go³¹ ka³¹ ro⁵³ thɯi⁵³ dʲoŋ⁵⁵ di³¹ ga³⁵ bo³¹.　tɕe⁵⁵
天　　走　看见　　PEF　快　　　追　TER　DIR-AW　它
但他见到天离开时，急忙追上去，

tɯm⁵⁵ doŋ³⁵ a³¹ lɯŋ⁵⁵ pa⁵⁵ a³¹ bo⁵³ ja³¹ we⁵⁵ ho³¹. kha⁵⁵ ka³¹ n⁵⁵ ka³¹ sɯŋ³⁵
天　　和　　一起　　　　　走　PEF　想　MER　迈步　二　　三
想和天一起走，走了几步，

tɕhi⁵³ bo³¹.　thʲɯ⁵⁵ ja⁵⁵ we³¹ dʲoŋ⁵⁵ di³¹ ga³⁵ bo³¹.　thʲɯ⁵⁵ ja⁵⁵ ta³¹ dzi⁵⁵ ɕa⁵³
走　　DIR-AW　山　　CMT　追　TER　DIR-AW　山　　高　　变
追到半空，就成了山的样子，

a³¹ la⁵³. tɯm⁵⁵ we⁵⁵ khɯ³¹ lai⁵⁵ kʲaŋ⁵⁵ bo⁵³ goŋ³⁵ a³¹ go³¹ pɯi⁵⁵ da⁵⁵
PEF HS　天　　TOP　地上　　　　　走　PEF　　LOC　很
天离开地时十分伤心，

ta³¹ we⁵⁵ ŋ⁵³. blai⁵⁵ tsa³⁵ a³¹ la⁵³. tɕe⁵⁵ blai⁵⁵ we⁵⁵ ka³¹ ra³⁵ ɕa⁵³ a³¹ la⁵³.
伤心　　　　流眼泪　PEF HS　它　眼泪　TOP　雨　　变　PEF HS

流下了眼泪，它的眼泪就是雨。

从前，只有天和地。天是男的，地是女的。除了他们，什么也没有。天和地说：我们没有子孙，那样不行。（他说我们结婚吧）地答应了。天就落到了地上，和地贴在了一起。天地结婚了，生了很多孩子，有太阳、月亮、星星、森林、动物、植物和珞巴族人。孩子们长大了，但天和地挨得很近，他们无法生活，于是大家选了一个人跟天和地商量（让他们分开），天同意了他们的要求，（于是）天离开了地。

这个时候，地上刮了一股强风，天被吹得向上飘，天带着他的一些孩子走了。山原来是不高的，但他见到天离开时，急忙追上去，想和天一起走，走了几步，追到半空，就成了山的样子。天离开地时十分伤心，流下了眼泪，它的眼泪就是雨。

2.29　宾鸟追马

a⁵⁵ tuo⁵⁵ ka³¹ pu⁵⁵ a⁵⁵ ju⁵⁵ a⁵⁵ ka³¹ n⁵⁵ i⁵⁵ a³¹. ta³¹ tsai⁵⁵ joŋ⁵⁵
阿多嘎布　　　　儿子　　二　　有 PEF 年长
阿多嘎布有两个儿子，

a⁵⁵ pu⁵³ pin⁵⁵ niau³¹ la⁵³ la⁵³. a⁵⁵ joŋ⁵⁵ we⁵⁵ pɯi⁵³ pu⁵³ ye⁵⁵ niau³¹ la⁵³ la⁵³.
阿布宾鸟　　　　　　叫 HS 小弟　TOP 贝布约鸟　　　　叫 HS
大的叫贝布宾鸟，小的叫贝布约鸟。

pɯi⁵³ pu⁵³ ye⁵⁵ niau³¹ we⁵⁵ tʲɯŋ⁵⁵ pɯi⁵⁵ da⁵⁵ ȵaŋ³⁵ a³¹ la⁵³. tʲɯŋ⁵⁵
贝布约鸟　　　　　　TOP 身体　很　　　生病 PEF HS　身体
但是约鸟生病，身体非常瘦弱。

gau⁵³ ɕoŋ³⁵ ri³¹ boŋ³⁵ lʲɯ⁵⁵ a³¹. a³¹ na⁵³ kɯ³¹ ŋ⁵³ kɯ⁵³ go³¹, ma³¹ roŋ⁵⁵ lʲo⁵⁵
瘦　　骨头　变 PEF 早晨　天　　一　　LOC 马　　白
一天早晨，

khun⁵⁵ we⁵⁵ tɕe⁵⁵ luŋ³⁵ ŋ³⁵ tɯ³¹ wã⁵⁵ go³¹ pʲou⁵³ dza³¹　la⁵³. a³¹ tʲa⁵⁵
一　　TOP 他们　院子　　LOC 跑　DIR-TO HS　现在
有一匹白马跑到他们的院子里，

thɯi⁵³ je³¹ pin⁵⁵ niau³¹ tɯ³¹ ru⁵³ ka³¹ bo³¹　　la⁵³. pin⁵⁵ niau³¹ tʰʲɯ⁵⁵ ja⁵⁵
时候　宾鸟　　　　碰见　　DIR-AW HS　宾鸟　　　山
刚好被宾鸟碰上。

ta³¹ breŋ⁵⁵ ma³¹ lɯŋ⁵³ ta³¹ la⁵⁵. we⁵⁵ a³¹ dʲo⁵⁵ ma³¹ roŋ⁵⁵ we⁵⁵ ka³¹ sa⁵³ jim⁵⁵
打猎　　　　　　ITE　但是　　　马　　TOP　知道　不
宾鸟常常上山打猎，但他不认识马，

la⁵³. tɕe⁵⁵ we⁵⁵ ha³¹ bɯŋ⁵⁵ ta³¹ breŋ⁵⁵ kɯ⁵³ we⁵⁵ a³¹ la⁵³. bo⁵³ dʲoŋ⁵⁵ tʲu⁵³
HS　他　TOP　野兽　　　　　　　一　想　PEF　HS　走　赶　MER
他还以为白马是一头什么野兽呢，正要赶跑，

we⁵⁵ a³¹ la⁵³. ma³¹ roŋ⁵⁵ lʲo⁵⁵ we⁵⁵ rai⁵³ goŋ³⁵ tʲu³¹ ga³⁵ bo⁵⁵ pʲou⁵³ goŋ³⁵
想　PEF　HS　马　　白　TOP　怕　PEF　CON　ICP　跑　PEF
不料白马受惊，逃跑了。

tʲu³¹ ga³⁵ bo⁵⁵ la⁵³. pin⁵⁵ niau³¹ ka³¹ ro⁵³ ŋ̇³⁵ kuŋ⁵⁵ ha³¹ na⁵⁵ na⁵⁵ a³¹ la⁵³.
CON　ICP　HS　宾鸟　　马上　房屋　进　ROU　PEF　HS
宾鸟赶忙回到屋子里取下弓箭，带上干粮，拿上几片姜，

a³¹ lai⁵³ ɕi³⁵ na⁵⁵ ki⁵⁵ ja³¹ tha⁵³ tim³⁵ kha³¹ tʲau⁵⁵ na⁵⁵ ki⁵⁵ ja³¹. ha³¹ dʑiŋ³⁵
弓　拿　ROU　PEF　食品　带　　ROU　PEF　生姜
宾鸟赶忙回到屋子里取下弓箭，带上干粮，拿上几片姜，

kha³¹ tʲau⁵⁵ na⁵⁵ ki⁵⁵ ja³¹ la⁵³. ta³¹ brẽ⁵⁵ kʷaɯ⁵³ kɯ⁵³ kha³¹ tʲau⁵⁵ ki⁵⁵ ja³¹
带　ROU　PEF　HS　猎狗　　　一　带　　PEF
带上院子里的猎狗去追赶逃跑的白马。

a³¹ go⁵⁵ ma³¹ roŋ⁵⁵ lʲo⁵⁵ dʲoŋ⁵⁵ bo³¹ la⁵³. ma³¹ roŋ⁵⁵ lʲo⁵⁵ we⁵⁵ u⁵⁵ la⁵⁵ san⁵⁵
后　马　　白　追　DIR-AW　HS　马　　白　TOP　乌拉山
带上院子里的猎狗去追赶逃跑的白马。

thʲɯ⁵⁵ ja⁵⁵ doŋ³¹ lɯi⁵³ ki⁵⁵ ja³¹ di³¹ ga³⁵ bo³¹ a³¹ pin⁵⁵ niau³¹ we⁵⁵
山　ALLA　逃走　PEF　TER　DIR-AW　宾鸟　　TOP
白马一直向乌拉山的方向逃去，

plɯŋ⁵⁵ mʲu⁵⁵ dʲoŋ⁵⁵ ta³¹ la⁵⁵ a³¹. ma³¹ roŋ⁵⁵ lʲo⁵⁵ we⁵⁵ u⁵⁵ la⁵⁵ san⁵⁵ dʲoŋ⁵⁵
后面　追　ITE　PEF　马　　白　TOP　乌拉山　追
宾鸟一直在后面追。白马翻过了乌拉山，

goŋ³⁵ bo³¹ la⁵³. na⁵³ y⁵³ ʂan⁵⁵ kou⁵⁵ ŋ̇³⁵ tɯ³¹ wã⁵⁵ go³¹ khi⁵³ a³¹ la⁵³.
PEF　DIR-AW　HS　纳玉山沟　　院子　LOC　到　PEF　HS
跑到纳玉山沟一户人家的院子里，

pin⁵⁵ niau³¹ we⁵⁵ mu³¹ ŋ³⁵ tɯ³¹ wã⁵⁵ go³¹ khi⁵³ ja³¹ la⁵³. ɳ̊³⁵ tɯ³¹ wã⁵⁵ we⁵⁵
宾鸟　　　TOP 也 院子　　　LOC 到 PEF HS 院子　　　　　TOP
宾鸟也追进了院子。

me³⁵ jaŋ⁵⁵ a⁵⁵ khɯn⁵⁵ tɕhi⁵³ dza³¹　la⁵³. me³⁵ jaŋ⁵⁵ a⁵⁵ we⁵⁵ pin⁵⁵ niau³¹
女人　　　　　一 走 DIR-TO HS 女人　　　　TOP 宾鸟
（这时）从屋里走出来一个姑娘，

thɯ³¹ tʲa⁵⁵ a³¹　la⁵³: we⁵⁵ ha³¹ bɯŋ⁵⁵ ta³¹ breŋ⁵⁵ jim⁵⁵ dɯ³¹ pɯi⁵⁵, we⁵⁵ haŋ³⁵
告诉　　PEF HS 那　野兽　　　　　　　　　不 肯定语气 那 我
家 LOC 马

ŋ³⁵ go³¹ ma³¹ roŋ⁵⁵ proŋ³⁵ ho³¹ mei⁵³ am⁵³ bo³¹　la⁵³. me³⁵ jaŋ⁵⁵ a⁵⁵ we⁵⁵
家 LOC 马　　喂　MER 整个 是 DIR-AW HS 女人　　　　　TOP
告诉宾鸟说，他追赶的是自己家养的一匹白马，不是野兽。

ha³¹ lʲo⁵⁵ a³¹ go⁵⁵ pɯi⁵⁵ da⁵⁵ pra⁵⁵ tɕe⁵⁵ we³¹ tha⁵³ tim³⁵ ŋ³⁵ a³¹　la⁵³.
高兴　　后　　很　　　好 他 DAT 食品　　给 PEF HS
姑娘还热情地招待了宾鸟，

pin⁵⁵ niau³¹ tɕe⁵⁵ tʲɯŋ⁵⁵ go³¹ tha⁵³ tim³⁵ kha³¹ tʲau⁵⁵ kʲe³⁵ kau⁵⁵ ha³¹ dʑiŋ³⁵
宾鸟　　　他 身体 LOC 食品　　带　　　大米　　　生姜
宾鸟把随身带来的大米、姜片、

kʲe³⁵ sau⁵³ ma³¹ to⁵³ ɕi⁵⁵ ma⁵⁵ tɕe⁵⁵ we³¹ ŋ̊³⁵ goŋ³⁵ a³¹ la⁵³. me³⁵ jaŋ⁵⁵ a⁵⁵ we⁵⁵
稻草　　染　　红 黑 他 DAT 给 PEF　HS 女人　　　　　TOP
红色和黑色的染料草赠送给了姑娘。

pla³⁵ ɕi³⁵ a³¹ go⁵⁵ tɕe⁵⁵ we³¹ ŋ³⁵ na⁵⁵ a³¹　la⁵³. pin⁵⁵ niau³¹ we⁵⁵ me³⁵ jaŋ⁵⁵ a⁵⁵
盐 拿 后　　他 DAT 给 ROU PEF HS 宾鸟　　　　　TOP 女人
姑娘又取了一块盐巴回赠宾鸟。

ta³¹ prɯ⁵³ kha³¹ tʲau⁵⁵ ha³¹ tʲo⁵³ kɯŋ⁵⁵ go³¹ pla³⁵ ɕi³⁵ ho³¹ la⁵³ jɯ³¹ gʲe⁵³ pla³⁵
东西 带　　手　　里 LOC 盐 拿 MER HS 一边　　盐
宾鸟带着姑娘送的礼物，一边舔着盐巴，

lʲo⁵³ ɕi³⁵ jɯ³¹ gʲe⁵³ bo⁵³ a³¹　la⁵³. tɕe⁵⁵ we⁵⁵ luo⁵³ y³¹ khi⁵³ na⁵⁵ a³¹　la⁵³.

舔 拿 一边 走 PEF HS 他 TOP 洛瑜 到 ROU PEF HS
一边往回走，返回了洛瑜。

pin⁵⁵ niau³¹ pla³⁵ kha³¹ tʲau⁵⁵ ja³¹ kɯ³¹ tʲe⁵³ e⁵⁵ khɯn⁵⁵ pɯi⁵³ pu⁵³ ye⁵⁵ niau³¹
宾鸟 盐 带 NOM 小的 一 贝布约鸟
宾鸟把带回来的盐巴分了一小块给约鸟，

ŋ̊³⁵ a³¹ la⁵³. pɯi⁵³ pu⁵³ ye⁵⁵ niau³¹ pla³⁵ tha⁵³ a³¹ go⁵⁵ tʲɯŋ⁵⁵ pra⁵⁵ ɕa⁵³ goŋ³⁵
给 PEF HS 贝布约鸟 盐 吃 后 身体 好 变 PEF
约鸟吃了盐巴，病很快好了。

di⁵⁵ a³¹ bo⁵⁵ la⁵³. pɯi⁵³ pu⁵³ ye⁵⁵ niau³¹ pin⁵⁵ niau³¹ a³¹ hu³⁵ a³¹ la⁵³: n̥uŋ³⁵
IMM ICP HS 贝布约鸟 宾鸟 问 PEF HS 你
约鸟问宾鸟：

khi⁵³ di⁵⁵ na⁵⁵ we⁵⁵ ɕim⁵⁵ a³¹ la⁵³. pin⁵⁵ niau³¹ we⁵⁵ la⁵³: we⁵⁵ mlã³⁵ m̥⁵⁵
到 PRES ROU TOP 什么 PEF HS 宾鸟 TOP 说 那 地方 玩耍
"你去的是什么地方？"宾鸟回答说：

pɯi⁵⁵ da⁵⁵ pra⁵⁵ la⁵³ la⁵³. ɕi⁵³ ma³¹ mʲu⁵⁵ me³⁵ we⁵⁵ ta³¹ we⁵⁵ pra⁵⁵ la⁵³. ŋ³⁵
很 好 HS 那里 人 TOP 心 好 HS 家
"那是一个富饶的地方，那里的人们和我们一样善良，

tɯ³¹ mroŋ⁵⁵ pra⁵⁵ i⁵⁵ ja³¹. we³¹ gɯi⁵⁵ a³¹ go⁵⁵ a⁵⁵ tuo⁵⁵ ka³¹ pu⁵⁵ ŋ³⁵ khɯn⁵⁵
朋友 好 是 PRES 后来 阿多嘎布 家 一
待我们像朋友一样。"此后，

we⁵⁵ tɯm⁵⁵ la³¹ mɯŋ³⁵ toŋ⁵⁵ la⁵⁵ ʂan⁵⁵ we³¹ doŋ³⁵ a³¹ la⁵³. me³⁵ jɯɹ⁵⁵ a⁵⁵
TOP 天 每 东拉山 CMT 通过 PEF HS 女人
阿多嘎布一家经常翻过东拉山，到姑娘家做客。

we³¹ ta³¹ la⁵⁵ bo⁵³ a³¹ la⁵³. ha⁵⁵ joŋ⁵⁵ go³¹ la⁵³ ta³¹ la⁵⁵ dʲu⁵⁵ ma⁵⁵
CMT 总是 去 PEF HS 以前 LOC 说 ITE 珞巴族 和
相传，

la³¹ ma⁵⁵ kha³¹ ji³⁵ ja³¹ we⁵⁵ ha³¹ na⁵⁵ a³¹ li⁵⁵ dza³¹ la⁵³.
本地藏族 做生意 NOM TOP 来 这样 DIR-TO HS

珞巴族人民和藏族人民之间的贸易就是这样开始的。

　　阿多嘎布有两个儿子，大的叫贝布宾鸟，小的叫贝布约鸟。但是约鸟生病身体非常瘦弱。一天早晨，有一匹白马跑到他们的院子里，刚好被宾鸟碰上。宾鸟常常上山打猎，但他不认识马，他还以为白马是一头什么野兽呢，正要赶跑，不料白马受惊，逃跑了。宾鸟赶忙回到屋子里取下弓箭，带上干粮，拿上几片姜，带上院子里的猎狗去追赶逃跑的白马。白马一直向乌拉山的方向逃去，宾鸟一直在后面追。白马翻过了乌拉山，跑到纳玉山沟一户人家的院子里，宾鸟也追进了院子。（这时）从屋里走出来一个姑娘，告诉宾鸟说，他追赶的是自己家养的一匹白马，不是野兽。姑娘还热情地招待了宾鸟，宾鸟把随身带来的大米、姜片、红色和黑色的染料草赠送给了姑娘。姑娘又取了一块盐巴回赠宾鸟。宾鸟带着姑娘送的礼物，一边舔着盐巴，一边往回走，返回了洛瑜。宾鸟把带回来的盐巴分了一小块给约鸟，约鸟吃了盐巴，病很快好了。约鸟问宾鸟："你去的是什么地方？"宾鸟回答说："那是一个富饶的地方，那里的人们和我们一样善良，待我们像朋友一样。"此后，阿多嘎布一家经常翻过东拉山，到姑娘家做客。相传，珞巴族人民和藏族人民之间的贸易就是这样开始的。

2.30　手抓饭的做法

ta³¹ pẽ³⁵ phen³⁵ tha⁵³ ta³¹ la⁵⁵ di⁵⁵　jim⁵⁵, n̠uŋ³⁵ haŋ³⁵ thuɯi⁵³ tha⁵³ mʲoŋ³⁵
手抓饭　　　吃　经常　PRES 不　自己　　　　吃　想
手抓饭不经常吃，自己想吃，

a³¹ go³¹ khɯn⁵⁵ ba⁵³ di⁵⁵.　ka³¹ rou³⁵ ha³¹ na⁵⁵ go³¹　khɯn⁵⁵ ba⁵³ di⁵⁵.
PEF　一　做　PRES 客人　　来　　时候 一　做　PRES
客人来的时候就做一次。

ta³¹ breŋ⁵³, ma⁵⁵ tsan⁵³, ha³¹ dʑiŋ³⁵, pla³⁵ ma³¹ dʲoŋ⁵⁵ di⁵⁵.　ta³¹ breŋ⁵³ n̠oŋ⁵⁵
肉　　葱　　生姜　　盐　配制　　PRES 肉　熟
先把肉、葱、姜准备好。

li⁵³ ja³¹ go³¹, lʲe³⁵ a³¹ koŋ³⁵ ja³¹. lʲe³⁵ a³¹ koŋ³⁵ ho³¹ we⁵⁵ wɯn⁵⁵ kʲan⁵⁵ go³¹
后　切　剁　PEF 切　剁　　MER TOP 碗　里　LOC
把肉煮熟了后剁碎。

tsho⁵³ ja³¹. kʲe³⁵ ta³¹ pẽ³⁵ su⁵³ li⁵³ ja³¹ go³¹, ma⁵⁵ tsan⁵³, ha³¹ dʑiŋ³⁵,
放置 PEF 稻子 饭　蒸 后　　　葱　　生姜
然后先把剁好的肉放在碗里，再把米饭煮熟，

ta³¹ breŋ⁵³ a³¹ goŋ³⁵ ho³¹ we⁵⁵ kʲe³⁵ ta³¹ pẽ³⁵ kʲan⁵⁵ go³¹ tsho⁵³ ja³¹. leŋ³⁵
肉　　　PEF　　MER　TOP　稻子　饭　　里　LOC　放置　PRES　温
放葱、生姜、肉在饭里，

a³¹ go³¹ ha³¹ tʲu⁵³ ja³¹. ta³¹ pẽ³⁵ phen³⁵ we⁵⁵ a³¹ li⁵⁵ ba⁵³ ja³¹.
PEF　捏　　PEF　手抓饭　　　TOP　这样　做　PRES
趁着它们热的时候用手捏好。这就是手抓饭的做法。

　　手抓饭不经常吃，自己想吃，客人来的时候就做一次。先把肉、葱、姜准备好。把肉煮熟了后剁碎，然后先把剁好的肉放在碗里，再把米饭煮熟，放葱、生姜、肉在饭里。趁着它们热的时候用手捏好。这就是手抓饭的做法。

2.31　酿酒的故事

ju⁵³ kʷan⁵³ ja³¹　ha³¹ di⁵⁵ na³¹ bõ³⁵ ha³¹ pɯ³⁵ li⁵³ ja³¹ go³¹, kʷo⁵⁵ prɯ⁵³
酒　酿　　PRES　故事　玉米　　收获　　后　　　　　果皮　剥
玉米丰收以后，剥皮放一段时间，

li⁵³ ja³¹ go³¹, raŋ⁵³ pra⁵⁵ ta⁵⁵ tsho⁵³ ja³¹. ɕoŋ³⁵ jou⁵³ li⁵³ ja³¹ ne³¹
后　　　　一会　　　放置　PRES　干　透　ASP　……后
干透了后脱粒。

ma³¹ ren⁵⁵ ja³¹. we⁵⁵ lɯi⁵⁵ a³¹ go⁵⁵, phlaŋ³⁵ kʲaŋ⁵⁵ go³¹ ra⁵⁵ tʲo⁵³ bra⁵⁵ tʲo⁵³
剥米　　PRES　然后　　　　石头　　上　LOC　一粒一粒
（然后）再用石头把一粒一粒的玉米压碎。

tsho⁵³ a³¹ go³¹ tʲu⁵³ pla⁵³ ja³¹. tʲu⁵³ pla⁵³ li⁵³ ja³¹ go³¹ pe⁵³ kʲan⁵⁵ go³¹ tsho⁵³
放置　PEF　压碎　　PRES　压碎　　后　　　　簸箕　里　LOC　放置
压完后倒入簸箕里，

ja³¹, na³¹ bõ³⁵ tʲu⁵³ pla⁵³ ho³¹ we⁵⁵　　ka⁵⁵ dɯ³¹ rɯŋ⁵⁵ joŋ⁵⁵ ma⁵⁵
PRES　玉米　压碎　　MER　并列连词　粗的　　　　　　和
把压得粗的玉米和压得细的玉米分开。

ta⁵³ hrɯ⁵⁵ ma⁵⁵ peŋ⁵³ ga³⁵ ja³¹. pu⁵³ kʲan⁵⁵ go³¹ ma³¹ tɕi⁵³ tsho⁵³ a³¹ go³¹
细的　　和　分　TER　PRES　锅　里　LOC　水　　放置　PEF

ɑ⁵³ thu⁵³ ja³¹. ma³¹ tɕi⁵³ thu⁵³ tʲu⁵⁵ ja³¹ go³¹ na³¹ bõ³⁵ ka⁵⁵ dɯ³¹ rɯŋ⁵⁵ joŋ⁵⁵
烧开 PRES 水 烧开 后 玉米 粗的
再用一口锅煮水，水快要开的时候倒粗玉米，

we⁵⁵ lu⁵³ so⁵³ ja³¹. raŋ⁵³ pra⁵⁵ ta⁵⁵ thu⁵³ li⁵³ ja³¹ go³¹, ta⁵³ hrɯ⁵⁵ tsho⁵³ ja³¹.
TOP 灌 SEM PRES 一会 烧开 后 细的 放置 PRES
开了一会以后，倒细玉米，

n̠oŋ⁵⁵ tʲu³¹ ɕa⁵³ a³¹ go³¹ tɯ⁵⁵ roŋ⁵³ pra⁵⁵ tsho⁵³ ja³¹. n̠oŋ⁵⁵ li⁵³ ja³¹ go³¹
熟 IMM 后 鸡爪谷 放置 PRES 熟 后
快要熟的时候倒入鸡爪谷。煮熟后，

na³¹ mɯn⁵⁵ prɯ⁵⁵ ja³¹ jim⁵⁵. raŋ⁵⁵ ta⁵⁵ bɯm⁵³ joŋ⁵³ ge⁵³ e⁵⁵ ja³¹.
火 烧 PRES 不 一会儿 焖 ASP 这 PRES
不烧火，让它焖一段时间，

we⁵⁵ li⁵³ ja³¹ go³¹, pe⁵³ kʲan⁵⁵ go³¹ tsho⁵³ ja³¹. seŋ⁵³ li⁵³ ja³¹ go³¹, ba⁵³ we⁵⁵
后 LOC 簸箕 里 LOC 放置 PRES 凉 后 做 TOP
之后把它们倒进簸箕里。凉了以后，

ma⁵³ dim⁵³ ma⁵³ go³¹ pe⁵³ kʲan⁵⁵ go³¹ pɯk⁵³ a³¹ go³¹ kɯ³¹ tʲe⁵³ a³¹ ka³⁵ ja³¹.
磨碎 簸箕 里 LOC 撒 PEF 小 拌 PRES
把酒糟磨细了撒在簸箕上面拌透。

kɯ³¹ tʲe⁵³ a³¹ ka³⁵ li⁵³ ja³¹ go³¹, wa⁵³ tɕim⁵⁵ kʲan⁵⁵ go³¹ tsho⁵³ ja³¹.
小 拌 后 竹篓 里 LOC 放置 PRES
拌透后再倒入竹篓里，

wa⁵³ tɕim⁵⁵ kʲaŋ⁵⁵ go³¹ kha³¹ dzem⁵³ ka³⁵ pa³⁵ ja³¹. kɯ³¹ ja⁵⁵ ge⁵³
竹篓 上 LOC 布 盖 PRES 晚上 助词
竹篓上面再盖布。

wa⁵³ tɕim⁵⁵ ge⁵³ tsho⁵³ ja³¹ kɯ³¹ ja⁵⁵ ka³¹ n⁵⁵ lʲeŋ⁵³ li⁵³ ja³¹ go³¹, ju⁵³
竹篓 助词 放置 PRES 晚上 二 晚上 后 酒
晚上放进竹篓的东西，第二天晚上把它们都倒入酒缸里，

tɯ³¹ kã⁵⁵ kʲan⁵⁵ go³¹ tsho⁵³ ja³¹. tɯ³¹ kã⁵⁵ tʲa⁵³ pra⁵⁵ tʲa⁵³ ja³¹. ka³¹ thɯ⁵⁵
缸　里　 LOC 放置 PRES 缸　　盖 好 盖 PRES 夏
酒缸盖子盖好，

go³¹ bʲeŋ⁵³, kɯ³¹ ŋ⁵³ ta³¹ hro⁵³ ma⁵⁵ weŋ⁵³ ma⁵⁵ go⁵⁵ tim³⁵ ja³¹ ɕa⁵³ a³¹. ju⁵³
假如　 　天　　六　　和 七 ASP 　喝 PRES 变 PRES 酒
夏天的话，酒过个六七天就可以喝了。

kʷan⁵³ ja³¹ je⁵⁵ a³¹ li⁵⁵ ma⁵⁵ go⁵⁵.
酿　 PRES TOP 这样 ASP
这就是酿酒的过程。

　　玉米丰收以后，剥皮放一段时间，干透了后脱粒，（然后）再用石头把一粒一粒的玉米压碎。压完后倒入簸箕里，把压得粗的玉米和压得细的玉米分开。再用一口锅煮水，水快要开的时候倒粗玉米，开了一会以后，倒细玉米，快要熟的时候倒入鸡爪谷。煮熟后，不烧火，让它焖一段时间，之后把它们倒进簸箕里。凉了以后，把酒糟磨细了撒在簸箕上面拌透。拌透后再倒入竹篓里，竹篓上面再盖布。晚上放进竹篓的东西，第二天晚上把它们都倒入酒缸里，酒缸盖子盖好，夏天的话，酒过个六七天就可以喝了。这就是酿酒的过程。

2.32　银子和歌声

pɯ³¹ ja⁵⁵ go³¹ mo³¹ hʷa⁵⁵ kɯn⁵⁵ aŋ⁵⁵ ma⁵⁵ me³⁵ jaŋ⁵⁵ a⁵⁵ kɯn⁵⁵ aŋ⁵⁵.
很久以前　 财主　　一 　有 和 女人 　　一 　　有
从前，有一个财主和一个女人。

me³⁵ jaŋ⁵⁵ a⁵⁵ pɯi⁵⁵ du⁵⁵ dɯŋ⁵³. ŋ⁵³ la⁵³ meŋ⁵³ mo³¹ hʷa⁵⁵ ŋ³⁵ a³¹ go³¹
女人　　　 很　　 穷　 每天　　　富人　　家 PEF
女人很穷，

ha⁵⁵ ɳa⁵⁵ mʲu⁵⁵ ta³¹ la⁵⁵ ta³¹ ɕiŋ⁵⁵ goŋ³⁵ a³¹. kɯ³¹ ŋ⁵³ kɯn⁵⁵ go³¹ mo³¹ hʷa⁵⁵
前面　　　 不断地　 唱　　　 PEF　 天 一 LOC 财主
每天在财主家前不停地歌唱。一天，

tɕi³¹ kɯ⁵⁵ kʲaŋ⁵⁵ go³¹ pa³¹ wɯn⁵⁵ kɯ³¹ ŋ⁵³ kɯn⁵⁵ tsho⁵³ di³¹ la⁵³.
石磨　　 上　 LOC 银子　 个　 一　 放置 TER HS
财主在石磨上放了一块银子，

me³⁵ jaŋ⁵⁵ a⁵⁵ ma³¹ ɕa⁵⁵ aŋ³⁵ ɕi³⁵ tsau⁵⁵ bo³¹　　di³¹ a³¹ ho³¹. we⁵⁵ lɯi⁵⁵ bʲe⁵⁵
女人　　　　悄悄地　　　　拿 跑 DIR-AW TER MER　　于是
女人偷偷拿走了。

mo³¹ hʷa⁵⁵ tɕe⁵⁵ ta³¹ ɕiŋ⁵⁵ ja³¹　　tʲa⁵³ kɯ⁵³ we⁵⁵ tha³¹ tʲɯŋ⁵³ ja³¹ jim⁵⁵.
财主　　　他 唱　 PRES Imp　　想　 听见　　 PEF 没
后来（财主）最后再也没有听到她的歌声了。

从前，有一个财主和一个女人。女人很穷，每天在财主家前不停地歌唱。一天，财主在石磨上放了一块银子，女人偷偷拿走了。后来（财主）再也没有听到她的歌声了。

2.33　小白兔救白马

bɯ⁵⁵ ja⁵³ a³¹ go⁵⁵, ma³¹ roŋ⁵⁵ lʲo⁵⁵ khɯŋ⁵⁵ we⁵⁵ pu⁵⁵ hʷaŋ⁵⁵ kɯŋ⁵⁵ go³¹
很早以前　　　　马　　白 一　 TOP 山洞　　里　 LOC

ha³¹ rʷi⁵³ goŋ³⁵ a³¹. rɯ³¹ goŋ⁵⁵ we⁵⁵ kʷaɯ⁵³ ta³¹ prɯ³⁵ we⁵⁵ reŋ⁵⁵ na⁵⁵
掉　 PEF　　兔子　 TOP 豺狗　　　　TOP 请 ROU
从前有一只白马掉到了坑里，

ma³¹ roŋ⁵⁵ lʲo⁵⁵ we⁵⁵ klaŋ⁵⁵ kɯŋ⁵⁵ go³¹ ha³¹ ru⁵³ na⁵⁵ goŋ³⁵ a³¹ la⁵³.
马　　　 白 TOP 窟窿　里　 LOC 救　 ROU PEF　　HS
小兔子请求豺狗把白马从坑里救上来，

kʷaɯ⁵³ ta³¹ prɯ³⁵ we⁵⁵ ma³¹ roŋ⁵⁵ we³¹ tha⁵³ a³¹.　　haŋ³⁵ groŋ⁵³ gʲaŋ⁵⁵
豺狗　　　　　 TOP 马　　　 CMT 吃 PROS 我　 腿　 上
豺狗要吃白马，

ha³¹ la⁵⁵ go³¹ tha⁵³ pra⁵⁵ aŋ⁵⁵ a³¹　 la⁵³ la⁵³. kʷaɯ⁵³ ta³¹ prɯ³⁵ we⁵⁵
下首　 LOC 吃 好 有 PRES HS　　 豺狗　　　　　TOP
白马告诉豺狗马蹄上有好东西，

ma³¹ roŋ⁵⁵ groŋ⁵³ kʲaŋ⁵⁵ ha³¹ la⁵⁵ hɯ³¹ tʲɯŋ⁵³ bi⁵⁵ ma³¹ roŋ⁵⁵ lʲo⁵⁵ we⁵⁵ pi³⁵
马　　　 腿　 上 下首　 看　　 PEF 马　　　 白 TOP 踢
豺狗低头看马蹄，

çe⁵⁵ goŋ³⁵ tʲu⁵³ la⁵³.
死　 PEF　 PSV　HS
被白马踢死了。

　　从前有一只白马掉到了坑里，小兔子请求豺狗把白马从坑里救上来，豺狗要吃白马，白马告诉豺狗马蹄上有好东西，豺狗低头看马蹄，被白马踢死了。

2.34　分聪明

me³⁵ ma⁵⁵ ha³¹ breŋ⁵⁵ ma⁵⁵ dzɯ⁵³ peŋ⁵³ ga³⁵ a³¹. we⁵⁵ ge³¹ je⁵⁵ me³⁵ we⁵⁵
人　和　动物　　　和　聪明　分　　PEF　但是　　　　人　TOP
人和动物要分聪明，

dzɯ⁵³ we⁵⁵ tha⁵³ goŋ³⁵ tʲa⁵³. ha³¹ breŋ⁵⁵ tɕu³¹ we⁵⁵ ta³¹ la⁵⁵ me³⁵ we³¹ pi³⁵
聪明　TOP　吃　PEF　Imp　动物　　　们　TOP　不断地　人　CMT　踢
人把聪明吃掉了，

na⁵⁵ goŋ³⁵ a³¹ ta³¹ hʷi⁵³ na³⁵ la⁵³. me³⁵ we⁵⁵ kru⁵³ we⁵⁵ klaŋ⁵⁵ kɯŋ⁵⁵ go³¹ m̩⁵³
ROU　 PEF　　教　　　IND　HS　人　TOP　头　　TOP　窟窿　里　LOC　埋
动物们就不停地踢打以惩罚人。人就把头藏进了洞里，

tɕiŋ⁵⁵ a³¹. ha³¹ breŋ⁵⁵ tɕu³¹ we⁵⁵ me³⁵ tʲuŋ⁵⁵ kʲaŋ⁵⁵ go³¹ m̩⁵⁵　we⁵⁵ ha³¹ prau⁵³
到　 PEF　动物　　　们　TOP　人　身体　上　LOC　拔毛　TOP　拔
动物们拔掉人身上的毛，

thuŋ³⁵ goŋ³⁵ a³¹. we⁵⁵ ge³¹ je⁵⁵ kru⁵³ kʲaŋ⁵⁵ go³¹ thuŋ³⁵ tɕu³¹ we⁵⁵ ha³¹ prau⁵³
头发　 PEF　　 但是　　　 头　　上　LOC　头发　们　TOP　拔
但头上的毛没能拔到。

tɕiŋ⁵³ jim⁵⁵. we³¹ gɯ³⁵ me³⁵ thuŋ³⁵ aŋ⁵⁵ ça⁵³ a³¹　pɯi⁵⁵ da⁵⁵ dzɯ⁵³ ça⁵³ goŋ³⁵ a³¹.
能　 没　因此　人　头发　有　变　PEF　很　　　聪明　变　PEF
所以人有头发并且是最聪明的动物。

　　人和动物要分聪明，人把聪明吃掉了，动物们就不停地踢打以惩罚人。人就把头藏进了洞里，动物们拔掉人身上的毛，但头上的毛没能拔到。所以人有头发并且是最聪明的动物。

2.35 野心勃勃的人

ma³¹ tʲɯŋ⁵⁵ go³¹ me³⁵ khɯn⁵⁵ je⁵⁵ ta³¹ we⁵⁵ thak⁵³ tɕhin⁵³ kɯ⁵³ me³⁵ a³¹.
村　　　　LOC 人　一　　TOP 心　　贪心　　　　一　人　PEF
村子里，有一个野心勃勃的人，

kɯn³⁵ lɯm⁵⁵ tɯ³¹ ru⁵³ n̠uŋ³⁵ haŋ³⁵ we⁵⁵ ja³¹. tɕe⁵⁵ ha³¹ bom⁵⁵ tʲu⁵³ ja³¹
事情　　　遇见　自己　　想　PEF 他　烧香　　　MER
遇事只替自己打算。

n̠uŋ³⁵ haŋ³⁵ je⁵⁵ mo³¹ hʷa⁵⁵ me³⁵ rɯn⁵⁵ kɯ⁵³ am³⁵ kɯ⁵³ ha³¹ rɯŋ⁵⁵ kɯ⁵³
自己　　　TOP 富　　人　太阳　一　云　一　风　　　一
他通过祈祷使自己变成了头人、太阳、乌云、风和大山，

ha³¹ kɯm⁵⁵ kɯ⁵³ ɕa⁵³ tʲu⁵³ ja³¹. we³¹ gɯi⁵⁵ a³¹ go⁵⁵ me³⁵ we⁵⁵ ha³¹ pei⁵³
山坡　　　一　变 IMM　后来　　　　　人　TOP 坏
迫害百姓。

ta³¹ we⁵⁵ a³¹. we³¹ gɯi⁵⁵ a³¹ go⁵⁵ tɕe⁵⁵ ha³¹ kɯm⁵⁵ ma³¹ tʲɯŋ⁵⁵ me³⁵
心　　PEF 后来　　　　　他　山坡　　村　　　人
后来，

liŋ⁵⁵ kau⁵⁵ ɕa⁵³ tʲu⁵³ ja³¹. we³¹ gɯ³⁵ ta³¹ we⁵⁵ thak⁵³ tɕhin⁵³ me³⁵ we⁵⁵ me³⁵
平　　变 MER　然后　心　　贪心　　　人　TOP 人
人们将他变成的山铲平了，

dʲu⁵⁵ ga³⁵ ɕa⁵³ goŋ³⁵ na⁵⁵ la⁵³.
相同　　变 PEF ROU HS
那个野心勃勃的人又变回了普通人。

　　村子里，有一个野心勃勃的人，遇事只替自己打算。他通过祈祷使自己变成了头人、太阳、乌云、风和大山，迫害百姓。后来，人们将他变成的山铲平了，那个野心勃勃的人又变回了普通人。

2.36 珍贵的木头

ha⁵⁵ joŋ⁵⁵ a³¹ go⁵⁵, me³⁵ kɯn⁵⁵ we⁵⁵ tɕe⁵⁵ ma³¹ seŋ⁵³ dɯ³⁵ pra⁵⁵ tɕɯŋ⁵⁵

从前　　　　　　　人　一　　TOP　他　木头　　　多　好　　得
从前，有一个人得到了一些质地极好的珍贵的木头，

go³¹　　　la⁵³. tɕe⁵⁵ ɕi³⁵ dɯ³¹ ga³⁵ ha³¹ nu⁵⁵ go³¹ kha³¹ ji³⁵ ja³¹. kha³¹ ji³⁵ ja³¹
DIR-TO HS　他　拿去　　　　哪里　LOC 卖　　PEF 卖　　PEF
他拿着到处去卖，

we⁵⁵ gɯ³¹ mu³¹ kha³¹ ji³⁵ jim⁵⁵ bo³¹　　a³¹　la⁵³. a³¹ mʲu⁵⁵ go³¹ tɕe⁵⁵
但是　　　　　卖　没 DIR-AW PEF HS　今后　　LOC 他
但是没卖掉。

mɯn⁵⁵ tshaɯ⁵⁵ kha³¹ ji³⁵ me³⁵ kɯn⁵⁵ tɯ³¹ ru⁵³ ga⁵⁵ a³¹　la⁵³. tɕe⁵⁵
火炭　　　　　卖　人　一　　遇见　　　PEF HS 他
后来他遇到一个卖炭的人，

mɯn⁵⁵ tshaɯ⁵⁵ dɯ³⁵ kha³¹ ji³⁵ hɯ³¹ tʲɯŋ⁵³ ho³¹ la⁵³ la⁵³. tɕe⁵⁵ thuɯi⁵³
火炭　　　　　多 卖　　看见　　MER HS　　他　自己
他看见卖炭的人卖出去很多炭，

ma³¹ seŋ⁵³ kɯ³¹ tʲe⁵³ e⁵⁵ kha³¹ ji³⁵ jim⁵⁵ bo³¹ a³¹ la⁵³. bɯ⁵⁵ pa⁵⁵ a³¹ ka³¹ sa⁵³
木头　　一点　　卖　　没 DIR-AW HS 突然　　　懂
而自己的木头一点都没有卖掉，就恍然大悟地说道：

goŋ³⁵ a³¹ la⁵³ ma³¹ ro⁵⁵: a³¹ tʲa⁵⁵ thau⁵⁵ ɕi⁵⁵ pra⁵⁵ kɯn⁵⁵ ka³¹ sa⁵³ di³⁵ bo³¹ a³¹
PEF　　HS 说　　现在　办法　好　一　知道　　DIR-AW
"现在知道好办法啦！"

la⁵³. we⁵⁵ lɯi⁵⁵ bʲe⁵⁵ hraɯ⁵³ ma³¹ seŋ⁵³ mɯn⁵⁵ tshaɯ⁵⁵ ji³⁵ a³¹　bo³¹　　la⁵³.
HS　于是　　　烧　木头　　火炭　　　　变 PEF DIR-AW HS
于是，就把自己的木头烧成了炭。

　　从前，有一个人得到了一些质地极好的珍贵的木头，他拿着到处去卖，但是没卖掉。后来他遇到一个卖炭的人，他看见卖炭的人卖出去很多炭，而自己的木头一点都没有卖掉，就恍然大悟地说道："现在知道好办法啦！"于是，就把自己的木头烧成了炭。

2.37 摸金币

dɯŋ⁵³ kɯn⁵⁵ i⁵⁵ ja³¹ a³¹ mɯŋ⁵⁵ tɕaŋ⁵⁵ la⁵⁵ la⁵³. tɕe⁵⁵ ma³¹ tsau⁵³ go³¹ dʲɯŋ³⁵
穷人 一 有 PEF 名字 江拉 HS 他 牛（总称） INS 只
一个穷人名叫江拉，

kɯn⁵⁵ kʲe³⁵ kau⁵⁵ ma³¹ ŋa³⁵ ji³⁵ ja³¹ ga³⁵. gɯi⁵⁵ a³¹ go⁵⁵ kʲe³⁵ kau⁵⁵ ma³¹ tɕi⁵³
一 金币 五 换 PEF REC 之后 金币 水
（他）用一头牛换了五个金币，

kʲaŋ⁵⁵ go³¹ ha³¹ rʷi⁵³ goŋ³⁵ a³¹. tɕe⁵⁵ ma³¹ tɕi⁵³ kʲaŋ⁵⁵ du⁵³ mʲoŋ³⁵ a³¹ bo³¹
里 LOC 掉 PEF 他 水 里 跳 想 PROS DIR-AW
结果金币掉到水里了，

kʲe³⁵ kau⁵⁵ ɕi³⁵ na⁵⁵ go³¹ ɳ⁵⁵ di⁵⁵. me³⁵ ta³¹ roŋ⁵⁵ we⁵⁵ tɕe⁵⁵ ɳuŋ³⁵
金币 拿 ROU DIR-TO PROS 胖子 那 他 你
他想跳进水里去摸金币。

ɕim⁵⁵ ken⁵⁵ neŋ⁵⁵ ma³¹ tɕi⁵³ du⁵³ a³¹ a³¹ hu³⁵ a³¹ la⁵³. la⁵³ tɯ³¹ mei⁵⁵ du⁵³
为什么 水 跳 PEF 问 PEF HS 劝告 跳
胖子结拉知道原委以后，

ja⁵³, ŋ³⁵ bo⁵³ a³¹ la⁵³. we³¹ ma³¹ mʲu⁵⁵ go⁵⁵ gɯi⁵⁵ me³⁵ ta³¹ roŋ⁵⁵
别 家 去 PEF HS 后来 胖子
劝江拉说："算了，回家吧"。后来，

ma³¹ ɕa⁵⁵ aŋ³⁵ ma³¹ tɕi⁵³ kʲaŋ⁵⁵ du⁵³ na⁵⁵ kʲe³⁵ kau⁵⁵ ba⁵³ bo³¹ la⁵³.
悄悄地 水 里 跳 ROU 金币 摸 DIR-AW HS
结拉偷偷跳进水里想捞金币。

we⁵⁵ gɯ³¹ mu³¹ ma³¹ tɕi⁵³ we⁵⁵ rɯm⁵⁵ doŋ⁵³ dzoŋ⁵⁵ doŋ⁵³, me³⁵ ta³¹ roŋ⁵⁵
但是 水 TOP 深 又 冷 又 胖子
结果水又深又冷，

kʲe³⁵ kau⁵⁵ ɕi³⁵ jim⁵⁵ lɯi⁵³ a³¹.
金币 拿 没 PEF
胖子结拉最终也没有拿到金币。

一个穷人名叫江拉，（他）用一头牛换了五个金币，结果金币掉到水里了，他想跳进水里去摸金币。胖子结拉知道原委以后，劝江拉说："算了，回家吧"。后来，结拉偷偷跳进水里想捞金币。结果水又深又冷，胖子结拉最终也没有拿到金币。

2.38　治驼背

bɯ⁵⁵	a³¹	go⁵⁵	me³⁵	mo³¹	hʷa⁵⁵	i⁵⁵	ja³¹.	we⁵⁵	gʲe³¹	je⁵⁵	ha⁵³	roŋ⁵⁵	tʲoŋ⁵⁵	i⁵⁵	ja³¹
很久以前		人	富		有	PEF		但是			驼背			是	PEF

从前，有个人很富有，但是驼背，

la⁵³,	we⁵⁵	gʲe³¹	je⁵⁵	tɕe⁵⁵	ha⁵³	roŋ⁵⁵	tʲoŋ⁵⁵	ma³¹	pra⁵³	ɕim⁵⁵	we⁵⁵	la⁵³.
HS	于是		他	驼背		医治（疾病）		想			HS	

他想治好自己的驼背。

we⁵⁵	gʲe³¹	je⁵⁵	me³⁵	ta³¹	ma⁵⁵	ba³¹	pu⁵⁵	me³⁵	kɯn⁵⁵	tɯ³¹	ru⁵³	ka³¹	po⁵³
但是			人	医生			位	一		碰见			

lɯi⁵³	lɯi⁵³	we⁵⁵	gʲe³¹	je⁵⁵	tha⁵³	khɯ³¹	tɕhin⁵³	ta³¹	ma⁵⁵	ba³¹	pu⁵⁵	me³⁵	kɯn⁵⁵
PEF		但是			贪心			医生			位	一	

但是（他）遇到了一个很贪财的人，

tɯ³¹	ru⁵³	lɯi⁵³	lɯi⁵³.	we⁵⁵	me³⁵	ma³¹	ro⁵⁵	tɕe⁵⁵	ha⁵³	roŋ⁵⁵	tʲoŋ⁵⁵	ma³¹	pra⁵³
遇见		PEF		那	人	说		他	驼背			医治（疾病）	

这个人说他能治好驼背。

tɕiŋ⁵³	a³¹	la⁵³.	ta³¹	ma⁵⁵	ba³¹	pu⁵⁵	khi⁵³	plɯŋ⁵⁵	we⁵⁵	me³⁵	tʲɯŋ⁵⁵	gʲaŋ⁵⁵
能	PROS	HS	医生				到	后背	那	人	身体	上

他站在驼背人身上使劲踩，

saŋ³⁵	ma³¹	thɯŋ⁵⁵	a³¹	la⁵³.	ha⁵³	roŋ⁵⁵	tʲoŋ⁵⁵	me³⁵	me³⁵	kɯ⁵³	saŋ³⁵	ɕe⁵⁵
踩	硬		PEF	HS	驼背			人	位	一	踩	死

（结果）驼背人被踩死了。

ɕi⁵⁵	tʲu⁵³	goŋ³⁵	a³¹.	khun⁵⁵	dʲɯŋ⁵³	pʲen³⁵	tha⁵³	khɯ³¹	tɕhin⁵³	me³⁵	ɕe⁵⁵	bo³¹
PSV	PEF	因而					贪心			人	死	DIR-AW

贪财的人被判了死刑。

di³¹ ga³⁵ a³¹. tɕe⁵⁵ ka³¹ n⁵⁵ mei⁵³ dʲɯ⁵⁵ a³¹ khaŋ⁵⁵ ɕa⁵³ goŋ³⁵ a³¹.
TER　　PEF 他　二　都　　失败　　　PEF
最后这两个人的心愿都没有达成。

　　从前，有个人很富有，但是驼背，他想治好自己的驼背。但是，（他）遇到了一个很贪财的人，这个人说他能治好驼背。他站在驼背人身上使劲踩，（结果）驼背人被踩死了。贪财的人被判了死刑。最后这两个人的心愿都没有达成。

2.39　茶和盐的故事

ha⁵⁵ joŋ⁵⁵ go³¹ ŋ³⁵ dʲɯ³⁵ kɯ³¹ ŋ⁵³ ka³¹ n⁵⁵ a³¹ dza⁵⁵ go³¹ i⁵⁵ ja³¹ la⁵³.
以前　　LOC 家族　个　　二　官　　LOC 有 PEF HS
从前，有两个家族的族长，

tɕe⁵⁵ a³¹ lɯŋ³⁵ bɯ³¹ reŋ⁵⁵ ga³⁵ a³¹　la⁵³. we⁵⁵ gʲe³¹ je⁵⁵ tɕe⁵⁵ lɯŋ³⁵ a⁵⁵　je⁵⁵
他们　　　仇人　REC PEF HS 但是　　　他们　孩子 TOP
他们是仇人，但是他们的孩子相爱了。

we⁵⁵ ga³⁵ ga³⁵ a³¹　la⁵³. ma⁵⁵ ba³⁵ a⁵⁵　tɕu³¹ je⁵⁵ ta³¹ tʲoŋ⁵⁵ hra⁵⁵ peŋ⁵³ la⁵³.
相爱　REC PEF HS 父母　　孩子 们　TOP 困难　拆　分　HS
两位族长不惜一切代价拆散了他们，

tɕe⁵⁵ a³¹ lɯŋ³⁵ we⁵⁵ ga³⁵ a³¹　la⁵³ se⁵³ tʲu⁵³ goŋ³⁵ a³¹ la⁵³. tɕe⁵⁵ a³¹ lɯŋ³⁵ ɕe⁵⁵
他们　　　相爱　PEF HS 杀 PSV PEF　　HS 他们　　　死
他们为爱自杀了。死后，

a³¹　plɯŋ⁵⁵ me³⁵ ha³¹ prɯ⁵³ je⁵⁵ pla³⁵ i⁵⁵ goŋ³⁵ a³¹ la⁵³. me³⁵ ha³¹ jaŋ⁵⁵ rau⁵⁵
PEF 后　青年男人　　　TOP 盐　是 PEF　　HS 青年女子
男青年变成了盐，女青年变成了茶，

phlam⁵³ i⁵⁵ goŋ³⁵ a³¹ la⁵³. baɯ⁵³ tsai⁵⁵ me³⁵ tɕu³¹ ta³¹ so⁵⁵ phlam⁵³ ba⁵³ a³¹
茶　　是 PEF　　HS 常常　　别人　酥油　茶　做　PEF
每当人们做好酥油茶，

ne³¹ tɕe⁵⁵ a³¹ lɯŋ³⁵ we³¹ gui⁵⁵ a³¹ go⁵⁵ bɯ³¹ doŋ⁵³ ha³¹ pʲan⁵⁵ ha³¹ tʲo⁵⁵ i⁵⁵
后 他们　　　然后　　又　互相　　　　　存在

他们就又能在一起，

na⁵⁵ la⁵³. bɯ³¹ doŋ⁵³ hra⁵⁵ peŋ⁵³ ja³¹ ɕi⁵⁵ tʲu⁵³ jim⁵⁵ la⁵³.
ROU HS 又 拆 分 PEF PSV 不 HS
不被分开了。

从前，有两个家族的族长，他们是仇人，但是他们的孩子相爱了。两位族长不惜一切代价拆散了他们。他们为爱自杀了，死后，男青年变成了盐，女青年变成了茶，每当人们做好酥油茶，他们就又能在一起，不被分开了。

2.40　最贵的宝贝

me³⁵ jaŋ⁵⁵ a⁵⁵ mo³¹ hʷɑ⁵⁵ we⁵⁵ dɯŋ⁵³ me³⁵ jaŋ⁵⁵ a⁵⁵ ŋ̍³⁵ go³¹ khi⁵³ ja³¹.
女人 富 TOP 穷 女人 家 LOC 到 PRES
一个富有的女人去一个贫穷的女人家里面，

mo³¹ hʷɑ⁵⁵ me³⁵ jaŋ⁵⁵ a⁵⁵ we⁵⁵ dɯŋ⁵³ me³⁵ jaŋ⁵⁵ a⁵⁵ ŋ̍³⁵ go³¹ khi⁵³ ja³¹ la⁵³:
富 女人 TOP 穷 女人 家 LOC 到 PRES 说
到了贫穷的女人家后，她对贫穷的女人说：

hʷeŋ⁵⁵ ne³⁵ haŋ³⁵ ta³¹ prɯ⁵³ po⁵³ a³¹ aŋ⁵⁵. mo³¹ hʷɑ⁵⁵ me³⁵ jaŋ⁵⁵ a⁵⁵ we⁵⁵ la⁵³:
看 Imp 我 东西 贵 有 富 女人 TOP 说
"你看我有很多宝贝。"并问那个贫穷的女人：

ȵuŋ³⁵ ɕim⁵⁵ ta³¹ prɯ⁵³ po⁵³ a³¹ aŋ⁵⁵? dɯŋ⁵³ me³⁵ jaŋ⁵⁵ a⁵⁵ we⁵⁵ la⁵³: haŋ³⁵
你 什么 东西 贵 有 穷 女人 TOP 说 我
"你有宝贝吗？"贫穷的女人说：

mu³¹ ta³¹ prɯ⁵³ po⁵³ a³¹ aŋ⁵⁵, haŋ³⁵ ta³¹ prɯ⁵³ we⁵⁵ ȵuŋ³⁵ ta³¹ prɯ⁵³
也 东西 贵 有 我 东西 TOP 你 东西
"我有宝贝，

doŋ³¹ ȵu³¹ po⁵³ a³¹ joŋ³⁵ a³¹. mo³¹ hʷɑ⁵⁵ me³⁵ jaŋ⁵⁵ a⁵⁵ we⁵⁵ la⁵³: ka³¹ ro⁵³
COC 贵 比较标记 PEF 富 女人 TOP 说 快
我的宝贝比你的更贵重。" 富裕的女人说：

ɕi³⁵ dza³¹ haŋ³⁵ hʷeŋ⁵⁵ goŋ³⁵ tʲu⁵³. dɯŋ⁵³ jaŋ⁵⁵ we⁵⁵ tɕe⁵⁵ a⁵⁵ ka³¹ n⁵⁵ we⁵⁵

拿来　　我　看　PEF　　　　穷　女人 TOP　她　孩子 二　　　TOP
"快拿出来让我看看吧！"

tɕe⁵⁵ mboŋ⁵⁵ ma³¹ goŋ⁵⁵ a³¹　la⁵³: e⁵⁵ ka³¹ n⁵⁵ we⁵⁵ haŋ³⁵ po⁵³ a³¹ ta³¹ prɯ⁵³
她　　旁边　拉　　　PEF　说 这 二　　TOP 我 贵　　东西
贫穷的女人把自己的两个孩子拉到身边，说："他们就是我的宝贝。"

ma⁵³ go³¹.
助词

　　一个富有的女人去一个贫穷的女人家里面，到了贫穷的女人家后，她对贫穷的女人说："你看我有很多宝贝。"并问那个贫穷的女人："你有宝贝吗？"贫穷的女人说："我有宝贝，我的宝贝比你的更贵重。"富裕的女人说："快拿出来让我看看吧！"贫穷的女人把自己的两个孩子拉到身边，说："他们就是我的宝贝。"

2.41　遇到老虎和老鼠的人

tɕi³⁵ la⁵⁵ e⁵⁵ ma³¹ seŋ⁵⁵ pa⁵⁵ go³¹ bo³¹ da⁵⁵ tɯ³¹ ru⁵³ ga⁵⁵ a³¹. tɕe⁵⁵ groŋ⁵³ pa⁵⁵
吉拉　　这 森林　　　　　LOC 老虎　遇见　　　PEF 他 脚
吉拉在森林中遇到了老虎，

kru⁵³ ndi³⁵ pʲou⁵³ tʲu⁵³ ja³¹ bo³¹　　ma³¹ ro⁵³ khi⁵³ goŋ³⁵ bo³¹.　tɕe⁵⁵ we⁵⁵ a³¹
抬　　跑　　MER DIR-AW 石崖　　到　PEF DIR-AW 他 想　PEF
他拔腿就跑，跑到了断崖边。

du⁵³ dza⁵⁵ a³¹ go⁵⁵ ɕe⁵⁵ jim⁵⁵ wa³¹. tɕe⁵⁵ du⁵³ goŋ³⁵ di³¹ ga³⁵ bo³¹.
跳 下 后　死 不 PROS 他 跳 PEF TER　DIR-AW
他想："跳下去也许不会死。"　他一跃跳下悬崖，

ma³¹ seŋ⁵⁵ ha³¹ ru⁵³ tɕe⁵⁵ ma³¹ seŋ⁵⁵　ha³¹ ru⁵³ kʲaŋ⁵⁵ tshɯʔ⁵³ goŋ³⁵ ho³¹.
树（总称）接待　　他 树（总称）接见　上 吊　PEF
却被一棵树拦住，吊在了树枝上。

tɕi³⁵ la⁵⁵ rai⁵³ na⁵⁵ jim⁵⁵ ɕa⁵³ goŋ³⁵ dʑim³⁵ tha³¹ rau⁵⁵ ȵuŋ³⁵ haŋ³⁵
吉拉　怕 ROU 不 变 PEF 认真　　　　自己
吉拉稳定了情绪，

ka³¹ poŋ⁵⁵ ʔi⁵⁵ tɕa⁵⁵ hʷeŋ⁵⁵ tʲuʔ⁵³ ɑ³¹. tɕe⁵⁵ hɯ³¹ tʲɯŋ⁵³ ka³¹ tɕi⁵⁵ ka³¹ n⁵⁵
两旁　　　　　看　　PEF　他　看见　　老鼠　　二
仔细看了看周围的情况，

we⁵⁵ poŋ⁵⁵ ma³¹ seŋ⁵⁵　thaɯ⁵³ lɯi⁵³ ɑ³¹. tɕe⁵⁵ we⁵⁵ ɑ³¹　bo³¹ da⁵⁵ kɯ³¹ greŋ⁵⁵
附近　　　树（总称）咬　PEF　　他　想　PEF 老虎　　咬
他看见两只老鼠在树枝旁边正在咬树干。

ɑ³¹　ma⁵⁵ ka³¹ tɕi⁵⁵ kɯ³¹ greŋ⁵⁵ ɑ³¹, ha³¹ rʷi⁵³ we⁵⁵ wu³¹ li⁵⁵ pra⁵⁵ ɳaŋ³⁵ jim⁵⁵.
PEF　和　老鼠　咬　　　　PEF 掉　　TOP 那样　好　痛　不
他想：“比起被老虎咬死，也许摔死不那么疼呢。”

kɯ³¹ tshɯ⁵⁵ ma³¹ mʲu⁵⁵ tɕe⁵⁵ ma³¹ seŋ⁵⁵　kɯ⁵³ tshɯʔ⁵³ ɑ³¹　tʲu³¹ ɡa³⁵.
一会儿　　后　　　他　树（总称）一　吊　　　PEF　CON
过了一会儿，他还挂在树上，

we⁵⁵ ɡe³¹ je⁵⁵ ka³¹ tɕi⁵⁵ hɯ³¹ tʲɯŋ⁵³ jim⁵⁵. we³¹ ɡɯ³⁵ bo³¹ da⁵⁵ tɯ³¹ kɯ⁵⁵
但是　　　老鼠　看不见　　　　　然后　老虎　话
却看不见老鼠咬树干了。

tha³¹ tʲɯŋ⁵³ ɑ³¹ ɡo⁵⁵ ka³¹ tɕi⁵⁵ we⁵⁵ rai⁵³ ɡoŋ³⁵ ɑ³¹ pʲou⁵³ tʲu⁵³ di³¹ ɡa³⁵.
听见　　　后　老鼠　TOP 怕　PEF　　跑　　MER TER
原来老鼠听到老虎的声音被吓跑了。

　　吉拉在森林中遇到了老虎，他拔腿就跑，跑到了断崖边。他想：“跳下去也许不会死。”他一跃跳下悬崖，却被一棵树拦住，吊在了树枝上。吉拉稳定了情绪，仔细看了看周围的情况，他看见两只老鼠在树枝旁边正在咬树干。他想：“比起被老虎咬死，也许摔死不那么疼呢。”过了一会儿，他还挂在树上，却看不见老鼠咬树干了。原来老鼠听到老虎的声音被吓跑了。

2.42　掉在井里的金项链

bɯ⁵⁵ ɑ³¹ ɡo⁵⁵ me³⁵ kɯn⁵⁵ i⁵⁵ ja³¹, pɯi⁵⁵ da⁵⁵ la⁵³ hlaɯ³⁵ la⁵³ ka³¹ sa⁵³
很久以前　人　一　有 PEF 很　　谎言　　说　会
从前有一个骗子，特别可恶，

lɯi⁵³ lɯi⁵³, me³⁵ we⁵⁵ ha³¹ pei⁵³ i⁵⁵ ɑ³¹. bɯ⁵⁵ kɯ⁵³ ɡɯi⁵⁵ ɡo⁵⁵ ɑ³¹, tɕe⁵⁵ me³⁵

PEF 人 TOP 坏 是 PEF 有一次 他 人
总是害人。有一次，

ta³¹ dzɯ⁵⁵ me³⁵ tɯ³¹ ru⁵³ ɡa⁵⁵ bo³¹,　me³⁵ a³¹ mɯŋ⁵⁵ tʂa⁵⁵ ba⁵⁵ la⁵³.
聪明 人 遇见 DIR-AW 人 名字 扎巴 HS
他遇到了聪明的扎巴，

tʂa⁵⁵ ba⁵⁵ we⁵⁵ tɕe⁵⁵ we³¹ la⁵³ ha³¹ lau⁵³ ja³¹ me³⁵ we³¹ la⁵³ bo³¹　la⁵³
扎巴 TOP 他 CMT 骗子 CMT 说 DIR-AW HS

khlai⁵⁵ pu⁵⁵ hʷaŋ⁵⁵ ma³¹ tɕi⁵³ kʲaŋ⁵⁵ ɡo³¹ pɯ³¹ dai⁵⁵ lai⁵⁵ ha³¹ rʷi⁵³ di³¹ ɡa³⁵
井 里 LOC 金子 项链 掉 TER
扎巴对骗子说井里有金项链，

bo³¹　la⁵³. la⁵³ ha³¹ lau⁵³ ja³¹ me³⁵ ɡɯ³¹ li³⁵ dʑim³⁵ ka³¹ sa⁵³ dʲu⁵⁵ wa³¹
DIR-AW HS 骗子 真 知觉 PRES
骗子以为是真的，

di³¹ ɡa³⁵. la⁵³ ha³¹ lau⁵³ ja³¹ me³⁵ ka³¹ rʷi⁵⁵ tʲã⁵⁵ lɯi⁵³ a³¹ n̪u³¹ ha³¹ roŋ⁵⁵
TER 骗子 绳子 系 PEF 从 腰
就在腰间系上绳子，

kʲan⁵⁵ ɡo³¹ khlai⁵⁵ pu⁵⁵ hʷaŋ⁵⁵ ma³¹ tɕi⁵³ ha³¹ jau⁵⁵ pɯ³¹ dai⁵⁵ lai⁵⁵ ɕi³⁵ a³¹
里 LOC 井 下降 金子 项链 拿 PEF
下井捞金项链。

la⁵³. ɡui⁵⁵ a³¹ ɡo⁵⁵ tʂa⁵⁵ ba⁵⁵ ka³¹ rʷi⁵⁵ ni⁵³ du⁵³ ɡoŋ³⁵ a³¹ wu³¹ li⁵⁵
HS 之后 扎巴 绳子 割 断 PEF 那样
结果，扎巴割断了绳子，

la⁵³ ha³¹ lau⁵³ ja³¹ me³⁵ ta³¹ hʷi⁵³ a³¹ bo⁵⁵.
骗子 教 PEF
惩罚了骗子。

从前有一个骗子，特别可恶，总是害人。有一次，他遇到了聪明的扎巴，扎巴对骗子说井里有金项链，骗子以为是真的，就在腰间系上绳子，下井捞金项链。结果，扎巴割断了绳子，惩罚了骗子。

2.43　等狐狸

me³⁵ khɯn⁵⁵ we⁵⁵ kha³¹ lʲau⁵⁵ ba⁵³ a³¹　go³¹, ta³¹ saɯ⁵³ pa³⁵　go³¹ ta³¹ prɯ³⁵
人　一　　TOP　地（一块）做　PEF 时候 野草　　通过 LOC 狐狸
有个人在地里干活，

khɯn⁵⁵ du⁵³ dza³¹　　a³¹ go³¹, ma³¹ seŋ⁵⁵　go³¹ din⁵⁵ se⁵³ goŋ³¹ bo³¹. kɯ³¹ ja⁵⁵
一　　跳　DIR-TO PEF　树（总称）LOC 碰　死 PEF　　晚上
一只狐狸从草丛中钻出来撞到树上，撞死了。

ka³¹ n⁵⁵ go³¹, we⁵⁵ me³⁵ we⁵⁵ bɯ³¹ doŋ⁵³ kha³¹ lʲau⁵⁵ ba⁵³ na⁵⁵. kha³¹ lʲau⁵⁵
二　　LOC 那 人　TOP 又　　　地（一块）做　ROU 地（一块）
第二天，那个人继续到地里干活。

ba⁵³ tʲu³¹ ma³¹ seŋ⁵⁵　mboŋ⁵⁵ ɳu³¹ hʷeŋ⁵⁵ a³¹. a³¹ tʲa⁵⁵ mu³¹ ta³¹ prɯ³⁵
做　CON 树（总称）旁边　LOC 看　PEF 现在　也　狐狸
干活的时候，他总朝地里面的那棵树看，

bɯ³¹ doŋ⁵³ din⁵⁵ se⁵³ goŋ³⁵ dza³¹　la⁵³ we⁵⁵ ho³¹. a³¹ mʲu⁵⁵ go³¹ kha³¹ lʲau⁵⁵
又　　碰　死 PEF　DIR-TO HS 想　MER 今后　　LOC 地（一块）
想着会再次有狐狸撞上去。

mu³¹ ba⁵³ jim⁵⁵. ɳ⁵³　la³¹ mɯŋ³⁵ ma³¹ seŋ⁵⁵　mboŋ⁵⁵ go³¹ a⁵³ ku⁵³ ho³¹.
也　做　不　白天 每　　树（总称）旁边　LOC 守　　MER
后来他干脆不干农活了，每天一直守在树旁边。

a³¹ mʲu⁵⁵ go³¹, ma³¹ seŋ⁵⁵　mboŋ⁵⁵ go³¹ ta³¹ prɯ³⁵ din⁵⁵ se⁵³ goŋ³⁵ ho³¹ mu³¹
今后　LOC 树（总称）旁边　LOC 狐狸　　碰　死 PEF　　也
结果却再也没有捡到过撞死的狐狸，

hɯ³¹ tʲɯŋ⁵³ jim⁵⁵. tɕe⁵⁵ ka³¹ lʲau⁵³ mlaŋ⁵⁵ ta³¹ saɯ⁵³ kɯ³¹ dɯŋ⁵³ braŋ⁵⁵ goŋ³⁵ ho³¹.
看不见　　　他　庄稼　　　　野草　仅　　生根 PEF
他的庄稼也全部荒废了。

有个人在地里干活，一只狐狸从草丛中钻出来撞到树上，撞死了。第二天，那个人继续到地里干活。干活的时候，他总朝地里面的那棵树看，想着会再次有狐狸撞上去。后来他干脆不干农活了，每天一直守在树旁边。结果却再也没有捡到过撞死的狐狸，他的庄稼也全部荒废了。

2.44 吃鸡蛋

buɯ⁵⁵ a³¹ go⁵⁵ kɯ³¹ ŋ̍⁵³ kɯ⁵³ go³¹, me³⁵ lɯn³⁵ na³¹ tʲoŋ⁵³ goŋ³⁵. we³¹ gɯ³⁵ po⁵³
很久以前　　天　　一　LOC　主人　　饿　PEF　因此　　奴仆
很久以前，有一天，主人饿了，

we⁵⁵ tʲu⁵³ ma³¹ na⁵³ bom⁵⁵ ka³¹ n⁵⁵ su⁵³ ɕi³⁵ a³¹. po⁵³　we⁵⁵ tʲu⁵³ ma³¹ na⁵³
TOP　鸡蛋　　　个　　二　　煮　允许　PEF　奴仆　那　　鸡蛋
喊奴仆煮两个鸡蛋。

bom⁵⁵ ka³¹ n⁵⁵ su⁵³ a³¹ goŋ³⁵. bom⁵⁵ kɯ⁵³ tɕe⁵⁵ thɯi⁵³ ga⁵³　a³¹ go⁵⁵
个　　二　　煮　PEF　　　个　　一　　他自己　　打破　后
奴仆煮了两个鸡蛋以后吃了一个鸡蛋，

wun⁵³ kɯ³¹ lc⁵⁵ kʲaŋ⁵⁵ bom⁵⁵ kun⁵⁵ lo⁵⁵　ho³¹. me³⁵ lɯn³⁵ wun⁵³ kɯ³¹ le⁵⁵
盘子　　　　里　个　　一　　剩下　MER　主人　　　　盘子
盘子里只剩下一个鸡蛋。

kʲaŋ⁵⁵ go³¹ tʲu⁵³ ma³¹ na⁵³ bom⁵⁵ kɯ⁵³ a³¹ hʷeŋ⁵⁵ a³¹　la⁵³, po⁵³　we⁵⁵ a³¹ hu³⁵:
里　LOC　鸡蛋　　　个　　一　看见　　PEF　HS　奴仆　那　问
主人看见盘子里只有一个鸡蛋，

tʲu⁵³ ma³¹ na⁵³ bom⁵⁵ kɯ⁵³ a³¹ tʲa⁵⁵ mu⁵³ we⁵⁵ hi³¹　　　　la⁵³? po⁵³　la⁵³ a³¹:
鸡蛋　　　个　一　还　　　那　感叹语气　HS　奴仆　说　PEF
便问奴仆："还有一个鸡蛋呢？"

tʲu⁵³ ma³¹ na⁵³ bom⁵⁵ kɯ⁵³ haŋ³⁵ tha⁵³ ho³¹ tʲa⁵³ kɯ⁵³ la⁵³ la⁵³. me³⁵ lɯn³⁵
鸡蛋　　　个　　一　我　吃　MER　Imp　　HS　　主人
奴仆说："还有一个鸡蛋被我吃了。"

a³¹ hu³⁵ a³¹　la⁵³: ȵuŋ³⁵ ka³¹ da³⁵ tha⁵³ di³¹ a³¹　la⁵³ la⁵³? po⁵³　we⁵⁵
问　PEF　HS　你　怎样　　吃　TER　PEF　HS　　　奴仆　TOP
主人问："你怎么吃的？"

wun⁵³ kɯ³¹ le⁵⁵ kʲaŋ⁵⁵ go³¹ tʲu⁵³ ma³¹ na⁵³ ɕi³⁵ di⁵⁵ tha⁵³ goŋ³¹ bo³¹ la⁵³.

盘子　　　　　　　里　LOC　鸡蛋　　　　　拿　IMM　吃　PEF　　　HS
奴仆抓起碗里的鸡蛋，吃了下去。

bom⁵⁵ ka³¹ n⁵⁵ we⁵⁵ po⁵³　we⁵⁵ tha⁵³ goŋ³¹ bo³¹. po⁵³　we⁵⁵ a³¹ li⁵⁵ la⁵³ a³¹:
个　二　　那　奴仆那　吃　PEF　　　奴仆　那　这样　说　PEF
两个鸡蛋都被奴仆吃了，

a³¹ li⁵⁵ tha⁵³ ho³¹ dɯ³¹ pɯi⁵⁵ la⁵³ la⁵³. me³⁵ lɯn³⁵ ma³¹ thoŋ⁵⁵ khem⁵⁵ mʲoŋ⁵⁵
这样　吃　MER　肯定语气　HS　　主人　　很，太　　生气
奴仆说："主人，就是这样吃的。"　主人很生气。

goŋ³⁵ di³¹ ga³⁵ bo³¹.
PEF　TER　　DIR-AW

　　很久以前，有一天，主人饿了，喊奴仆煮两个鸡蛋。奴仆煮了两个鸡蛋以后吃了一个鸡蛋，盘子里只剩下一个鸡蛋。主人看见盘子里只有一个鸡蛋，便问奴仆："还有一个鸡蛋呢？"奴仆说："还有一个鸡蛋被我吃了。"主人问："你怎么吃的？"奴仆抓起碗里的鸡蛋，吃了下去。两个鸡蛋都被奴仆吃了，奴仆说："主人，就是这样吃的。"主人很生气。

2.45　一只眼睛看不见的松鼠

me³⁵ khɯn⁵⁵ we⁵⁵ kha³¹ lʲau⁵⁵ me⁵³ en⁵⁵ khɯn⁵⁵ ba⁵³ a³¹　la⁵³. jo⁵³
人　一　　TOP　地（一块）新　　一　　做　PEF　HS　小米
有一个人开了新地，

kha³¹ lʲau⁵⁵ kɯ³¹ tʲe⁵³ e⁵⁵ li³⁵ a³¹　la⁵³. me³⁵ khɯn⁵⁵ doŋ⁵³ we⁵⁵ ka³¹ pa⁵³ a³¹
地（一块）小的　　　种　PEF　HS　人　一　　又　TOP　傻子　PRES
种了一块小米地。另一个人，有点傻，

dza³¹　ta³¹ la³⁵. bɯ³¹ lɯm⁵⁵ khɯn⁵⁵ hɯ³¹ tʲɯŋ⁵³ jim⁵⁵ la⁵³. kɯ³¹ ŋ̍⁵³ kɯ⁵³
DIR-TO　经常　眼睛　　一　看不见　　　　HS　天　一
一只眼睛看不见。一天，

jo⁵³　kha³¹ lʲau⁵⁵ tei³⁵ ja⁵⁵ we⁵⁵ hɯ³¹ tʲɯŋ⁵³ a³¹　ka³¹ pa⁵³ we⁵⁵ tɕe⁵⁵ jo⁵³
小米　地（一块）主人　TOP　看见　PEF　傻子　TOP　他　小米
小米地的主人看见那个傻子偷他的小米，

a³¹ kau⁵³ a³¹ la⁵³. ɕim⁵⁵ mu³¹ ma³¹ ro⁵⁵ jim⁵⁵ thɯi⁵³ bo⁵³ goŋ³⁵ bo³¹ la⁵³.
偷　　PEF HS 什么 也　说　　　没　后　走　PEF DIR-AW HS
什么也没说就走了。

kɯ³¹ ŋ̍⁵³ ge⁵³ khɯn⁵⁵ go³¹, ka³¹ pa⁵³ we⁵⁵ kha³¹ lʲau⁵⁵ tei³⁵ ja⁵⁵ we³¹
天　　助词 一　 LOC　傻子　TOP 地（一块）主人　 DAT
有一天，傻子对主人说：

ma³¹ ro⁵⁵ a³¹, ŋ̍uŋ³⁵ kha³¹ lʲau⁵⁵ kʲan⁵⁵ go³¹ ta³¹ li⁵³ dɯ³⁵ jo⁵³ a³¹ kau⁵³ a³¹.
说话　　PEF 你　 地（一块）　里　 LOC 松鼠　多　小米　偷　　PEF
"你的地里面有好多松鼠偷小米。"

tɕe⁵⁵ ma³¹ ro⁵⁵ li⁵³ ja³¹ go³¹, kha³¹ lʲau⁵⁵ tei³⁵ ja⁵⁵ we⁵⁵ ma³¹ ra⁵⁵ a³¹ go³¹
他　说　　　后　　　　地（一块）主人　 TOP 笑　　PEF
他说完以后，小米地的主人就笑着说：

ma³¹ ro⁵⁵ a³¹. bɯ³¹ lɯm⁵⁵ khɯn⁵⁵ hɯ³¹ tʰɯŋ⁵³ jim⁵⁵ ta³¹ li⁵³ we⁵⁵ a³¹ kau⁵³
说　　PEF 眼睛　　一　　看不见　　　松鼠　TOP 偷
"是不是一只眼睛看不见的松鼠偷的？"

a³¹ deŋ³⁵.
PEF 表估计

　　有一个人开了新地，种了一块小米地。另一个人，有点傻，一只眼睛看不见。一天，小米地的主人看见那个傻子偷他的小米，什么也没说就走了。有一天，傻子对主人说："你的地里面有好多松鼠偷小米。"他说完以后，小米地的主人就笑着说："是不是一只眼睛看不见的松鼠偷的？"

2.46　阿盖和狼

a³¹ kai⁵³ tɕe⁵⁵ a³¹ lim⁵⁵ kʲaŋ⁵⁵ go³¹ tɕhi⁵³ ja³¹ go³¹. kʷaɯ⁵³ ta³¹ prɯ³⁵ khɯn⁵⁵
阿盖　 他　路　上　　LOC 走　时候　豺狗　　　　一
阿盖在路上走着，

tɯ³¹ ru⁵³ ga⁵⁵. kʷaɯ⁵³ ta³¹ prɯ³⁵ a³¹ kai⁵³ we³¹ ma³¹ ro⁵⁵ a³¹:
遇见　　　豺狗　　　　阿盖　DAT 说　　PEF

遇到了一只狼，狼对阿盖说：

ta³¹ breŋ⁵⁵ ma³¹ luɯŋ⁵³ ja³¹ me³⁵ tɕu³¹ haŋ³⁵ we³¹ se⁵³ ja³¹ ma³¹ dʲoŋ⁵⁵ a³¹.
猎人　　　　　　　　　　　们　我　CMT　杀　PEF　准备　　PEF
　"打猎的人准备杀我，

ɳuŋ³⁵ haŋ³⁵ we³¹ a³¹ bruɯ⁵⁵ ŋ̊³⁵ na⁵⁵. a³¹ kai⁵³ ma⁵⁵ tɕe⁵⁵ kʷaɯ⁵³ ta³¹ pruɯ³⁵
你　　我　CMT　帮助　　给　ROU　阿盖　TOP　他　豺狗
你帮助我吧。"

ma³¹ ro⁵⁵ a³¹ we⁵⁵ tiŋ⁵⁵ a⁵⁵ bo³¹.　kʷaɯ⁵³ ta³¹ pruɯ³⁵ we⁵⁵ ta³¹ khi³⁵ kʲan⁵⁵
说　　那个　答应　DIR-AW　豺狗　　　　　TOP　粮食袋　里
阿盖答应了狼的请求，把狼装在了一个袋子里。

go³¹ ha³¹ preŋ⁵³ koŋ³⁵ bo³¹.　ta³¹ breŋ⁵⁵ o⁵³ ja³¹ me³⁵ tɕu³¹ bo⁵³ goŋ³⁵
LOC　装　　CAU　DIR-AW　猎人　　　　　　　　　们　走　PEF
打猎的人过去之后，

ja³¹ go³¹, a³¹ kai⁵³ tɕe⁵⁵ kʷaɯ⁵³ ta³¹ pruɯ³⁵ we⁵⁵ ta³¹ khi³⁵ kʲan⁵⁵ go³¹
后　　阿盖　他　豺狗　　　　　　TOP　粮食袋　里　LOC

ma³¹ tʲa⁵³ na³⁵. kʷaɯ⁵³ ta³¹ pruɯ³⁵ ma³¹ tʲa⁵³ li⁵³ ja³¹ go³¹, kʷaɯ⁵³ ta³¹ pruɯ³⁵
放　PEF　豺狗　　　　　放　　后　　豺狗
阿盖把狼从口袋里放出来。狼放出来了以后，

tɕe⁵⁵ la⁵³ a³¹ tʲa⁵⁵ ŋ̊⁵³ haŋ³⁵ puɯi⁵⁵ da⁵⁵ na³¹ tʲoŋ⁵³ a³¹. haŋ³⁵ ɳuŋ³⁵ we³¹ tha⁵³
他　说　今天　我　很　　饿　　PEF 我　你　CMT　吃
狼说："今天我特别饿，必须吃你。"

goŋ³⁵ ja³¹. we⁵⁵ bʲe⁵⁵ a³¹ kai⁵³ we⁵⁵ tha⁵³ koŋ³⁵ bo³¹.
PEF　　于是　　阿盖　TOP　吃　CAU　DIR-AW
（于是）就把阿盖吃了。

　　阿盖在路上走着，遇到了一只狼，狼对阿盖说："打猎的人准备杀我，你帮助我吧。"阿盖答应了狼的请求，把狼装在了一个袋子里。打猎的人过去之后，阿盖把狼从口袋里放出来。狼放出来以后说："今天我特别饿，必须吃你。"（于是）就把阿盖吃了。

2.47　啃骨头

me³⁵ ta³¹ roŋ⁵⁵ tɕie³¹ la⁵⁵ we⁵⁵ tɯm⁵⁵ la³¹ mɯŋ³⁵ ta³¹ breŋ⁵³ tha⁵³ a³¹,
胖子　　　　杰拉　TOP　天　每　肉　　吃　PEF
胖子杰拉每天吃肉，

tɕʲaŋ⁵⁵ la⁵⁵ we⁵⁵ ri³¹ boŋ³⁵ kɯ³¹ dɯŋ⁵³ tha⁵³ ja³¹ la⁵³. kɯ³¹ ŋ̥⁵³ kɯm⁵⁵ go³¹,
江拉　　TOP　骨头　仅　　吃　PEF　HS　天　一　　LOC
江拉只能啃骨头。有一天，

tɕʲaŋ⁵⁵ la⁵⁵ we⁵⁵ ri³¹ boŋ³⁵ khɯm⁵⁵ ɕi³⁵ a³¹　tha⁵³ a³¹　tha⁵³ pra⁵⁵ tha⁵³ a³¹
江拉　　TOP　骨头　一　　拿　PEF　吃　PEF　吃　好　吃　PEF

la⁵³. the³¹ rɯm⁵³ bɯm³⁵ kɯŋ⁵⁵ go³¹ zə⁵⁵ zə⁵⁵ zə⁵⁵ la⁵³ rɯŋ⁵³ a³¹　la⁵³.
HS　嘴　　　　　里　LOC　喷　喷　喷　HS　鸡啼　PEF　HS
江拉正在带劲地"喷喷"地啃骨头。

me³⁵ ta³¹ roŋ⁵⁵ a³¹ hu³⁵ a³¹　ɕim⁵⁵ ja³⁵ la⁵³? tɕʲaŋ⁵⁵ la⁵⁵ we⁵⁵ kru⁵³ a³¹ wei⁵⁵
胖子　　　　问　PEF　什么　吗　HS　江拉　　TOP　头　摇
胖子问："怎么啦？"江拉摇摇头说，

ja³¹ la⁵³. ta³¹ breŋ⁵³ we⁵⁵ pra⁵⁵ we⁵⁵ mei⁵³ ri³¹ boŋ³⁵ kɯŋ⁵⁵ go³¹ aŋ⁵⁵ goŋ³⁵ a³¹
PEF　HS　肉　　　　TOP　好　TOP　全部　骨头　　里　LOC　有　PEF
"肉的精华都在骨头里，

la⁵³. tei³⁵ ja⁵⁵ we⁵⁵ tha⁵³ jim⁵⁵ po⁵³　we⁵⁵ tha⁵³ a³¹　la⁵³. me³⁵ ta³¹ roŋ⁵⁵ we⁵⁵
HS　主人　TOP　吃　不　奴仆　TOP　吃　PEF　HS　胖子　　　　想
主人不吃佣人吃。"

tɕe⁵⁵ kho⁵³ ta³¹ ʔe⁵³ ɕa⁵³ a³¹　bo³¹　　la⁵³. ri³¹ boŋ³⁵ pra⁵⁵ tha⁵³ a³¹　we⁵⁵ la⁵³.
他　倒霉　　　变　PEF　DIR-AW　HS　骨头　好　吃　PEF　想　HS
胖子觉得自己吃亏了，又想尝尝骨头的味道。

tɕʲaŋ⁵⁵ la⁵⁵ we⁵⁵ ta³¹ breŋ⁵³ ku³¹ su⁵³ we⁵⁵ ɕi³⁵ dza³¹　　a³¹ go⁵⁵ tɕe⁵⁵ we⁵⁵ ŋ̥³⁵
江拉　　TOP　肉　　骨髓　TOP　拿　DIR-TO　后　　他　TOP　给
江拉砸开骨头递给他，

ɑ³¹ lɑ⁵³. tɕie³¹ lɑ⁵⁵ we⁵⁵ thɑ⁵³ prɑ⁵⁵ wu³¹ li⁵³ we⁵⁵ ti⁵³. tɕe⁵⁵ we⁵⁵ tɕʲaŋ⁵⁵ lɑ⁵⁵
PEF HS 杰拉　　TOP　吃　好　觉得　　　　　他　TOP 江拉
杰拉觉得很好吃，

we³¹ lɑ⁵³: n̠uŋ³⁵ lɑ⁵³ di⁵⁵ we⁵⁵ ɕɑ⁵³ jim⁵⁵ lɑ⁵³, ri³¹ boŋ³⁵ kɯŋ⁵⁵ go³¹
CMT 说　你　说 PROG TOP 错误 没 HS 骨头　里　LOC
说："你说的没错，

pui⁵⁵ dɑ⁵⁵ thɑ⁵³ prɑ⁵⁵ ɑ³¹. we³¹ gui⁵⁵ ɑ³¹ go⁵⁵ ri³¹ boŋ³⁵ kɯŋ⁵⁵ go³¹ tei³⁵ jɑ⁵⁵
很　　　吃　好 PEF 后来　　　　　骨头　里　LOC 主人
骨髓很好吃。"从此，

thɑ⁵³ ɑ³¹ lɑ⁵³.
吃　PEF HS
骨头就都归主人啃了。

　　胖子杰拉每天吃肉，江拉只能啃骨头。有一天，江拉正在带劲地"啧啧"地啃骨头。
胖子问："怎么啦？"江拉摇摇头说，"肉的精华都在骨头里，主人不吃佣人吃。"胖子
觉得自己吃亏了，又想尝尝骨头的味道。江拉砸开骨头递给他，杰拉觉得很好吃，说：
"你说的没错，骨髓很好吃。"从此，骨头就都归主人啃了。

2.48 找斧头

hɑ⁵⁵ joŋ⁵⁵ go³¹, me³⁵ khuɯ⁵⁵ i⁵⁵ jɑ³¹ we⁵⁵ pa³⁵ kɑ³¹ mɑ⁵⁵ koŋ³⁵ ɑ³¹ lɑ⁵³. tɕe⁵⁵
从前　　LOC 人　一　　有 PEF TOP 斧头 遗失　　CAU　HS 他
从前有个人丢了一把斧头。

we⁵⁵ mɑ³¹ tʰuɯ⁵⁵ kʲan⁵⁵ go³¹ ɑ⁵⁵　khuɯ⁵⁵ i⁵⁵ jɑ³¹ we⁵⁵　　　ɑ³¹ kau⁵³ ɑ³¹
TOP 村　　里　LOC 孩子 一　　有 PEF 并列连词 偷　　PEF
他怀疑是邻居家的儿子偷的。

we⁵⁵　　ɕi³⁵ jɑ³¹ lɑ⁵³ we⁵⁵ ho³¹. we⁵⁵ bʲe⁵⁵ ŋ⁵³　lɑ³¹ muɯ³⁵ we⁵⁵ ɑ⁵⁵　we³¹
并列连词 拿 PEF HS 想　MER 于是　　白天 每　　　TOP 儿童 CMT
他怀疑是邻居家的儿子偷的。

hʷeŋ⁵⁵ ɑ³¹ kau⁵³ ɑ³¹. kɑ³¹ dɑ³⁵ hʷeŋ⁵⁵ ɑ³¹ go³¹ mu³¹ we⁵⁵ ɑ⁵⁵　we⁵⁵ pa³⁵
看　　偷　PEF 怎样　看　PEF　也　那　孩子 TOP 斧头
于是天天观察那个人，越看越觉得那个人像偷斧头的贼。

ɑ³¹ kau⁵³ ja³¹ me³⁵ tʲu³¹. raŋ⁵⁵ ça⁵³ ɑ³¹ jim⁵⁵ go³¹, tçe⁵⁵ thʲɯ⁵⁵ ja⁵⁵ kʲaŋ⁵⁵ bo⁵³
偷　　PEF 人　IMM　过了几天　　　　LOC 他　山　　上　　去
过了几天，

ɑ³¹ go³¹ pa³⁵ hɯ³¹ tʲɯŋ⁵³ na⁵⁵ ɑ³¹ la⁵³. we⁵⁵ bʲe⁵⁵ tçe⁵⁵ ha⁵⁵ joŋ⁵⁵ go³¹
PEF 斧头　看见　　ROU PEF HS　结果　　他　以前　　LOC
他去山上时找到了斧头，

thʲɯ⁵⁵ ja⁵⁵ ma³¹ seŋ⁵⁵ ma³¹ la⁵³ di⁵⁵ go³¹　pa³⁵ we⁵⁵ thʲɯ⁵⁵ ja⁵⁵ go³¹
山　　柴火　　寻找　　PRES 时候 斧头 TOP 山　　　LOC
原来是前几天他上山砍柴时丢在了山里。

ha³¹ rʷi⁵³ koŋ³⁵ ɑ³¹ ɑ³¹. tçe⁵⁵ pa³⁵ hɯ³¹ tʲɯŋ⁵³ na⁵⁵ ja³¹ ɑ³¹ mʲu⁵⁵ go³¹ tçe⁵⁵
掉　　CAU　　PEF 他　斧头　看见　　ROU PEF 今后　　LOC 他
他找到斧头以后，

bɯ³¹ doŋ⁵³ ma³¹ tʲɯŋ⁵⁵ go³¹ ɑ⁵⁵　we³¹ tɯ³¹ ru⁵³ ga⁵⁵ na⁵⁵ ɑ³¹　la⁵³. ka³¹ da³⁵
又　　村　　　LOC 孩子 CMT　遇见　　　ROU PEF HS　怎样
又碰见了邻居的儿子，

hʷeŋ⁵⁵ ɑ³¹ go³¹ mu³¹ tçe⁵⁵ ɑ³¹ kau⁵³ pa³⁵　ho³¹ jim⁵⁵.
看　　PEF　也　他　偷　　斧头 MER　没
怎么看他也不像贼了。

　　从前有个人丢了一把斧头，他怀疑是邻居家的儿子偷的。于是天天观察那个人，越看越觉得那个人像偷斧头的贼。过了几天，他去山上时找到了斧头，原来是前几天他上山砍柴时丢在了山里。他找到斧头以后，又碰见了邻居的儿子，怎么看他也不像贼了。

2.49　兄弟射鸟

nen⁵⁵ mro⁵⁵ ka³¹ n⁵⁵ pʲa⁵⁵　　　　o⁵³ bo⁵³ ɑ³¹. ɑ³¹ lim⁵⁵ go³¹ pʲa⁵⁵
兄弟　　　二　　鸟（总称）射　去　PEF 路　　LOC 鸟（总称）
有两兄弟去打鸟，

ta³¹ hoŋ⁵⁵ ge⁵³ tɯm⁵⁵ go³¹ jim³⁵ ɑ³¹　hɯ³¹ tʲɯŋ⁵³ ɑ³¹. ta³¹ tsai⁵⁵ joŋ⁵⁵
群　　助词 天　LOC 飞　　PEF 看见　　PEF 年长

路上发现有一群鸟在天上飞。

ma³¹ ro⁵⁵ a³¹: o⁵³ ha⁵³ dza⁵⁵ goŋ³⁵ dza³¹,　su⁵³ a³¹　tha⁵³ ki⁵⁵ ja³¹. a⁵⁵ joŋ⁵⁵
说　　　PEF 射 下来　　PEF DIR-TO 煮　PEF 吃　PEF　　小弟
大哥说：“射下来，煮着吃！”

ma³¹ ro⁵⁵ a³¹: ha³¹ ka⁵³ a³¹　tha⁵³ ki⁵⁵ ja³¹. tɕe⁵⁵ ka³¹ n⁵⁵ raŋ³⁵ a³¹ la⁵³
说　　　PEF 烤　　PEF 吃　PEF　　他俩　　　很久　　说
弟弟说：“烤着吃！”

khu⁵³ ga³⁵ bo³¹,　ma³¹ tʲɯŋ⁵⁵ khi⁵³ na⁵⁵ a³¹ go³¹ ta³¹ paɯ⁵⁵ khɯn⁵⁵ ma³¹ la⁵³
吵架　　　DIR-AW 村　　　　到　ROU PEF　老年人　一　　寻找
他们吵了很久，最后回村里找一位老人，

a³¹ hu³⁵ a³¹ go³¹ su⁵³ a³¹　tha⁵³ ja³¹ ja³⁵　　　ha³¹ ka⁵³ a³¹　tha⁵³ ja³¹.
问　PEF　煮　PEF 吃　PEF 疑问语气 烤　　PEF 吃　PEF
问应该煮着吃还是烤着吃。

ta³¹ paɯ⁵⁵ ma³¹ ro⁵⁵ a³¹: wu³¹ li⁵⁵ bʲen⁵³, ka⁵⁵ ge⁵³　su⁵³ a³¹　tha⁵³ tʲa⁵³ ka⁵⁵
老年人　说　　　PEF 那样　如果　半　助词 煮　PEF 吃　Imp 半
老人说：“那就一半煮着吃，一半烤着吃。”

ge⁵³　ha³¹ ka⁵³ tha⁵³ tʲa⁵³. nen⁵⁵ mro⁵⁵ ka³¹ n⁵⁵ we⁵⁵ tha³¹ rɯŋ⁵⁵ a³¹ go³¹
助词 烤　　　吃　Imp 兄弟　　二　　TOP 听　　　PEF
两兄弟听了后，

ma³¹ ro⁵⁵ a³¹, bʲoŋ⁵⁵ mʲu⁵⁵, bo⁵³ kʲɯ⁵³,　pʲa⁵⁵　　　o⁵³ na⁵⁵ bo⁵³ kʲɯ⁵³.
说　　　PEF 正确　　　走　祈使语气 鸟（总称）射 ROU 去　祈使语气
说：“对呀，走吧，去打鸟。”

tɕe⁵⁵ a³¹ lɯŋ³⁵ khi⁵³ na⁵⁵ a³¹ go³¹, pʲa⁵⁵　　　we⁵⁵ ha⁵⁵ joŋ⁵⁵ thɯ⁵⁵ jim³⁵
他们　　　　到　ROU PEF　鸟（总称）TOP 早就　　　　飞
等他们回去后，鸟早就飞走了。

goŋ³⁵ ho³¹.
PEF

有两兄弟去打鸟，路上发现有一群鸟在天上飞。大哥说："射下来，煮着吃！"弟弟说："烤着吃！"他们吵了很久，最后回村里找一位老人，问应该煮着吃还是烤着吃。老人说："那就一半煮着吃，一半烤着吃。"两兄弟听了后，说："对呀，走吧，去打鸟。"等他们回去后，鸟早就飞走了。

2.50 哑男瞎女婚配

bw^{55} a^{31} go^{55} ma^{31} $t^j ui\eta^{55}$ go^{31} mbu^{55} $ml\tilde{a}^{35}$ me^{35} i^{55} di^{31} ga^{35} na^{35}. $t\varepsilon e^{55}$ η^{35}
很久以前　村　　LOC　户　村民　　　有　TER　　IND　他　家
从前，村庄里有一户人家，

$go\eta^{55}$ a^{55} ju^{55} a^{55} ka^{31} pa^{55} ha^{31} lui^{53} a^{31}. ma^{31} $t^j ui\eta^{55}$ mbu^{55} kui^{53} $ml\tilde{a}^{35}$ me^{35}
GEN　儿子　　哑巴　PEF　　村　　户　一　村民
他家有一个哑巴儿子，

a^{31} $ja\eta^{55}$ $blum^{55}$ ma^{31} me^{35} lui^{53} lui^{53}. a^{55} gu^{31} $de\eta^{53}$ ba^{55} po^{53} $pe\eta^{53}$ me^{35}
女儿　瞎子　　PEF　　　阿古登巴　　分别　人家
另一户人家有一个瞎子女儿。

go^{31} $thui^{31}$ $t^j a^{55}$ lui^{53} lui^{53}. me^{35} η^{35} a^{31} $ja\eta^{55}$ $k^j an^{55}$ go^{31} $thui^{31}$ $t^j a^{55}$ a^{31} bo^{55}
LOC　告诉　　PEF　　人　家　女儿　里　LOC　告诉　　PEF
阿古登巴分别告诉这两家，

$\eta_{}ui\eta^{35}$ η^{35} a^{31} $ja\eta^{55}$ ha^{31} ne^{55} tui^{31} kui^{55} ma^{31} ro^{55} ka^{31} sa^{53} jim^{55} ja^{31} ma^{31} la^{53}
你　家　女儿　可能　话　　说话　会　不　NOM　寻找
你会找到一个不会说话的丈夫，

la^{53}. $t\varepsilon e^{55}$ $ml\tilde{a}^{35}$ bo^{53} a^{31} $ml\tilde{a}^{35}$ we^{31} a^{31} εi^{53} $plu\eta^{55}$ bui^{31} lum^{55} ka^{31} n^{55}
HS　他　地方　去　PEF 地方 CMT 那里,那边 后　　眼睛　　二
你会找到一个不用眼睛看的媳妇。

jim^{55} ma^{31} la^{53} la^{53} a^{31}. we^{31} lum^{31} go^{31} $t\varepsilon e^{55}$ ka^{31} n^{55} a^{55} ju^{55} a^{55} a^{31} $ja\eta^{55}$
没　寻找　　说　PEF　于是　　　他俩　　儿子　　女儿
于是，他俩的儿子女儿结婚了。婚后，

$l^j u^{55}$ tha^{55} a^{31} bo^{55} lui^{53} lui^{53}. $t\varepsilon e^{55}$ ka^{31} n^{55} $l^j u^{55}$ tha^{55} a^{31} we^{55} gui^{31} e^{55}
结婚　ICP　PEF　　他俩　　结婚　PEF　然后
于是，他俩的儿子女儿结婚了。婚后，

ɑ³¹ lɯŋ⁵⁵ pa⁵⁵ ɑ³¹ ka³¹ ro⁵³ thɯi⁵³ ma⁵⁵ ba³⁵ ka³¹ sa⁵³ di³⁵ ɑ³¹ ma³¹ wa⁵⁵
一起   立刻,马上   父母   知道   PEF 丈夫
双方父母才发现,

ka³¹ sa⁵³ ma³¹ ro⁵⁵ jim⁵⁵ tɕe⁵⁵ ma³¹ ro⁵⁵ we⁵⁵ di⁵⁵ ka³¹ pa⁵⁵ ɑ³¹ la⁵³. ɑ³¹ jaŋ⁵⁵
会   说话   不 他   说话   想 PROS 哑巴   PEF HS   女儿
一个是哑巴,

we⁵⁵ blɯm⁵⁵ ma³¹ me³⁵ lɯi⁵³ lɯi⁵³. we⁵⁵ gɯ³¹ e⁵⁵ tɕe⁵⁵ ma⁵⁵ ba³⁵
TOP 瞎子   PEF   但是   他   父母
一个是瞎子。

ha⁵⁵ ta³¹ we⁵³ ɑ³¹ lɯŋ⁵⁵ pa⁵⁵ ɑ³¹ dʲeŋ⁵⁵ ɑ³¹ go³¹ we⁵⁵ tɯ³¹ kɯ⁵⁵ ma³¹ ro⁵⁵
情愿   一起   同意 PEF 因为 那   话   说
由于之前双方父母同意,

jim⁵⁵ ɕi³⁵ goŋ³⁵ ɑ³¹ la⁵³.
不   可以 PEF   HS
所以, 也都无话可说。

从前, 村庄里有一户人家, 他家有一个哑巴儿子, 另一户人家有一个瞎子女儿。阿古登巴分别告诉这两家, 你会找到一个不会说话的丈夫, 你会找到一个不用眼睛看的媳妇。于是, 他俩的儿子女儿结婚了。婚后, 双方父母才发现, 一个是哑巴, 一个是瞎子。由于之前双方父母同意, 所以, 也都无话可说。

2.51　烧掉的房子

nen⁵⁵ mro⁵⁵ ka³¹ n̩⁵⁵ i⁵⁵ ja³¹ pɯi⁵⁵ da⁵⁵ dɯŋ⁵³ la⁵³. ŋ̍³⁵ kʲan⁵⁵ go³¹ ɕim⁵⁵ mu³¹
兄弟   二   有 PEF 很   穷   HS 家里 LOC 什么 也
有两个兄弟很穷, 家里面什么都没有,

ɑŋ⁵⁵ jim⁵⁵ la⁵³. tɕe⁵⁵ ka³¹ n̩⁵⁵ ŋ̍³⁵   ta³¹ me⁵⁵ la⁵³. ŋ̍³⁵   me⁵³ en⁵⁵ mu³¹
有 没 HS 他俩   房屋 旧   HS 房屋 新   也
他们俩的家很旧。

ta³¹ rɯ⁵³ ha³¹ ne⁵⁵ ho³¹ jim⁵⁵. we⁵⁵ go³¹ thɯi⁵³ i⁵⁵ ja³¹ la⁵³. kɯ³¹ ŋ̍⁵³ ge⁵³

建设　　　可以　　　MER　不　　之后　　　　　　　住　PEF　HS　天　　　　助词
新房子也盖不起，（两兄弟）就这样呆着。

khɯn⁵⁵ go³¹, tɕe⁵⁵ ka³¹ n⁵⁵ ŋ̍³⁵　 ta³¹ rɯ⁵³ ha³¹ ne⁵⁵ ho³¹ la⁵³. tɕe⁵⁵ ka³¹ n⁵⁵
一　　　LOC　他俩　　　房屋　建设　　可以　　MER　HS　他俩
有一天，他们俩能盖上房子了，

ŋ̍³⁵　 me⁵³ en⁵⁵ ta³¹ rɯ⁵³ a³¹ dɯŋ⁵⁵ a³¹ go³¹, ŋ̍³⁵ kʲan⁵⁵ go³¹ na³¹ mɯn⁵⁵
房屋　新　　　建设　　完　　PEF　　家里　LOC　火
盖完新房子，他们俩在家里面烧火。

mɯn⁵⁵ breχ³⁵ ho³¹ la⁵³. tɕe⁵⁵ ka³¹ n⁵⁵ ha³¹ lʲo⁵⁵ ga³⁵ a³¹ go³¹, raŋ⁵⁵ ho³¹ go³¹
烧　　　　　MER　HS　他俩　　　高兴　REC　PEF　　躺　MER　LOC
他们两个很高兴，

ma³¹ ro⁵⁵ ga³⁵ a³¹. we³¹ lɯn³¹ go³¹, na³¹ mɯn⁵⁵ ta³¹ kʲaŋ⁵⁵ we⁵⁵ ŋ̍³⁵　 kʲaŋ⁵⁵
说话　REC　PEF　这时　　　　火　　火星　　TOP　房屋　上
躺在地上聊天。就在这个时候，

dʲoŋ⁵³ a³¹　la⁵³. me³⁵ ka³¹ n⁵⁵ we⁵⁵ ha³¹ pʲan⁵⁵ ha³¹ tʲo⁵⁵ la⁵³ di³¹ ga³⁵ a³¹.
掉　PEF　HS　人　二　　　TOP　互相　　　　　说　TER　　PEF
烧火的火星掉在了房子上面的茅草里。

me³⁵ ka³¹ n⁵⁵ la⁵³ di³¹ ga³⁵ a³¹ thɯi⁵³ n̩⁵³ goŋ³⁵ ho³¹. ta³¹ kʲaŋ⁵⁵ we⁵⁵ be⁵⁵ e⁵⁵
人　二　　　说　TER　后　　睡　PEF　　火星　　TOP　慢
两个人互相说着的时候睡着了，

go³¹ hraɯ⁵³ dza³¹.　we⁵⁵ pʲen⁵⁵, ŋ̍³⁵ me⁵³ en⁵⁵ we⁵⁵ gru⁵⁵ goŋ³⁵ a³¹ la⁵³.
LOC　烧　　DIR-TO　结果　　家　新　　　TOP　焦　PEF　　HS
火星慢慢烧了起来，最后，新房子就被火烧掉了。

　　有两个兄弟很穷，家里面什么都没有，他们俩的家很旧。新房子也盖不起，（两兄弟）就这样呆着。有一天，他们俩能盖上房子了，盖完新房子，他们俩在家里面烧火。他们两个很高兴，躺在地上聊天。就在这个时候，烧火的火星掉在了房子上面的茅草里。两个人互相说着的时候睡着了，火星慢慢烧了起来，最后，新房子就被火烧掉了。

2.52 炖萝卜

ha⁵⁵ joŋ⁵⁵ go³¹, mo³¹ hʷɑ⁵⁵ khɯn⁵⁵ i⁵⁵ jɑ³¹. ŋ̍³⁵　me⁵³ n̩⁵⁵ ba⁵³ noŋ⁵⁵ la⁵³. ŋ̍³⁵
从前　LOC 富人　一　有 PEF 房屋 新　做　要 HS 家
从前，有个富人要盖新房子，

kʲan⁵⁵ go³¹ ma³¹ seŋ⁵³ ba⁵³ ka³¹ sa⁵³ i⁵⁵ jɑ³¹ ɑ³¹ dʲo⁵⁵ go³¹ bɯ³¹ doŋ⁵³
里　LOC 木头　做　会　有 PEF 除了　　　又
除了自己家的木匠，

phlaŋ³⁵ thɯŋ⁵⁵ jɑ³¹ me³⁵ khɯn⁵⁵ reŋ⁵⁵ jɑ³¹ la⁵³. mo³¹ hʷɑ⁵⁵ we⁵⁵ we⁵⁵ ɑ³¹
石匠　　　　　一　　请 PEF HS 富人　　TOP 想 PEF
他还请了一个石匠。富人想：

la⁵³: ma³¹ seŋ⁵³ ba⁵³ ka³¹ sa⁵³ jɑ³¹ haŋ³⁵ po⁵³ thɯi⁵³, tɕe⁵⁵ kɯ³¹ ŋ̩⁵³
HS 木头　做　会　NOM 我　奴仆 自己　他　天
木匠是自己的奴隶，

la³¹ mɯŋ³⁵ lʷo⁵⁵ pu⁵³ ɑ³¹ thu⁵³ ɑ³¹　tha⁵³ ɑ³¹　khoŋ⁵⁵ ma³¹ thoŋ⁵⁵ la⁵³ la⁵³.
每　萝卜　炖　PEF 吃 PEF 足够 很　　　HS
天天给他炖萝卜吃就可以了，

phlaŋ³⁵ thɯŋ⁵⁵ jɑ³¹ me³⁵ we⁵⁵ me³⁵ pei⁵⁵ po⁵³ kɯ⁵³, tɕe⁵⁵ we³¹ poŋ⁵³ pra⁵⁵
石匠　　　　　TOP 别人　　奴仆 一　他 DAT 锅巴 好
石匠是别人的奴隶，

tha⁵³ pra⁵⁵ pra⁵⁵ ɑ³¹ ku⁵³ hoŋ⁵⁵ la⁵³ la⁵³. ma³¹ seŋ⁵³ ba⁵³ ka³¹ sa⁵³ jɑ³¹ we⁵⁵
吃　好　好　照顾　　HS　　木头　做　会　NOM TOP
要给他做好吃的东西，好好招待他。

ta³¹ we⁵⁵ kʲan⁵⁵ go³¹ pɯi⁵⁵ da⁵⁵ khem⁵⁵ mʲoŋ⁵⁵ ɑ³¹　la⁵³.
心　里　LOC 很　生气　　　PEF HS
木匠知道了心里很不高兴。

phlaŋ³⁵ thɯŋ⁵⁵ jɑ³¹ me³⁵ ka³¹ sa⁵³ ɑ³¹ go⁵⁵ khem⁵⁵ mʲoŋ⁵⁵ ɑ³¹　la⁵³.
石匠　　　　　知道　后　生气　　　PEF HS
石匠知道以后也很生气，

phlaŋ³⁵ thɯ⁵⁵ ja³¹ me³⁵ we⁵⁵ mo³¹ hʷa⁵⁵ we³¹ la⁵³ a³¹: ŋ̍³⁵ ba⁵³ ja³¹ we⁵⁵
石匠　　　　　那　富　　DAT 说　PEF 房屋 做　NOM TOP
对富人说："盖房子，

haŋ³⁵ ma⁵⁵ ma³¹ seŋ⁵³ ba⁵³ ja³¹ me³⁵ a³¹ lɯŋ⁵⁵ pa⁵⁵ pra⁵⁵ ŋ³⁵ gu⁵⁵ a³¹ la⁵³.
我　和　木匠　　　　　　　一起　　好　盖房 PEF HS
我要和木匠一起合作，

ȵuŋ³⁵ ŋ̍⁵⁵　ha³¹ bʲan⁵⁵ ta⁵³ a³¹ hʷi⁵⁵ hoŋ⁵⁵ noŋ⁵⁵ ŋa³¹ a³¹ bo⁵⁵ la⁵³. ma³¹ mʲu⁵⁵
你　我们 整齐　　　　照顾　要　ICP　HS　之后
你要同等对待我们两个人。" 后来，

go³¹, ma³¹ seŋ⁵³ ba⁵³ ja³¹ me³⁵ ma⁵⁵ phlaŋ³⁵ thɯŋ⁵⁵ ja³¹ me³⁵ ma⁵⁵ dʲu⁵⁵ ga³⁵
LOC 木匠　　　　　　　和　石匠　　　　　　　和　相同
木匠和石匠都得到了很好的招待。

a³¹ ku⁵³ hoŋ⁵⁵ a³¹ la⁵³.
照顾　　　　PEF HS

　　从前，有个富人要盖新房子，除了自己家的木匠，他还请了一个石匠。富人想：木匠是自己的奴隶，天天给他炖萝卜吃就可以了，石匠是别人的奴隶，要给他做好吃的东西，好好招待他。木匠知道了心里很不高兴。石匠知道以后也很生气，对富人说："盖房子，我要和木匠一起合作，你要同等对待我们两个人。"后来，木匠和石匠都得到了很好的招待。

2.53　龟兔赛跑

kɯ³¹ ŋ̍⁵³ ge⁵³ khɯn⁵⁵ go³¹, du³¹ la⁵⁵ ma⁵⁵ rɯ³¹ goŋ⁵⁵ ma⁵⁵ a³¹ lɯŋ⁵⁵ pa⁵⁵ a³¹
天　　助词 一　LOC 乌龟　和　兔子　和　一起
有一天，兔子和乌龟比赛跑步，

pʲou⁵³ ha³¹ ma⁵⁵ ga³¹ a³¹,　rɯ³¹ goŋ⁵⁵ we⁵⁵ du³¹ la⁵⁵ we⁵⁵ be⁵⁵ e⁵⁵ pʲou⁵³ a³¹
跑　比赛　　PRES 兔子　　TOP 乌龟　TOP 慢　跑　PEF
兔子嘲笑乌龟爬得慢，

la⁵³ ma³¹ ra⁵⁵ a³¹. du³¹ la⁵⁵ we⁵⁵ la⁵³ haŋ³⁵ ha³¹ ne⁵⁵ tɯ³¹ pɯi⁵⁵

HS 笑　　　PEF 乌龟　　TOP 说　我　　赢　　　　肯定猜测
乌龟说："我一定会赢。"

bo⁵³ m⁵⁵ deŋ³⁵. rɯ³¹ goŋ⁵⁵ la⁵³ ŋ̩⁵⁵ ka³¹ n⁵⁵ a³¹ tʲa⁵⁵ ha³¹ ma⁵⁵ ga³¹ bo⁵⁵
表估计　　　　　兔子　　说　我俩　　　现在　　比赛　　　　ICP
兔子说："我们现在就开始比赛。"

kʲɯ⁵³.　　rɯ³¹ goŋ⁵⁵ we⁵⁵ ka³¹ ro⁵³ thɯi⁵³ pʲou⁵³ tʲu³¹ ga³⁵ bo³¹.　du³¹ la⁵⁵
祈使语气 兔子　　TOP 快　　　跑　　CON　DIR-AW 乌龟
兔子跑得快，乌龟慢慢地爬，

we⁵⁵ be⁵⁵ e⁵⁵ a³¹ kau³⁵ a³¹.　raŋ⁵⁵ ɕa⁵³ jim⁵⁵ thɯi⁵³ go³¹, rɯ³¹ goŋ⁵⁵ we⁵⁵ dʲa⁵³
TOP 慢　爬　PRES 不久　　　后　LOC 兔子　　TOP 远
不一会儿，兔子就跑远了。

pʲou⁵³ goŋ³⁵ di³¹ ga³⁵ bo³¹.　rɯ³¹ goŋ⁵⁵ tɕe⁵⁵ we⁵⁵ ja³¹　du³¹ la⁵⁵ be⁵⁵ e⁵⁵
跑　PEF TER　DIR-AW 兔子　　他　想　PRES 乌龟　慢
兔子想：乌龟跑得太慢了，

pʲou⁵³ a³¹.　haŋ³⁵ ha⁵⁵ joŋ⁵⁵ khɯn⁵⁵ kɯ³¹ tʲe⁵³ ŋ̩⁵³ deŋ³⁵. dzɯ⁵³ sa⁵³　na⁵⁵
跑　PRES 我　先　　　一　　小　　睡　表估计 醒　大概　ROU
我要先睡一会儿，

a³¹ go⁵⁵ mu³¹ du³¹ la⁵⁵ tɕiŋ⁵⁵ bo³¹　deŋ³⁵. rɯ³¹ goŋ⁵⁵ we⁵⁵ ŋ̩⁵³ ho³¹ go³¹,
后　也　乌龟　到　DIR-AW 表估计 兔子　　TOP 睡 MER 时候
睡一觉起来也能追上乌龟。兔子睡觉的时候，

du³¹ la⁵⁵ we⁵⁵ be⁵⁵ e⁵⁵ a³¹ kau³⁵ di³¹ gɑ³⁵ bo³¹.　rɯ³¹ goŋ⁵⁵ we⁵⁵ dzɯ⁵³ sa⁵³
乌龟　TOP 慢　爬　　TER　DIR-AW 兔子　　TOP 醒　大概
乌龟慢慢地爬，

na⁵⁵ a³¹ go⁵⁵ du³¹ la⁵⁵ we⁵⁵ ha⁵⁵ joŋ⁵⁵ khi⁵³ goŋ³⁵ ho³¹.
ROU 后　　乌龟　TOP 先　　　到　PEF
当兔子醒来的时候，乌龟已经到达终点了。

　　有一天，兔子和乌龟比赛跑步，兔子嘲笑乌龟爬得慢，乌龟说："我一定会赢。"兔子说："我们现在就开始比赛。"兔子跑得快，乌龟慢慢地爬，不一会儿，兔子就跑远了。

兔子想：乌龟跑得太慢了，我要先睡一会儿，睡一觉起来也能追上乌龟。兔子睡觉的时候，乌龟慢慢地爬，当兔子醒来的时候，乌龟已经到达终点了。

2.54　石缝里的小草

phlaŋ³⁵ ga⁵³ ho⁵³ lɯm⁵⁵ kuŋ⁵⁵ kʲan⁵⁵ go³¹ ta³¹ saɯ⁵³ ta³¹ plai⁵⁵ khɯn⁵⁵ aŋ⁵⁵.
石头　裂缝　房子里　里　LOC　野草　种子　一　有
裂开的石头缝里面, 有一颗草种子。

phlaŋ³⁵ ma³¹ ro⁵⁵ a³¹, ta³¹ saɯ⁵³ ta³¹ plai⁵⁵ ȵuŋ³⁵ ɕim⁵⁵ e⁵⁵ ja³¹ go³¹ e⁵⁵ go³¹
石头　说　PEF　野草　种子　你　什么时候　这里
石头说："草种子, 你为什么到这里来了？

ha³¹ na⁵⁵ di⁵⁵. haŋ³⁵ ȵuŋ³⁵ we⁵⁵ a³¹ sɯŋ⁵⁵ a³¹ proŋ³⁵ ha³¹ ne⁵⁵ ja³¹ jim⁵⁵.
来　PRES　我　你　TOP　活　PRES　喂　可以　PRES　不
我养不大你！"

ta³¹ saɯ⁵³ ta³¹ plai⁵⁵ we⁵⁵ ma³¹ ro⁵⁵ a³¹ noŋ⁵⁵ jim⁵⁵ bo⁵³ m⁵⁵, haŋ³⁵ thɯi⁵³
野草　种子　TOP　说　PRES　必须　不　肯定语气　我自己
草种子说："没事,

a³¹ sɯŋ⁵⁵ bo⁵³ m⁵⁵ deŋ³⁵. phlaŋ³⁵ ga⁵³ kʲan⁵⁵ go³¹ rɯn⁵⁵ dʲo⁵³ khi⁵³ ja³¹
生长　表估计　石头　裂开　里　LOC　太阳　照　到　PRES
我自己会长的。"太阳光照到石头缝里面,

ka³¹ ra³⁵ ma³¹ tɕi⁵³ phlaŋ³⁵ klaŋ⁵⁵ kʲan⁵⁵ go³¹ dau⁵³ so⁵³ a³¹. ta³¹ saɯ⁵³
雨　水　石头　窟窿　里　LOC　漏　SEM　PRES　野草
雨水滴进石头缝里面,

a⁵³ a⁵⁵ we⁵⁵ phlaŋ³⁵ klaŋ⁵⁵ kʲan⁵⁵ go³¹ pɯ³¹ e⁵⁵ pe⁵⁵ a³¹ sɯŋ⁵⁵ dza³¹ la⁵³.
小　TOP　石头　窟窿　里　LOC　慢慢　生长　DIR-TO HS
小草慢慢地从石头缝里长了出来。

me³⁵ ha³¹ pʲan⁵⁵ ha³¹ tʲo⁵⁵ tɕhi⁵³ ja³¹ go³¹ a³¹ hu³⁵ a³¹: ta³¹ saɯ⁵³ a⁵⁵ ȵuŋ³⁵
人　来回　走　时候　问　PRES　野草　小　你
来往的人问："小草,

ka³¹ da³⁵ plã⁵⁵ dza³¹. ŋ̊uŋ³⁵ ta³¹ ku⁵⁵ bo⁵³ m⁵⁵ ta³¹ saɯ⁵³ a⁵⁵ ma³¹ ro⁵⁵:
怎样　　趴　DIR-TO 你　强　　　肯定语气 野草　　小　说
你怎么长出来的，你真了不起啊！" 小草说：

haŋ³⁵ ta³¹ ku⁵⁵ di⁵⁵ jim⁵⁵, rɯn⁵⁵ haŋ³⁵ we³¹ dʲo⁵³ a³¹. ka³¹ ra³⁵ haŋ³⁵ kʲaŋ⁵⁵
我　强　　PRES 不　太阳 我　DAT 照　PEF 雨　　我　　上
"我不是了不起，太阳照着我，雨水滴在我身上，

dau⁵³ a³¹. we⁵⁵ go³¹ haŋ³⁵ e⁵⁵ thɯi⁵³ plã⁵⁵ dza³¹.
漏　 PEF 那之后　我　这 自己　趴　DIR-TO
我才能这样子长出来了。"

　　裂开的石头缝里面，有一颗草种子。石头说："草种子，你为什么到这里来了？我养不大你！"草种子说："没事，我自己会长的。"太阳光照到石头缝里面，雨水滴进石头缝里面。小草慢慢地从石头缝里长了出来。来往的人问它："小草，你怎么长出来的，你真了不起啊！"小草说："我不是了不起，太阳照着我，雨水滴在我身上，我才能这样子长出来。"

2.55　小乌龟

ma³¹ wa⁵³ a⁵⁵ a⁵⁵ we⁵⁵ du³¹ la⁵⁵ a⁵⁵ khɯn⁵⁵ ka³¹ tɯ⁵⁵ a³¹ la⁵³. tɕe⁵⁵ du³¹ la⁵⁵
男孩　　　小 TOP 乌龟 小 一　　拣　　PEF HS　他　乌龟
小男孩捡了一只小乌龟。

a⁵⁵ we⁵⁵ roŋ⁵⁵ ja³¹ we⁵⁵ ho³¹. du³¹ la⁵⁵ a⁵⁵ we⁵⁵ kru⁵³ ma⁵⁵ groŋ⁵³ ma⁵⁵ kʷi⁵⁵
小 TOP 逗　PEF 想　MER 乌龟　小 TOP 头　和　腿　TOP 钻
他想玩小乌龟，但小乌龟把头和脚缩进去了。

goŋ³⁵ di³¹ ga³⁵ bo³¹. ma³¹ wa⁵³ a⁵⁵ a⁵⁵ we⁵⁵ we⁵⁵ ja³¹ du³¹ la⁵⁵ a⁵⁵ we⁵⁵
PEF　TER　DIR-AW 男孩　　　小 TOP 想　PEF 乌龟　小 TOP
kru⁵³ ma⁵⁵ groŋ⁵³ ma⁵⁵ lʲe³⁵ na⁵⁵ dza³¹　la⁵⁵ we⁵³ ho³¹. we⁵⁵ go³¹
头　和　腿　和　伸 ROU DIR-TO MER　　　那之后
小男孩想让小乌龟把头和脚伸出来，

ta³¹ khrɯm⁵⁵ go³¹ hok⁵³ a³¹. ba⁵³ a⁵⁵ we⁵⁵ ma³¹ wa⁵³ a⁵⁵ a⁵⁵ we³¹ hɯ³¹ tʲɯŋ⁵³
棍子　　　INS 打　PEF 叔叔 TOP 男孩　　　小 CMT 看见

就用棍子打它。叔叔看到小男孩以后，

li⁵³ ja³¹ go³¹. ba⁵³ a⁵⁵ ma³¹ ro⁵⁵ a³¹　a³¹ ba⁵³ a⁵⁵ nuŋ³⁵ we³¹ pra⁵⁵ kɯn³⁵ lɯm⁵⁵
后　　　　叔叔　　说　　PEF 叔叔　　　　你　DAT 好　事情
叔叔说："我给你出个好主意。"

ta³¹ hʷi⁵³ tʲu⁵³. ma³¹ wa⁵³ a⁵⁵ a⁵⁵ ma⁵⁵ ba⁵³ a⁵⁵ ma⁵⁵ du³¹ la⁵⁵ we⁵⁵ ŋ³⁵ kʲan⁵⁵
教　　IMM　男孩　　　小　和　叔叔　　和　乌龟　TOP　家　里
后来，小男孩和叔叔把乌龟带回了家。

na⁵⁵ di³¹ ga³⁵ a³¹. ŋ³⁵ kʲan⁵⁵ khi⁵³ na⁵⁵ a³¹ go³¹, du³¹ la⁵⁵ we⁵⁵ na³¹ mɯn⁵⁵
ROU TER　　PEF 家　里　到　ROU PEF　乌龟　TOP　火
带到家里面以后，

ga⁵⁵ a⁵⁵ go³¹ tsho⁵³ a³¹. raŋ⁵³ pra⁵⁵ ta⁵⁵ ɕa⁵³ li⁵³ ja³¹ go³¹, du³¹ la⁵⁵ a⁵⁵ we⁵⁵
近　　LOC 放置　PEF 一会　　　后　　　　　乌龟　小　TOP
放在离火近的地方。过了一会儿，

leŋ³⁵ li⁵³ ja³¹ go³¹. kru⁵³ ma⁵⁵ groŋ⁵³ ma⁵⁵ lʲe³⁵ na⁵⁵ dza³¹　a³¹ go³¹,
暖和 后　　　　头　和　腿　　和　伸　ROU DIR-TO PEF
小乌龟暖和了，就把头和脚伸了出来，

ma³¹ wa⁵³ a⁵⁵ a⁵⁵ doŋ³¹ ɳu³¹ a³¹ kau³⁵ di³¹ ga³⁵ bo³¹.
男孩　　　小 ALLA 爬　　TER　DIR-AW
向小男孩爬了过去。

　　小男孩捡了一只小乌龟。他想玩小乌龟，但小乌龟把头和脚缩进去了。小男孩想让小乌龟把头和脚伸出来，就用棍子打它。叔叔看到小男孩以后说："我给你出个好主意。"后来，小男孩和叔叔把乌龟带回了家。带到家里面以后，放在离火近的地方。过了一会儿，小乌龟暖和了，就把头和脚伸了出来，向小男孩爬了过去。

2.56　明天吃饭不要钱

nen⁵⁵ mro⁵⁵ ka³¹ sɯŋ³⁵ a³¹ lim⁵⁵ go³¹ tɕhi⁵³ ja³¹, ta³¹ pẽ³⁵ ŋ³⁵　khɯn⁵⁵
兄弟　　　三　　路　　LOC 走　PRES 饭　　房屋 一
三个兄弟在路上走，

hɯ³¹ tʲɯŋ⁵³ bo³¹.　　ta³¹ pẽ³⁵　ŋ̊³⁵　ka³¹ leŋ⁵⁵ klou⁵⁵ go³¹ ta³¹ ko⁵⁵ dzu⁵³ ho³¹:
看见　　DIR-AW 饭　　房屋 门口　　　LOC 文字　写　MER
看到一家饭馆，饭馆门口写了：

a³¹ su⁵³ na⁵³ ta³¹ pẽ³⁵ tha⁵³ ja³¹　pa³¹ wɯn⁵⁵ ŋ̊³⁵ noŋ⁵⁵ jim⁵⁵. ha³¹ lʲo⁵⁵ ga³⁵
明天　　饭　吃　PRES 钱　　　给 要　不　高兴　REC
"明天在这里吃饭，不用给饭钱。"

a³¹　　ta³¹ pẽ³⁵ tha⁵³ goŋ³⁵ a³¹, ta³¹ pẽ³⁵ tha⁵³ li⁵³ ja³¹ go³¹ po⁵³ peŋ⁵³ na⁵⁵
PRES 饭　　吃　PEF　　饭　　吃　后　　　　分别　　ROU
他们很高兴地来这儿吃饭，吃完饭正准备走时，

tʲu⁵³ ja³¹ e⁵⁵ ja³¹ go³¹, ta³¹ pẽ³⁵ tei³⁵ ja⁵⁵ we⁵⁵ la⁵³, ta³¹ pẽ³⁵ tha⁵³ dɯŋ⁵⁵
IMM　 这 时候　饭　　 主人　 TOP 说 饭　吃　完
饭馆的主人说：

li⁵³ ja³¹ go³¹ pa³¹ wɯn⁵⁵ ŋ̊³⁵ noŋ⁵⁵ ma³¹ ko⁵⁵. nen⁵⁵ mro⁵⁵ ka³¹ sɯŋ³⁵ ma³¹ ro⁵⁵
后　 钱　　　给 要 用　兄弟　三　　说
"吃完了饭就给钱。" 三个兄弟说：

a³¹,　ka³¹ leŋ⁵⁵ klou⁵⁵ go³¹ pa³¹ wɯn⁵⁵ ŋ̊³⁵ noŋ⁵⁵ jim⁵⁵ la⁵³ dzu⁵³ ho³¹.
PRES 门口　　　 LOC 钱　　给 要 不　HS 写　MER
"门口写了不用给钱。"

ta³¹ pẽ³⁵ ŋ̊³⁵　tei³⁵ ja⁵⁵ we⁵⁵ ma³¹ ro⁵⁵ a³¹,　haŋ³⁵ je⁵⁵ a³¹ su⁵³ na⁵³ ta³¹ pẽ³⁵
饭　　房屋 主人　TOP 说　　PRES 我　TOP 明天　　　饭
老板说：

tha⁵³ ja³¹　ne³¹ pa³¹ wɯn⁵⁵ ŋ̊³⁵ noŋ⁵⁵ jim⁵⁵ dzu⁵³ ho³¹, a³¹ tʲa⁵⁵ ŋ̊³⁵ pa³¹ wɯn⁵⁵
吃　PRES 后 钱　　　给 要 不　写　MER 今天　　　钱
"我写的是明天吃饭不用给钱，

ŋ̊³⁵ noŋ⁵⁵ jim⁵⁵ la⁵³ di⁵⁵　dzu⁵³ ho³¹ jim⁵⁵. tɕe⁵⁵ ka³¹ sɯŋ³⁵ we⁵⁵ a³¹ tʲa⁵⁵ ne³¹
给 要　不 HS PRES 写　MER 没　他　三　　　TOP 现在　后
又没说今天吃饭不用给钱。"

ka³¹ sa⁵³ ta³¹ pẽ³⁵ tei³⁵ ja⁵⁵ ŋ̊³⁵ we⁵⁵ la⁵³ ha³¹ laɯ⁵³ goŋ³⁵ a³¹.

知道　　　饭　　　主人　　家 TOP 假　　　　　　PEF
他们三个这才知道老板骗人了。

三个兄弟在路上走，看到一家饭馆，饭馆门口写了："明天在这里吃饭，不用给饭钱。"他们很高兴地来这儿吃饭，吃完饭正准备走时，饭馆的主人说："吃完了饭就给钱。"三个兄弟说："门口写了不用给钱。"老板说："我写的是明天吃饭不用给钱，又没说今天吃饭不用给钱。"他们三个这才知道老板骗人了。

2.57　国王的座位

buɯk³⁵ lɯn³¹ bo⁵⁵ kɯ⁵⁵ mlã³¹ reŋ⁵⁵ ma⁵⁵ dun⁵³ ba⁵⁵ ma⁵⁵ tɕe⁵⁵ ka³¹ n⁵⁵ la⁵³
有一次　　　　　　国王　　和　顿巴　　和　他俩　　　说

ga³⁵ a³¹ go³¹ mlã³¹ reŋ⁵⁵ we⁵⁵ ɕi⁵⁵ plɯŋ⁵⁵ go³¹ ha³¹ nu⁵⁵ ɳu³¹ bo⁵³ ha³¹ a³¹
REC PEF 国王　　　TOP 死　后　　　LOC 哪里　ALLA 去 PROG
有一次，国王和顿巴叔叔谈论人死后的归宿问题。

la⁵³, dun⁵³ ba⁵⁵ we⁵⁵ ha³¹ nu⁵⁵ ɳu³¹ bo⁵³ ha³¹ a³¹ la⁵³. dun⁵³ ba⁵⁵ we⁵⁵ la⁵³
HS 顿巴　　　TOP 哪里　ALLA 去 PROG　　HS 顿巴　　　TOP 说
顿巴叔叔说：

a³¹ me³⁵ pra⁵⁵ ɕi⁵⁵ a³¹ go⁵⁵ tɯm⁵⁵ ɳu³¹ bo⁵³ a³¹ la⁵³. me³⁵ ha³¹ pei⁵³ ɕi⁵⁵
PEF 人 好 死 后　　天　ALLA 去 PROS HS 人 坏　　死
"好的人在天堂，坏的人在地狱。"

a³¹ go⁵⁵ khɯ³¹ lai⁵⁵ ɳu³¹ bo⁵³ a³¹ la⁵³. mlã³¹ reŋ⁵⁵ we⁵⁵ a³¹ hu³⁵ a³¹
后　地　　ALLA 去 PROS HS 国王　　TOP 问　PEF
国王问：

dun⁵³ ba⁵⁵ we⁵⁵ tɕe⁵⁵ ɕi⁵⁵ a³¹ go⁵⁵ tɕe⁵⁵ ha³¹ nu⁵⁵ ɳu³¹ bo⁵³ ha³¹ a³¹ la⁵³.
顿巴　　　TOP 他 死后　　他　哪里　ALLA 去 PROG　HS
"你看我死后会去哪里呢？"

dun⁵³ ba⁵⁵ we⁵⁵ la⁵³ a³¹ mlã³¹ reŋ⁵⁵ we³¹ la⁵³ a³¹ ɳuŋ³⁵ ɕi⁵⁵ a³¹ go⁵⁵ me³⁵
顿巴　　　TOP 说 PEF 国王　　　DAT 说 PEF 你　死后　　　人
顿巴叔叔说：

we⁵⁵ tɯ³¹ bei⁵⁵ tɯm⁵⁵ ȵuŋ³⁵ di⁵⁵ blom⁵⁵ khɯ³¹ lai⁵⁵ ȵuŋ³⁵ di⁵⁵ blom⁵⁵ ɕi⁵⁵ a³¹
TOP 应该 天 你 座位 地 你 座位 死 PEF
"我觉得你的座位应该在天上。

bo⁵³ jim⁵⁵ la⁵³. tɕe⁵⁵ tha³¹ tʲɯŋ⁵³ a³¹ tɯm⁵⁵ kʲaŋ⁵⁵ di⁵⁵ blom⁵⁵ blɯŋ⁵⁵
走 不 HS 他 听见 PEF 天 上 座位 满
可是我听说天上的座位已经满了，

goŋ³⁵ a³¹ la⁵³. ȵuŋ³⁵ di⁵⁵ blom⁵⁵ ha³¹ ko⁵⁵ bo³¹ ja³¹ la⁵³. mlã³¹ reŋ⁵⁵
PEF HS 你 座位 放置 DIR-AW 不 HS 国王
放不下你的座位了。"

lʲa⁵⁵ na⁵⁵ a³¹ hu³⁵ we⁵⁵ a⁵⁵ ka³¹ da³⁵ e⁵⁵ di⁵⁵ la⁵³. dun⁵³ ba⁵⁵ ma³¹ ra⁵⁵
又 问 那 TOP 怎样 这 PROG HS 顿巴 笑
国王说："那怎么办呢？"

ma³¹ ro⁵⁵ a³¹ la⁵³: ȵuŋ³⁵ khɯ³¹ lai⁵⁵ kʲaŋ⁵⁵ ȵu³¹ ȵuŋ³⁵ bo⁵³ a³¹ la⁵³
说 PEF HS 你 地上 LOC 你 去 PROS HS
顿巴叔叔笑着说："你就到地狱里去吧，

we⁵⁵ go³¹ me³⁵ dʲu⁵⁵ ga³⁵ dɯ³⁵ i⁵⁵ a³¹ la⁵³.
那里 人 相同 多 存在 PEF HS
那里和你情况相同的人还不少呢！"

　　有一次，国王和顿巴叔叔谈论人死后的归宿问题。顿巴叔叔说："好的人在天堂，坏的人在地狱。"国王问："你看我死后会去哪里呢？"顿巴叔叔说："我觉得你的座位应该在天上。可是我听说天上的座位已经满了，放不下你的座位了。"国王说："那怎么办呢？"顿巴叔叔笑着说："你就到地狱里去吧，那里和你情况相同的人还不少呢！"

2.58　盖房子

me³⁵ khɯm⁵⁵ we⁵⁵ ŋ̍³⁵ me⁵³ en⁵⁵ ta³¹ rɯ⁵³ a³¹ la⁵³. ta³¹ pẽ⁵³ we⁵⁵ ta³¹ rɯ⁵³
人 一 TOP 房屋 新 盖房 PEF HS 厨房 TOP 建设
有一个人盖了新房子。

a³¹ dɯŋ⁵⁵ ho³¹ jim⁵⁵, ma³¹ seŋ⁵³ we⁵⁵ ta³¹ pẽ⁵³ mboŋ⁵⁵ go³¹ dɯ³⁵ thɯi⁵⁵
完 MER 没 木头 TOP 厨房 旁边 LOC 很多

但是厨房还没有建好，

brem⁵⁵ ho³¹ la⁵³. kɯ³¹ ŋ̊⁵³ ge⁵³ khɯɯ⁵⁵ go³¹, ŋ̊³⁵ tei³⁵ ja⁵⁵ we⁵⁵ ka³¹ rou³⁵
堆　　MER HS　天　　助词 一　　LOC 家 主人　　TOP 客人
就把很多柴火堆在旁边。有一天，

reŋ⁵⁵ ɑ³¹. ka³¹ rou³⁵ khɯɯ⁵⁵ we⁵⁵ ta³¹ pẽ⁵³ mboŋ⁵⁵ go³¹ ma³¹ seŋ⁵³ brem⁵⁵ ho³¹
请　　PEF 客人　　一　　TOP 厨房　　旁边 LOC 木头　　堆　　MER
主人家里请客。一位客人看见厨房旁边堆着很多柴火以后，

hɯ³¹ tʲɯŋ⁵³ ɑ³¹ go³¹. tɕe⁵⁵ we⁵⁵ la⁵³: na³¹ mɯn⁵⁵ mɯn⁵⁵ breχ³⁵ ɑ³¹　　bo³¹
看见　　PEF 他 TOP 说 火　　烧　　PROS DIR-AW
对他说：万一着火了，

deŋ³⁵, ŋ̊³⁵　　gru⁵³ tʲu³¹ deŋ³⁵. nuŋ³⁵ ma³¹ seŋ⁵³ we⁵⁵ pei⁵³ ɳu³¹ tsho⁵³ goŋ³⁵
表估计 房屋 着火 IMM 表估计 你　　木头　　TOP 其他 LOC 放置 PEF
房子就会被烧了，你应该把柴火堆到其他地方。

tʲa⁵³. ŋ̊³⁵　　tei³⁵ ja⁵⁵ we⁵⁵ ka³¹ rou³⁵ tɯ³¹ kɯ⁵⁵ we⁵⁵ tha³¹ rɯŋ⁵⁵ ɑ³¹　　jim⁵⁵.
Imp 房屋 主人　　TOP 客人　　话　　TOP 听　　PEF 没
主人家没有听客人说的话。

ɑ³¹ mʲu⁵⁵ go³¹, na³¹ mɯn⁵⁵ gɯ³¹ lɯi⁵³ dʑim³⁵ gru⁵³ bo³¹,　　ga⁵⁵ ɑ⁵⁵ me³⁵
今后　　LOC 火　　真正的　　　着火 DIR-AW 近　　人
后来，真的着火了，

ka³¹ dʲɯ⁵⁵ ha³¹ na⁵⁵ bo³¹.　　ɑ³¹ we⁵⁵ tɕu³¹ na³¹ mɯn⁵⁵ ɑ³¹ bleŋ⁵⁵ ɑ³¹,
全部　　来　　DIR-AW 那些　　　火　　救　　PEF
附近的人都来了，有些人扑火，

ɑ³¹ we⁵⁵ tɕu³¹ ta³¹ prɯ⁵³ ɑ³¹ ka⁵³ ɑ³¹ brɯŋ⁵⁵ ɑ³¹. ɑ³¹ mʲu⁵⁵ go³¹ na³¹ mɯn⁵⁵
那些　　东西 粮仓　　帮助　　PEF 今后 LOC 火
有些人帮他搬东西，

ɑ³¹ bleŋ⁵⁵ ha³¹ ne⁵⁵ goŋ³¹ bo³¹. ŋ̊³⁵　　tei³⁵ ja⁵⁵ we⁵⁵ ka³¹ rou³⁵ ma³¹ ro⁵⁵ ɑ³¹
救　　可以 PEF　　房屋 主人　　TOP 客人　　说　　PEF
最后把火扑灭了。房子的主人这才想起那位客人的话，

we⁵⁵ a³¹ tʲa⁵⁵ ka³¹ sa⁵³ bo³¹   we⁵⁵ pʲeŋ⁵⁵ dɯŋ⁵⁵ lɯi⁵³ a³¹.
想　　现在　　知道　　DIR-AW 结果　　完　　PEF
已经晚了。

　　有一个人盖了新房子。但是厨房还没有建好，就把很多柴火堆在旁边。有一天，主人家里请客。一位客人看见厨房旁边堆着很多柴火以后，对他说：万一着火了，房子就会被烧了，你应该把柴火堆到其他地方。主人家没有听客人说的话。

　　后来，真的着火了，附近的人都来了，有些人扑火，有些人帮他搬东西，最后把火扑灭了。房子的主人这才想起那位客人的话，已经晚了。

2.59　喝水

ta³¹ breŋ⁵⁵ ma³¹ lɯŋ⁵³ me³⁵ khɯn⁵⁵ ta³¹ breŋ⁵⁵ ma³¹ lɯŋ⁵³ bo⁵³ ja³¹ thʲɯ⁵⁵ ja⁵⁵ la⁵³.
打猎　　　　　人　一　打猎　　　　　　　上　山　HS
有一个猎人上山打猎，

thʲɯ⁵⁵ ja⁵⁵ tɯ³¹ boŋ³⁵ ɕu⁵⁵ a³¹ go⁵⁵ tɕe⁵⁵ tɯ³¹ roŋ⁵⁵ ɕoŋ⁵⁵ a³¹　la⁵³. ma³¹ tɕi⁵³
山腰　　　　　爬　后　他　渴　　　　　PEF HS　水
爬到一半，他渴了。

to⁵³ ka³¹ loŋ⁵⁵ hɯ³¹ tʲɯŋ⁵³ a³¹　la⁵³. tɕe⁵⁵ gɯ³⁵ rɯŋ⁵³ a³¹ go⁵⁵ ma³¹ tɕi⁵³
浅　　　看见　　PEF HS　他　帽子　脱　后　　水
看到一条小溪，他就脱下帽子去舀水，

a³¹ we⁵⁵ a³¹　la⁵³. ma³¹ tɕi⁵³ a³¹ we⁵⁵ a³¹ go⁵⁵ pʲa⁵⁵　　　we⁵⁵ jim³⁵ dza³¹
舀　PEF HS　水　舀　后　鸟（总称）TOP 飞　DIR-TO
刚舀上来，

a³¹ go⁵⁵ ho⁵³ ha³¹ dza⁵³ ho³¹ bo³¹　la⁵³. bɯ³¹ doŋ⁵³ a³¹ we⁵⁵ na⁵⁵ ma³¹ mʲu⁵⁵
后　打　卸　　MER DIR-AW HS　又　　舀　ROU 后
鸟就飞过来把水打翻了。他又舀了一帽子，

pʲa⁵⁵　　　we⁵⁵ ho⁵³ ha³¹ dza⁵³ ho³¹ bo³¹　la⁵³. pʲa⁵⁵　　　we⁵⁵
鸟（总称）TOP 打　卸　　MER DIR-AW HS　鸟（总称）TOP
又被鸟打翻了。

bɯ³⁵ ka³¹ sɯŋ³⁵ doŋ³¹ ho⁵³ goŋ³⁵ a³¹ go⁵⁵ ta³¹ we⁵⁵ me³⁵ we⁵⁵ khem⁵⁵ mʲoŋ⁵⁵
第三　　　　COC 打 PEF 后　　心　　人　TOP 生气
第三次水被鸟打翻后，猎人气极了，

a³¹ la⁵³. tɕe⁵⁵ phlaŋ³⁵ khɯn⁵⁵ ɕi³¹ tsa³⁵ a³¹ go⁵⁵ pʲa⁵⁵　　　e⁵⁵ we³¹ lʲa⁵³
PEF HS 他 石头　一　　搬　后　　　鸟（总称）这 CMT 扔
他捡起一块石头，打鸟，

bo³¹　　la⁵³. pʲa⁵⁵　　　　we³¹ lʲa⁵³ bo³¹ a³¹ a³¹ go⁵⁵ pʲa⁵⁵　　　we³¹ lʲa⁵³ ɕe⁵⁵
DIR-AW HS　鸟（总称）CMT 扔 DIR-AW 后　　鸟（总称）CMT 扔 死
鸟被打死了，

goŋ³⁵ a³¹ la⁵³. ha³¹ rʷi⁵³ bo³¹　　ha³¹ kɯn⁵⁵ ta³¹ tʲau⁵⁵ ma³¹ tɕi⁵³ to⁵³ ka³¹ loŋ⁵⁵
PEF　　HS 掉　　DIR-AW PROG　　时候　　水　　浅
正好掉在小溪的上游。

we⁵⁵ tɯ³¹ kʲaŋ⁵⁵ ha³¹ rʷi⁵³ bo³¹　　la⁵³. we³¹ gɯi⁵⁵ a³¹ go⁵⁵
TOP 上游　掉　　DIR-AW HS　后来

ta³¹ broŋ⁵³ tshoŋ³⁵ me³⁵ we⁵⁵ hɯ³¹ tʲɯŋ⁵³ a³¹　la⁵³. ma³¹ tɕi⁵³ we⁵⁵ ȵu³¹
猎人　　　　　　　　TOP 看见　　PEF HS 水　　TOP 从
后来，猎人才发现，

ta³¹ bu⁵⁵ pu⁵⁵ hʷaŋ⁵⁵ kɯŋ⁵⁵ go³¹ blɯm⁵³ dza³¹　tʲu⁵³ ja³¹ la⁵³. pʲa⁵⁵
蛇　　山洞　里 LOC 流　DIR-TO MER　HS 鸟（总称）
原来水是从毒蛇洞里流出来的，

we⁵⁵ tɕe⁵⁵ we³¹ la⁵³ tɯ³¹ mei⁵⁵ a³¹ brɯŋ⁵⁵ we⁵⁵ di⁵⁵ la⁵³. ma³¹ tɕi⁵³ thai⁵⁵ tim³⁵
TOP 他 CMT 劝告　　帮助　想 IMM HS 水　　毒　喝
鸟是想提醒他，不要喝有毒的水，

jim⁵⁵ la⁵³. ta³¹ broŋ⁵³ tshoŋ³⁵ me³⁵ we⁵⁵ ka³¹ sa⁵³ a³¹ go⁵⁵ pɯi⁵⁵ da⁵⁵ ta³¹ we⁵⁵
不 HS 猎人　　　　　　　TOP 知道　后　很　　　心
猎人很难过，

ȵ⁵⁵ na³¹ la⁵³. a³¹ lai⁵³ pɯ⁵⁵ ɕi³⁵ tʲu⁵³ bo³¹　　ta³¹ bu⁵⁵ o⁵³ ɕe⁵⁵ goŋ³⁵ bo³¹　　la⁵³.
内疚 HS 箭　　　拿 MER DIR-AW 蛇　　射 死 PEF DIR-AW HS

举起弓箭射死了毒蛇。

　　有一个猎人上山打猎，爬到一半，他渴了。看到一条小溪，他就脱下帽子去舀水，刚舀上来，鸟就飞过来把水打翻了。又舀了一帽子，又被鸟打翻了。第三次水被鸟打翻后，猎人气极了，他捡起一块石头，打鸟，鸟被打死了，正好掉在小溪的上游。后来，猎人才发现，原来水是从毒蛇洞里流出来的，鸟是想提醒他，不要喝有毒的水，猎人很难过，举起弓箭射死了毒蛇。

2.60　新裤与旧裤

a⁵⁵ kai⁵³ me³⁵ jaŋ⁵⁵ we⁵⁵ ɕim⁵⁵ mu³¹ ba⁵³ ka³¹ sa⁵³ ho³¹ jim⁵⁵. kɯ³¹ ŋ̍⁵³ ge⁵³
阿盖　妻子　TOP　什么　也　做　会　MER　不　天　助词
阿盖的妻子什么也不会做。有一天，

khuɯ⁵⁵ go³¹, a⁵⁵ kai⁵³ we⁵⁵ a³¹ boŋ⁵⁵ bo⁵³ ja³¹ e⁵⁵ ja³¹ go³¹ la⁵⁵ pa⁵⁵
一　LOC　阿盖　TOP　外面　上　这　时候　僜人的裤子
阿盖要出门，

me⁵³ en⁵⁵ mu³¹ aŋ⁵⁵ ho³¹ jim⁵⁵. me³⁵ jaŋ⁵⁵ we³¹ la⁵³: haŋ³⁵ we³¹ la⁵⁵ pa⁵⁵
新　也　有　MER　没　妻子　DAT　说　我　DAT　僜人的裤子
没有可以穿的裤子，就对妻子说：

khuɯ⁵⁵ tʲɯ⁵³ ŋ̍³⁵ dza³¹. me³⁵ jaŋ⁵⁵ we⁵⁵ ha⁵⁵ joŋ⁵⁵ go³¹ la⁵⁵ pa⁵⁵　we⁵⁵
一　裁　给　DIR-TO　妻子　TOP　以前　LOC　僜人的裤子　那
"给我做条裤子吧！"

khuɯ⁵⁵ ɕi³⁵ dza³¹ ho³¹. ha⁵⁵ joŋ⁵⁵ go³¹ la⁵⁵ pa⁵⁵　dʲu⁵⁵ ga³⁵ kha³¹ dzem⁵³
一　拿来　MER　先去　LOC　僜人的裤子　相同　布
妻子找出一条旧裤子，又找来和旧裤子一样的布。

khuɯ⁵⁵ ɕi³⁵ dza³¹ ho³¹. tɕe⁵⁵ la⁵⁵ pa⁵⁵　me⁵³ en⁵⁵ tʲɯ⁵³ a³¹ go³¹, ha⁵⁵ joŋ⁵⁵
一　拿来　MER　他　僜人的裤子　新　裁　PEF　以前
她用新布做裤子，

go³¹ la⁵⁵ pa⁵⁵　kraŋ⁵⁵ we⁵⁵ tʲɯ⁵⁵ a³¹. kɯ³¹ ŋ̍⁵³ ɕa⁵³ li⁵³ ja³¹ go³¹, me³⁵ jaŋ⁵⁵
LOC　僜人的裤子　洞　那　剪　PEF　天　后　妻子
做好的新裤子像旧裤子一样剪出洞来。几天以后，

we⁵⁵ la⁵³: la⁵⁵ pa⁵⁵　　me⁵³ en⁵⁵ tʲɯ⁵⁵ ja³¹. n̩uŋ³⁵ la⁵⁵ tʲɑ⁵³.　　a⁵⁵ kai⁵³ we⁵⁵

TOP 说 僜人的裤子 新 剪 PEF 你 穿 祈使语气 阿盖 TOP

妻子说："新裤子做好了，你穿吧。"

me³⁵ jaŋ⁵⁵ la⁵⁵ pa⁵⁵　　me⁵³ en⁵⁵ ɕi³⁵ dza³¹ ho³¹ hɯ³¹ tʲɯŋ⁵³ a³¹ go³¹,

妻子 僜人的裤子 新 拿来 MER 看见 PEF

la⁵⁵ pa⁵⁵　　we⁵⁵ ha⁵⁵ joŋ⁵⁵ go³¹ la⁵⁵ pa⁵⁵　　we⁵⁵ kraŋ⁵⁵ aŋ⁵⁵ dʲu⁵⁵ ga³⁵ tʲɯ⁵⁵

僜人的裤子 TOP 以前 LOC 僜人的裤子 TOP 洞 有 相同 剪

阿盖看到妻子手上拿着的裤子像旧裤子一样有洞，

so⁵³. a⁵⁵ kai⁵³ khem⁵⁵ mʲoŋ⁵⁵ a³¹ go³¹ ma³¹ ro⁵⁵ a³¹, la⁵⁵ pa⁵⁵　　kraŋ⁵⁵ aŋ⁵⁵

SEM 阿盖 生气 PEF 说话 PEF 僜人的裤子 洞 有

生气地说：

la⁵⁵ di⁵⁵　bʲeŋ⁵³, la⁵⁵ pa⁵⁵　　me⁵⁵ la⁵⁵ di⁵⁵　dʲu⁵⁵ ga³⁵.

穿 PRES 如果 僜人的裤子 旧 穿 PRES 相同

"穿有洞的新裤子和穿旧裤子是一样的。"

　　阿盖的妻子什么也不会做。有一天，阿盖要出门，没有可以穿的裤子，就对妻子说："给我做条裤子吧！"妻子找出一条旧裤子，又找来和旧裤子一样的布。她用新布做裤子，做好的新裤子像旧裤子一样剪出洞来。几天以后，妻子说："新裤子做好了，你穿吧。"阿盖看到妻子手上拿着的裤子像旧裤子一样有洞，生气地说："穿有洞的新裤子和穿旧裤子是一样的。"

2.61　父子比高

phi³⁵ ɕou⁵⁵ ka³¹ mu⁵³ je⁵⁵ a³¹ tʲu⁵³ ta³¹ tsu⁵³ dʲɯŋ⁵⁵ m⁵⁵ dʲɯŋ⁵⁵

皮休嘎木 TOP 工匠 极高的

皮休嘎木是一个手艺高超的工匠。

pɯ⁵³ ta³¹ ka³¹ sa⁵³ me³¹ meŋ⁵⁵ kɯn⁵⁵. kɯ³¹ ŋ⁵³　　kɯn⁵⁵ tɕe⁵⁵ ma⁵⁵

本领 位 一 天（量词）一 他 和

a⁵⁵ ju⁵⁵ a⁵⁵ tom⁵⁵ ka³¹ rai⁵⁵ ha³¹ ma⁵⁵ ga³¹ goŋ³⁵ la⁵³ la⁵³. ɕa⁵⁵ ta³¹ dzi⁵⁵ jim³⁵

儿子 飞机 比赛 PEF HS 谁 高 飞

一天，他和儿子比赛做飞翼，看谁飞得高，

a³¹　sa³¹?　　ɕa⁵⁵ ka³¹ ro⁵³ dɯ³⁵ pɯ³¹ ha³¹ jau⁵⁵ na⁵⁵ sa³¹?　　a⁵⁵ ju⁵⁵ a⁵⁵
PROS　表疑问　谁　快　多　降落　　　　　　ROU 表疑问　儿子
又能降得快。

pɯi⁵⁵ da⁵⁵ we⁵³ lɯŋ⁵⁵ ho³¹ di⁵³ di⁵³. a⁵⁵ ju⁵⁵ a⁵⁵ tɕe⁵⁵ thɯi³¹ tom⁵⁵ ka³¹ rai⁵⁵
很　　　自信　　　　　　儿子　　他自己　　飞机
儿子十分自信，

tɯm⁵⁵ doŋ³¹ jim³⁵ goŋ³⁵ a³¹ bo³¹　　la⁵³. we⁵⁵ ta³¹ dzi⁵⁵ jim³⁵ wa³¹　　tɕe⁵⁵
天　ALLA 飞　PEF　DIR-AW HS 那　高　　飞　DIR-AW 他
架着自己的飞翼腾空而上，飞得很高，

pɯi⁵⁵ da⁵⁵ ha³¹ lʲo⁵⁵ pra⁵⁵ koŋ⁵⁵ ʔaŋ⁵⁵. tʲɯ³⁵ ha³¹ jau⁵⁵　ha³¹ rʷi⁵³ na⁵⁵
很, 太　高兴　痛快　　　　　开始 向下, 下降 掉　　ROU
他很高兴。开始降落的时候，

gɯi⁵⁵ a³¹ go⁵⁵ phi³⁵ ɕou⁵⁵ ka³¹ mu⁵³ je⁵⁵ ma³¹ seŋ⁵³ ta³¹ tsau⁵³ we⁵⁵
之后　　皮休嘎木　　　　　TOP 木钉子　　　　　　那
pɯ³¹ e⁵⁵ bo⁵⁵ kɯ³¹ n̥⁵³ kɯ⁵³ kɯ³¹ n̥⁵³ kɯ⁵³ pʲu⁵⁵ bo⁵³. we³¹ gɯ³⁵ jim³⁵ ja³¹
慢慢地　个　一　个　一　拔　去　因此　飞　NOM
皮休嘎木把木钉一个个慢慢摘掉，

me³⁵ we⁵⁵ pɯ³¹ e⁵⁵ bo⁵⁵ khɯ³¹ lai⁵⁵ go³¹ pɯau⁵⁵ bo³¹　　di³¹ ɡa³⁵ goŋ³⁵ a³¹.
人　TOP 慢慢地　　地　LOC 降落　DIR-AW TER　PEF
于是他稳稳地降落了。

we⁵⁵ gɯ³¹ e⁵⁵ tɕe⁵⁵ a⁵⁵ ju⁵⁵ a⁵⁵ tɯm⁵⁵ kʲaŋ⁵⁵　　go³¹ ha³¹ ɕin⁵³ ja³¹　na⁵⁵ gin⁵³
但是　　他　儿子　天　在...里 LOC 旋转　Pers ROU 旋转
但儿子仍在空中打转，

na⁵⁵ ha³¹ rʷi⁵³ jim⁵⁵. we⁵⁵ lɯi⁵⁵ bʲe⁵⁵ a⁵⁵ ju⁵⁵ a⁵⁵ ma³¹ tʲu⁵³ ma³¹ tʲu⁵³ ɕa⁵³
ROU 掉　不　于是　　　儿子　着急　着急　变
降不下来。后来，儿子着急了，

goŋ³⁵ a³¹, ta³¹ loŋ⁵⁵ ka³¹ n̥⁵⁵ we⁵⁵ pʲu⁵⁵ bo³¹   di³¹ ga³⁵ la⁵³. we⁵⁵ lɯi⁵⁵ bʲe⁵⁵
PEF   翅膀   二   那   拔 DIR-AW TER   HS   于是
拔掉了双翼，

ha³¹ rʷi⁵³ doŋ³¹ khɯ³¹ lai⁵⁵ kʲaŋ⁵⁵ çe⁵⁵ goŋ³⁵ a³¹. la³¹ ma⁵⁵ tɯ³¹ ma⁵³ kɯ⁵⁵
掉   ALLA 地上   死 PEF   本地藏族 土话
狠狠地摔在地上，死了。

kɯn³⁵ lɯm⁵⁵ ba⁵³ ja³¹ ka³¹ sa⁵³ jim⁵⁵ di⁵⁵ na³¹ ba³⁵ a³¹ hu³⁵ noŋ⁵⁵ a³¹ lim⁵⁵
事情   做 NOM 懂   不 PRES 父亲   问   必须 路
所以，本地藏族土话说："做事不懂问父亲，

tɕhi⁵³ ja³¹ ka³¹ ro⁵³ ça⁵³ jim⁵⁵ di⁵⁵ ma³¹ roŋ⁵⁵ ta³¹ kroŋ⁵⁵ ma³¹ la⁵³ noŋ⁵⁵.
走 NOM 快   变 不 PRES 马   勤快   寻找   必须
走路不快寻骏马。"

  皮休嘎木是一个手艺高超的工匠。一天，他和儿子比赛做飞翼，看谁飞得高，又能降得快。儿子十分自信，架着自己的飞翼腾空而上，飞得很高，他很高兴。开始降落的时候，皮休嘎木把木钉一个个慢慢摘掉，于是他稳稳地降落了。但儿子仍在空中打转，降不下来。后来，儿子着急了，拔掉了双翼，狠狠地摔在地上，死了。所以，本地藏族土话说："做事不懂问父亲，走路不快寻骏马。"

2.62 镜子

ha⁵⁵ joŋ⁵⁵ a³¹ go⁵⁵ a³¹ dza⁵⁵ jaŋ⁵⁵ kɯn⁵⁵ i⁵⁵ ja³¹ la⁵³. tɕe⁵⁵ ka³¹ pa⁵³ tsha⁵⁵
从前   王后   一 有 PEF HS 她 愚蠢
从前，有个王后，她愚昧、傲慢。

we⁵⁵ noŋ⁵⁵ tʲu⁵⁵ a³¹ la⁵³. kɯ³¹ n̥⁵³ kɯn⁵⁵ go³¹, tɕe⁵⁵ ma³⁵ iŋ³¹ pɯi⁵⁵ ta³¹
骄傲   PEF HS 天   一 LOC 她 风景
一天， 看风景时，

hʷeŋ⁵⁵ lɯm⁵⁵ go³¹ tha⁵³ kɯ³¹ la⁵⁵ kɯn⁵⁵ ta³¹ saɯ⁵³ kʲaŋ⁵⁵ go³¹ hɯ³¹ tʲɯŋ⁵³
看   时候 镜子   一   野草   里 LOC 看见
王后发现草丛里有一面镜子，

a³¹. hʷeŋ⁵⁵ tʲuʔ⁵³ lɯm⁵⁵ go³¹ tɕe⁵⁵ ta³¹ paɯ⁵⁵ ha³¹ bei⁵³ pa³¹ thɯi⁵⁵

PEF 照镜子　　　时候　　她　老　　丑　　　姐姐（弟妹称）
（她）朝镜子里看了看，看到一个丑陋老太婆。

hɯ³¹ tʲɯŋ⁵³ a³¹ la⁵³. tɕe⁵⁵ ma³¹ thoŋ⁵⁵ khem⁵⁵ mʲoŋ⁵⁵ a³¹ la⁵³. tɕe⁵⁵ la⁵³ e⁵⁵
看见　　　 PEF HS 她　很　　　 生气　　　 PEF HS 她　说　这个
她非常生气，说：

we⁵⁵ tha⁵³ kɯ³¹ la⁵⁵ kʲaŋ⁵⁵ me³⁵ haŋ³⁵ ja³⁵? tɕe⁵⁵ ma³¹ tʲoŋ⁵³ ja³¹ me³⁵ we⁵⁵
TOP 镜子　　　　 里　人　我　吗　她　佣人　　　　　 TOP
"镜子里的人是我吗？"

ɕim⁵⁵ ma³¹ ro⁵⁵ tɕo⁵³ jim⁵⁵ la⁵³. e⁵⁵ ta³¹ tʲau⁵⁵ me³⁵ ha³¹ prɯ⁵³ kɯ³¹ re⁵⁵ preŋ⁵⁵
什么　说　　　 敢　不　HS 这　时间　　　青年男人　　　勇敢
随从都不敢说话。

kɯn⁵⁵ we⁵⁵ la⁵³ bo³¹　　 la⁵³. mo³¹ hʷa⁵⁵ a³¹ dza⁵⁵ jaŋ⁵⁵ me³⁵ pei⁵⁵ hɯ³¹ tʲɯŋ⁵³
一　　 TOP 说 DIR-AW HS 富　　王后　　　　别人　　看
这时一个勇敢的小伙子说道："尊贵的王后，

kɯ³¹ ŋ⁵⁵ bɯ³¹ lɯm⁵⁵ hʷeŋ⁵⁵ bo³¹　　 la⁵³. ȵ.uŋ³⁵ thɯi⁵³ hɯ³¹ tʲɯŋ⁵³ kɯ³¹ ŋ⁵⁵
时候　眼睛　　看　 DIR-AW HS 你　自己　看见　　　时候
看别人要用眼睛，

tha⁵³ kɯ³¹ la⁵⁵ hʷeŋ⁵⁵ bo³¹　　 la⁵³. a³¹ dza⁵⁵ jaŋ⁵⁵ tha³¹ rɯŋ⁵⁵ a³¹ go⁵⁵
镜子　　　　照镜子 DIR-AW HS 王后　　　　听　　后
看自己要用镜子！"

ma³¹ thoŋ⁵⁵ khem⁵⁵ mʲoŋ⁵⁵ a³¹. po⁵³ ŋ̍³⁵ tɕe⁵⁵ rʷo⁵³ a³¹　 la⁵³ ha⁵⁵ lʲɯ⁵⁵
很　　　　 生气　　　 PEF 牢　　他　抓　 PEF HS 命令
王后听了很生气，把他抓进了牢房，

tha⁵³ kɯ³¹ la⁵⁵ hʷeŋ⁵⁵ jim⁵⁵ la⁵³ la⁵³. we⁵⁵ lɯi⁵⁵ a³¹ go⁵⁵ tha⁵³ kɯ³¹ la⁵⁵ we⁵⁵
镜子　　　 看　不　HS　　然后　　　　 镜子　　　　TOP
并下令不准任何人照镜子。但是，

ka³¹ ma⁵⁵ jim⁵⁵ bo³¹　　 la⁵³. a³¹ tʲa⁵⁵ me³⁵ rɯŋ³⁵ tsai⁵⁵ tha⁵³ kɯ³¹ la⁵⁵ hʷeŋ⁵⁵
遗失　没　 DIR-AW HS 现在　人　每天　　镜子　　　　看

镜子并没有就此消失。现在，人们天天照镜子，

ja³¹ la⁵³. tha⁵³ kɯ³¹ la⁵⁵ we⁵⁵ me³⁵ je⁵⁵ n̠uŋ³⁵ ja³¹ ka³¹ da³⁵ kɯ⁵⁵ pra⁵⁵
PRES HS 镜子   TOP 人 TOP 你自己   怎样   好

pra⁵⁵ jim⁵⁵ we⁵⁵ a³¹ brɯŋ⁵⁵ ka³¹ sa⁵³ tʲu⁵³ ja³¹ hʷeŋ⁵⁵ bo³¹   la⁵³.
坏   TOP 帮助   会   IMM   看   DIR-AW HS
因为镜子可以帮助人看到真实的自己。

　　从前，有个王后，她愚昧、傲慢。一天，看风景时，王后发现草丛里有一面镜子，（她）朝镜子里看了看，看到一个丑陋老太婆。她非常生气，说："镜子里的人是我吗？"随从都不敢说话。这时一个勇敢的小伙子说道："尊贵的王后，看别人要用眼睛，看自己要用镜子！"王后听了很生气，把他抓进了牢房，并下令不准任何人照镜子。但是，镜子并没有就此消失。现在，人们天天照镜子，因为镜子可以帮助人看到真实的自己。

2.63　没有主见的巫师

kɯ³¹ nɯŋ⁵⁵ a⁵⁵ a³¹ gʷak³⁵ kɯn⁵⁵ i⁵⁵ ja³¹. khɯ³¹ n̠im⁵⁵ sa⁵³ dɯŋ⁵⁵ plɯŋ⁵⁵
年青   巫师 一 有 PRES 鬼   送 完 后
有一个年轻的巫师，

kɯ³¹ tɕi⁵³ kɯn⁵⁵ ma³¹ la⁵³ lɯi⁵³ a³¹ la⁵³. kɯ³¹ tɕi⁵³ ka³¹ tʲau⁵⁵ a³¹ tɕhi⁵³ na⁵⁵
山羊   一   寻找 PEF   HS 山羊   牵   PEF 走 ROU
送鬼结束后得到一只羊，他牵着羊回家，

a³¹ go⁵⁵ a³¹ kau⁵³ ja³¹ me³⁵ ma³¹ ŋa³⁵ tɯ³¹ ru⁵³ ɡa⁵⁵ e⁵⁵ la⁵³. a³¹ lim⁵⁵ kʲaŋ⁵⁵
后 贼（小偷）   五   遇见   PSV HS 路   上
被五个窃贼知道了。

ɡo³¹ ɡʷak³⁵ a³¹ kau⁵³ ja³¹ me³⁵ kɯn⁵⁵ tɯ³¹ ru⁵³ ɡa⁵⁵ a³¹ la⁵³. a⁵⁵ ja⁵³ e⁵⁵
LOC 巫师 贼（小偷）   一   遇见   PEF HS 哎呀 这
路上巫师遇到一个窃贼，

mlã³⁵ ha³¹ pu⁵³ kʲaŋ⁵⁵ ɡʷak³⁵ doŋ³⁵ a³¹ kɯ³¹ tɕi⁵³ kɯn⁵⁵ ka³¹ tʲau⁵⁵ la⁵³ la⁵³.
世界   上   巫师 通过 PEF 山羊   一   牵   HS
窃贼说："哎呀，世界上居然会有巫师牵着一条狗！"

we⁵⁵ luɪi⁵⁵ a³¹ go⁵⁵, gʷak³⁵ we⁵⁵ a³¹ kau⁵³ ja³¹ me³⁵ ka³¹ suɪŋ³⁵ buɪ³¹ doŋ⁵³
然后　　　　　巫师　TOP　贼（小偷）　　　三　　　又

tuɪ³¹ ru⁵³ ga⁵⁵ la⁵³. e⁵⁵ tɕu³¹ a³¹ kau⁵³ ja³¹ me³⁵ ha⁵⁵ joŋ⁵⁵ ma³¹ mʲu⁵⁵
遇见　　　HS　这些　贼（小偷）　　先　　后
接下来，巫师又遇到三个窃贼，

dʲu⁵⁵ ga³⁵ ma³¹ ro⁵⁵ a³¹　la⁵³. gʷak³⁵ tʲuɪ³⁵ we⁵³ sem⁵³ tʲu³¹ ga³⁵ la⁵³ tɕe⁵⁵
相同　说话　　PEF HS　巫师　开始　怀疑　CON　　HS　他
这些窃贼先后说了相同的话。

ka³¹ tʲau⁵⁵ ja³¹ we⁵⁵ tuɪ³¹ kuɪ⁵⁵ dʑim³⁵ kʷaɪ⁵³ kuɪn⁵⁵ ça⁵³ kuɪ³¹ tɕi⁵³ jim⁵⁵
牵　　　NOM TOP 真　　　　狗　　　一　　变　山羊　　不是
巫师开始怀疑，他牵着的真的是狗不是羊。

çi⁵⁵ ja³¹　la⁵³. we⁵⁵ luɪi⁵⁵ a³¹ go⁵⁵, tɕe⁵⁵ a³¹ kau⁵³ ja³¹ me³⁵ ma³¹ ŋa³⁵ doŋ³¹
PSV PEF HS　然后　　　　　　他　贼（小偷）　　　五　　　ALLA
最后，他遇到第五个窃贼，

tuɪ³¹ ru⁵³ ga⁵⁵ la⁵³. e⁵⁵　a³¹ kau⁵³ ja³¹ me³⁵ praɪ⁵⁵ la⁵³ ha³¹ di⁵⁵ kʷaɪ⁵³
遇见　　　HS　这个　贼（小偷）　　　还是　说　PROG　狗
这个窃贼又说他牵着的是一条狗。

kuɪn⁵⁵ ka³¹ tʲau⁵⁵ ho³¹ tɕhi⁵³ a³¹　la⁵³. gʷak³⁵ ta³¹ we⁵⁵ we⁵⁵ a³¹　la⁵³ e⁵⁵
一　　　牵　　　MER　走　PEF HS　巫师　心　　想　PEF HS　这个
巫师心想：

kuɪ³¹ tɕi⁵³ khuɪ³¹ ɳim⁵⁵ ça⁵³ tʲu⁵³ ha³¹ juɪ⁵⁵ ɳam⁵⁵ la⁵³, ha³¹ na⁵⁵ haŋ³⁵
山羊　鬼　　　变　PSV 一定　　　HS　来　　我
"这羊一定是鬼变成的，

ka³¹ ja⁵³ goŋ³⁵ tha⁵³ a³¹　la⁵³. we⁵⁵ luɪi⁵⁵ bʲe⁵⁵ tɕe⁵⁵ ka³¹ ro⁵³ kuɪ³¹ tɕi⁵³
祭品　　　　吃　PEF HS　于是　　　　　他　快　山羊
要来吃我的祭品。"于是，

ha³¹ lou⁵³ dʲa⁵⁵ goŋ³⁵ a³¹ bo⁵³ na⁵⁵ goŋ³⁵ bo³¹　　la⁵³. a³¹ kau⁵³ ja³¹ me³⁵
留下　　　PEF　　走　ROU PEF　DIR-AW HS　贼（小偷）

他丢下羊走了。

ma³¹ ŋa³⁵ ha³¹ lʲo⁵⁵ ka³¹ ba⁵⁵ kɯ³¹ tɕi⁵³ ka³¹ tʲau⁵⁵ di³¹ ga³⁵ bo³¹   la⁵³.
五   高兴   很   山羊   牵   TER   DIR-AW HS
五个窃贼兴高采烈地牵走了羊。

  有一个年轻的巫师，送鬼结束后得到一只羊，他牵着羊回家，被五个窃贼知道了。路上巫师遇到一个窃贼，窃贼说："哎呀，世界上居然会有巫师牵着一条狗！"接下来，巫师又遇到三个窃贼，这些窃贼先后说了相同的话。巫师开始怀疑，他牵着的真的是狗不是羊。最后，他遇到第五个窃贼，这个窃贼又说他牵着的是一条狗。巫师心想："这羊一定是鬼变成的，要来吃我的祭品。"于是，他丢下羊走了。五个窃贼兴高采烈地牵走了羊。

2.64 鹿和马

ma³¹ tɕu⁵³ tɕe⁵⁵ we⁵⁵ ja³¹ je⁵⁵ tɕe⁵⁵ rau⁵⁵ tʲaɯ⁵³ ho³¹ go³¹ ta³¹ groŋ⁵⁵ we⁵⁵
鹿   他   想   PEF   TOP   他   牛角   戴   MER   因为   美丽   想
鹿认为自己有两只美丽的长角，

tʲu⁵³ ho³¹. tɕe⁵⁵ ha³¹ lʲo⁵⁵ ga³⁵ a³¹ go³¹ ha³¹ bɯŋ⁵⁵ go³¹ ha³¹ pʲan⁵⁵ ha³¹ tʲo⁵⁵
MER   他   高兴   CON   PEF   森林   LOC   来回
高兴地在树林里跑来跑去，

pʲou⁵³ a³¹. tɕe⁵⁵ ha³¹ lʲo⁵⁵ jim⁵⁵ we⁵⁵ ma³¹ roŋ⁵⁵ tɕe⁵⁵ doŋ³¹ ȵu³¹ ka³¹ ro⁵³
跑   PEF   他   高兴   不   TOP   马   他   COC   快
他不高兴的是马比他跑得快。

joŋ³⁵   pʲou⁵³ a³¹. kɯ³¹ ŋ̩⁵³ ge⁵³ khɯn⁵⁵ go³¹, ma³¹ tɕu⁵³ tɕe⁵⁵ ma³¹ roŋ⁵⁵
比较标记   跑   PEF   天   助词   一   LOC   鹿   他   马
有一天，鹿对马说：

we³¹ la⁵³ ŋ̍⁵⁵ ka³¹ n̩⁵⁵ dʲu⁵⁵ ga³⁵ ka³¹ ro⁵³ pʲou⁵³ di⁵⁵. haŋ³⁵ je⁵⁵ rau⁵⁵
DAT   说   我俩   相同   快   跑   PRES   我   TOP   牛角
"我们跑得一样快，

ta³¹ groŋ⁵⁵ ka³¹ n̩⁵⁵ tʲaɯ⁵³ ho³¹. ȵun³⁵ je⁵⁵ kru⁵³ na³⁵ ka³¹ n̩⁵⁵ aŋ⁵⁵. ma³¹ roŋ⁵⁵
美丽   二   戴   MER   你   TOP   耳朵   二   有   马

可是我有两只美丽的角，你却只有两只耳朵。"

we⁵⁵ la⁵³ ȵuŋ³⁵ rau⁵⁵ tʲaɯ⁵³ ho³¹. ɕim⁵⁵ ma³¹ go⁵⁵ a³¹ jim⁵⁵ ma³¹ tɕu⁵³ ma⁵⁵
TOP 说 你 牛角 戴 MER 什么 没用 鹿 和
马说："虽然你有角，可是不一定有用。"

ma³¹ roŋ⁵⁵ ma⁵⁵ khu⁵³ ga³⁵ a³¹ lum⁵⁵ go³¹ ma³¹ roŋ⁵⁵ gra³⁵ a³¹ tha³¹ tʲɯŋ⁵³
马 和 吵架 PROG 时候 马嘶 PEF 听见
鹿正在跟马争吵时，听见马喊："虎来了。"

a³¹ go³¹ bo³¹ da⁵⁵ ha³¹ na⁵⁵ wa³¹ la⁵³. ma³¹ tɕu⁵³ we⁵⁵ mlaŋ³⁵ ȵu³¹ hʷeŋ⁵⁵
PEF 老虎 来 PROS HS 鹿 TOP 地方 ALLA 看
鹿回头一看，

a³¹ go³¹, bo³¹ da⁵⁵ gɯ³¹ li³⁵ dʑim³⁵ khɯn⁵⁵ ha³¹ na⁵⁵ dza³¹. ma³¹ tɕu⁵³ we⁵⁵
PEF 老虎 真 一 来 DIR-TO 鹿 TOP
真的有一只老虎向他们跑来，

ka³¹ ro⁵³ thɯi⁵³ pʲou⁵³ di³¹ ga³⁵ bo³¹. pʲou⁵³ a³¹ pʲou⁵³ a³¹ thɯi⁵³, tɕe⁵⁵
快 跑 TER DIR-AW 跑 PEF 跑 PEF 后 他
鹿赶快逃跑，跑着跑着，

rau⁵⁵ ka³¹ n⁵⁵ we⁵⁵ ma³¹ seŋ⁵⁵ kʲaŋ⁵⁵ ɕi⁵³ goŋ³⁵ ho³¹. bɯk⁵³ lʲa⁵³
牛角 二 TOP 树（总称） 上 挂 PEF 次 跌
他的两只角挂在树枝上，

proŋ⁵⁵ dʲau⁵⁵, we⁵⁵ pʲeŋ⁵⁵ bo³¹ da⁵⁵ rʷo⁵³ tɕiŋ⁵⁵ koŋ³⁵ bo³¹.
绊倒 结果 老虎 抓 到 CAU DIR-AW
摔了一跤，结果被老虎抓住了。

　　鹿认为自己有两只美丽的长角，高兴地在树林里跑来跑去，他不高兴的是马比他跑得快。有一天，鹿对马说："我们跑得一样快，可是我有两只美丽的角，你却只有两只耳朵。"马说："虽然你有角，可是不一定有用。"鹿正在跟马争吵时，听见马喊："虎来了。"鹿回头一看，真的有一只老虎向他们跑来，鹿赶快逃跑，跑着跑着，他的两只角挂在树枝上，摔了一跤，结果被老虎抓住了。

2.65　父子和马

ba³⁵ ju⁵⁵ a⁵⁵ ma³¹ roŋ⁵⁵ ka³¹ tʲau⁵⁵ a³¹ go³¹ tɕhi⁵³ ne³¹ ga³⁵ a³¹. ma³¹ tʲɯŋ⁵⁵
父子　　马　牵　　PEF　走　CON　　PEF 村
父子两个人牵着马走，

khi⁵³ ja³¹ go³¹, me³⁵ tɕu³¹ ma³¹ ra⁵⁵ thɯi⁵³ ma³¹ ro⁵⁵ a³¹: ma³¹ roŋ⁵⁵ we⁵⁵
到　时候　别人　笑　　后　说　　PEF 马　　TOP
走到村子里，人们笑着说：

dʲoŋ⁵³ noŋ⁵⁵ e⁵⁵　ho³¹ jim⁵⁵. a⁵⁵ ju⁵⁵ a⁵⁵ we⁵⁵ ma³¹ roŋ⁵⁵ dʲoŋ⁵³ a³¹ ba³⁵ we⁵⁵
骑　要　PSV MER 不　儿子　　TOP 骑马　　　　父亲　TOP
"不骑马，牵着走！"儿子骑上马，

ma³¹ roŋ⁵⁵ ka³¹ tʲau⁵⁵ ho³¹. me³⁵ tɕu³¹ ma³¹ ra⁵⁵ thɯi⁵³ ma³¹ ro⁵⁵ a³¹,
马　牵　　MER 别人　笑　　后　说　　PEF
父亲牵着马走，有人笑着说：

ma³¹ pa⁵⁵ wei⁵⁵ pra⁵⁵ ha³¹ pre⁵³ jim⁵⁵ a⁵⁵　we⁵⁵ ma³¹ roŋ⁵⁵ dʲoŋ⁵³ ho³¹, ba³⁵
忤逆　　　　　　　　　　　孩子 TOP 骑马　　　MER 父亲
"不孝顺的孩子骑马，

we⁵⁵ ma³¹ roŋ⁵⁵ ka³¹ tʲau⁵⁵ ho³¹. ba³⁵　we⁵⁵ ma³¹ roŋ⁵⁵ dʲoŋ⁵³ na⁵⁵ bo³¹,
TOP 马　　牵　　MER 父亲 TOP 骑马　　　ROU DIR-AW
父亲牵马。"父亲又骑上马，

a⁵⁵ ju⁵⁵ a⁵⁵ we⁵⁵ ma³¹ roŋ⁵⁵ ka³¹ tʲau⁵⁵ a³¹　tɕhi⁵³ ja³¹. me³⁵ tɕu³¹ ma³¹ ra⁵⁵
儿子　　TOP 马　牵　　PEF　走　PEF 别人　　笑
儿子牵着马走，又有人笑着说：

a³¹ go³¹ la⁵³: ba³⁵　we⁵⁵ ma³¹ roŋ⁵⁵ dʲoŋ⁵³ ho³¹, a⁵⁵ ju⁵⁵ a⁵⁵ we⁵⁵ ma³¹ roŋ⁵⁵
PEF　说　父亲 TOP 骑马　　　　MER 儿子　　TOP 马
"父亲骑着马，儿子牵着马走，

ka³¹ tʲau⁵⁵ ho³¹, a⁵⁵ ju⁵⁵ a⁵⁵ we⁵⁵ gɯ⁵³ jim⁵⁵ kʲɯ⁵³　　ja³⁵?　　ba³⁵ ju⁵⁵ a⁵⁵
牵　　MER 儿子　　TOP 累　不　祈使语气 疑问语气 父子
儿子不会累死吗？"

ka³¹ n⁵⁵ me³⁵ ma⁵⁵ ma³¹ roŋ⁵⁵ dʲoŋ⁵³ na⁵⁵ bo³¹,　　me³⁵ tɕu³¹ bɯ³¹ doŋ⁵³
二　　　人　TOP　骑马　　　　　　　　ROU DIR-AW 别人　　　又
父亲和儿子两个人都骑上马。

ma³¹ ro⁵⁵ a³¹: me³⁵ ka³¹ n⁵⁵ me³⁵ ma³¹ roŋ⁵⁵ dʲoŋ⁵³ a³¹ go³¹, ma³¹ roŋ⁵⁵ gɯ⁵³
说　　PEF 人　二　　人　骑马　　　　　PEF　马　　　累
又有人说:"两个人骑马,马不会累吗?"

jim⁵⁵ kʲɯ⁵³　　ja³⁵?　　　a³¹ mʲu⁵⁵ go³¹, ba³⁵　a⁵⁵ ju⁵⁵ a⁵⁵ ma³¹ roŋ⁵⁵ dʲoŋ⁵³
不　祈使语气 疑问语气　今后　　LOC 父亲　儿子　　骑马
最后,儿子和父亲两个人都不骑马了,

ho³¹ jim⁵⁵ la⁵³. tɕe⁵⁵ ka³¹ n⁵⁵ ma³¹ roŋ⁵⁵ we⁵⁵ tʲaŋ⁵⁵ a³¹ go³¹ tɕhi⁵³ a³¹　la⁵³.
MER 不　HS　他俩　　　　马　　TOP 抬　PEF　走　PEF HS
他们一起抬着马走。

　　父子两个人牵着马走,走到村子里,人们笑着说:"不骑马,牵着走!"儿子骑上马,
父亲牵着马走,有人笑着说:"不孝顺的孩子骑马,父亲牵马。"父亲又骑上马,儿子牵
着马走,又有人笑着说:"父亲骑着马,儿子牵着马走,儿子不会累死吗?"父亲和儿
子两个人都骑上马。又有人说:"两个人骑马,马不会累吗?"最后,儿子和父亲两个
人都不骑马了,他们一起抬着马走。

2.66　聪明狗和笨狗

tei³⁵ ja⁵⁵ we⁵⁵ kʷaɯ⁵³ ka³¹ pa⁵³ we⁵⁵ ka³¹ tʲau⁵⁵ a³¹ go³¹
主人　TOP 狗　愚蠢　TOP 牵　　PEF

ta³¹ breŋ⁵⁵ ma³¹ lɯŋ⁵³ na⁵⁵. kʷaɯ⁵³ ka³¹ pa⁵³ we⁵⁵ ta³¹ la⁵³, ta³¹ keŋ⁵⁵,
打猎　　　　ROU 狗　　愚蠢　TOP 獐子　野牛
主人带笨狗去打猎,

ma³¹ dʑum⁵³ hɯ³¹ tʲɯŋ⁵³ a³¹. pʲou⁵³ tʲɯ³⁵　　gra³⁵ a³¹, haŋ³⁵ n̠uŋ³⁵ we³¹
野山羊　　看见　　　PEF 跑　边……边 喊　PEF 我　你　CMT
笨狗看到獐子、野牛、山羊,一边追一边叫:

tha⁵³ ja³¹, haŋ³⁵ n̠uŋ³⁵ we³¹ tha⁵³ ja³¹. we⁵⁵ bʲe⁵⁵ dʲoŋ⁵⁵ a³¹　dʲoŋ⁵⁵ a³¹　thɯi⁵³

吃　PEF　我　你　CMT　吃　PEF　于是　　追　PEF　追　PEF　后
"我要吃你，我要吃你"，

ka³¹ ma⁵⁵ goŋ³⁵ a³¹. tei³⁵ ja⁵⁵ we⁵⁵ kʷaɯ⁵³ ta³¹ dzɯ⁵³ ka³¹ tʲau⁵⁵ a³¹ go³¹
遗失　PEF　　主人　TOP　狗　聪明　牵　PEF
可是追着追着就追丢了。

ta³¹ breŋ⁵⁵ ma³¹ luŋ⁵³ na⁵⁵ kʷaɯ⁵³ ta³¹ dzɯ⁵³ we⁵⁵ ta³¹ la⁵³, ta³¹ keŋ⁵⁵,
打猎　　　　　　ROU　狗　聪明　　TOP　獐子　野牛
主人带聪明狗去打猎，

ma³¹ dʑum⁵³ hɯ³¹ tʲɯŋ⁵³ a³¹ go³¹ ma³¹ ro⁵⁵ a³¹, thʲɯ⁵⁵ ja⁵⁵ ha³¹ kɯm⁵⁵ mu³¹
野山羊　看见　PEF　说　PEF　山　　陡坡　　也
聪明狗看到獐子、野牛、山羊，说：

haŋ³⁵ a³¹ ba⁵⁵, thʲɯ⁵⁵ ja⁵⁵ bom³⁵ mu³¹ haŋ³⁵ a³¹ ba⁵⁵. ȵuŋ³⁵ ha³¹ nu⁵⁵ mlã³⁵
我的　　　　山脚　　也　我的　　　　你　到处　地方
"山坡是我的，山脚也是我的，

ȵu³¹ bo⁵³ a³¹　jim⁵⁵. ta³¹ la⁵³, ta³¹ keŋ⁵⁵, ma³¹ dʑum⁵³ ha³¹ nu⁵⁵ mlã³⁵ mu³¹
ALLA 去 PROS 没　獐子　野牛　　野山羊　　到处　地方　也
你没有地方可去。"

bo⁵³ ja³¹ aŋ⁵⁵ jim⁵⁵. we⁵⁵ go³¹ thʲɯ⁵⁵ ja⁵⁵ tɯ³¹ boŋ³⁵ go³¹ du⁵³ so⁵³ a³¹　moŋ³⁵
上　有　没　那之后　山腰　　　　LOC 跳　SEM PEF 躲
獐子、野牛、山羊没有地方可去，就跳到悬崖中间躲起来。

goŋ³⁵ a³¹. we⁵⁵ lɯi⁵⁵ bʲe⁵⁵, kʷaɯ⁵³ ta³¹ dzɯ⁵³ we⁵⁵ thʲɯ⁵⁵ ja⁵⁵ tɯ³¹ boŋ³⁵
PEF　　于是　　　狗　聪明　TOP　山腰

kʲan⁵⁵ go³¹ dʲoŋ⁵⁵ di³¹ ga³⁵ a³¹. ta³¹ la⁵³, ta³¹ keŋ⁵⁵, ma³¹ dʑum⁵³ ka³¹ dʲɯ⁵⁵
里　LOC　追　TER　PEF　獐子　野牛　　野山羊　　全部
然后聪明狗就追到悬崖中间，

rʷo⁵³ goŋ³⁵ a³¹ la⁵³. e⁵⁵ ha³¹ di⁵⁵ we⁵⁵ kʷaɯ⁵³ ta³¹ dzɯ⁵³ ma⁵⁵ kʷaɯ⁵³
抓　PEF　　HS　这　故事　TOP　狗　聪明　和　狗
把动物都抓了起来。

ka³¹ pa⁵³ ma⁵⁵ la⁵³.
愚蠢　　　和　　HS
这就是聪明狗和笨狗的故事。

主人带笨狗去打猎，笨狗看到獐子、野牛、山羊，一边追一边叫："我要吃你，我要吃你"，可是追着追着就追丢了。主人带聪明狗去打猎，聪明狗看到獐子、野牛、山羊，说："山坡是我的，山脚也是我的，你没有地方可去。"獐子、野牛、山羊没有地方可去，就跳到悬崖中间躲起来。然后聪明狗就追到悬崖中间，把动物都抓了起来。这就是聪明狗和笨狗的故事。

2.67　老鼠上当受骗

ma³¹ dʐa⁵³ rai⁵³ a³¹ põ³⁵ kraŋ⁵⁵ kʲan⁵⁵ go³¹ ka³¹ tɕi⁵⁵ kɯn⁵⁵ kɯ³¹ tʲɯŋ⁵³
猫　　　　　　墙缝　　　里　LOC 老鼠　一　　看见

goŋ³⁵ a³¹. we³¹ gɯ³⁵ be⁵⁵ e⁵⁵ ma³¹ dʐa⁵³ rai⁵³ bo⁵³ tɕhi⁵³ di³¹ ga³⁵ goŋ³⁵ a³¹.
PEF　　因此　慢　猫　　　　　　　去　走　TER　PEF
猫看到墙缝里有一只老鼠，就慢慢走过去。

ka³¹ tɕi⁵⁵ ma³¹ dʐa⁵³ rai⁵³ hɯ³¹ tʲɯŋ⁵³ a³¹　la⁵³ a³¹ hu³⁵ a³¹　la⁵³:
老鼠　猫　　　　看见　　PEF HS 问　　PEF HS
老鼠看到猫，问：

ma³¹ dʐa⁵³ rai⁵³ ɳuŋ³⁵ ruŋ³⁵ tsai⁵⁵ the³¹ rɯm⁵³ bɯm³⁵ kʲan⁵⁵ go³¹ gra³⁵ riʔ⁵⁵
猫　　　　你　每天　　嘴　　　里　LOC 猫叫　停止
"猫，你天天嘴里哼个不停，

jim⁵⁵ ɕim⁵⁵ ba⁵³ la⁵³. ma³¹ dʐa⁵³ rai⁵³ la⁵³ ha³¹ a³¹ la⁵⁵ ma⁵⁵ ta³¹ ko⁵⁵ tsai⁵⁵
不　什么 做　HS 猫　　　　　说 PEF　　念经
是在干什么？"猫说："我在念经。"

di⁵⁵　la⁵³. ka³¹ tɕi⁵⁵ a³¹ hu³⁵ a³¹　la⁵³ ɳuŋ³⁵ ɕim⁵⁵ la⁵⁵ ma⁵⁵ ta³¹ ko⁵⁵ tsai⁵⁵
PROS HS 老鼠　　问　　PEF HS 你　什么　念经
老鼠问："你念的是什么经？"

di⁵⁵　la⁵³. ma³¹ dʐa⁵³ rai⁵³ la⁵³ a³¹　haŋ³⁵ kɯŋ³¹ mʲu⁵³

PROS HS 猫　　　　　　说 PEF 我　长寿

la⁵⁵ ma⁵⁵ ta³¹ ko⁵⁵ tsai⁵⁵ la⁵³ la⁵³. we⁵⁵ lɯi⁵⁵ a³¹ go⁵⁵ ma³¹ dʐa⁵³ rai⁵³ we⁵⁵
念经　　　　　　　　　HS　　然后　　　　　猫　　　　TOP
猫回答："我念的是长寿经。" 然后，

ŋ⁵³ aŋ⁵⁵ bɯ³¹ doŋ⁵³ ha⁵⁵ ɳa⁵⁵ mʲu⁵⁵ kha⁵⁵ kɯ⁵³ ɕi⁵⁵ tʲu⁵³ bo³¹ 　 la⁵³. ka³¹ tɕi⁵⁵
些　又　　前面　　迈步　　PSV　DIR-AW HS 老鼠
猫又往前走了几步。

a³¹ hu³⁵ a³¹ 　ma³¹ dʐa⁵³ rai⁵³ ɳuŋ³⁵ ha³¹ pʲan⁵⁵ ha³¹ tʲo⁵⁵ du⁵³ ɕim⁵⁵ di⁵⁵ 　na⁵⁵
问　PEF 猫　　　　　　你　来回　　　　　跳　什么 PROG ROU
老鼠问："猫，你跳来跳去，是在干什么？"

la⁵³. ma³¹ dʐa⁵³ rai⁵³ ha³¹ ɳa⁵⁵ haŋ³⁵ ha³¹ pʲan⁵⁵ ha³¹ tʲo⁵⁵ du⁵³ kɯŋ³¹ mʲu⁵³
HS 猫　　　　答　我　来回　　　　　跳　长寿
猫回答："我在跳长寿舞，

du⁵³ la⁵⁵ ma⁵⁵ ta³¹ ko⁵⁵ tsai⁵⁵ we⁵⁵ a³¹ 　la⁵³. ka³¹ tɕi⁵⁵ tha³¹ rɯŋ⁵⁵ a³¹ go⁵⁵
跳　祈祷　　　　　　　想 PEF HS 老鼠　听　后
祈祷你长寿呢。"老鼠听到以后，

pu⁵⁵ hʷaŋ⁵⁵ kʲan⁵⁵ go³¹ ha³¹ na⁵⁵ kʷi⁵⁵ goŋ³⁵ dza³¹ 　la⁵³ di⁵⁵ we⁵⁵ go³¹
山洞　　里　LOC 来　　钻 PEF DIR-TO HS 坐　那里
从洞里钻了出来，坐在那里，

a³¹ tʲo⁵³ ka³¹ tʲau⁵⁵ lɯi⁵³ a³¹ tɕe⁵⁵ goŋ⁵⁵ pra⁵⁵ kho⁵⁵ ta⁵⁵ goŋ³⁵ la⁵³ la⁵³.
手　引　PEF 她　GEN 好　谢谢　PEF HS
双手合拢，感谢猫的好意。

we⁵⁵ lɯi⁵⁵ a³¹ go⁵⁵ ma³¹ dʐa⁵³ rai⁵³ ha⁵⁵ ɳa⁵⁵ mʲu⁵⁵ du⁵³ bo³¹ 　la⁵³
然后　　　　猫　　　　前面　　跳 DIR-AW HS
这时，猫往前一窜，

khun⁵⁵ dʲɯŋ⁵³ pʲeŋ³⁵ ka³¹ tɕi⁵⁵ rʷo⁵³ ho³¹ la⁵³ tha³¹ dʲoŋ³⁵ a³¹ 　tha⁵³ goŋ³⁵
因而　　　　老鼠　捉 MER HS 饱　　　PEF 吃　PEF

bo³¹   la⁵³.
DIR-AW HS
抓住了老鼠，饱餐了一顿。

　　猫看到墙缝里有一只老鼠，就慢慢走过去。老鼠看到猫，问："猫，你天天嘴里哼个不停，是在干什么？"猫说："我在念经。"老鼠问："你念的是什么经？"猫回答："我念的是长寿经。"然后，猫又往前走了几步。老鼠问："猫，你跳来跳去，是在干什么？"猫回答："我在跳长寿舞，祈祷你长寿呢。"老鼠听到以后，从洞里钻了出来，坐在那里，双手合拢，感谢猫的好意。这时，猫往前一窜，抓住了老鼠，饱餐了一顿。

2.68　买银子

ha⁵⁵ joŋ⁵⁵ go³¹, ma³¹ tʲɯŋ⁵⁵ kʲan⁵⁵ go³¹ pa³¹ wɯn⁵⁵ tʲu⁵³ ja³¹ me³⁵ khɯn⁵⁵ i⁵⁵
从前　LOC 村　　里　LOC 银子　　卖　PEF 人　一　　有
从前有一个人在村里卖银首饰，

ja³¹. tɕe⁵⁵ pa³¹ wɯn⁵⁵ we⁵⁵ ka³¹ dʲɯ⁵⁵ tʲu⁵³ koŋ³⁵ a³¹ la⁵³ we⁵³ ho³¹. we⁵⁵ bʲe⁵⁵,
PEF 他　银子　　TOP 全部　　卖　CAU　PROS　　　结果
他想把自己的银首饰都卖了，

kɯ³¹ ŋ⁵³ raŋ⁵⁵ thɯi⁵³ tʲu⁵³ a³¹ go⁵⁵ me³⁵ brai³⁵ ja³¹ me³⁵ i⁵⁵ jim⁵⁵. tɕe⁵⁵
天　　半天 后　卖　后　　人　买　　NOM 人　有　没　他
可是卖了好几天都没有卖出去。

ma³¹ seŋ⁵⁵　ha³¹ la⁵⁵ di⁵⁵ ja³¹ go³¹ ta³¹ we⁵⁵ we⁵⁵ a³¹. raŋ⁵⁵ thɯi⁵³ we⁵⁵
树（总称）下面　　坐 后　　心　　想　PEF 半天 后　　想
他就坐在树下想办法，想了很久，

a³¹ go³¹ thau⁵⁵ ɕi⁵⁵ pra⁵⁵ khɯn⁵⁵ we⁵⁵ dɯŋ⁵⁵ a³¹　la⁵³. tɕe⁵⁵ ma³¹ seŋ⁵⁵
PEF　办法　好　一　想　完　PEF HS 他　木头
终于想出了好办法。

ta³¹ pɯm⁵⁵ ta³¹ groŋ⁵⁵ dɯ³⁵ ma³¹ la⁵³ a³¹　la⁵³. we⁵⁵ go³¹ tɕe⁵⁵ pa³¹ wɯn⁵⁵
盒子　　美丽　　多　寻找　PEF HS　那之后　他　银子
他找来很多漂亮的小木头盒子，

we⁵⁵ tɕu³¹ ma³¹ seŋ⁵⁵ ta³¹ pɯm⁵⁵ kʲan⁵⁵ ha³¹ preŋ⁵³ a³¹　la⁵³. me³⁵ ka³¹ dʲɯ³⁵

那些　　　木头　　　盒子　　　里　　装　　　　　PEF HS 人　大家
把自己的银首饰装进了木头盒子里。

ta³¹ pɯm⁵⁵ ta³¹ groŋ⁵⁵ we⁵⁵ we³¹ ha³¹ lʲo⁵⁵ ho³¹ la⁵³. brai³⁵ ja³¹ me³⁵ mu³¹
盒子　　　美丽　　　那 OBJ 喜欢　　MER HS　买　NOM 人　也
大家都被漂亮的盒子吸引了，买的人特别多。

dɯ³⁵ i⁵⁵ ja³¹ la⁵³. kɯ³¹ ŋ̍⁵³ khɯm⁵⁵ go³¹, me³⁵ jaŋ⁵⁵ a⁵⁵ khɯm⁵⁵ ha³¹ na⁵⁵
多　有 PEF HS　天　一　　LOC 女人　　　一　　来
多有一天，一个女人来买他的银首饰，

a³¹ go³¹ tɕe⁵⁵ pa³¹ wɯn⁵⁵ we⁵⁵ brai³⁵ ja³¹ la⁵³. we⁵⁵ bʲe⁵⁵, e⁵⁵ me³⁵ jaŋ⁵⁵ a⁵⁵
PEF　他　银子　　 TOP 买　PEF HS　结果　　这 女人
有一天，一个女人来买他的银首饰，

we⁵⁵ tɕe⁵⁵ ma³¹ seŋ⁵⁵ ta³¹ pɯm⁵⁵ we³¹ ha³¹ lʲo⁵⁵ ho³¹ la⁵³. a³¹ mʲu⁵⁵ go³¹ e⁵⁵
TOP　他 木头　　盒子　　　OBJ 喜欢　MER HS 今后　　LOC 这
可是这个女人特别喜欢他的木头盒子，

me³⁵ jaŋ⁵⁵ a⁵⁵ we⁵⁵ tɕe⁵⁵ pa³¹ wɯn⁵⁵ we⁵⁵ we³¹ brai³⁵ ja³¹ la⁵³. we⁵⁵ bʲe⁵⁵ tɕe⁵⁵
女人　　 TOP 他　银子　　那 CMT 买　PEF HS　结果　　他
所以这个女人买了银首饰却只要盒子，

ma³¹ seŋ⁵⁵ ta³¹ pɯm⁵⁵ we⁵⁵ ne⁵³ ɕi³⁵ ja³¹ la⁵³. pa³¹ wɯn⁵⁵ we⁵⁵ lʲa⁵³ na⁵⁵ a³¹ la⁵³.
木头　　盒子　　 TOP 又 拿 PEF HS　银子　　 TOP 扔 ROU PEF HS
把银首饰还给了他。

　从前有一个人在村里卖银首饰，他想把自己的银首饰都卖了，可是卖了好几天都没有卖出去。他就坐在树下想办法，想了很久，终于想出了好办法。他找来很多漂亮的小木头盒子，把自己的银首饰装进了木头盒子里。大家都被漂亮的盒子吸引了，买的人特别多。有一天，一个女人来买他的银首饰，可是这个女人特别喜欢他的木头盒子，所以这个女人买了银首饰却只要盒子，把银首饰还给了他。

2.69　买鞋的故事

ha⁵⁵ joŋ⁵⁵ go³¹, me³⁵ khɯm⁵⁵ i⁵⁵ ja³¹ we⁵⁵　　　 ta³¹ dzɯ⁵³ jim⁵⁵ la⁵³. kɯ³¹ ŋ̍⁵³
从前　　 LOC 人　一　　有 PEF 并列连词 聪明　　不 HS 天
从前，有一个人很不聪明，

ge⁵³ khɯn⁵⁵ go³¹, tɕe⁵⁵ khɯ³¹ ɳim³⁵ we⁵⁵ brai⁵⁵ goŋ³⁵ ho³¹ la⁵³. khɯ³¹ ɳim³⁵
助词 一 　 LOC　他 　鞋 　　　 TOP 破 　PEF 　　HS 　鞋

me⁵³ en⁵⁵ brai³⁵ bo⁵³ ja³¹ we⁵⁵ ho³¹ la⁵³. ŋ³⁵ kʲan⁵⁵ go³¹ groŋ⁵³ ka³¹ da³⁵ kɯ⁵⁵
新 　买 　去 　PEF 想 MER HS 　家 里 　　LOC 脚 　怎样
有一天，他的鞋破了，想去买新鞋，

dɯ³¹ rɯŋ⁵⁵ ha³¹ tʲa⁵⁵ moŋ⁵⁵ a⁵³ a⁵⁵ ha³¹ tʲa⁵⁵ moŋ⁵⁵ ha³¹ rʷeŋ³⁵ a³¹. we⁵⁵ go³¹,
大 　还 　　　 小 还 　　　　 量 　　PEF 那之后
就在家里量好了自己脚的大小，

ha³¹ rʷeŋ³⁵ ja³¹ ta³¹ rɯɯŋ⁵³ we⁵⁵ ta³¹ tɕoŋ³⁵ kʲan⁵⁵ tsho⁵³ a³¹ la⁵³.
量 　　 PEF 尺 　　　 TOP 桌子 　上 　放置 PEF HS

khɯ³¹ ɳim³⁵ tʲu⁵³ mlaŋ³⁵ go³¹ khi⁵³ ja³¹ go³¹. tɕe⁵⁵ ha³¹ rʷeŋ³⁵ ho³¹ ta³¹ rɯɯŋ⁵³
鞋 　　 卖 　地方 LOC 到 后 　　他 量 　　　 MER 尺
然后把量好的尺码放在桌子上。到了卖鞋的地方，

we⁵⁵ we⁵⁵ ma³¹ sa⁵³ koŋ³⁵ a³¹ la⁵³. we⁵⁵ bʲe⁵⁵ tɕe⁵⁵ ŋ³⁵ kʲan⁵⁵ ɕi³⁵ na⁵⁵ bo⁵³ a³¹,
TOP 忘记 　　 CAU 　HS 结果 他 　家里 拿 ROU 去 PEF
他拿着鞋子才发现自己忘了带尺码。于是他就回家去拿尺码，

khɯ³¹ ɳim³⁵ tʲu⁵³ mlaŋ³⁵ doŋ⁵³ go³¹ ha³¹ na⁵⁵ na⁵⁵ a³¹ pʲan⁵⁵ kha³¹ leŋ⁵⁵
鞋 　　 卖 　地方 又 LOC 来 　ROU PEF REC 门
等他回到卖鞋的地方时，

pɯŋ⁵⁵ koŋ³⁵ ho³¹. tɕe⁵⁵ khɯ³¹ ɳim³⁵ me⁵³ en⁵⁵ brai³⁵ tɕiŋ⁵⁵ a³¹ jim⁵⁵ go³¹
关 　CAU MER 他 　鞋 　　　 新 买 　获得 PEF 没 因为
卖鞋的地方已经关门了。他没有买上鞋子，

khɯ³¹ ɳim³⁵ ta³¹ me⁵⁵ we⁵⁵ thɯi⁵³ tiŋ⁵³ ho³¹ la⁵³. me³⁵ tɕu³¹ a³¹ hu³⁵ a³¹:
鞋 　　 旧 TOP 自己 穿 MER HS 别人 　问 　PEF
只能穿自己的破鞋。有人问：

ɳuŋ³⁵ groŋ⁵³ thɯi⁵³ ha³¹ rʷeŋ³⁵ di⁵⁵ m⁵⁵. 　 ɕim⁵⁵ ken⁵⁵ neŋ⁵⁵ ŋ³⁵ kʲan⁵⁵
你 　脚 　自己 量 　　 PRES 肯定语气 为什么 　　 家 里

"你可以用自己的脚试一试鞋呀,

çi³⁵ na⁵⁵ di³¹ ga³⁵ di⁵⁵ bo⁵³ di⁵⁵. tɕe⁵⁵ la⁵³: haŋ³⁵ ta³¹ ruɯŋ⁵³ ha³¹ rʷeŋ³⁵ ho³¹
拿　ROU　TER　　IMM　去　IMM　他　说　我　尺　　量　　MER
为什么非要回家看尺码呢?"他说:

we⁵⁵ ne³¹ we⁵³ luŋ⁵⁵ di⁵⁵. haŋ³⁵ thuɪ⁵³ groŋ⁵³ we⁵⁵ bʲe⁵⁵ we⁵³ luŋ⁵⁵ di⁵³ jim⁵⁵.
那　后　相信　　IMM　我　自己　脚　结果　相信　　不
"我只相信自己量的大小,不相信自己的脚。"

　　从前,有一个人很不聪明,有一天,他的鞋破了,想去买新鞋,就在家里量好了自
己脚的大小,然后把量好的尺码放在桌子上。到了卖鞋的地方,他拿着鞋子才发现自己
忘了带尺码。于是他就回家去拿尺码,等他回到卖鞋的地方时,卖鞋的地方已经关门了。
他没有买上鞋子,只能穿自己的破鞋。有人问:"你可以用自己的脚试一试鞋呀,为什
么非要回家看尺码呢?"他说:"我只相信自己量的大小,不相信自己的脚。"

2.70　种黄瓜

ha⁵⁵ joŋ⁵⁵ go³¹, nen⁵⁵ mro⁵⁵ ka³¹ n⁵⁵ i⁵⁵ ja³¹. ta³¹ tsai⁵⁵ joŋ⁵⁵ ma³¹ guɯŋ⁵⁵ li³⁵
从前　　LOC　兄弟　　二　有　PEF　年长　　黄瓜　　种
从前,有两兄弟。

ho³¹ we⁵⁵ pra⁵⁵ ça⁵³ ho³¹. a⁵⁵ joŋ⁵⁵ we⁵⁵ ma³¹ guɯŋ⁵⁵ li³⁵ ka³¹ sa⁵³ ho³¹ jim⁵⁵.
MER TOP　好　变　MER　小弟　TOP　黄瓜　　种　知道　MER　不
哥哥黄瓜种得很好,弟弟不会种黄瓜,

tɕe⁵⁵ ma³¹ guɯŋ⁵⁵ pra⁵⁵ ça⁵³ ho³¹ jim⁵⁵. ta³¹ tsai⁵⁵ joŋ⁵⁵ we⁵⁵ ŋ̩⁵³　la³¹ mɯŋ³⁵
他　黄瓜　　好　变　MER　不　年长　　　TOP　白天　每
他的黄瓜长得不好。

ma³¹ guɯŋ⁵⁵ we⁵⁵ ma³¹ tɕi⁵³ lu⁵³ a³¹.　we⁵⁵ go³¹ ma³¹ guɯŋ⁵⁵ we⁵⁵ pra⁵⁵ ça⁵³
黄瓜　　TOP　水　　灌　PRES　那之后　黄瓜　　TOP　好　变
哥哥天天给黄瓜浇水,所以,哥哥的黄瓜长得好,

ho³¹. dɯ³¹ rɯŋ⁵⁵ tʲɯ³⁵ çau⁵⁵ tʲɯ³⁵ a³¹.　a⁵⁵ joŋ⁵⁵ we⁵⁵ ta³¹ tsai⁵⁵ joŋ⁵⁵
MER 大　　又　甜　又　PRES　小弟　TOP　年长

ma³¹ guɯŋ⁵⁵ pra⁵⁵ ɕa⁵³ ho³¹ huɯ³¹ tʲɯŋ⁵³ a³¹ go³¹ we⁵⁵ kɯ³¹ reχ⁵⁵ so⁵³.
黄瓜　　好　变　MER　看见　　PEF　嫉妒　　　　SEM
又大又甜。弟弟看到哥哥的黄瓜种得好很嫉妒。

ma³¹ guɯŋ⁵⁵ we⁵⁵ we⁵⁵ groŋ⁵³ go³¹ saŋ³⁵ pra⁵⁵ jim⁵⁵ goŋ³¹ bo³¹.
黄瓜　　　那　TOP　腿　INS　踩　坏　　PEF
就用脚把哥哥的黄瓜踩坏了。

ta³¹ tsai⁵⁵ joŋ⁵⁵ we⁵⁵ a⁵⁵ joŋ⁵⁵ ma³¹ guɯŋ⁵⁵ pra⁵⁵ ɕa⁵³ ho³¹ jim⁵⁵ huɯ³¹ tʲɯŋ⁵³
年长　　　　TOP　小弟　黄瓜　　好　变　MER　不　看见
哥哥看到弟弟的黄瓜种得不好，

a³¹ go³¹ n̩⁵³　la³¹ muɯŋ³⁵ ma³¹ tɕi⁵³ lu⁵³ ŋ̊³⁵ a³¹.　a³¹ mʲu⁵⁵ go³¹, nen⁵⁵ mro⁵⁵
PEF　白天　每　　水　　灌　给　PRES　今后　LOC　兄弟
就常常给弟弟的黄瓜浇水。后来，

ka³¹ n⁵⁵ me³⁵ ma³¹ guɯŋ⁵⁵ pra⁵⁵ ɕa⁵³ ho³¹ la⁵³. a⁵⁵ joŋ⁵⁵ we⁵⁵ hʷen⁵⁵ a³¹ go³¹,
二　　人　黄瓜　　好　变　MER HS　小弟　TOP　看　PEF
两个人的黄瓜长得都很好。弟弟看了以后，

ta³¹ tsai⁵⁵ joŋ⁵⁵ we⁵⁵ ta³¹ we⁵⁵ pra⁵⁵ la⁵³ we⁵³ ho³¹. tɕe⁵⁵ ta³¹ we⁵⁵ kʲan⁵⁵ go³¹
年长　　　　TOP　心　好　PROS　　　他　心　里　LOC
觉得哥哥人很好，

pra⁵⁵ jim⁵⁵ ta³¹ ɕa⁵³ bo³¹　la⁵³ we⁵³ ho³¹. we⁵⁵ li⁵³ ja³¹ go⁵⁵ a³¹ mʲu⁵⁵,
好　不　ITE　变　DIR-AW PROS　　　然后　　　　今后
觉得哥哥人很好，心里面很不好意思。从此以后，

tɕe⁵⁵ ka³¹ n⁵⁵ ha³¹ pʲan⁵⁵ ha³¹ tʲo⁵⁵ ba⁵³ a³¹ bruɯŋ⁵⁵ a³¹　la⁵³. me³⁵ ka³¹ n⁵⁵
他俩　　　　互相　　　　　做　帮助　PRES HS　人　二
兄弟俩互帮互助，

me³⁵ ma³¹ guɯŋ⁵⁵ we⁵⁵ ka³¹ dʲuɯ⁵⁵ pra⁵⁵ ɕa⁵³ ho³¹.
人　黄瓜　　TOP　全部　　好　变　MER
两人的黄瓜地都越长越好。

　　从前，有两兄弟。哥哥黄瓜种得很好，弟弟不会种黄瓜，他的黄瓜长得不好。哥哥天天给黄瓜浇水，所以，哥哥的黄瓜长得好，又大又甜。弟弟看到哥哥的黄瓜种得好很

嫉妒。就用脚把哥哥的黄瓜踩坏了。哥哥看到弟弟的黄瓜种得不好，就常常给弟弟的黄瓜浇水。后来，两个人的黄瓜长得都很好。

弟弟看了以后，觉得哥哥人很好，心里面很不好意思。从此以后，兄弟俩互帮互助，两人的黄瓜地都越长越好。

2.71 五官争功

me³⁵ n̠a⁵⁵ kʲaŋ⁵⁵ go³¹ the³¹ rɯm⁵³ bɯm³⁵, ha³¹ n̠a⁵⁵ gɯm⁵⁵, bɯ³¹ lɯm⁵⁵,
人　脸　上　LOC 嘴　　　　　鼻子　　　　眼睛

kru⁵³ na³⁵ tɕe⁵⁵ lɯŋ³⁵ ha³¹ pʲan⁵⁵ ha³¹ tʲo⁵⁵ ma³¹ ro⁵⁵ ga³⁵ a³¹ ɕa⁵⁵ dɯ³⁵ ja³¹
耳朵　他们　互相　　　说　REC PEF 谁 多 NOM
人脸上的嘴巴、鼻子、眼睛、耳朵它们互相议论谁最重要。

joŋ³⁵　　ha³¹ ma⁵⁵ ga³¹ a³¹. the³¹ rɯm⁵³ bɯm³⁵ ma³¹ ro⁵⁵ a³¹: me³⁵
比较标记 比赛　　　PEF 嘴　　　　说　　PEF 人

ta³¹ prɯ⁵³ tha⁵³ a³¹　we⁵⁵ ka³¹ dʲɯ⁵⁵ haŋ³⁵ i⁵⁵ di⁵⁵, ɕim⁵⁵ tha⁵³ ja³¹　we⁵⁵
东西　吃　PEF TOP 全部　我　有 PRES 什么 吃　PRES 想
嘴巴说："人吃东西全靠我，有我在，想吃什么就可以吃什么。"

di⁵⁵　tha⁵³ ja³¹. ha³¹ n̠a⁵⁵ gɯm⁵⁵ ma³¹ ro⁵⁵ a³¹: haŋ³⁵ n̠uŋ³⁵ doŋ³¹ n̠u³¹
PRES 吃　PRES 鼻子　　　　说　　PEF 我　你　COC

dɯ³¹ rɯŋ⁵⁵ joŋ³⁵.　　haŋ³⁵ ha⁵⁵ joŋ⁵⁵ nɯŋ³⁵ lɯi⁵³ a³¹ ne³¹ tha⁵³ ja³¹.
大　　　比较标记 我　先　　闻　PEF　后 吃 PEF
鼻子说："我的本领比你大，什么都闻好了才可以吃。"

bɯ³¹ lɯm⁵⁵ khem⁵⁵ mʲoŋ⁵⁵ ho³¹ ma³¹ ro⁵⁵ a³¹: haŋ³⁵ jim⁵⁵ go³¹ bʲeŋ⁵³ ɕim⁵⁵
眼睛　生气　　MER 说　PEF 我　没 假如　什么
眼睛生气了，

ka³¹ dʲɯ⁵⁵ hɯ³¹ tʲɯŋ⁵³ jim⁵⁵. pra⁵⁵ mu³¹ hɯ³¹ tʲɯŋ⁵³ jim⁵⁵, ha³¹ pei⁵³ mu³¹
全部　看不见　　好 也 看不见　　坏 也
说："没有我的话，什么也看不见，好的也看不到，坏的也看不到，

hɯ³¹ tʲɯŋ⁵³ jim⁵⁵. haŋ³⁵ i⁵⁵ ka³¹ dʲɯ⁵⁵ ɕim⁵⁵ ka³¹ dʲɯ⁵⁵ hɯ³¹ tʲɯŋ⁵³ a³¹.

看不见　　　　　　我　有　全部　　什么　全部　　看见　　　PEF
有我才能什么都看到。"

kru⁵³ na³⁵ tɕe⁵⁵ mu³¹ ma³¹ ro⁵⁵ a³¹, haŋ³⁵ a³¹ ne⁵⁵ doŋ³¹ ȵu³¹ dɯ³⁵ ja³¹
耳朵　　他　也　说　PEF 我　你们　COC　　多　PRES
耳朵又说："我比你们都重要，

joŋ³⁵.　　haŋ³⁵ jim⁵⁵ go³¹ bʲeŋ⁵³ ɕim⁵⁵ mu³¹ tha³¹ tʲɯŋ⁵³ jim⁵⁵. haŋ³⁵ i⁵⁵ di⁵⁵
比较标记 我　没　假如　　什么　也　听见　　不　我　有　PRES
没有我的话什么都听不见，有我才听得见。"

go³¹　tha³¹ tʲɯŋ⁵³ a³¹.　me³⁵ tɕu³¹ tɕe⁵⁵ lɯŋ³⁵ ma³¹ ro⁵⁵ ga³⁵ a³¹　tha³¹ tʲɯŋ⁵³
因为 听见　　PRES 别人　　他们　　说　　REC PEF 听见
人听了它们的讨论，

a³¹.　we⁵⁵ go³¹ ne³¹ la⁵³, the³¹ rɯm⁵³ bɯm³⁵, ha³¹ ȵa⁵⁵ gɯm⁵⁵, bɯ³¹ lɯm⁵⁵ ,
PEF 那之后　后　说　嘴　　　　　鼻子　　　　　眼睛
就说："嘴巴、鼻子、眼睛、耳朵你们都很重要，没有你们的话，

kru⁵³ na³⁵ a³¹ ne⁵⁵ ka³¹ dʲɯ⁵⁵ dɯ³⁵ ja³¹　ma⁵⁵ go⁵⁵. a³¹ ne⁵⁵ jim⁵⁵ go³¹ bʲeŋ⁵³,
耳朵　你们　全部　多　PRES ASP　　你们　没　假如
就说："嘴巴、鼻子、眼睛、耳朵你们都很重要，没有你们的话，

me³⁵ tɕu³¹ ɕim⁵⁵ mu³¹ ba⁵³ ja³¹ jim⁵⁵.
别人　　什么　也　做　PEF 不
人们什么都做不了。"

　　人脸上的嘴巴、鼻子、眼睛、耳朵它们互相议论谁最重要。嘴巴说："人吃东西全靠我，有我在，想吃什么就可以吃什么。"鼻子说："我的本领比你大，什么都闻好了才可以吃。" 眼睛生气了，说："没有我的话，什么也看不见，好的也看不到，坏的也看不到，有我才能什么都看到。"耳朵又说："我比你们都重要，没有我的话什么都听不见，有我才听得见。"人听了它们的讨论，就说："嘴巴、鼻子、眼睛、耳朵你们都很重要，没有你们的话，人们什么都做不了。"

2.72　变富有

me³⁵ khɯm⁵⁵ we⁵⁵ mo³¹ hʷa⁵⁵ ɕa⁵³ di⁵⁵　la⁵³ . we⁵⁵ lɯi⁵⁵ bʲe⁵⁵,
人　一　　TOP　富　　变　PROS HS　于是

一个人想变富，

ha³¹ nu⁵⁵ la⁵³ a³¹ doŋ³¹ pa³¹ wɯn⁵⁵ ma³¹ la⁵³ ja³¹. a³¹ lim⁵⁵ tɕhi⁵³ ja³¹ go³¹
到处   ALLA 钱   寻找 PEF 路 走 时候
于是他到处寻找钱财。在路上，

ta³¹ khi³⁵ ba⁵⁵ ho³¹ me³⁵ khɯn⁵⁵ tɯ³¹ ru⁵³ ga⁵⁵ bo³¹. tɕe⁵⁵ la⁵³: nuŋ³⁵
粮食袋 背 MER 人 一 遇见 DIR-AW 他 说 你
他碰见一个背着袋子的人。

ta³¹ khi³⁵ kʲan⁵⁵ ta³¹ ŋa⁵³ glai⁵³ ho³¹ we⁵⁵ haŋ³⁵ we³¹ khɯn⁵⁵ ŋ̊³⁵ dza³¹. tɕe⁵⁵
粮食袋 里 鱼 背 MER TOP 我 DAT 一 给 DIR-TO 他
他说："把你袋里的鱼给我一条吧。"

la⁵³ a³¹ dɯŋ⁵⁵ goŋ³⁵ go³¹ thɯi⁵³ we⁵⁵ me³⁵ we⁵⁵ ta³¹ khi³⁵ kʲan⁵⁵ go³¹ ta³¹ bu⁵⁵
说 完 PEF LOC 后 那 人 TOP 粮食袋 里 LOC 蛇
于是，那人从袋中抓出一条蛇给了他。

ɕi³⁵ a³¹ go³¹ tɕe⁵⁵ we³¹ ŋ̊³⁵ a³¹. tɕe⁵⁵ a³¹ lim⁵⁵ go³¹ tɕhi⁵³ ta³¹ la⁵⁵ a³¹ la⁵³.
拿 PEF 他 DAT 给 PEF 他 路 LOC 走 继续 PEF HS
他继续向前走，

me³⁵ jaŋ⁵⁵ a⁵⁵ khɯn⁵⁵ ta³¹ kra⁵⁵ glai⁵³ a³¹ go³¹ tɕhi⁵³ a³¹ ga³⁵. tɕe⁵⁵ ga⁵⁵ a⁵⁵
女人 一 筐 背 PEF 走 PEF CON 他 近
看见一个提篮子的少妇。

khi⁵³ ja³¹ go³¹ tɕe⁵⁵ we³¹ la⁵³ ta³¹ kra⁵⁵ kʲan⁵⁵ go³¹ ta³¹ prɯ⁵³ glai⁵³ ho³¹ we⁵⁵
到 后 她 DAT 说 筐 里 LOC 东西 背 MER TOP
他上前说："把你篮子里的东西给我一个吧。"

haŋ³⁵ we³¹ khɯn⁵⁵ ŋ̊³⁵ na³⁵. we⁵⁵ lɯi⁵⁵ bʲe⁵⁵ me³⁵ jaŋ⁵⁵ a⁵⁵ khɯn⁵⁵ we⁵⁵
我 DAT 一 给 IND 于是 女人 一 TOP
于是，少妇伸手从篮中拿出一支罂粟给了他。

ta³¹ kra⁵⁵ kʲan⁵⁵ go³¹ ka³¹ nem⁵⁵ ɕi³⁵ dza³¹ a³¹ go³¹ tɕe⁵⁵ we³¹ ŋ̊³⁵ a³¹.
筐 里 LOC 罂粟 拿来 PEF 他 DAT 给 PEF
于是，少妇伸手从篮中拿出一支罂粟给了他。

a³¹ mʲu⁵³ go³¹, ta³¹ pɑɯ⁵⁵ khɯɯn⁵⁵ tɯ³¹ ru⁵³ gɑ⁵⁵ bo³¹   go³¹ ta³¹ pɑɯ⁵⁵ we³¹
后来   老年人   一   遇见   DIR-AW 时候 老年人   DAT
后来他碰见一位老人，

a³¹ hu³⁵ a³¹: ka³¹ da³⁵ ȵoŋ⁵⁵ me³⁵ tɕu³¹ han³⁵ ɕim⁵⁵ we⁵⁵ di⁵⁵   ge⁵³ ŋ̊³⁵ ga³⁵
问   PRES 怎么   别人   我   想   PRES 助词 给 REC
他问老人："为什么人们都没有给我我要的东西？"

jim⁵⁵? ta³¹ pɑɯ⁵⁵ we⁵⁵ la⁵³: tɕe⁵⁵ a³¹ lɯŋ³⁵ ŋ̊³⁵ jim⁵⁵ pʲan⁵⁵ jim⁵⁵. nuŋ³⁵ noŋ⁵⁵
不   老年人   TOP 说 他们   给 不 REC 没   你   要
老人说："他们没有不给，

a³¹ we⁵⁵ aŋ⁵⁵ jim⁵⁵. tɕe⁵⁵ a³¹ lɯŋ³⁵ aŋ⁵⁵ go³¹ bʲen⁵³ nuŋ³⁵ we³¹ ŋ̊³⁵ bo³¹   den³⁵.
那个   有 没 他们   有 假如   你   DAT 给 DIR-AW 表估计
你要的那些东西他们都没有，他们只能给你他们有的东西。"

    一个人想变富，于是他到处寻找钱财。在路上，他碰见一个背着袋子的人。他说："把你袋里的鱼给我一条吧。"于是，那人从袋中抓出一条蛇给了他。他继续向前走，看见一个提篮子的少妇。他上前说："把你篮子里的东西给我一个吧。"于是，少妇伸手从篮中拿出一支罂粟给了他。后来他碰见一位老人，他问老人："为什么人们都没有给我我要的东西？"老人说："他们没有不给，你要的那些东西他们都没有，他们只能给你他们有的东西。"

2.73　獐子和老虎

ta³¹ la⁵³ lã³⁵   we⁵⁵ ka³¹ lɯŋ⁵⁵. kɯ³¹ ŋ̊⁵³ ge⁵³ khɯɯn⁵⁵ go³¹, ta³¹ la⁵³ ma⁵⁵
獐了 牙齿 TOP 长   大   助词 一 LOC 獐子 和
獐子的牙齿很长。有一天，

bo³¹ da⁵⁵ ma⁵⁵ thʲɯ⁵⁵ ja⁵⁵ go³¹ tɯ³¹ ru⁵³ gɑ⁵⁵ bo³¹.   bo³¹ da⁵⁵ ta³¹ la⁵³ tɕhi⁵³
老虎   和   山   LOC 遇见   DIR-AW 老虎   獐子 走
獐子和老虎在山上碰到，

ja³¹ hɯ³¹ tʲɯŋ⁵³ a³¹, tʲɯŋ⁵⁵ we⁵⁵ dɯ³¹ rɯŋ⁵⁵ jim⁵⁵ go³¹ lã³⁵   we⁵⁵ pɯi⁵⁵ da⁵⁵
PEF 看见   PEF 身体 TOP 大   不   时候 牙齿 TOP 很
老虎看到獐子个子虽然不大，

ka³¹ luŋ⁵⁵, a³¹ boŋ⁵⁵ ɳu³¹ lʲe³⁵ ho³¹. bo³¹ da⁵⁵ we⁵⁵ we⁵⁵ ja³¹ e⁵⁵ ta³¹ la⁵³ we⁵⁵
长　　　　外面　　LOC 伸 MER 老虎　　TOP 想 PEF 这 獐子　　TOP
牙齿却很长，而且还露在外面，

ma³¹ kau⁵³ ta³¹ ku⁵⁵ deŋ³⁵. bo³¹ da⁵⁵ we⁵⁵ ja³¹ ta³¹ la⁵³ we³¹
清楚　　　强　　表估计 老虎　　想 PEF 獐子　　CMT
就想这个獐子一定很厉害。

ha³¹ ruɯŋ⁵⁵ ri⁵⁵ bo³¹ prau⁵³, kru⁵³ gem⁵⁵ a³¹ go³¹ bo⁵³ goŋ³⁵ di³¹ ga³⁵ bo³¹.
停　　　　　　　发脾气 头　低　PEF　走 PEF TER　DIR-AW
老虎想自己千万不要惹獐子，就低着头走了。

ta³¹ la⁵³ tɕe⁵⁵ bo³¹ da⁵⁵ tɕhi⁵³ ja³¹ huɯ³¹ tʲuɯŋ⁵³ a³¹, tɕe⁵⁵ we³¹ tha⁵³ jim⁵⁵
獐子　他 老虎　　走 PEF 看　　　　PEF 他 CMT 吃 不
獐子看到老虎不吃他，

we⁵⁵ go³¹ ha³¹ lʲo⁵⁵ a³¹ go³¹ ma³¹ ro⁵⁵ a³¹: bo³¹ da⁵⁵ we⁵⁵ haŋ³⁵ lã³⁵
那之后 高兴　PEF　说　　　PEF 老虎　　TOP 我 牙齿
便高兴地说："老虎看到我的牙齿这么长不敢吃我，它害怕我。

ka³¹ luŋ⁵⁵ huɯ³¹ tʲuɯŋ⁵³ a³¹ go³¹, haŋ³⁵ we³¹ tha⁵³ tɕo⁵³ ho³¹ jim⁵⁵. haŋ³⁵ we³¹
长　　　看　　　　　PEF 我 CMT 吃 敢 MER 不　我 OBJ
便高兴地说："老虎看到我的牙齿这么长不敢吃我，它害怕我。

rai⁵³ ho³¹. lʲa⁵⁵ na⁵⁵ haŋ³⁵ lã³⁵　we⁵⁵ a³¹ la⁵³ na³⁵　mu³¹ greŋ⁵³ ha³¹ ne⁵⁵ jim⁵⁵.
怕 MER 又　　我 牙齿 TOP 芭蕉　树叶 也　咬　可以　　不
其实我的牙齿连芭蕉叶都咬不动，

bo³¹ da⁵⁵ doŋ³¹ ka³¹ da³⁵ ɳoŋ⁵⁵ ha³¹ tuɯ⁵⁵ ga³⁵ ja³¹. bo³¹ da⁵⁵ we⁵⁵ ta³¹ la⁵³
老虎　比　怎么　　　　大约　　REC PEF 老虎　　TOP 獐子
怎么能跟老虎比呢。"

tuɯ³¹ kuɯ⁵⁵ tha³¹ tʲuɯŋ⁵³ a³¹ go³¹, tɕe⁵⁵ ta³¹ we⁵⁵ we⁵⁵ ho³¹ we⁵⁵ ka³¹ sa⁵³
话　　听见　　　PEF　他　打算　　　MER TOP 知道
老虎听到獐子的话，知道了他的想法，

a³¹ go³¹. buɯ⁵⁵ pa⁵⁵ a³¹ ka³¹ sa⁵³ na⁵⁵ bo³¹,　ta³¹ la⁵³ lã³⁵　we⁵⁵ ɕim⁵⁵
PEF　突然　　　知道 ROU DIR-AW 獐子　牙齿 TOP 什么

突然明白过来，

pɯi⁵⁵ dɑ⁵⁵ mu³¹ hɑ³¹ ne⁵⁵ jim⁵⁵. we⁵⁵ pʲeŋ⁵⁵ bo⁵³ nɑ⁵⁵ a³¹ go³¹ bo³¹ dɑ⁵⁵ go³¹
太 也 可以 不 结果 去 ROU PEF 老虎 LOC
原来獐子的牙齿并不厉害，

tɑ³¹ lɑ⁵³ we³¹ thɑ⁵³ goŋ³¹ bo³¹.
獐子 CMT 吃 PEF
于是就回去把獐子吃掉了。

　　獐子的牙齿很长。有一天，獐子和老虎在山上碰到，老虎看到獐子个子虽然不大，牙齿却很长，而且还露在外面，就想这个獐子一定很厉害。老虎想自己千万不要惹獐子，就低着头走了。獐子看到老虎不吃他，便高兴地说："老虎看到我的牙齿这么长不敢吃我，他害怕我。其实我的牙齿连芭蕉叶都咬不动，怎么能跟老虎比呢。"老虎听到獐子的话，知道了它的想法，突然明白过来，原来獐子的牙齿并不厉害，于是就回去把獐子吃掉了。

2.74　偷铃铛

hɑ⁵⁵ joŋ⁵⁵ go³¹, me³⁵ khɯn⁵⁵ i⁵⁵ jɑ³¹, me³⁵ pei⁵⁵ kɑ³¹ leŋ⁵⁵ klou⁵⁵ kʲɑŋ⁵⁵ go³¹
从前 LOC 人 一 有 PEF 别人 门口 上 LOC
从前，有一个人，

tɯ³¹ poŋ⁵⁵ tɑ³¹ groŋ⁵⁵ khɯn⁵⁵ tshɯʔ⁵³ ho³¹. tɕe⁵⁵ pɯi⁵⁵ dɑ⁵⁵ hɑ³¹ lʲo⁵⁵ a³¹
铃 美丽 一 吊 MER 他 很 高兴 PEF
看到别人家大门上挂着一个漂亮的大铃铛，他非常喜欢，

lɑ⁵³. a³¹ kau⁵³ a³¹ go³¹ ȵɯ³⁵ hɑn³⁵ kɑ³¹ lɛŋ⁵⁵ klou⁵⁵ kʲɑŋ⁵⁵ go³¹ tshɯʔ⁵³
HS 偷 PEF 自己 门口 上 LOC 吊
就想偷来挂在自己家的门上。

lɑ⁵³ we⁵³ ho³¹. kɯ³¹ ŋ̊⁵³ ge⁵³ khɯn⁵⁵ lʲoŋ⁵⁵ go³¹, e⁵⁵ me³⁵ we⁵⁵ mɑ³¹ ɕɑ⁵⁵ ɑŋ³⁵
PROS 天 助词 一 傍晚 LOC 这 人 TOP 悄悄地
有一天晚上，

me³⁵ pei⁵⁵ kɑ³¹ leŋ⁵⁵ klou⁵⁵ mboŋ⁵⁵ hɑ³¹ nɑ⁵⁵ ho³¹. me³⁵ i⁵⁵ jim⁵⁵ hɯ³¹ tʰɯŋ⁵³
别人 门口 旁边 来 MER 人 有 没 看见

这个人悄悄地来到别人家门口，看到没有人，

a^{31} go^{31}. ka^{31} len^{55} $klou^{55}$ $k^{j}an^{55}$ go^{31} tw^{31} pon^{55} a^{31} kau^{53} ja^{31} we^{55} ho^{31}.
PEF 　门口　　　上　LOC 铃　　偷　　PEF 想　MER
就想偷那个漂亮的大铃铛。

bw^{55} pa^{55} a^{31} go^{31}, tce^{55} we^{55} $d^{j}en^{55}$ na^{55} tw^{31} pon^{55} we^{55} din^{55} ja^{31} $b^{j}en^{53}$
突然　　　　　LOC 他　TOP 同意　ROU 铃　　　　TOP 碰　PRES 如果
突然，他想到自己一碰铃铛就会叮当叮当地响，

tin^{55} tan^{55} tin^{55} tan^{55} la^{53} rwn^{55} bo^{53} m^{55} den^{35}. tei^{35} ja^{55} we^{55} rwn^{55} a^{31}
叮当叮当　　　　HS 听　表估计　　　主人　TOP 响声
听见

tha^{31} $t^{j}wn^{53}$ a^{31} 　$b^{j}en^{53}$ tce^{55} we^{55} hw^{31} $t^{j}wn^{53}$ bo^{53} m^{55} den^{35}. tce^{55} we^{55}
听见　　　PROS 如果 他　TOP 看见　　表估计　　　他　TOP
主人听到响声就会发现他。

kru^{53} na^{35} ne^{53} rwn^{55} a^{31} tha^{31} $t^{j}wn^{53}$ a^{31}. kru^{53} na^{35} kw^{31} pi^{55} gon^{35} a^{31} $b^{j}en^{53}$
耳朵　又　响声　听见　　PEF 耳朵　捂　　PEF 　　如果
他又想耳朵才能听见响声，把耳朵捂上不就听不见了。

tha^{31} $t^{j}wn^{53}$ jim^{55}. we^{55} lwi^{55} $b^{j}e^{55}$, tce^{55} a^{31} $t^{j}o^{53}$ $khwn^{55}$ kru^{53} na^{35} kw^{31} pi^{55}
听见　　不 于是　　　他　手　一　　耳朵　捂
于是他就用一只手把自己的耳朵捂上，

$t^{j}u^{31}$ ho^{31}. a^{31} $t^{j}o^{53}$ $khwn^{55}$ tw^{31} pon^{55} a^{31} kau^{53} a^{31}. we^{55} $b^{j}e^{55}$, tw^{31} pon^{55} we^{55}
CON MER 手　一　铃　偷　　PEF 结果　　铃　　TOP
一只手去偷大铃铛。

ba^{53} ja^{31} e^{55} $thwi^{53}$ tw^{31} pon^{55} we^{55} tin^{55} tan^{55} tin^{55} tan^{55} la^{53} rwn^{53} dza^{31}.
摸　PEF 这 后　铃　　TOP 叮当叮当　　　　HS 响　DIR-TO
结果，手刚碰到铃铛，铃铛就叮当叮当地响，

tei^{35} ja^{55} we^{55} rwn^{55} a^{31} tha^{31} $t^{j}wn^{53}$ a^{31} go^{31} ka^{31} ro^{53} $thwi^{53}$ $p^{j}ou^{53}$ dza^{31}
主人　TOP 响声　听见　　PEF 快　　跑　DIR-TO
主人听到响声急忙跑出来，

laᵗ⁵³. tɕe⁵⁵ we⁵⁵ rʷo⁵³ koŋ³⁵ ɑ³¹ lɑ⁵³.
HS　他　TOP　抓　CAU　HS
把他抓住了。

　　从前，有一个人，看到别人家大门上挂着一个漂亮的大铃铛，他非常喜欢，就想偷来挂在自己家的门上。有一天晚上，这个人悄悄地来到别人家门口，看到没有人，就想偷那个漂亮的大铃铛。突然，他想到自己一碰铃铛就会叮当叮当地响，主人听到响声就会发现他。他又想耳朵才能听见响声，把耳朵捂上不就听不见了。于是他就用一只手把自己的耳朵捂上，一只手去偷大铃铛。结果，手刚碰到铃铛，铃铛就叮当叮当地响，主人听到响声急忙跑出来，把他抓住了。

2.75　借牛

ha⁵⁵ joŋ⁵⁵ go³¹ me³⁵ kɑ³¹ n⁵⁵ i⁵⁵ jɑ³¹ lɑ⁵³. me³⁵ khɯn⁵⁵ we⁵⁵
以前　LOC　人　二　有 PEF HS　人　一　TOP
从前有两个人，

soŋ⁵⁵ khaŋ⁵⁵ loŋ³¹ lɑ⁵³ ɑ³¹　lɑ⁵³. me³⁵ khɯn⁵⁵ we⁵⁵ tɕiŋ⁵⁵ loŋ³¹ lɑ⁵³ ɑ³¹　lɑ⁵³.
松康龙　　　　　叫 PEF HS　人　一　TOP　金龙　　　叫 PEF HS
一个叫松康龙，一个叫金龙，

tɕe⁵⁵ kɑ³¹ n⁵⁵ mɑ³¹ tʲɯŋ⁵⁵ kɑ³¹ ba⁵³ me³⁵ lɑ⁵³. kɯ³¹ ŋ̍⁵³ khɯn⁵⁵ go³¹,
他俩　二　村　　　GEN　人　HS 天　一　LOC
他们俩是邻居。

soŋ⁵⁵ khaŋ⁵⁵ loŋ³¹ we⁵⁵ tɕiŋ⁵⁵ loŋ³¹ mɑ³¹ tsau⁵³ we⁵⁵ ɑ³¹ ŋa³⁵ ɑ³¹　lɑ⁵³.
松康龙　　　　　TOP　金龙　　牛（总称）TOP　借　　PEF HS
一天，松康龙借了金龙家一头牛，

kɑ³¹ lʲaŋ⁵³ dɯŋ⁵⁵ di³¹ ɑ³¹ go⁵⁵, mɑ³¹ tsau⁵³ we⁵⁵ tɕiŋ⁵⁵ loŋ³¹ ŋ³⁵ go³¹ sa⁵³ nɑ⁵⁵
犁　　完　TER　后　牛（总称）TOP　金龙　　家 LOC 送 ROU
犁完田后把牛送到金龙家的门口，

tʲu⁵³ jɑ³¹ lɑ⁵³. tɕe⁵⁵ we⁵⁵ mɑ³¹ tsau⁵³ tʲu³⁵ ɑ⁵⁵ lɑ⁵³ jim⁵⁵ ɑ³¹ go⁵⁵ ŋ³⁵ beŋ⁵⁵ nɑ⁵⁵
tʲu⁵³ jɑ³¹ lɑ⁵³　tɕe⁵⁵ we⁵⁵ mɑ³¹ tsau⁵³ tʲu³⁵ ɑ⁵⁵ lɑ⁵³ jim⁵⁵ ɑ³¹ go⁵⁵ ŋ³⁵ beŋ⁵⁵ nɑ⁵⁵
但没有向金龙交代就返回家去了。

goŋ³⁵ a³¹ la⁵³. tɕiŋ⁵⁵ loŋ³¹ tɕe⁵⁵ ma³¹ tsau⁵³ sa⁵³ ja³¹ bo³¹　　hɯ³¹ tʲɯŋ⁵³
PEF　　HS　金龙　　他　牛（总称）送　PEF DIR-AW 看见
金龙看到了牛，

a³¹ go⁵⁵ ma³¹ tsau⁵³ we⁵⁵ prem⁵⁵ kɯŋ⁵⁵ dʲoŋ⁵⁵ jim⁵⁵ ŋ̍⁵⁵ di⁵⁵. lʲoŋ⁵⁵　　ɕa⁵³
后　　牛（总称）TOP 牛圈　里　　赶　没　PROS　天黑了 变
但是没有把牛赶进院子。

a³¹ go⁵⁵ ma³¹ tsau⁵³ hɯ³¹ tʲɯŋ⁵³ jim⁵⁵ a³¹. tɕiŋ⁵⁵ loŋ³¹ we⁵⁵ ma³¹ tsau⁵³ e⁵⁵
后　　牛（总称）看不见　　　　PEF 金龙　　　TOP 牛（总称）这
晚上，牛找不到了。

hɯ³¹ tʲɯŋ⁵³ jim⁵⁵ a³¹ go⁵⁵ soŋ⁵⁵ khaŋ⁵⁵ loŋ³¹ we³¹ nda³⁵ na⁵⁵ la⁵³ la⁵³. me³⁵
看不见　　　　后　松康龙　　　　DAT 赔偿 ROU 说　HS　人
金龙找松康龙要求赔偿，

ka³¹ n̍⁵⁵ we⁵⁵ khu⁵³ ga³⁵ a³¹　la⁵³. we⁵⁵ lɯi⁵⁵ a³¹ go⁵⁵, tɕe⁵⁵ ka³¹ n̍⁵⁵ ka³¹ bei⁵³
二　　TOP 吵架　PRES HS　然后　　　　　　他俩　　调解
两个人吵了起来。

ja³¹ me³⁵ bo⁵³ ma³¹ ro⁵⁵ ga³⁵ a³¹　la⁵³. ka³¹ bei⁵³ ja³¹ me³⁵ la⁵³ a³¹　khɯn⁵⁵
NOM 人　去　说　　REC PEF HS　调解　　NOM 人　说　PEF 一
最后告到调解人那里。

me³⁵ ma³¹ tsau⁵³ tei³⁵ ja⁵⁵ we³¹ ma³¹ ro⁵⁵ ho³¹ jim⁵⁵ bo³¹ a³¹ la⁵³. ȵuŋ³⁵
人　牛（总称）主人　DAT 说　　MER 没　DIR-AW HS　你
调解人说："一个没有向牛主人交代，

thɯ³¹ liŋ⁵³ na³⁵ ni⁵³ goŋ³⁵ a³¹ la⁵³. ma³¹ tsau⁵³ hɯ³¹ tʲɯŋ⁵³ a³¹ go⁵⁵ ȵuŋ³⁵ ŋ³⁵
舌头　　　割　PEF　HS　牛（总称）看见　　　后　　你　家
割掉舌头；另一个看到了牛，

kɯŋ⁵⁵ ka³¹ tʲau⁵⁵ jim⁵⁵ bo³¹ a³¹ la⁵³, blem⁵⁵ ɕi³⁵ goŋ³⁵ a³¹ la⁵³. me³⁵ ka³¹ n̍⁵⁵
里　牵　　没　DIR-AW HS　眼睛 拿　PEF　　HS　人　二
却不牵回家，挖掉眼睛。"

ka³¹ bei⁵³ ja³¹ me³⁵ la⁵³ tha³¹ tʲɯŋ⁵³ a³¹ go⁵⁵ khro⁵³ dɯ³¹ rɯŋ⁵⁵ a³¹　la⁵³.

调解　　　NOM　人　说　听见　　　后　哭　大　　　PEF HS
听后两人大哭一场，

tɕiŋ⁵⁵ loŋ³¹ ma³¹ mʲu⁵⁵ go³¹ khi⁵³ lʲe⁵⁵ kɯn³⁵ lɯm⁵⁵ nda³⁵ na⁵⁵ jim⁵⁵ a³¹ la⁵³.
金龙　　　　之后　　LOC 发誓　　事情　　　赔偿 ROU 不　PEF HS
金龙决定不再追究，

tha³¹ tʲɯŋ⁵³ ja³¹ soŋ⁵⁵ khaŋ⁵⁵ loŋ³¹ tɕe⁵⁵ ta³¹ we⁵⁵ kɯŋ⁵⁵ go³¹ ha³⁵ pra⁵⁵ jim⁵⁵
听见　　　PEF 松康龙　　　　他　心　里　LOC 好　　　不
松康龙也表示了歉意。

goŋ³⁵ a³¹ la⁵³.
PEF　　　HS

　　从前有两个人，一个叫松康龙，一个叫金龙，他们俩是邻居。一天，松康龙借了金龙家一头牛，犁完田后把牛送到金龙家的门口，但没有向金龙交代就返回家去了。金龙看到了牛，但是没有把牛赶进院子。晚上，牛找不到了。金龙找松康龙要求赔偿，两个人吵了起来。最后告到调解人那里。调解人说："一个没有向牛主人交代，割掉舌头；另一个看到了牛，却不牵回家，挖掉眼睛。"听后两人大哭一场，金龙决定不再追究，松康龙也表示了歉意。

2.76　画蛇

ha⁵⁵ joŋ⁵⁵ go³¹, me³⁵ khɯn⁵⁵ i⁵⁵ ja³¹ we⁵⁵ ma³¹ tʲɯŋ⁵⁵ me³⁵ we⁵⁵ ŋ̍³⁵ kʲan⁵⁵
从前　　LOC 人　一　　有 PEF TOP 村　　　人　TOP 家里
从前，有一个人请村里的人到自己家来吃饭、

go³¹ reŋ⁵⁵ ta³¹ pẽ³⁵ tha⁵³ a³¹　ju⁵³ tim³⁵ a³¹. ta³¹ pẽ³⁵ tha⁵³ a³¹ dɯŋ⁵⁵
LOC 请　饭　　吃　PEF 酒　喝　PEF 饭　　吃　完
喝酒，吃完饭，

li⁵³ ja³¹ go³¹, ju⁵³ tʲe⁵³ kɯ³¹ lai⁵⁵ ge⁵³　tim³⁵ a³¹　jim⁵⁵ khɯn⁵⁵ lɯ⁵⁵ ho³¹. me³⁵
后　　　　酒　瓶子　　助词 喝　PEF 没　一　　剩　MER 人
只剩一瓶酒没喝，

ha³¹ na⁵⁵ ja³¹ me³⁵ dɯ³⁵ ça⁵³ peŋ⁵³ ka³¹ dʲɯ⁵⁵ ja³¹ jim⁵⁵. we⁵⁵ bʲe⁵⁵ tei³⁵ ja⁵⁵
来　　NOM 人　多　变　分　全部　　PEF 不　结果　　主人

但来的人太多不够分，于是，

we⁵⁵ ka³¹ rou³⁵ ka³¹ dʲɯ⁵⁵ we⁵⁵ khɯ³¹ lai⁵⁵ kʲaŋ⁵⁵ go³¹ ta³¹ bu⁵⁵
TOP 客人　　全部　　TOP 地上　　　　LOC 蛇
主人让客人每个人在地上画一条蛇，

dzu⁵⁵ ha³¹ tʲu⁵⁵ na⁵⁵ la⁵³. ɕa⁵⁵ pra⁵⁵ dzu⁵⁵ ha³¹ tʲu⁵⁵ ho³¹ ju⁵³ we⁵⁵ ɕa⁵⁵ we³¹
画　　　　　ROU HS 谁 好　画　　　MER 酒 TOP 谁 DAT
谁画得好就把酒给他。

ŋ̊³⁵ a³¹. me³⁵ ka³¹ dʲɯ³⁵ me³⁵ dʲeŋ⁵⁵ a³¹. me³⁵ khɯn⁵⁵ we⁵⁵ ka³¹ ro⁵³ thɯi⁵³
给 PEF 人 大家　　人 同意 PEF 人 一　　TOP 快
大家都同意。

dzu⁵⁵ ha³¹ tʲu⁵⁵ goŋ³⁵ ja³¹ la⁵³. tɕe⁵⁵ we⁵⁵ ja³¹ e⁵⁵ ju⁵³ we⁵⁵ tɕe⁵⁵
画　　　　　PEF　　HS 他 想 PEF 这 酒 TOP 他
有一个人很快就把蛇画好了，

ha³¹ jɯ⁵⁵ ȵam⁵⁵ dɯ³¹ pɯi⁵⁵ la⁵³ we⁵³ ho³¹. we³¹ lɯn³¹ go³¹, tɕe⁵⁵ me³⁵ pei⁵⁵
一定　　　　肯定语气 PROS　　这时　　　他 别人
他想这瓶酒肯定是他的了，这时，

we⁵⁵ hʷeŋ⁵⁵ a³¹ ɕa⁵⁵ mu³¹ dzu⁵⁵ ha³¹ tʲu⁵⁵ a³¹ dɯŋ⁵⁵ ho³¹ jim⁵⁵. we⁵⁵ ja³¹
TOP 看 PEF 谁 也 画　　　　　完　　MER 没 想 PEF
他回头看其他人都没有画好，就想：

tɕe⁵⁵ a³¹ lɯŋ³⁵ pɯ³¹ e⁵⁵ pe⁵⁵ bo⁵⁵ dzu⁵⁵ ha³¹ tʲu⁵⁵ a³¹. haŋ³⁵ ta³¹ bu⁵⁵ kʲaŋ⁵⁵
他们　　慢慢　　　　画　　　　　　PROG 我 蛇　上
他们画得好慢呀，我再给蛇画上几只脚吧。

groŋ⁵³ dzu⁵⁵ ha³¹ tʲu⁵⁵ la⁵³ we⁵³ ho³¹. tɕe⁵⁵ groŋ⁵³ dzu⁵⁵ ha³¹ tʲu⁵⁵ a³¹ go⁵⁵,
脚　画　　　　　PROS　　他 脚　画　　　　后
正在他画脚的时候，

me³⁵ khɯn⁵⁵ doŋ⁵³ we⁵⁵ dzu⁵⁵ ha³¹ tʲu⁵⁵ a³¹ dɯŋ⁵⁵ ja³¹ la⁵³. we⁵⁵ me³⁵ we⁵⁵
人 一 又 TOP 画　　　　　完　　PEF HS 那 人 TOP
另一个人已经把蛇画好了，

ju⁵³ ja⁵³ goŋ³⁵ di³¹ gɑ³⁵ bo³¹　　la⁵³: tɑ³¹ bu⁵⁵ je⁵⁵ groŋ⁵³ ɑŋ⁵⁵ jim⁵⁵. n̥uŋ³⁵
酒　夺　PEF　TER　DIR-AW　说　蛇　　TOP　脚　有　没　你
那个人把酒抢了过去，说："蛇是没有脚的，

ɕim⁵⁵ e⁵⁵ ja³¹ go³¹ groŋ⁵³ dzu⁵⁵ ha³¹ tʲu⁵⁵ di⁵⁵.　ma³¹ ro⁵⁵ ɑ³¹ dɯŋ⁵⁵ ɑ³¹ thɯi⁵³
什么时候　　　脚　画　　　　PRES　说　　完　　PEF　后
你怎么画上脚了呢。"说完，

tɕe⁵⁵ ha³¹ lʲo⁵⁵ kɑ³¹ dʲɯ⁵⁵ ju⁵³ tim³⁵ ɑ³¹　la⁵³.
他　高兴　全部　　酒　喝　PEF　HS
他就高兴地喝酒了。

从前，有一个人请村里的人到自己家来吃饭、喝酒，吃完饭，只剩一瓶酒没喝，但来的人太多不够分，于是，主人让客人每个人在地上画一条蛇，谁画得好就把酒给他。大家都同意。有一个人很快就把蛇画好了，他想这瓶酒肯定是他的了，这时，他回头看其他人都没有画好，就想：他们画得好慢呀，我再给蛇画上几只脚吧。正在他画脚的时候，另一个人已经把蛇画好了，那个人把酒抢了过去，说："蛇是没有脚的，你怎么画上脚了呢。"说完，他就高兴地喝酒了。

2.77　若列和老虎

ro⁵³ lie⁵³ ma⁵⁵ ma³¹ tʲɯŋ⁵⁵ ɑ³¹　me³⁵ ma⁵⁵ ɑ³¹ lɯŋ⁵⁵ pɑ⁵⁵ n̥uŋ³⁵ haŋ³⁵
若列　和　村　　GEN　人　和　一起　　　　自己
若列

tɑ³¹ prɯ⁵³ ɕi³⁵ ɑ³¹ go⁵⁵ tɑ³¹ prɯ⁵³ kha³¹ ji³⁵ gɑ³⁵ bo⁵³ bo³¹ ɑ³¹ lɯi⁵³ ɑ³¹.
东西　拿　后　　东西　　交换　　　去　DIR-AW　PEF
若列和同村人一起到市集去交换货物。

ɑ³¹ lim⁵⁵ go³¹ we⁵⁵ kɑ³¹ dʲɯ³⁵ we⁵⁵ kɯ³¹ tʲɯŋ⁵³ ɑ³¹　bo³¹ da⁵⁵ groŋ⁵³ poŋ⁵³.
路　　LOC　TOP　大家　　TOP　看见　PEF　老虎　腿　痕迹
路上，人们看到很大的老虎脚印，

me³⁵ kɑ³¹ dʲɯ³⁵ we⁵⁵ ɑ³¹ lɯŋ⁵⁵ pɑ⁵⁵ rai⁵³ goŋ³⁵ ɑ³¹. we⁵⁵ go³⁵ e⁵⁵ ro⁵³ lie⁵³ je⁵⁵
人　大家　　TOP　一起　　怕　PEF　　但是　　若列　　TOP
大家十分害怕。

ma³¹ ro⁵⁵ a³¹: bo³¹ da⁵⁵ lɯ³¹ mɯn⁵⁵ we³¹ du⁵³ tʲɯ⁵⁵ goŋ³⁵ a³¹ go⁵⁵ a⁵⁵ roŋ⁵⁵
说　　PEF 老虎　尾巴　　CMT 断 砍 PEF 后　孩子 逗
可若列说："把这个老虎的尾巴割下来给孩子玩，

a³¹, a⁵⁵ ta³¹ we⁵⁵ we⁵⁵ pɯi⁵⁵ da⁵⁵ pra⁵⁵ a³¹ la⁵³ la⁵³. a³¹ lɯŋ⁵⁵ pa⁵⁵ tɕhi⁵³
PEF 孩子 心　　TOP 很　　好 PEF HS　一起　　走
多好啊！"

ja³¹ tɯ³¹ mroŋ⁵⁵ tɕu³¹ we⁵⁵ khem⁵⁵ mʲoŋ⁵⁵ goŋ³⁵ di³¹ ga³⁵ bo³¹.
NOM 同伴　　们　TOP 生气　　　　PEF TER　DIR-AW
同行的人很生气，

a³¹ go³¹ we⁵⁵ ha³¹ di⁵⁵ kɯ⁵³ we⁵⁵ bo³¹ da⁵⁵ we⁵⁵ a⁵⁵ ba⁵⁵ ta³⁵ ni³⁵ nen⁵⁵ mro⁵⁵
因为　　　故事　一　TOP 老虎　TOP 阿巴达尼　　兄弟
因为据说老虎是阿巴达尼的兄弟，

tsai⁵⁵ i⁵⁵ ga³⁵ di⁵⁵ ha³¹ pei⁵³ e⁵⁵ jim⁵⁵ la⁵³ hlaɯ³⁵ jim⁵⁵ bi³⁵ la⁵³.
尊重 是 REC PRES 冒犯　PSV 不 谎言　　不　PROS HS
是不能冒犯的。

we⁵⁵ lɯi⁵⁵ a³¹ thɯi⁵³, bo³¹ da⁵⁵ we⁵⁵ gra³⁵ dɯ³⁵ ta³¹ la⁵⁵. me³⁵ ka³¹ dʲɯ⁵⁵ me⁵³
这时　　　　　　老虎　TOP 虎啸 多 不断地 人　都
这时，老虎不停地叫，

rai⁵³ goŋ³⁵ bo⁵⁵. we³¹ gɯ³⁵ me³⁵ ka³¹ dʲɯ⁵⁵ me⁵³ a³¹ li⁵⁵ ɕi³⁵ kha³¹ ji³⁵ a³¹ go³¹
怕 PEF ICP 因此　人　都　　　　　这样　拿 卖 PEF
大家都很害怕。

ta³¹ prɯ⁵³ kha³¹ ji³⁵ ga³⁵ goŋ³⁵ a³¹ go⁵⁵ ha³¹ na⁵⁵ be⁵⁵ na⁵⁵. we⁵⁵ go³⁵ e⁵⁵
东西　交换　　　PEF 后　来　回　　但是
因此大家交换货物后，

ro⁵³ lie⁵³ we⁵⁵ a³¹ lɯŋ⁵⁵ pa⁵⁵ a³¹ ha³¹ na⁵⁵ be⁵⁵ na⁵⁵ hʷeŋ⁵⁵ jim⁵⁵ di³¹ ga³⁵.
若列　TOP 一起　　　来　回　看　没 TER
都不愿意与若列一起走，

a³¹ go³¹ we⁵⁵ ro⁵³ lie⁵³ we⁵⁵ ta³¹ prɯ⁵³ kha³¹ ji³⁵ ga³⁵ we⁵⁵ ma³¹ tʲɯŋ⁵⁵ me³⁵

所以　　　　若列　　TOP　东西　　　交换　　　　　TOP　村　　　　人
于是若列把换来的东西交给同村的人，

we³¹ ŋ̊³⁵ goŋ³⁵ ɑ³¹ go⁵⁵, n̻uŋ³⁵ haŋ³⁵ je⁵⁵ ta³¹ ra⁵⁵ ja⁵⁵ khuɯ⁵⁵ brai³⁵ luɯi⁵³ ɑ³¹.
CMT 给 PEF 后　　　自己　　　　TOP 刀　　长　一　　买　 PEF
自己买了一把长刀，

we³¹ guɯ³⁵ ma³¹ mʲu⁵⁵ me³⁵ khuɯ⁵⁵ ma³¹ tʲuɯŋ⁵⁵ ha³¹ na⁵⁵ bo³¹ ɑ³¹ la⁵³.
然后　　　之后　　　人　一　　村　　　　来　　　DIR-AW HS
一个人回村。

ma³¹ tʲuɯŋ⁵⁵ go³¹ me³⁵ bo⁵³ mʲoŋ³⁵ ro⁵³ lie⁵³ we⁵⁵ ha³¹ na⁵⁵ be⁵⁵ na⁵⁵ jim⁵⁵
村　　　　LOC 人　想　　　若列　　TOP　来　　回　　不
村里人以为若列回不来了，

ɑ³¹ go⁵⁵, tɕe⁵⁵ ta³¹ pruɯ⁵³ we³¹ peŋ⁵³ goŋ³⁵ ɑ³¹. bo⁵³ mʲoŋ³⁵ jim⁵⁵ ro⁵³ lie⁵³ we⁵⁵
后　　　他　东西　　CMT 分　 PEF　　想　　　没　若列　　TOP
就分了若列的东西，

bo³¹ da⁵⁵ se⁵³ ɑ³¹ go⁵⁵ ha³¹ na⁵⁵ be⁵⁵ na⁵⁵ ɑ³¹. ma³¹ tʲuɯŋ⁵⁵ me³⁵ we⁵⁵ ro⁵³ lie⁵³
老虎　杀　后　　来　　回　　PEF 村　　　人　　TOP 若列
没想到若列真的杀了老虎回来了，

ta³¹ pruɯ⁵³ we⁵⁵ ɑ³¹　ha³¹ n̻ɑ⁵³ lʲɑ⁵³ goŋ³⁵ ɑ³¹.
东西　　　TOP PEF 还　　扔　 PEF
村里人赶紧把东西还给了他。

　　若列和同村人一起到市集去交换货物。路上，人们看到很大的老虎脚印，大家十分
害怕。可若列说："把这个大老虎的尾巴割下来给孩子玩，多好啊！"同行的人很生气，
因为据说老虎是阿巴达尼的兄弟，是不能冒犯的。这时，老虎不停地叫，大家都很害怕。
因此大家交换货物后，都不愿意与若列一起走，于是若列把换来的东西交给同村的人，
自己买了一把长刀，一个人回村。村里人以为若列回不来了，就分了若列的东西，没想
到若列真的杀了老虎回来了，村里人赶紧把东西还给了他。

2.78　喜欢龙的人

ha⁵⁵ joŋ⁵⁵ go³¹, me³⁵ khuɯ⁵⁵ i⁵⁵ ja³¹ brʷɑ³⁵ we⁵⁵ puɯi⁵⁵ da⁵⁵ ha³¹ lʲo⁵⁵ ɑ³¹

从前	LOC	人	一		有	PEF	龙		TOP	很		喜欢	PEF

从前，有一个人非常喜欢龙。

la⁵³. me³⁵ ɕa⁵⁵ hɯ³¹ tʲɯŋ⁵³ a³¹ doŋ⁵³ la⁵³: brʷa³⁵ pɯi⁵⁵ da⁵⁵ ta³¹ groŋ⁵⁵, haŋ³⁵

HS	人	谁	看见		PEF	都	说	龙	很		美丽		我

他见谁都说："龙特别漂亮，

pɯi⁵⁵ da⁵⁵ ha³¹ lʲo⁵⁵ a³¹. tɕe⁵⁵ ŋ̍³⁵ kʲan⁵⁵ go³¹ ha³¹ nu⁵⁵ doŋ⁵³ brʷa³⁵

很		喜欢	PEF	他	家	里	LOC	到处		又	龙

我非常喜欢龙。"

dzu⁵⁵ ha³¹ tʲu⁵⁵ ho³¹. a³¹ tseŋ⁵⁵ kʲaŋ⁵⁵, kha³¹ leŋ⁵⁵ kʲaŋ⁵⁵, ta³¹ m̥⁵⁵ kʲaŋ⁵⁵

画		MER	墙壁	上	门		上	柱子		上

他的家里到处都画着龙的图案。

ka³¹ dʲɯ⁵⁵ brʷa³⁵ dzu⁵⁵ ha³¹ tʲu⁵⁵ ho³¹. ŋ̍³⁵ kʲan⁵⁵ go³¹ brʷa³⁵ ŋ̍³⁵ ta³¹ la⁵⁵

全部	龙	画			MER	家里		LOC	龙		家	ITE

墙壁上、门窗上、柱子上都画着龙，

dʲu⁵⁵ ga³⁵ ho³¹. tɕe⁵⁵ tiŋ⁵³ kʲaŋ⁵⁵ mu³¹ brʷa³⁵ dzu⁵⁵ ha³¹ tʲu⁵⁵ ho³¹. e⁵⁵ me³⁵

相同		MER	他	衣服	上		也	龙	画			MER	这	人

家里像龙宫一样。他自己的衣服上也画着龙。

we⁵⁵ brʷa³⁵ ha³¹ lʲo⁵⁵ a³¹ la⁵³ kɯ³¹ nɯm⁵⁵ we⁵⁵ tɯm⁵⁵ kʲaŋ⁵⁵ go³¹ brʷa³⁵ we⁵⁵

TOP	龙	喜欢		PEF	HS	事情		TOP	天	上	LOC	龙		TOP

这个人喜欢龙的事情被天上的龙知道了，

ka³¹ sa⁵³ a³¹ la⁵³. brʷa³⁵ la⁵³: we⁵⁵ tʲɯŋ⁵³ mu³¹ a³¹ jim⁵⁵ me³⁵ haŋ³⁵ we³¹

知道		PEF	HS	龙	说	想		也	PEF	没	人	我	OBJ

龙说："没想到还有人这么喜欢我，

ha³¹ lʲo⁵⁵ ja³¹ me³⁵ mu³¹ i⁵⁵ ja³¹. haŋ³⁵ bo⁵³ a³¹ go³¹ tɕe⁵⁵ hʷeŋ⁵⁵ bo⁵³

喜欢		NOM	人	也	有	PEF	我	去	PEF		他	看	去

我得去看看他。"

tʲa⁵³. kɯ³¹ ŋ̍⁵³ ge⁵³ khɯn⁵⁵ go³¹, brʷa³⁵ we⁵⁵ tɯm⁵⁵ go³¹ ha⁵³ jau⁵³

祈使语气		天		助词	一		LOC	龙		TOP	天		LOC	下

有一天，龙从天上下来，

ha³¹ na⁵⁵ a³¹　la⁵³. e⁵⁵ ŋ̍³⁵ kʲan⁵⁵ go³¹ ha³¹ na⁵⁵ a³¹　la⁵³. brʷa³⁵ dɯ³¹ rɯŋ⁵⁵
来　　PEF HS 这家里　LOC 来　　PEF HS 龙　大
来到了这个人家里，龙太大，

ka³¹ ba⁵⁵ go³¹　kru⁵³ we⁵⁵ ka³¹ leŋ⁵⁵ klou⁵⁵ go³¹ ma³¹ goŋ⁵⁵ dza³¹　la⁵³.
太　　因为头　TOP 门口　　　　LOC 拉　　DIR-TO HS
只能先把大大的头伸进窗户，

lɯ³¹ mun⁵⁵ ka³¹ lɯŋ⁵⁵ we⁵⁵ a³¹ boŋ⁵⁵ ȵu³¹.　e⁵⁵ me³⁵ we⁵⁵ a³¹ boŋ⁵⁵ ȵu³¹
尾巴　长　　TOP 外面　DIR-TO 这 人　TOP 外面　DIR-TO
长长的尾巴留在外面。

gra³⁵ a³¹　tha³¹ tʲuŋ⁵³ a³¹. we⁵⁵ go³¹ ŋ̍⁵³ mlaŋ³⁵ ȵu³¹ ha³¹ na⁵⁵ dza³¹.　brʷa³⁵
喊　PEF 听见　　PEF 那之后　睡 地方　从　来　　DIR-TO 龙
这个人听见外面有声音，就从卧室里出来，

dɯ³¹ rɯŋ⁵⁵ khun⁵⁵ tɕe⁵⁵ we⁵⁵ hʷeŋ⁵⁵ ho³¹ la⁵³. rai⁵³ ja³¹ go³¹ tʲuŋ⁵⁵
大　　一　　他　TOP 看　MER HS 怕　后　　身体
他看到一只巨大的龙在看自己，

ka³¹ dʲɯ⁵⁵ ha³¹ glum⁵³ a³¹. gra³⁵ a³¹ go³¹ pʲou⁵³ tʲu⁵³ bo³¹.　e⁵⁵ me³⁵ we⁵⁵
全部　发抖　　PEF 喊　PEF　跑　IMM DIR-AW 这 人　TOP
吓得浑身发抖，大叫一声逃跑了。

ȵa⁵⁵ mʲu⁵⁵ go³¹ brʷa³⁵ we³¹ ha³¹ lʲo⁵⁵ a³¹　la⁵³.
正面　　LOC 龙　OBJ 喜欢　PEF HS
其实，这个人只是表面上喜欢龙。

　　从前，有一个人非常喜欢龙。他见谁都说："龙特别漂亮，我非常喜欢龙。"他的家里到处都画着龙的图案。墙壁上、门窗上、柱子上都画着龙，家里像龙宫一样。他自己的衣服上也画着龙。这个人喜欢龙的事情被天上的龙知道了，龙说："没想到还有人这么喜欢我，我得去看看他。"有一天，龙从天上下来，来到了这个人家里，龙太大，只能先把大大的头伸进窗户，长长的尾巴留在外面。这个人听见外面有声音，就从卧室里出来，他看到一只巨大的龙在看自己，吓得浑身发抖，大叫一声逃跑了。其实，这个人只是表面上喜欢龙。

2.79 头上有角的国王

bɯ⁵⁵ ja⁵³ a³¹ go⁵⁵ a³¹ dza⁵⁵ we⁵⁵ laŋ³¹ ta³⁵ ma³¹ we⁵⁵ ta³¹ breŋ⁵⁵ ma³¹ lɯŋ⁵³
很早以前　　官　TOP 朗达玛　　TOP 打猎
很久以前，国王朗达玛外出打猎，

na³⁵ la⁵³. me³⁵ jaŋ⁵⁵ a⁵⁵ ta³¹ groŋ⁵⁵ khɯm⁵⁵ i⁵⁵ ja³¹ hɯ³¹ tʲɯŋ⁵³ a³¹ la⁵³.
PEF HS 女人　　美丽　　一　有 PEF 看见　　PEF HS
看到有个漂亮的姑娘，

me³⁵ jaŋ⁵⁵ a⁵⁵ we⁵⁵ tɕe⁵⁵ ŋ³⁵ kʲaŋ⁵⁵ kha³¹ tʲau⁵⁵ goŋ³⁵ na⁵⁵ di³¹ ga³⁵.
女人　　TOP 她 房屋 里　　带　　PEF ROU TER
就把她带回了自己的宫中。

me³⁵ jaŋ⁵⁵ a³¹ ba³⁵ we⁵⁵ ta³¹ broŋ⁵³ tshoŋ³⁵ me³⁵ la⁵³. ta³¹ breŋ⁵⁵ ma³¹ lɯŋ⁵³
妻子　 父亲　TOP 猎人　　　　　HS 打猎
姑娘的父亲是个猎人，

ki⁵⁵ ja³¹ ŋ³⁵ beŋ⁵⁵ na⁵⁵ na⁵⁵. a³¹ jaŋ⁵⁵ jim⁵⁵ ka³¹ sa⁵³ a³¹ go⁵⁵ ha³¹ nu⁵⁵
PEF 家 回 ROU 女儿 没 知道 后　 到处
打猎回家后，没看见女儿，就到处找，

ka³¹ dʲɯ⁵⁵ ma³¹ la⁵³ hɯ³¹ tʲɯŋ⁵³ jim⁵⁵. tɕe⁵⁵ a³¹ jaŋ⁵⁵ we³¹ ka³¹ sa⁵³ jim⁵⁵
全部　　寻找　看不见　　　　他 女儿 OBJ 知道　 不
找遍了所有地方也没有找到自己的女儿。

a³¹ dza⁵⁵ rʷo⁵³ goŋ³⁵ a³¹. a³¹ dza⁵⁵ we⁵⁵ tɯm⁵⁵ la³¹ mɯŋ³⁵ tʂuo³⁵ ma³¹ we⁵⁵
官　 抓 PEF 官　TOP 天　每　　卓玛　　TOP
他并不知道女儿已经被国王抓走了。

tɕe⁵⁵ we⁵⁵ thɯm³⁵ so³⁵ goŋ³⁵ la⁵³ la⁵³. tʂuo³⁵ ma³¹ we⁵⁵ laŋ³¹ ta³⁵ ma³¹ we⁵⁵
他 TOP 头发 梳 PEF HS　　 卓玛　　TOP 朗达玛　　TOP
国王每天都让卓玛给自己梳头发，

kru⁵³ kʲaŋ⁵⁵ go³¹ rau⁵⁵ ka³¹ n⁵⁵ a³¹ sɯŋ⁵⁵ ho³¹ hɯ³¹ tʲɯŋ⁵³ a³¹ la⁵³. tɕe⁵⁵ rai⁵³
头　上 LOC 牛角 二　 长　　 MER 看见　　PEF HS 她 怕
卓玛发现朗达玛的脑袋上长着一对犄角。

goŋ³⁵ a³¹ go³¹ se⁵³ tʲu⁵³ a³¹ la⁵³. rai⁵³ a³¹ go⁵⁵ a³¹ dza⁵⁵ we⁵⁵ mei⁵³ ça⁵⁵
PEF LOC 杀 PSV PROS HS 怕 后 官 TOP 全部 谁
她害怕被杀害，

kun³⁵ lum⁵⁵ thu³¹ dʲa⁵⁵ tʲo⁵⁵ jim⁵⁵ la⁵³. a³¹ dza⁵⁵ we⁵⁵ tçe⁵⁵ we³¹ we⁵³ luŋ⁵⁵
事情 告诉 不 HS 官 TOP 她 OBJ 相信
就向国王发誓说不会把这件事情告诉任何人，国王相信了她。

goŋ³⁵ a³¹ la⁵³. ku³¹ n̥³⁵ khun⁵⁵ go³¹, tʂuo³⁵ ma³¹ we⁵⁵ du³¹ ka⁵⁵ jim⁵⁵ ça⁵³
PEF HS 天 一 LOC 卓玛 TOP 忍受 没 变
一天，卓玛忍不住对着一个老鼠洞说：

a³¹ go⁵⁵ ka³¹ tçi⁵⁵ klaŋ⁵⁵ we³¹ ma³¹ ro⁵⁵ a³¹ la⁵³: laŋ³¹ ta³⁵ ma³¹ we⁵⁵ kru⁵³
后 老鼠 窟窿 DAT 说 PEF HS 朗达玛 TOP 头

kʲaŋ⁵⁵ go³¹ rau⁵⁵ aŋ⁵⁵ a³¹ la⁵³ la⁵³. we³¹ gui⁵⁵ a³¹ go⁵⁵ ka³¹ tçi⁵⁵ klaŋ⁵⁵ kun⁵⁵
上 LOC 牛角 有 PEF HS 后来 老鼠 窟窿 里
"朗达玛头上有角呀！"然后，

go³¹ hʷu⁵⁵ khun⁵⁵ la⁵³ dza³¹ ho³¹ la⁵³. hʷu⁵⁵ we⁵⁵ ka³¹ luŋ⁵⁵ gʲe⁵³
LOC 竹子 一 出穗 DIR-TO MER HS 竹子 TOP 高 越
从老鼠洞中长出了一根竹子。

ka³¹ luŋ⁵⁵ gʲe⁵³ ji³⁵ a³¹ la⁵³. ta³¹ breŋ⁵⁵ ma³¹ luŋ⁵³ ja³¹ me³⁵ khun⁵⁵
高 越 变 PEF HS 猎人 一

hu³¹ tʲun⁵³ a³¹ la⁵³. tʲu⁵⁵ a³¹ go⁵⁵ çi³⁵ a³¹ go⁵⁵ moŋ⁵³ a³¹ la⁵³. moŋ⁵³ a³¹
看见 PEF HS 砍 后 拿 后 吹笛子 PEF HS 吹笛子 PEF
竹子越长越高，一个猎人看见后砍了它拿来吹，

tu³¹ ku⁵⁵ we⁵⁵ laŋ³¹ ta³⁵ ma³¹ we⁵⁵ kru⁵³ kʲaŋ⁵⁵ go³¹ rau⁵⁵ aŋ⁵⁵ a³¹ la⁵³ la⁵³.
话 TOP 朗达玛 TOP 头 上 LOC 牛角 有 PEF HS
吹出的声音却是"朗达玛头上有角呀！"

we³¹ gui⁵⁵ a³¹ go⁵⁵, me³⁵ ka³¹ dʲu⁵⁵ laŋ³¹ ta³⁵ ma³¹ we⁵⁵ rau⁵⁵ aŋ⁵⁵ ka³¹ sa⁵³
后来 人 全部 朗达玛 TOP 牛角 有 知道

于是，大家都知道了朗达玛头上有角，

goŋ³⁵ a³¹ la⁵³. ka³¹ dʲɯ³⁵ a³¹ luŋ⁵⁵ pa⁵⁵ a³¹ a³¹ dza⁵⁵ we³¹ se⁵³ goŋ³⁵ a³¹ la⁵³.
PEF　　HS　大家　　一起　　　　官　CMT　杀　PEF　　HS

we³¹ gɯ³⁵ tʂuo³⁵ ma³¹ we³¹ a³¹ bleŋ⁵⁵ na⁵⁵ a³¹　la⁵³.
因此　　卓玛　　CMT　救　　ROU　PEF　HS
一起杀死了国王，救出了卓玛。

　　很久以前，国王朗达玛外出打猎，看到有个漂亮的姑娘，就把她带回了自己的宫中。姑娘的父亲是个猎人，打猎回家后，没看见女儿，就到处找，找遍了所有地方也没有找到自己的女儿。他并不知道女儿已经被国王抓走了。
　　国王每天都让卓玛给自己梳头发，卓玛发现朗达玛的脑袋上长着一对犄角。她害怕被杀害，就向国王发誓说不会把这件事情告诉任何人，国王相信了她。一天，卓玛忍不住对着一个老鼠洞说："朗达玛头上有角呀！"然后，从老鼠洞中长出了一根竹子。竹子越长越高，一个猎人看见后砍了它拿来吹，吹出的声音却是"朗达玛头上有角呀！"于是，大家都知道了朗达玛头上有角，一起杀死了国王，救出了卓玛。

2.80　羊没了

ha⁵⁵ joŋ⁵⁵ go³¹, me³⁵ khɯn⁵⁵ we⁵⁵ kɯ³¹ tɕi⁵³ dɯ³⁵ proŋ³⁵ ho³¹ la⁵³.
以前　　LOC　人　一　　TOP　山羊　　多　喂　　MER　HS
从前，有一个人养了很多羊，

kɯ³¹ tɕi⁵³ dɯ³¹ ruŋ⁵⁵ proŋ³⁵ a³¹ go³¹ pa³¹ wun⁵⁵ kha³¹ ji³⁵ a³¹　la⁵³. a³¹ na⁵³
山羊　　大　　喂　PEF　钱　　　卖　　PROS　HS　早晨
把羊喂大了就去卖钱。一天早上，

go³¹, tɕe⁵⁵ kɯ³¹ tɕi⁵³ khɯn⁵⁵ i⁵⁵ jim⁵⁵ hɯ³¹ tʲɯn⁵³ a³¹. ha³¹ nu⁵⁵ ma³¹ la⁵³
LOC 他　山羊　　一　有　没　看见　　PEF　到处　寻找

doŋ⁵³ ma³¹ la⁵³ mu³¹ hɯ³¹ tʲɯn⁵³ jim⁵⁵. pra⁵⁵ hʷeŋ⁵⁵ a³¹ go³¹, kɯ³¹ tɕi⁵³
又　寻找　也　看不见　　　好　看　PEF　山羊
他发现少了一只羊，哪里也找不到，仔细一看，

ta³¹ re⁵⁵ we⁵⁵ dɯ³¹ ruŋ⁵⁵ khɯn⁵⁵ klaŋ⁵⁵ goŋ³⁵ ho³¹. lʲoŋ⁵⁵ go³¹,
地板　TOP　大　　一　　窟窿　PEF　　傍晚　LOC

他发现羊圈破了一个大窟窿，晚上，

kʷaɯ⁵³ ta³¹ prɯ³⁵ klaŋ⁵⁵ kʲan⁵⁵ n̩u³¹ leŋ⁵³ dza³¹　a³¹ go³¹ kɯ³¹ tɕi⁵³ tha⁵³
豺狗　　　　　窟窿 里 LOC 进 DIR-TO PEF　山羊　　吃
豺狗从窟窿里钻进来，把羊吃了。

goŋ³⁵ ho³¹. tɯ³¹ mroŋ⁵⁵ we⁵⁵ e⁵⁵ kɯ³¹ nɯm⁵⁵ we³¹ ka³¹ sa⁵³ a³¹ go³¹ tɕe⁵⁵ we³¹
PEF　　　朋友　　　TOP 这 事情　　　OBJ 知道 PEF　他 DAT
朋友知道了这件事，

la⁵³: n̩uŋ³⁵ kɯ³¹ tɕi⁵³ ta³¹ re⁵⁵ klaŋ⁵⁵ ho³¹ we⁵⁵ ka³¹ ro⁵³ ma³¹ ru⁵³ na⁵⁵
说 你 山羊　地板 窟窿 MER TOP 快　　修理 ROU
就对他说：你应该快点把羊圈修好，

tʲa⁵³.　　kʷaɯ⁵³ ta³¹ prɯ³⁵ we⁵⁵ bɯ³¹ doŋ⁵³ ha³¹ na⁵⁵ a³¹ go³¹ kɯ³¹ tɕi⁵³
祈使语气 豺狗　　　　　TOP 又　　来　　PEF　山羊

tha⁵³ na⁵⁵ tʲu³¹ deŋ³⁵.　we⁵⁵ me³⁵ we⁵⁵ tɯ³¹ mroŋ⁵⁵ tɯ³¹ kɯ⁵⁵ we³¹
吃 ROU CON 表估计 那 人 TOP 朋友　　话　　CMT
防止狼再次进来吃羊。

tha³¹ rɯŋ⁵⁵ jim⁵⁵ ma³¹ ro⁵⁵ a³¹: kɯ³¹ tɕi⁵³ tha⁵³ goŋ³⁵ li⁵³ ja³¹ go³¹
听　　没 说话 PEF 山羊　吃 PEF 后
那个人不听朋友的话，说："羊已经被吃了，

ɕim⁵⁵ ken⁵⁵ neŋ⁵⁵ kɯ³¹ tɕi⁵³ ta³¹ re⁵⁵ ba⁵³ ŋ̊³⁵ a³¹.　ka³¹ n⁵⁵ a³¹ na⁵³ go³¹, tɕe⁵⁵
为什么　　　山羊　地板 做 给 PROS 二　　早晨 LOC 他
还修羊圈干什么。" 第二天早上，

hɯ³¹ tʲɯŋ⁵³ a³¹　kɯ³¹ tɕi⁵³ bɯ³¹ doŋ⁵³ khɯn⁵⁵ i⁵⁵ ho³¹ jim⁵⁵.
看见　　PEF 山羊　又　　　一　　有 MER 没

kʷaɯ⁵³ ta³¹ prɯ³⁵ we⁵⁵ bɯ³¹ doŋ⁵³ kɯ³¹ tɕi⁵³ ta³¹ re⁵⁵ klaŋ⁵⁵ kʲan⁵⁵ ha³¹ na⁵⁵
豺狗　　　　TOP 又　　山羊　地板 窟窿 里 来

na⁵⁵ a³¹ go³¹ kɯ³¹ tɕi⁵³ tha⁵³ goŋ³⁵ ho³¹ la⁵³. we⁵⁵ me³⁵ we⁵⁵ a³¹ tʲa⁵⁵ ne³¹
ROU PEF　山羊　吃 PEF　　HS 那 人 TOP 现在　后

他发现又少了一只羊，原来，豺狗又从窟窿里钻进来，把羊吃了。

tɯ³¹ mroŋ⁵⁵ tɯ³¹ kɯ⁵⁵ we⁵⁵ tha³¹ rɯŋ⁵⁵ ha³¹ di⁵⁵ jim⁵⁵ phoŋ⁵³ la⁵³ we⁵³ ho³¹.
朋友　　　话　　TOP　听　　PROG　没　后悔　PROS
那个人现在才后悔没有听朋友的话。

we⁵⁵ lɯi⁵⁵ bʲe⁵⁵, tɕe⁵⁵ ka³¹ ro⁵³ thɯi⁵³ kɯ³¹ tɕi⁵³ ta³¹ re⁵⁵ ma³¹ ru⁵³ na⁵⁵ a³¹
然后　　　　　他　马上　　山羊　　地板　修理　ROU PEF
于是，他赶紧把羊圈修好，

la⁵³. a³¹ mʲu⁵⁵ go³¹, kɯ³¹ tɕi⁵³ ka³¹ ma⁵⁵ a³¹ jim⁵⁵ la⁵³.
HS　今后　　LOC　山羊　　遗失　PEF 没　HS
从此，羊再也没有少过。

　　从前，有一个人养了很多羊，把羊喂大了就去卖钱。一天早上，他发现少了一只羊，哪里也找不到，仔细一看，他发现羊圈破了一个大窟窿，晚上，豺狗从窟窿里钻进来，把羊吃了。朋友知道了这件事，就对他说："你应该快点把羊圈修好，防止豺狗再次进来吃羊。"那个人不听朋友的话，说："羊已经被吃了，还修羊圈干什么。"第二天早上，他发现又少了一只羊，原来，豺狗又从窟窿里钻进来，把羊吃了。那个人现在才后悔没有听朋友的话。于是，他赶紧把羊圈修好，从此，羊再也没有少过。

2.81 两个喇嘛念经

kha³¹ lʲau⁵⁵ ba⁵³ ja³¹ me³⁵ kɯŋ⁵⁵ i⁵⁵ ja³¹ la⁵³. la³¹ ma⁵⁵ ka³¹ n̥⁵⁵ reŋ⁵⁵ a³¹
农民　　　　　　　一　有 PEF HS　和尚　二　请　PEF
有一户农民，请了两个喇嘛，

la⁵³. la³¹ ma⁵⁵ kɯ³¹ ŋ̥⁵³ kɯ⁵³ me³⁵ gau⁵³ ɕoŋ³⁵, la³¹ ma⁵⁵ kɯ³¹ ŋ̥⁵³ kɯ⁵³ dʲɯŋ⁵³
HS　喇嘛　个　一　瘦子　　　和尚　个　一　胖
一个喇嘛瘦，一个喇嘛胖。

a³¹. kɯ³¹ ŋ̥⁵³ kɯ⁵³ go³¹, ŋ³⁵ tei³⁵ ja⁵⁵ me³⁵ jaŋ⁵⁵ a⁵⁵ we⁵⁵ kɯ³¹ tɕi⁵³ ta³¹ breŋ⁵³
PEF 天　　一　LOC　家　主人　女人　　　TOP　山羊　肉
这一天，女主人煮熟了羊肉，

we³¹ su⁵³ a³¹ la⁵³. bra³⁵ ta³¹ hɯ⁵⁵ kɯŋ⁵⁵ go³¹ tsho⁵³ a³¹ go⁵⁵ dzoŋ⁵⁵ tsho⁵³
CMT 煮　PEF HS　竹子　席子　　里　LOC 放置　后　冷　　放置

ɑ³¹　lɑ⁵³.　ŋ³⁵　kɯŋ⁵⁵　go³¹　mei⁵³　kɯ³¹　tɕi⁵³　tɑ³¹　breŋ⁵³
PEF　HS　房屋 里　　LOC　全部　山羊　　肉

ŋ⁵⁵　nu̠ɯ³⁵　ŋ̠⁵⁵　nu̠ɯ³⁵　ŋ̠⁵⁵　kɑ³¹　ɑ³¹　lɑ⁵³.　lɑ³¹　mɑ⁵⁵　kɑ³¹　n̠⁵⁵　kɯ³¹　tɕhin⁵³　goŋ³⁵
香喷喷　　　　　　　　　　　HS　和尚　二　　馋　　PEF
放在竹席上冷却，屋子里都是羊肉的香味。

ɑ³¹　go⁵⁵　ɑ³¹　thei⁵⁵　tʲo⁵⁵　jɑ³¹　lɑ⁵³.　lɑ³¹　mɑ⁵⁵　tɑ³¹　ko⁵⁵　tsɑi⁵⁵　jɑ³¹　hʷen⁵⁵　jim⁵⁵
后　　吐口水　　　PEF　HS　和尚　书　　念　PEF　看　没
两个喇嘛馋得直流口水，再也没有心思念经了。

lɑ⁵³.　me³⁵　jɑŋ⁵⁵　ɑ⁵⁵　tei³⁵　jɑ⁵⁵　we⁵⁵　ŋ̠³⁵　tɯ³¹　wɑ̃⁵⁵　ɑ³¹　põ³⁵　bo⁵³　lɑ⁵³.　dʲɯŋ⁵³　ɑ³¹
HS　女人　　　主人　TOP　院墙　　　　　　走　HS　胖　GEN

lɑ³¹　mɑ⁵⁵　kɑ³¹　ro⁵³　kɯ³¹　tɕi⁵³　kɯ³¹　ɬɑi⁵⁵　khɯn⁵⁵　ɕi³⁵　bo⁵⁵　lɑ⁵³.　tɑ³¹　thɑ⁵³　doŋ⁵³
和尚　快　山羊　肠子　一　　拿　ICP　HS　吃　　又
女主人一出门，胖喇嘛赶紧抓起一把肠子，

thu̠i⁵³　je³¹　ŋ³⁵　tɯ³¹　wɑ̃⁵⁵　ɑ³¹　põ³⁵　n̠u³¹　me³⁵　tɕhi⁵³　hɑ³¹　di⁵⁵　khrɑ⁵³　ɑ³¹　　lɑ⁵³.
时候　　院墙　　　　　　　从　人　走　PROG　说话声　PROG　HS
正要吃的时候门外传来说话声，

me³⁵　dʲɯŋ⁵³　ɑ³¹　lɑ³¹　mɑ⁵⁵　we⁵⁵　mɑ³¹　tʲu⁵³　ɑ³¹　　lɑ⁵³.　kɯ³¹　tɕi⁵³　kɯ³¹　ɬɑi⁵⁵　tɑi⁵⁵
人　胖　GEN　和尚　TOP　着急　　PEF　HS　山羊　肠子　热
胖喇嘛着急了，

we⁵⁵　gɯ³⁵　kɯi⁵³　tsho⁵³　goŋ³⁵　bo³¹　　lɑ⁵³.　kru⁵³　go³¹　tʲɑu⁵³　kɯ³¹　tʲɑ⁵³
TOP　帽子 里　放置　PEF　DIR-AW　HS　头　LOC　盖上
把热乎乎的肠子放到了帽子里，

kɯ⁵⁵　dʑim³⁵　kɑ³¹　sɑ⁵³　jim⁵⁵　ɑ³¹　di⁵⁵　lɑ³¹　mɑ⁵⁵　tɑ³¹　ko⁵⁵　tsɑi⁵⁵　nɑ⁵⁵　lu̠i⁵³　ɑ³¹
认真地　　知道　不　PROG　和尚　书　　念　ROU　PEF
盖到头上又装模作样地念起经来。

lɑ⁵³.　tsɑi⁵⁵　jɑ³¹　tsɑi⁵⁵　jɑ³¹　thu̠i⁵³　je³¹　kɯ³¹　tɕi⁵³　kɯ³¹　ɬɑi⁵⁵　gɯ³⁵　kɯi⁵³
HS　念　PEF　念　PEF　时候　　山羊　肠子　　帽子 里

ha³¹ jau⁵⁵ ha³¹ rʷi⁵³ goŋ³⁵ dza³¹   la⁵³. la³¹ ma⁵⁵ gau⁵³ ɕoŋ³⁵ we⁵⁵ juɯ³¹ gʲe⁵³
向下　　掉　　PEF DIR-TO HS　喇嘛　瘦　　TOP　一边
念着念着，一节羊肠子从帽子里掉了出来。

a³¹ tʲo⁵³ ha³¹ ri⁵⁵ a³¹ la⁵³ juɯ³¹ gʲe⁵³ blem⁵⁵ tseŋ⁵⁵ a³¹ la⁵³. dʲɯŋ⁵³ a³¹
手　尝　PEF HS 一边　　眼睛　眨　　PEF HS　胖　GEN
瘦喇嘛一边打手势，一边挤眼睛，

la³¹ ma⁵⁵ we⁵⁵ huɯ³¹ tʲɯŋ⁵³ ja³¹ jim⁵⁵ bo³¹ a³¹ la⁵³. la³¹ ma⁵⁵ gau⁵³ ɕoŋ³⁵ we⁵⁵
和尚　TOP 看见　　PEF 没 DIR-AW HS　和尚　瘦　　TOP
可是胖喇嘛却没有意会。

la³¹ ma⁵⁵ ta³¹ ko⁵⁵ we³¹ ma³¹ ro⁵⁵ a³¹ la⁵³. ȵuŋ³⁵ kru⁵³ na³⁵ pluɯ⁵⁵ go³¹
喇嘛　文字　CMT 说　　PEF HS　你　耳朵　　后　LOC
瘦喇嘛只好用念经的调子念道：

kuɯ³¹ tɕi⁵³ ta³¹ breŋ⁵³ kuɯ³¹ ɬai⁵⁵ ha³¹ jau⁵⁵ ha³¹ rʷi⁵³ tʲu⁵³ ja³¹ ɕa⁵³ a³¹ la⁵³.
山羊　肉　　肠子　　向下　　掉　　IMM　变　PEF HS
"你耳朵后面，那一串串肠子正在往下掉呢！"

me³⁵ dʲɯŋ⁵³ la³¹ ma⁵⁵ we⁵⁵ preŋ⁵⁵ hui⁵⁵ ta³¹ ɕiŋ⁵⁵ ta³¹ la⁵⁵ la⁵³. ble⁵⁵ ja³¹ ble⁵⁵
人　胖　和尚　TOP 回　唱　　ITE　HS　烫　PEF 烫

ja³¹ la⁵³ la⁵³ ȵã⁵⁵ ha³¹ lou⁵⁵ tuɯ³¹ ru⁵⁵ ȵã⁵⁵ ha³¹ lou⁵⁵ tuɯ³¹ ru⁵⁵ ȵuŋ³⁵ haŋ³⁵
PEF HS　丢脸　　　　　　丢脸　　　　　　　你　我
胖喇嘛回唱道："烫呀烫得要死，臊呀臊得要命，

a⁵⁵ ka³¹ da³⁵ ba⁵³ a³¹ la⁵³.
TOP 怎样　　做　PEF HS
你叫我怎么办呢？"

有一户农民，请了两个喇嘛，一个喇嘛瘦，一个喇嘛胖。这一天，女主人煮熟了羊肉，放在竹席上冷却，屋子里都是羊肉的香味。两个喇嘛馋得直流口水，再也没有心思念经了。女主人一出门，胖喇嘛赶紧抓起一把肠子，正要吃的时候门外传来说话声，胖喇嘛着急了，把热乎乎的肠子放到了帽子里，盖到头上又装模作样地念起经来。念着念着，一节羊肠子从帽子里掉了出来。瘦喇嘛一边打手势，一边挤眼睛，可是胖喇嘛却没

有意会。瘦喇嘛只好用念经的调子念道："你耳朵后面，那一串串肠子正在往下掉呢！"
胖喇嘛回唱道："烫呀烫得要死，臊呀臊得要命，你叫我怎么办呢？"

2.82 猴子捞月

bɯ⁵⁵ lʲoŋ⁵⁵ kɯ³¹ kɯn⁵⁵ go³¹, ha⁵⁵ lo⁵⁵ we⁵⁵ pɯi⁵⁵ da⁵⁵ dɯ³¹ rɯŋ⁵⁵ geŋ⁵⁵ wa⁵⁵.
晚上　　　一　　LOC 月亮　TOP 很　　大　　　圆
有一天晚上，月亮又大又圆，

ta³¹ mim⁵³ dɯ³¹ rɯŋ⁵⁵ a⁵⁵ ha³¹ bɯŋ⁵⁵ kʲan⁵⁵ go³¹ ha³¹ pi⁵⁵ a³¹　　ha³¹ na⁵⁵
猴子　大　　　　TOP 森林　　里　　LOC 钻　　补标记 来
一只大猴子从树丛中钻出来，

dza³¹　la⁵³, gra³⁵ a³¹　la⁵³ pa³¹ mroŋ⁵⁵　　tɕu³¹ a⁵⁵ ka³¹ ro⁵³ ha³¹ pi⁵⁵
DIR-TO HS 喊　PEF HS 弟弟（兄姐称）们　TOP 快　　钻
喊道："兄弟们快出来，

ha³¹ na⁵⁵ di⁵⁵ a³¹　la⁵³. a³¹ ta³¹ tʲau⁵⁵ ha⁵⁵ lo⁵⁵ ta³¹ groŋ⁵⁵ pra⁵⁵ geŋ⁵⁵ wa⁵⁵
来　　　IMM PEF HS 时光　　　月亮　　美丽　　好　　圆
来　IMM PEF HS 时光　月亮　美丽　好圆

go³¹ tɯ³¹ mroŋ⁵⁵ tɕu³¹ reŋ⁵⁵ a³¹　bo⁵⁵ ta³¹ ɕi⁵³ bra⁵⁵ tɕɯŋ⁵⁵ roŋ⁵⁵ ka⁵⁵ di⁵⁵
LOC 朋友　　　们　请　PEF ICP 果子　　　得　游戏　　PROS
这样美好的时刻咱们请些朋友采些野果玩一玩。"

la⁵³. ta³¹ mim⁵³ kɯn⁵⁵ ta³¹ hro⁵³ we⁵⁵ ha³¹ lʲo⁵⁵ pra⁵⁵ koŋ⁵⁵ ʔaŋ⁵⁵ gra³⁵
HS　猴子　只　六　　TOP 高兴　　痛快　　　　喊
其他六只小猴子都大声叫好，

la⁵³ la⁵³. we⁵⁵ lɯi⁵⁵ a³¹ go⁵⁵ tɕe⁵⁵ lɯŋ³⁵ ma³¹ sen⁵⁵ ɕi⁵³ wu⁵⁵ a³¹ go³¹ tha⁵³ a³¹
HS　　然后　　　　　他们　果子　　掐　PEF 吃　PEF
于是他们七个就去采野果了。

la⁵³. ma³¹ tɕi⁵³ doŋ³⁵ ji⁵⁵ kɯ³¹ ŋ⁵⁵ ta³¹ mim⁵³ we⁵⁵ bɯ⁵⁵ pa⁵⁵ a³¹ da³¹ dzi⁵⁵
HS　水　　通过　　时候　猴子　TOP 突然　　大声地
路过平静的湖面时，

gra³⁵ dza³¹　la⁵³: pra⁵⁵ ɕa⁵³ jim⁵⁵ bo³¹　　ha⁵⁵ lo⁵⁵ we⁵⁵ ma³¹ tɕi⁵³ kʲan⁵⁵ go³¹

喊　DIR-TO　HS　好　变　不　DIR-AW　月亮　TOP　水　里　LOC
大猴子突然失声喊起来："不好了,

ha³¹ rʷi⁵³ goŋ³⁵ a³¹ la⁵³ la⁵³. pei⁵³ ta³¹ mim⁵³ mei⁵³ tɕu³¹ ɕɪŋ⁵⁵ a³¹ plɯŋ⁵⁵
掉　PEF　HS　　其他　猴子　全部　们　学　后
月亮掉到水里啦。"

ma³¹ tʲu⁵³ ka³¹ mei⁵³ a⁵⁵ ɕin⁵³ ta³¹ a³¹ la⁵³. ta³¹ mim⁵³ dɯ³¹ rɯŋ⁵⁵ we⁵⁵ la⁵³
着急　　全部　　TOP　旋转　ITE　PEF　HS　猴子　　大　　TOP　说
其他六只猴子都急得团团转,

a³¹ pa³¹ mroŋ⁵⁵　　tɕu³¹ a⁵⁵ ŋ⁵⁵ we⁵⁵ ha⁵⁵ lo⁵⁵ we⁵⁵ ha³¹ tʲo⁵³ ha³¹ toŋ⁵⁵
PEF 弟弟（兄姐称）们　TOP　我们　　　　　　手　扶
大猴子说："兄弟们我们应该想办法把月亮捞上来。"

goŋ³⁵ na⁵⁵ tɯ³¹ bei⁵⁵ la⁵³ la⁵³. we⁵⁵ lɯi⁵⁵ a³¹ go⁵⁵, ta³¹ mim⁵³ we⁵⁵ dʲoŋ⁵³ ŋa⁵³
PEF　ROU　应该　　HS　　然后　　　　猴子　　TOP　骑　倒
于是大猴子倒挂在树枝上,

dʲoŋ⁵³ ma³¹ seŋ⁵³ ha³¹ rʷo⁵³ go³¹ rʷo⁵³ la⁵³. kɯ³¹ tʲoŋ⁵³ ta³¹ mim⁵³ we⁵⁵
骑　断的枝　　　LOC　抓　HS　短　猴子　　TOP
另一只挂在大猴子的前腿上,

ta³¹ mim⁵³ we⁵⁵ ha⁵³　groŋ⁵³ ɕɯŋ³⁵ rʷo⁵³ a³¹　la⁵³. we³¹ gɯi⁵⁵ dʲoŋ⁵³ ne⁵³
猴子　　TOP　大腿　小腿　抓　PEF　HS　一会　骑　又
就这样一个挂一个,

dʲoŋ⁵³ leŋ⁵³ bi³¹ bo³¹　　la⁵³. ta³¹ mim⁵³ dʲɯŋ³⁵ weŋ⁵³ we⁵⁵ a³¹ lɯŋ⁵⁵ pa⁵⁵ a³¹
骑　出来　DIR-AW HS　猴子　　只　七　TOP　一起
七只猴子连挂在了一起。

rʷo⁵³ ga³⁵ a³¹　leŋ⁵³ bi³¹ ȵu³¹ la⁵³. we⁵⁵ a³¹ dʲo⁵⁵ ta³¹ mim⁵³ a⁵⁵ ha³¹ tʲo⁵³
抓　REC PEF 出来　　LOC HS　但是　　猴子　　小　手
　

tɕaŋ⁵⁵ ma³¹ tɕi⁵³ kʲaŋ⁵⁵ go³¹ ha⁵⁵ lo⁵⁵ rʷo⁵³ tʲu⁵³ ja³¹ kɯ³¹ ŋ⁵⁵ ma³¹ seŋ⁵⁵　we⁵⁵
伸　水　里　LOC　月亮　捉　IMM　时候　树（总称）TOP
可是, 当小猴子刚要伸手捞月亮的时候,

du⁵³ brɯn⁵³ ga³⁵ la⁵³. ta³¹ mim⁵³ dʲɯŋ³⁵ weŋ⁵³ we⁵⁵ ma³¹ tɕi⁵³ ha³¹ rʷi⁵³ goŋ³⁵
断　　　　TER HS 猴子　　只　　七　TOP　水　　掉　　PEF
树枝断了，七只猴子全部都掉到了水里，

bo³¹　　la⁵³. ha⁵⁵ lo⁵⁵ hʷeŋ⁵⁵ ja³¹ hʷeŋ⁵⁵ jim⁵⁵.
DIR-AW HS 月亮　　看　　NOM 看　没
月亮也没看成。

　　有一天晚上，月亮又大又圆，一只大猴子从树丛中钻出来，喊道："兄弟们快出来，这样美好的时刻咱们请些朋友采些野果玩一玩。"其他六只小猴子都大声叫好，于是他们七个就去采野果了，路过平静的湖面时，大猴子突然失声喊起来："不好了，月亮掉到水里啦。"其他六只猴子都急得团团转，大猴子说："兄弟们我们应该想办法把月亮捞上来。"于是大猴子倒挂在树枝上，另一只挂在大猴子的前腿上，就这样一个挂一个，七只猴子连挂在了一起。可是，当小猴子刚要伸手捞月亮的时候，树枝断了，七只猴子全部都掉到了水里，月亮也没看成。

2.83　学走路

ha⁵⁵ joŋ⁵⁵ go³¹ me³⁵ khɯn⁵⁵ i⁵⁵ ja³¹ , a³¹ lim⁵⁵ tɕhi⁵³ ja³¹ pɯi⁵⁵ da⁵⁵ hʷeŋ⁵⁵
以前　　LOC 人　一　　有 PEF　路　　走　NOM 很　　　看
从前有个人走路的姿势特别优美。

pra⁵⁵. mlã³⁵ pei⁵³ ma³¹ tʲɯŋ⁵⁵ me³⁵ ha³¹ prɯ⁵³ we⁵⁵ tha³¹ tʲɯŋ⁵³ a³¹ go³¹,
好　地方　其他　村　　　青年男人　　TOP　听见　　　PEF
其他村有个年青人听说以后，

a³¹ lim⁵⁵ dʲa⁵³ moŋ³¹ we⁵³ lʲa⁵⁵ jim⁵⁵, thʲɯ⁵⁵ ja⁵⁵ dɯ³⁵ pa³⁵ dza³¹,
路　　　远　不管　　　　　　山　　多　通过 DIR-TO
路远不管，山多通过 DIR-TO

ma³¹ tɕi⁵³ ta³¹ koŋ⁵⁵ dɯ³⁵ pa³⁵ dza³¹　a³¹ go³¹, ha³¹ na⁵⁵ a³¹ go³¹ e⁵⁵ me³⁵
河　　　　　　　多　通过 DIR-TO PEF　　来　　PEF　这　人
不顾路途遥远，翻了很多山，过了很多河，

doŋ³¹ a³¹ lim⁵⁵ tɕhi⁵³ ja³¹ tʲuʔ⁵⁵ ho⁵³ dʑoŋ³⁵ goŋ³⁵ a³¹. tɕe⁵⁵ n̩⁵³　la³¹ mɯŋ³⁵
从　路　走　NOM 样子　学　PEF　　他　白天　每
来找这个人学习他走路的样子。

e⁵⁵ me³⁵ doŋ³¹ ɑ³¹ luɯŋ⁵⁵ pa⁵⁵ ɑ³¹ i⁵⁵ ja³¹, ɑ³¹ lim⁵⁵ ka³¹ da³⁵ tɕhi⁵³ ja³¹ sa⁵³
这 人 从 一起 住 PEF 路 怎样 走 PRES 大概
他整天跟着这个人，看他走路，

la⁵³ hʷeŋ⁵⁵ ja³¹, hʷeŋ⁵⁵ tʲɯ³⁵ dʑoŋ³⁵ tʲɯ³⁵ ja³¹. tɕhi⁵³ dʑoŋ³⁵
HS 看 PEF 看 边……边 学 边……边 PEF 走 学
边看边学。

raŋ⁵⁵ ɕa⁵³ ɑ³¹ la⁵³, ka³¹ da³⁵ dʑoŋ³⁵ ɑ³¹ go³¹ dʑoŋ³⁵ ka³¹ sa⁵³ jim⁵⁵. e⁵⁵
很久 PEF HS 怎样 学 PEF 学 会 不 这
可是学了很久，怎么学都学不像。

me³⁵ ha³¹ prɯ⁵³ we⁵⁵ ta³¹ we⁵⁵ kʲan⁵⁵ go³¹ we⁵⁵ ɑ³¹, haŋ³⁵ ha⁵⁵ joŋ⁵⁵ go³¹
青年男人 TOP 心 里 LOC 想 PEF 我 以前 LOC
这个年青人心里想，

ka³¹ da³⁵ tɕhi⁵³ di⁵⁵ we⁵⁵ we⁵⁵ ta⁵⁵ thɯi⁵³ thɯi⁵³ ɕa⁵³ ɑ³¹ go³¹, ka³¹ da³⁵
怎样 走 PRES TOP 适应 后 怎样
可能是因为自己习惯了原来走路的样子，

dʑoŋ³⁵ ɑ³¹ go³¹ dʑoŋ³⁵ ka³¹ sa⁵³ jim⁵⁵. we⁵⁵ pʲen⁵⁵, ha⁵⁵ joŋ⁵⁵ go³¹ tɕhi⁵³ di⁵⁵
学 PEF 学 会 不 于是 以前 LOC 走 PRES
所以学不好。于是，

ta³¹ thɯi⁵³ thɯi⁵³ we⁵⁵ ka³¹ ma⁵⁵ ɑ³¹ go³¹, bɯ³¹ doŋ⁵³ ɑ³¹ lim⁵⁵ tɕhi⁵³ ja³¹
总是 TOP 遗失 PEF 又 路 走 NOM
他就丢掉了自己原来的走法，从头学习走路。

dʑoŋ³⁵ na⁵⁵. tɕe⁵⁵ kha⁵⁵ tʲu⁵³ tɕhi⁵³ ja³¹ ha³¹ ne⁵⁵ ho³¹ jim⁵⁵. tɕhi⁵³ ja³¹
学 ROU 他 迈步 MER 走 PRES 可以 MER 不 走 PRES
他每走一步都很吃力，

lɯm⁵⁵ go³¹ ta³¹ we⁵⁵ we⁵⁵ ja³¹ groŋ⁵³ pa⁵⁵ ɑ³¹ tʲo⁵³ ka³¹ da³⁵ ma³¹ tʲan⁵⁵ ɑ³¹,
时候 打算 PEF 脚 手 怎样 移动

ɑ³¹ thɯ⁵⁵ krɯ³⁵ groŋ⁵³ pa⁵⁵ ka³¹ da³⁵ ma³¹ tʲan⁵⁵ ɑ³¹. ɑ³¹ mʲu⁵⁵ go³¹, tɕe⁵⁵

腰　　　　　脚　　　怎样　　移动　　　　　今后　　LOC　他
走的时候一边想着手脚怎么动一边想着腰腿怎么动。最后，

ɕim⁵⁵ kɯn³⁵ lɯm⁵⁵ dʐoŋ³⁵ ka³¹ sa⁵³ a³¹　jim⁵⁵ la⁵³. ha⁵⁵ joŋ⁵⁵ go³¹ ka³¹ da³⁵
什么　事情　　　学　会　PEF　不　HS　以前　　LOC　怎样
他什么都没学会，

tɕhi⁵³ di⁵⁵　we⁵⁵ ta³¹ thɯi⁵³ thɯi⁵³ we⁵⁵ ma³¹ sa⁵³ goŋ³⁵ a³¹ la⁵³. we⁵⁵ pⁱen⁵⁵,
走　PRES TOP　总是　　　　　忘记　　　PEF　　HS　于是
连自己原来是怎么走路的都忘了，

a³¹ kau³⁵ a³¹ go³¹ bo⁵³ na⁵⁵ goŋ³⁵ bo³¹.
爬　　PEF　　走　ROU PEF　DIR-AW
只好爬着回去。

从前有个人走路的姿势特别优美。其他村有个年青人听说以后，不顾路途遥远，翻了很多山，过了很多河，来找这个人学习他走路的样子。他整天跟着这个人，看他走路，边看边学。可是学了很久，怎么学都学不像。这个年青人心里想，可能是因为自己习惯了原来走路的样子，所以学不好。于是，他就丢掉了自己原来的走法，从头学习走路。他每走一步都很吃力，走的时候一边想着手脚怎么动一边想着腰腿怎么动。最后，他什么都没学会，连自己原来是怎么走路的都忘了，只好爬着回去了。

2.84　鹦鹉救火

keŋ³¹ keŋ⁵³ khɯn⁵⁵ i⁵⁵ ja³¹ la⁵³. tɕe⁵⁵ mlã³⁵ pei⁵⁵ hʷeŋ⁵⁵ bo⁵³ ja³¹　we⁵⁵ ho³¹.
鹦鹉　　　一　　　有 PEF HS　他　地方　别的　看　　去　PRES　想　MER
有一只鹦鹉，想出去别的地方看看。

tɕe⁵⁵ jim³⁵ goŋ³⁵ di³¹ ɣɑ³⁵ bo³¹.　jim³⁵ di³¹ ga³⁵ a³¹ go³¹ ha³¹ bɯŋ⁵⁵ kⁱan⁵⁵
他　飞　PEF　TER　DIR-AW　飞　TER　PEF　森林　　里
它就飞走了，飞到了一个森林，

khi⁵³ ja³¹ la⁵³. we⁵⁵ go³¹ i⁵⁵ goŋ³⁵ a³¹ la⁵³. ha³¹ bɯŋ⁵⁵ go³¹ keŋ³¹ keŋ⁵³ i⁵⁵ ja³¹
到　　PEF HS　那之后　住 PEF　　HS　森林　　　LOC 鹦鹉　　住 PEF
住在了那里。

we⁵⁵ tɯ³¹ mroŋ⁵⁵ tɕu³¹ hɯ³¹ tⁱɯŋ⁵³ a³¹ go³¹ ha³¹ lⁱo⁵⁵ a³¹　la⁵³. a³¹ mʲu⁵⁵ go³¹,

TOP 同伴　　　们 看见　　　PEF　　高兴　　PEF HS　今后　　　LOC
森林里的小伙伴看到鹦鹉都很高兴，

tɕe⁵⁵ a³¹ luŋ³⁵ tɯ³¹ mroŋ⁵⁵ ɕa⁵³ goŋ³⁵ a³¹ la⁵³. a³¹ mʲu⁵⁵ go³¹, ken³¹ keŋ⁵³ we⁵⁵
他们　　　　　朋友　　变 PEF　　HS　今后　　LOC 鹦鹉　　　TOP
他们成了朋友。

ŋ̍³⁵ we⁵⁵ a³¹ la⁵³, we⁵⁵ li⁵³ ja³¹ go⁵⁵ bo⁵³ na⁵⁵ goŋ³⁵ a³¹ la⁵³. ken³¹ keŋ⁵³ bo⁵³
家 想 PEF HS　然后　　　　　走 ROU PEF　　　HS 鹦鹉　　　走
后来，鹦鹉想家了，就回家去了。鹦鹉走了之后，

na⁵⁵ a³¹ go⁵⁵, ha³¹ bɯŋ⁵⁵ gru⁵³ a³¹　la⁵³. ken³¹ keŋ⁵³ tɕe⁵⁵ dʲa⁵³ go³¹
ROU 后　森林　　着火 PEF HS 鹦鹉　　他 远 LOC
森林起了大火。

ha³¹ bɯŋ⁵⁵ na³¹ mɯn⁵⁵ gru⁵³ a³¹　hɯ³¹ tʲɯŋ⁵³ a³¹　la⁵³. we⁵⁵ thɯi⁵³ jim³⁵ na⁵⁵
森林　　火　　　着火 PEF 看见　　PEF HS 那 后 飞 ROU
鹦鹉在远方看见了森林的大火，就马上飞了回来。

dza³¹　a³¹　la⁵³. tɕe⁵⁵ jim³⁵ di³¹ ga³⁵ a³¹ go³¹ ma³¹ tɕi⁵³ ga⁵⁵ a⁵⁵ mboŋ⁵⁵ khi⁵³
DIR-TO PROS HS 它 飞 TER　PEF 河　近　旁边 到
它飞到河边，

ja³¹ la⁵³. m̩⁵⁵　we⁵⁵ ma³¹ tɕi⁵³ kʲan⁵⁵ go³¹ tsen⁵³ a³¹ go³¹ jim³⁵ na⁵⁵ di³¹ ga³⁵
PEF HS 羽毛 TOP 河　　里　　LOC 淹 PEF　飞 ROU TER
将羽毛沾在水里面，

a³¹ go³¹ na³¹ mɯn⁵⁵ kʲan⁵⁵ go³¹ paɯ⁵³ a³¹　la⁵³. gʷak³⁵ we⁵⁵ hɯ³¹ tʲɯŋ⁵³
PEF 火　　　里 LOC 撒　PEF HS 巫师 TOP 看见
用羽毛把水一点一点洒在火里。巫师看见了，

a³¹ go³¹, ken³¹ keŋ⁵³ we³¹ la⁵³: nuŋ³⁵ m̩⁵⁵　go³¹ ma³¹ tɕi⁵³ kɯ³¹ tʲe⁵³ e⁵⁵ paɯ⁵³
PEF 鹦鹉　　DAT 说 你 羽毛 LOC 水　　一点　撒
对鹦鹉说：

dza³¹　a³¹ we⁵⁵ na³¹ mɯn⁵⁵ a³¹ bruŋ⁵⁵ ha³¹ ne⁵⁵ jim⁵⁵ a³¹ go³¹. ken³¹ keŋ⁵³
DIR-TO 那个　火　　　帮助　　可能　不 PEF 鹦鹉

"你用羽毛洒的那一点水，是扑灭不了大火的。鹦鹉说：

we⁵⁵ la⁵³: ma³¹ tɕi⁵³ kɯ³¹ tʲe⁵³ we⁵⁵ na³¹ mun⁵⁵ a³¹ brun⁵⁵ ha³¹ ne⁵⁵ jim⁵⁵
TOP 说 水 小 TOP 火 帮助 可能 不
"一点水扑灭不了

a³¹ go³¹. haŋ³⁵ tɯ³¹ mroŋ⁵⁵ we³¹ a³¹ brun⁵⁵ ja³¹ dɯ³¹ pui⁵⁵. kɯ³¹ tʲe⁵³
PEF 我 朋友 CMT 帮助 PRES 肯定语气 小
但我一定要帮助我的朋友，

a³¹ brun⁵⁵ ha³¹ ne⁵⁵ a³¹ go³¹ mu³¹ a³¹ brun⁵⁵ ja³¹ deŋ³⁵. gʷak³⁵ we⁵⁵
帮助 可以 PEF 也 帮助 PEF 表估计 巫师 TOP
能帮一点也行。"

tha³¹ tʲuŋ⁵³ a³¹ go³¹ ha³¹ lʲo⁵⁵ a³¹. we⁵⁵ go³¹ keŋ³¹ keŋ⁵³ we⁵⁵ na³¹ mun⁵⁵
听见 PEF 高兴 PEF 那之后 鹦鹉 TOP 火
巫师听了很高兴，

a³¹ bleŋ⁵⁵ a³¹ brun⁵⁵ bo³¹.
救 帮助 DIR-AW
就帮鹦鹉把大火全部扑灭了。

有一只鹦鹉，想出去别的地方看看。它就飞走了，飞到了一个森林，住在了那里。森林里的小伙伴看到鹦鹉都很高兴，他们成了朋友。后来，鹦鹉想家了，就回家去了。
鹦鹉走了之后，森林起了大火。鹦鹉在远方看见了森林的大火，就马上飞了回来。它飞到河边，将羽毛沾在水里面，用羽毛把水一点一点洒在火里。巫师看见了，对鹦鹉说："你用羽毛洒的那一点水，是扑灭不了大火的。"鹦鹉说："一点水扑灭不了，但我一定要帮助我的朋友，能帮一点也行。"巫师听了很高兴，就帮鹦鹉把大火全部扑灭了。

2.85 拔青稞

ha⁵⁵ joŋ⁵⁵ go³¹, me³⁵ khun⁵⁵ i⁵⁵ ja³¹. tɕe⁵⁵ we⁵⁵ tɕe⁵⁵ thui⁵³ ta³¹ dzɯ⁵³ we⁵⁵
以前 LOC 人 一 有 PEF 他 TOP 他自己 聪明 想
从前，有一个人，他认为自己很聪明，

ho³¹. ɕim⁵⁵ ba⁵³ mu³¹ ka³¹ dʲɯ⁵⁵ ɕa⁵³ ja³¹ we⁵⁵ ho³¹. kɯ³¹ ŋ̍⁵³ ge⁵³ khun⁵⁵
MER 什么 做 也 全部 错误 不 想 MER 天 助词 一

做什么事都是正确的。有一天，

go³¹, tɕe⁵⁵ kha³¹ lʲau⁵⁵ kʲan⁵⁵ khi⁵³ ja³¹. hɯ³¹ tʲɯŋ⁵³ ja³¹ n̪uŋ³⁵ haŋ³⁵
LOC 他 地（一块）里 到 PEF 看见 PEF 自己
他去自己的田里，

ka³¹ tsɯm⁵³ je⁵⁵ me³⁵ pei⁵⁵ ka³¹ tsɯm⁵³ doŋ³¹ n̪u³¹ kɯ³¹ tʲoŋ⁵³ joŋ³⁵. tɕe⁵⁵
青稞 TOP 别人 青稞 COC 短 比较标记 他
看见自己家的青稞比别人家的都矮，

we⁵⁵ ja³¹ haŋ³⁵ ka³¹ tsɯm⁵³ we⁵⁵ me³⁵ pei⁵⁵ ka³¹ tsɯm⁵³ doŋ³¹ n̪u³¹ ka³¹ lɯŋ⁵⁵
想 PEF 我 青稞 TOP 别人 青稞 COC 高
他就想让自己的青稞比别人家的高。

joŋ³⁵ ça⁵³ ho³¹. raŋ³⁵ a³¹ we⁵⁵ a³¹ go³¹, thau⁵⁵ çi⁵⁵ khɯn⁵⁵ we⁵⁵ dɯŋ⁵⁵ a³¹.
比较标记 变 MER 很久 想 PEF 办法 一 想 完 PEF
想了很久，终于想出了办法。

tɕe⁵⁵ kha³¹ lʲau⁵⁵ khi⁵³ ja³¹ go³¹ n̪uŋ³⁵ haŋ³¹ thɯi⁵³ ka³¹ tsɯm⁵³ we⁵⁵
他 地（一块） 到 PEF 时候 自己 青稞 TOP

khɯn⁵⁵ tʲo⁵³ khɯn⁵⁵ tʲo⁵³ ha³¹ prau⁵³ a³¹. tɕe⁵⁵ kɯ³¹ ŋ³⁵³ ge⁵³ kha³¹ lʲau⁵⁵ ba⁵³
一个一个 拔 PEF 他 天 助词 地（一块） 做
他去田里把自己家的青稞一棵棵地拔了起来，忙了一天，

a³¹ ko³¹ ne³¹ ka³¹ tsɯm⁵³ ha³¹ prau⁵³ a³¹. tɕe⁵⁵ ha³¹ lʲo⁵⁵ ga³⁵ ho³¹, ŋ³⁵ kʲan⁵⁵
PEF 后 青稞 拔 PEF 他 高兴 TER MER 家 里
终于把自己家的青稞拔高了，他很高兴，

khi⁵³ na⁵⁵ a³¹ go³¹ e⁵⁵ kɯ³¹ nɯm⁵⁵ we⁵⁵ me³⁵ jaŋ⁵⁵ we³¹ ha³¹ tʲa⁵⁵ na⁵⁵ ja³¹
到 ROU PEF 这 事情 TOP 妻子 DAT 告诉 ROU PEF
回到家，他把这件事告诉他的老婆，

la⁵³. tɕe⁵⁵ me³⁵ jaŋ⁵⁵ we⁵⁵ ka³¹ ro⁵³ thɯi⁵³ kha³¹ lʲau⁵⁵ kʲan⁵⁵ khi⁵³ ja³¹.
HS 他 妻子 TOP 立刻 地（一块）里 到 PEF
他的老婆急忙跑到田里，

kha³¹ lʲau⁵⁵ kʲan⁵⁵ khi⁵³ ja³¹ go³¹ huɯ³¹ tʲuɯŋ⁵³ a³¹　ka³¹ tsɯm⁵³ we⁵⁵ ɕoŋ³⁵
地（一块）里　到　后　看　　PEF 青稞　　TOP 干
看到田里的青稞都已经枯萎了。

a³¹ dɯŋ⁵⁵ goŋ³⁵ ho³¹ la⁵³. tɕe⁵⁵ me³⁵ jaŋ⁵⁵ we⁵⁵ pɯi⁵⁵ da⁵⁵ khem⁵⁵ mʲoŋ⁵⁵
完　PEF　HS　他　妻子　TOP 很　生气
他的老婆很生气，

ho³¹. ŋ̍³⁵ kʲan⁵⁵ khi⁵³ na⁵⁵ a³¹ go³¹ tɕe⁵⁵ we³¹ la⁵³: ŋ̍⁵⁵　ka³¹ tsɯm⁵³ je⁵⁵
MER　家里　到　ROU PEF　他　DAT 说　我们 青稞　　TOP
回到家对他说：

me³⁵ pei⁵⁵ doŋ³¹ ȵu³¹ kɯ³¹ tʲoŋ⁵³ joŋ³⁵.　　ŋ̍⁵⁵　je⁵⁵ ma³¹ tɕi⁵³ dɯ³⁵ lu⁵³
别人　COC　短　比较标记 我们 TOP 水　多　灌
"我们的青稞比别人家的矮，我们应该多浇水，

ȵu³¹,　ka³¹ ro⁵³ thɯi⁵³ pre⁵³ ȵu³¹.　bo⁵³ a³¹ go³¹ ta³¹ tha⁵³ we⁵⁵ ha³¹ prau⁵³
DIR-TO 快　　除草 DIR-TO 去 PEF　粮食　那　拔
及时除草，

noŋ⁵⁵ jim⁵⁵. a³¹ li⁵⁵ bʲeŋ⁵³, ta³¹ tha⁵³ pra⁵⁵ ɕa⁵³ jim⁵⁵. tɕe⁵⁵ me³⁵ jaŋ⁵⁵
必须 不　这样　如果 粮食　好　变 不　他　妻子
而不是去把它们拔起来，这样庄稼永远长不好。"

tɯ³¹ kɯ⁵⁵ ma³¹ ro⁵⁵ a³¹　we⁵⁵ ɕa⁵³　jim⁵⁵ ho³¹. a³¹ mʲu⁵⁵ go³¹, ka³¹ pa⁵³
话　说　PEF TOP 错误 不　MER 今后　LOC 愚蠢
他听了他老婆的话，觉得很对，

kha³¹ lʲau⁵⁵ ba⁵³ jim⁵⁵.
地（一块）做　不
以后再也不做傻事了。

　　从前，有一个人，他认为自己很聪明，做什么事都是正确的。有一天，他去自己的田里，看见自己家的青稞比别人家的都矮，他就想让自己的青稞比别人家的高，想了很久，终于想出了办法，他去田里把自己家的青稞一棵棵地拔了起来，忙了一天，终于把自己家的青稞拔高了，他很高兴，回到家，他把这件事告诉他的老婆，他的老婆急忙跑到田里，看到田里的青稞都已经枯萎了。他的老婆很生气，回到家对他说："我们的青

稞比别人家的矮，我们应该多浇水，及时除草，而不是去把它们拔起来，这样庄稼永远长不好。"他听了他老婆的话，觉得很对，以后再也不做傻事了。

2.86 冰宫

buɯ⁵⁵ a³¹ go⁵⁵ ka³¹ pa⁵³ a³¹ tsha⁵⁵ a³¹ dza⁵⁵ kɯn⁵⁵ i⁵⁵ a³¹ la⁵³. kɯ³¹ ŋ̩⁵³ kɯn⁵⁵
很久以前　傻子　　　　　　官　一　有 PEF HS　天　　一
从前，有一个昏庸的国王。一天，

go³¹ tɕe⁵⁵ ma³¹ roŋ⁵⁵ dʲoŋ⁵³ a³¹ bo³¹　ŋ̩⁵⁵ a³¹ la⁵³. ma³¹ tɕi⁵³ kʲan⁵⁵ go³¹
LOC 他　骑马　　　　PEF DIR-AW 玩耍 PEF HS 小河　　里　LOC
他骑马出去玩，看到小河里结了厚厚的冰。

ta³¹ prɯ³⁵ ta³¹ lɯ⁵⁵ a³¹　hɯ³¹ tʲuŋ⁵³ a³¹　la⁵³. tɕe⁵⁵ po⁵³ we³¹ a³¹ hu³⁵ a³¹ la⁵³
冰　　厚　PEF 看见　　PEF HS 他　仆人 DAT 问　　PEF HS
他问仆人：

e⁵⁵ je⁵⁵ ɕim⁵⁵ a³¹　la⁵³? po⁵³ we⁵⁵ la³¹ da⁵³ a³¹　e⁵⁵　je⁵⁵ ta³¹ prɯ³⁵ la⁵³ la⁵³.
这 TOP 什么 PEF HS　仆人 TOP　回答　　PEF 这个 TOP 冰　　　HS
"这是什么东西？" 仆人回答说："这是冰。"

a³¹ dza⁵⁵ we⁵⁵ buɯ³¹ doŋ⁵³ a³¹ hu³⁵　a³¹　la⁵³ ɕim⁵⁵ ken⁵⁵ neŋ⁵⁵ ta³¹ prɯ³⁵
官　 TOP 又　　问　　PEF HS　为什么　　　　冰
国王又问："为什么叫冰？"

ka³¹ ta⁵³ la⁵⁵ ja³¹ la⁵³ la⁵³. po⁵³ we⁵⁵ la³¹ da⁵³ a³¹　tɕe⁵⁵ pɯi⁵⁵ da⁵⁵ khʲu⁵³ a³¹
称呼　　　　　HS　　仆人 TOP 回答　　PEF 它　很　　　透明

dɯ³¹ pɯi⁵⁵ a³¹　la⁵³ la⁵³. ka³¹ sa⁵³ bo⁵⁵ ka³¹ sa⁵³ bo⁵⁵ la⁵³ la⁵³. a³¹ dza⁵⁵ je⁵⁵
肯定语气 PEF HS　　知道　ICP 知道　ICP HS　 官　　　　TOP
仆人回答："因为它晶莹透明……" "知道啦，知道啦！"

po⁵³　we⁵⁵ tɯ³¹ kɯ⁵⁵ ma³¹ ro⁵⁵ jim⁵⁵ dɯŋ⁵⁵ gra³⁵ a³¹　la⁵³.
仆人 TOP 话　 说　　 没　完　喊　PEF HS
国王不等仆人说完就喊道：

khɯn⁵⁵ dʲɯŋ⁵³ pʲeŋ³⁵ ta³¹ prɯ⁵³ po⁵³ a³¹ we⁵⁵ ɕim⁵⁵ ken⁵⁵ neŋ⁵⁵ haŋ³⁵

如此　　　　　　　　东西　　贵　　TOP　为什么　　　　我
"这样贵重的东西，

ha⁵⁵ juŋ⁵⁵ thɯ³¹ tʲa⁵⁵ jim⁵⁵ a³¹. haŋ³⁵ je⁵⁵ ta³¹ prɯ³⁵ goŋ⁵⁵ ŋ̩³⁵ kɯn⁵⁵
早的　　　告诉　　不　PEF　我　TOP　冰　　GEN　房屋　一
为什么不早一点告诉我？

ta³¹ rɯ⁵³ we⁵⁵ di⁵⁵ la⁵³. raŋ⁵⁵ ça⁵³ jim⁵⁵ ta³¹ prɯ³⁵ ŋ̩³⁵ ta³¹ rɯ⁵³ wa³⁵
盖房　想　PRES HS　不久　　　　冰　　房屋　建设　补标记
我要用冰盖一座宫殿！"　没过多久，

dɯŋ⁵⁵. e⁵⁵ la⁵³. ta³¹ prɯ³⁵ ŋ̩³⁵ ta³¹ groŋ⁵⁵ hɯ³¹ tʲɯŋ⁵³ a³¹ la⁵³, a³¹ dza⁵⁵
完　PSV HS　冰　　房屋　美丽　　看见　　　PEF HS　官
冰宫建成了。看到美丽的冰宫，

je⁵⁵ pɯi⁵⁵ da⁵⁵ ha³¹ lʲo⁵⁵ a³¹ la⁵³. we³¹ lɯn³¹ go³¹ tçe⁵⁵ we⁵⁵ noŋ⁵⁵ tʲu⁵⁵
TOP　很　　　高兴　PEF HS　于是　　　　他　骄傲
国王特别高兴，还骄傲地说：

ma³¹ ro⁵⁵ a³¹ la⁵³, haŋ³⁵ mlã³⁵ gʲaŋ⁵⁵ go³¹ pɯi⁵⁵ da⁵⁵ dzɯ⁵³ am⁵³ la⁵³ la⁵³.
说　　PEF HS　我　地方　上　　LOC　很　　　聪明　是　HS
"我是世界上最聪明的人！"

we³¹ gɯi⁵⁵ a³¹ go⁵⁵ lɯn³¹ tçe⁵⁵ ta³¹ prɯ³⁵ ŋ̩³⁵ kʲan⁵⁵ i⁵⁵ ja³¹ la⁵³.
后来　　　　　　　　他　冰　　房屋里　住　HS
后来，他住进了冰宫，

we³¹ gɯi⁵⁵ a³¹ go⁵⁵ lɯn³¹ tçe⁵⁵ dzoŋ⁵⁵ goŋ³⁵ a³¹ tʲɯŋ⁵⁵ ka³¹ dʲɯ⁵⁵ ha³¹ glɯm⁵³
然后　　　　　　　　他　冷　PEF　　身体　全部　　发抖
被冻得浑身发抖，

a³¹ la⁵³. tçe⁵⁵ je⁵⁵ lɯi⁵³ be⁵⁵ na⁵⁵ bo³¹　we⁵⁵ ɸia³¹ la⁵³. me³⁵ ma³¹ ra⁵⁵
PEF HS　他　TOP　搬　回　　DIR-AW　想　PROS HS　人　笑
他想搬出去，又怕被别人笑话，

çi⁵⁵ tʲu⁵³ na⁵⁵ la⁵³ rai⁵³ ɸia³¹ la⁵³, ta³¹ prɯ³⁵ ŋ̩³⁵　kʲan⁵⁵ go³¹ i⁵⁵ ja³¹ tʲu³¹ ga³⁵
PSV　　ROU HS　怕　PROS HS　冰　　房屋里　LOC　住　　CON

就坚持在冰宫里住着。

we⁵⁵ ha³¹ kɯn⁵⁵. ta³¹ tʲau⁵⁵ ha³¹ na⁵⁵ a³¹ la⁵³, ta³¹ prɯ³⁵ ha³¹ rʷai⁵⁵ je⁵⁵ jou³⁵
想　 PROG　 春　 来　 PEF HS 冰　 雪　 TOP 融化
春天来了，冰雪融化了，

wa³⁵ dɯŋ⁵⁵ a³¹ la⁵³. me³⁵ tɕu³¹ hʷeŋ⁵⁵ tʲɯŋ⁵³ a³¹ la⁵³ e⁵⁵
补标记完　 PEF HS 别人　 看见　 PEF HS 这个
人们发现，

ka³¹ pa⁵³ a³¹ tsha⁵⁵ a³¹ dza⁵⁵ je⁵⁵ a³¹ na⁵³ dzoŋ⁵⁵ wa³⁵ ɕe⁵⁵ a³¹ la⁵³.
傻子　 官　 TOP 早　 冷　 补标记 死 PEF HS
这个愚蠢的国王早就被冻死了。

　从前，有一个昏庸的国王。一天，他骑马出去玩，看到小河里结了厚厚的冰。他问仆人："这是什么东西？"仆人回答说："这是冰。"国王又问："为什么叫冰？"仆人回答："因为它晶莹透明……""知道啦，知道啦！"国王不等仆人说完就喊道："这样贵重的东西，为什么不早一点告诉我？我要用冰盖一座宫殿！"没过多久，冰宫建成了。看到美丽的冰宫，国王特别高兴，还骄傲地说："我是世界上最聪明的人！"后来，他住进了冰宫，被冻得浑身发抖，他想搬出去，又怕被别人笑话，就坚持在冰宫里住着。春天来了，冰雪融化了，人们发现，这个愚蠢的国王早就被冻死了。

2.87　胆小的人

ma³¹ tʲɯŋ⁵⁵ kʲan⁵⁵ go³¹ pa³¹ wɯn⁵⁵ aŋ⁵⁵ ja³¹ me³⁵ khɯn⁵⁵ i⁵⁵ ja³¹. tɕe⁵⁵ ŋ̩⁵³
村　 里　 LOC 钱　 有 NOM 人　 一　 有 PEF 他　 白天
村里有个有钱人，

la³¹ mɯŋ³⁵ ŋ̍³⁵ kʲan⁵⁵ go³¹ tɯ³¹ mroŋ⁵⁵ reŋ⁵⁵ ja³¹ go³¹ ju⁵³ tim³⁵ a³¹. kɯ³¹ ŋ̩⁵³
每　 家里　 LOC 朋友　 请 后　 酒 喝 PEF 天
他经常请朋友到家里喝酒，

ge⁵³ khɯn⁵⁵ go³¹, tɕe⁵⁵ ŋ̍³⁵ kʲan⁵⁵ go³¹ tɯ³¹ mroŋ⁵⁵ khɯn⁵⁵ reŋ⁵⁵ ho³¹ ju⁵³
助词 一　 LOC 他 家里　 LOC 朋友　 一　 请 MER 酒
有一天，他请一个朋友来家里喝酒，

tim³⁵ a³¹. tɯ³¹ mroŋ⁵⁵ we⁵⁵ ju⁵³ tim³⁵ dɯ³⁵ thɯi⁵³ pɯi⁵⁵ da⁵⁵ ha³¹ lʲo⁵⁵ ho³¹.

喝　　PEF 朋友　　　　TOP 酒　喝　多　后　　很　　　　高兴　　MER

朋友喝得非常高兴。

tɯ³¹ mroŋ⁵⁵ we⁵⁵ ju⁵³ tim³⁵ dzɑ³¹　pʲan⁵⁵ ju⁵³ kʲan⁵⁵ go³¹ ta³¹ bu⁵⁵ khɯ̄n⁵⁵ i⁵⁵

朋友　　　　　TOP 酒　喝　DIR-TO REC　酒　里　LOC 蛇　　一　　　有

可是，朋友喝酒时，看到杯子里有一条蛇。

ja³¹ hɯ³¹ tʲɯ̄ŋ⁵³ bo³¹.　tɯ³¹ mroŋ⁵⁵ we⁵⁵ ta³¹ we⁵⁵ kʲan⁵⁵ go³¹ pɯi⁵⁵ da⁵⁵

PEF 看见　　　DIR-AW 朋友　　　　TOP 心　　里　　LOC 很

朋友心里很害怕，

rai⁵³ ja³¹. we⁵⁵ go³¹ mu³¹ ju⁵³ we⁵⁵ tim³⁵ goŋ³¹ bo³¹. ŋ̍³⁵ kʲan⁵⁵ khi⁵³ na⁵⁵

怕　　PEF 那之后　也　　酒　TOP 喝　　PEF　　家里　　到　ROU

但还是把酒喝了。回到家后，

li⁵³ ja³¹ go³¹, tɯ³¹ mroŋ⁵⁵ we⁵⁵ ta³¹ we⁵⁵ we⁵⁵ ja³¹ go³¹ rai⁵³ ja³¹ la⁵³.

后　　　　　　朋友　　　　TOP 心　　想　后　　怕　　PEF HS

朋友越想越害怕，

we⁵⁵ lɯi⁵⁵ bʲe⁵⁵ n̪aŋ³⁵ goŋ³⁵ ho³¹ la⁵³. pa³¹ wɯn⁵⁵ aŋ⁵⁵ ja³¹ me³⁵ we⁵⁵

于是　　　　　生病 PEF　　HS　钱　　　有　NOM 人　TOP

最后生病了。

ka³¹ sa⁵³ li⁵³ ja³¹ go³¹ ka³¹ ro⁵³ thɯi⁵³ tɯ³¹ mroŋ⁵⁵ ŋ̍³⁵ kʲan⁵⁵ hʷeŋ⁵⁵ bo⁵³ a³¹.

知道　后　　　　快　　　朋友　　　　家里　看　去　PEF

有钱人知道了后，马上去朋友家看望朋友。

tɯ³¹ mroŋ⁵⁵ la⁵³: we⁵⁵ ŋ⁵³ n̪uŋ³⁵ ŋ̍³⁵ ju⁵³ tim³⁵ di⁵⁵　go³¹ khɯ³¹ phlou³⁵ kʲan⁵⁵

朋友　　　　说 那天　你　家 酒　喝　PROG 时候 罐子　　　里

朋友说："那天在你家喝酒时，

go³¹ ta³¹ bu⁵⁵ khɯ̄n⁵⁵ i⁵⁵ ja³¹. pa³¹ wɯn⁵⁵ aŋ⁵⁵ ja³¹ me³⁵ we⁵⁵ tha³¹ rɯŋ⁵⁵

LOC 蛇　　一　　　有 PEF 钱　　　有 NOM 人　TOP 听

杯子里有一条蛇。"

a³¹ go³¹ pei⁵³ ta³¹ n̪oŋ⁵⁵ we⁵⁵ ho³¹. we⁵⁵ lɯi⁵⁵ bʲe⁵⁵, ka³¹ ro⁵³ thɯi⁵³ ŋ̍³⁵ kʲan⁵⁵

PEF　奇怪　　　想　MER 于是　　　　马上　　　　家里

有钱人听了很奇怪，于是，马上回家看看。

hʷeŋ⁵⁵ na⁵⁵ ho³¹. we⁵⁵ bʲe⁵⁵ tɕe⁵⁵ ŋ³⁵ a³¹ tseŋ⁵⁵ kʲaŋ⁵⁵ go³¹ a³¹ lai⁵³ ta³¹ bu⁵⁵
看　ROU MER 结果　他　家 墙壁　上　LOC 弓　蛇
原来，他家的墙上挂着一张像蛇一样的弓，

dʲu⁵⁵ ga³⁵ ɕi⁵³ ho³¹. we⁵⁵ ŋ³⁵ ju⁵³ tim³⁵ di⁵⁵ go³¹, a³¹ lai⁵³ tha⁵³ ka³¹ la⁵⁵ we⁵⁵
相同　结果　那　家 酒 喝 PROG 时候 弓　影子　　　TOP
那天喝酒的时候，

tɯ³¹ mroŋ⁵⁵ ju⁵³ khɯ³¹ phlou³⁵ tsho⁵³ ho³¹ ma³¹ mʲu⁵⁵ go³¹ dou⁵⁵ ho³¹.
朋友　酒 罐子　放置 MER 后　LOC 滴 MER
弓的影子正好落在朋友放酒杯的地方，

tɯ³¹ mroŋ⁵⁵ we⁵⁵ khɯ³¹ phlou³⁵ kʲan⁵⁵ go³¹ ta³¹ bu⁵⁵ i⁵⁵ ja³¹ kɯ³¹ ta⁵³ we⁵⁵
朋友　TOP 罐子　里 LOC 蛇　有 PEF 呼叫　想
朋友才以为杯子里有蛇。

ho³¹. pa³¹ wɯn⁵⁵ aŋ⁵⁵ ja³¹ me³⁵ we⁵⁵ e⁵⁵ kɯ³¹ nɯm⁵⁵ we⁵⁵ tɯ³¹ mroŋ⁵⁵ we³¹
MER 钱　　有 NOM 人 TOP 这 事情　TOP 朋友　DAT
有钱人把这件事告诉了朋友，

ha³¹ tʲa⁵⁵ a³¹. tɯ³¹ mroŋ⁵⁵ ka³¹ sa⁵³ li⁵³ ja³¹ go³¹ ȵaŋ³⁵ ja³¹ we⁵⁵ we⁵⁵ thɯi⁵³
告诉 PEF 朋友　知道 后　　　生病 NOM TOP 那 后
朋友知道了以后，病马上就好了。

pra⁵⁵ goŋ³⁵ ho³¹.
好　PEF

　　村里有个有钱人，他经常请朋友到家里喝酒，有一天，他请一个朋友来家里喝酒，朋友喝得非常高兴，可是，朋友喝酒时，看到杯子里有一条蛇。朋友心里很害怕，但还是把酒喝了。回到家后，朋友越想越害怕，最后生病了。有钱人知道了后，马上去朋友家看望。朋友说："那天在你家喝酒时，杯子里有一条蛇。"有钱人听了很奇怪，于是，马上回家看看。原来，他家的墙上挂着一张像蛇一样的弓，那天喝酒的时候，弓的影子正好落在朋友放酒杯的地方，朋友才以为杯子里有蛇。有钱人把这件事告诉了朋友，朋友知道了以后，病马上就好了。

2.88　老虎和人比游泳

bo^{31} da^{55} ma^{55} me^{35} ma^{55} ha^{31} ma^{55} ga^{31} ja^{31} la^{53} ma^{31} ro^{55} ga^{35} a^{31}. bo^{31} da^{55}
老虎　和　人　和　比赛　　　　　PEF HS 说　　　REC PEF 老虎
老虎和人说好了要比赛。

ha^{31} ne^{55} ja^{31} go^{31} b^{j}eŋ^{53}, me^{35} kru^{53} we^{55} tha^{53} koŋ^{35} ja^{31}　la^{53}, me^{35}
赢　　　PEF 假如　　　人　头　TOP 吃　CAU PRES HS　人
如果老虎赢了的话，就一口吃掉人的头；

ha^{31} ne^{55} ja^{31} go^{31} b^{j}eŋ^{53}, bo^{31} da^{55} we^{55} ha^{31} po^{55} tɯ^{55} go^{31} o^{53} koŋ^{35} ja^{31}
赢　　　PEF 假如　　　老虎　　　TOP 心脏　　　　　LOC 射 CAU　PRES
如果人赢了的话，就用箭射老虎的心脏。

la^{53}. tɕe^{55} luɯ^{35} ha^{31} ma^{55} ga^{31} ja^{31} we^{55} me^{35} je^{55} lo^{53} ji^{55} ja^{31} la^{53}, bo^{31} da^{55}
HS　他们　　　比赛　　　　PEF TOP 人　TOP 过溜索 PEF HS　老虎
他们比的是人溜索过河，

we^{55} ma^{31} tɕi^{55} tauɯ^{55} ja^{31} la^{53}. tɕe^{55} a^{31} luɯ^{35} ha^{31} ma^{55} ga^{31} ja^{31} la^{53} we^{55}
TOP　游　　　　PEF HS　他们　　　　　比赛　　　PEF HS　那
老虎游泳过河。

l^{j}oŋ^{55} go^{31}. ma^{55} we^{55} kɯ^{31} jɯ^{55} ma^{31} d^{j}oŋ^{55} ho^{31} go^{31} h^{w}ɯ^{55} ta^{31} waŋ^{55} k^{j}an^{55}
傍晚 LOC 母亲 TOP 蚂蚁　准备　　　MER INS 竹子 袖子　里
他们比赛前的那天晚上，妈妈把蚂蚁准备好放在竹筒里。

go^{31} tsho^{53} ho^{31} la^{53}. ka^{31} n^{55} a^{31} na^{53} go^{31}, bo^{31} da^{55} we^{55} phlaŋ^{35} k^{j}aŋ^{55} go^{31}
LOC 放置 MER HS　二　　　早晨　LOC 老虎　　TOP 石头　上　LOC

di^{55} ho^{31}, ma^{31} tɕi^{55} tauɯ^{55} t^{j}u^{53} ja^{31} ma^{31} d^{j}oŋ^{55} a^{31} go^{31}. ma^{55} we^{55} h^{w}ɯ^{55}
坐 MER 游　　　　　IMM 准备　　　PEF　母亲 TOP 竹子
第二天，老虎坐在石头上面准备游泳的时候，

ta^{31} waŋ^{55} k^{j}an^{55} go^{31} kɯ^{31} jɯ^{55} tsho^{53} ho^{31} we^{55}　　　　bo^{31} da^{55} t^{j}ɯŋ^{55} k^{j}aŋ^{55}
袖子　　　里　LOC 蚂蚁　放置 MER 并列连词 老虎　　身体　上
妈妈把装有蚂蚁的竹筒倒在老虎身上，

go³¹ plã⁵⁵ so⁵³ bo³¹.　　bo³¹ da⁵⁵ ma³¹ tɕi⁵⁵ tau⁵⁵ ja³¹ e⁵⁵ ja³¹ go³¹, tʲuŋ⁵⁵
LOC 趴　SEM DIR-AW 老虎　　游　　　　　PEF 这 时候　　身体
老虎要游泳的时候，

ka³¹ dʲɯ⁵⁵ ma³¹ so⁵³ a³¹ go³¹ a³¹ tʲo⁵³ go³¹ wa⁵⁵. tɕe⁵⁵ wa⁵⁵ kɯn⁵⁵ go³¹, me³⁵
全部　　痒　PEF 手　INS 搔 他 搔 PROG 时候 人
浑身很痒，就用手去抓，

we⁵⁵ mʲu⁵⁵ ta³¹ pra⁵⁵ khi⁵³ ho³¹. me³⁵ mʲu⁵⁵ ta³¹ pra⁵⁵ khi⁵³ goŋ³⁵ li⁵³ ja³¹ ne³¹,
TOP 对面 岸　　到 MER 人 对面 岸　　　 到 PEF 后
抓的时候人已经过河了。人到了河的对岸后，

bo³¹ da⁵⁵ tɕe⁵⁵ ma³¹ tɕi⁵⁵ tau⁵⁵ a³¹. me³⁵ we⁵⁵ a³¹ lai⁵³ ɕi³⁵ a³¹ go³¹ bo³¹ da⁵⁵
老虎　它 游　　　　　 PEF 人 TOP 弓　拿 PEF　老虎
老虎才开始游泳。

ha³¹ po⁵⁵ tɯ⁵⁵ go³¹ o⁵³ a³¹, o⁵³ se⁵³ goŋ³⁵ ja³¹ go³¹, bo³¹ da⁵⁵ ma³¹ tɕi⁵³
心脏　　　　LOC 射 PEF 射 死 PEF　　时候 老虎　　水
人拿箭射到老虎的心脏，射死了以后，

rau⁵³ wa⁵⁵ di³¹ ga³⁵ a³¹ la⁵³. rau⁵³ wa⁵⁵ di³¹ ga³⁵ a³¹ go³¹ mlã³⁵ khɯn⁵⁵ go³¹
浮　　 TER　 PEF HS 浮　　 TER　 PEF 地方 一　　LOC
老虎就飘走了，飘到了一个地方。

khi⁵³ ja³¹ la⁵³. bo³¹ da⁵⁵ thɯŋ⁵⁵ we⁵⁵ mlã³⁵ go³¹ din⁵⁵ goŋ³⁵ a³¹ la⁵³. bo³¹ da⁵⁵
到 PEF HS 老虎　　尸体 TOP 地方 LOC 腐烂 PEF　　HS 老虎
老虎的尸体在那个地方腐烂了。

ri³¹ boŋ³⁵ dɯ³¹ rɯŋ⁵⁵ we⁵⁵ ta³¹ m̥⁵⁵ lʲɯ⁵⁵ goŋ³⁵ a³¹ la⁵³, ri³¹ boŋ³⁵ a⁵³ a⁵⁵ joŋ⁵⁵
骨头　大　　　　TOP 狗熊 变 PEF　　HS 骨头　小的
老虎的大骨头变成了熊，

we⁵⁵ ma³¹ dʐa⁵³ rai⁵³ lʲɯ⁵⁵ goŋ³⁵ a³¹ la⁵³. a³¹ tʲa⁵⁵ ta³¹ bu⁵⁵ we⁵⁵ bo³¹ da⁵⁵
TOP 猫　　　　变 PEF　　HS 现在　蛇　　TOP 老虎
小骨头变成了猫。现在的蛇就是老虎的肠子变出来的，

kɯ³¹ hlai⁵⁵ go³¹ lʲɯ⁵⁵ a³¹　la⁵³. pei⁵⁵ ta³¹ bu⁵⁵ dɯ³¹ rɯŋ⁵⁵ lʲan⁵⁵ a³¹. pei⁵⁵

肠子　　　　　INS　变　PEF　HS　别的　蛇　　　　大　　　　　变　　PEF　别的
有些变成了大蛇，

ta³¹ bu⁵⁵ ɑ⁵³ ɑ⁵⁵ lʲɯ⁵⁵ ɑ³¹.
蛇　　　小　　变　PEF
有些变成了小蛇。

老虎和人说好了要比赛。如果老虎赢了的话，就一口吃掉人的头；如果人赢了的话，就用箭射老虎的心脏。他们比的是人溜索过河，老虎游泳过河。他们比赛前的那天晚上，妈妈把蚂蚁准备好放在竹筒里。第二天，老虎坐在石头上面准备游泳的时候，妈妈把装有蚂蚁的竹筒倒在老虎身上，老虎要游泳的时候，浑身很痒，就用手去抓，抓的时候人已经过河了。人到了河的对岸后，老虎才开始游泳。人拿箭射到老虎的心脏，射死了以后，老虎就飘走了，飘到了一个地方。老虎的尸体在那个地方腐烂了。老虎的大骨头变成了熊，小骨头变成了猫。现在的蛇就是老虎的肠子变出来的，有些变成了大蛇，有些变成了小蛇。

2.89　吹笛子的人

ha⁵⁵ joŋ⁵⁵ go³¹, ma³¹ tʲɯŋ⁵⁵ kʲan⁵⁵ go³¹ pa³¹ wɯn⁵⁵ ɑŋ⁵⁵ ja³¹ me³⁵ khɯn⁵⁵ i⁵⁵
以前　　　LOC　村　　　　里　LOC　钱　　　　有　NOM　人　一　　　有

ja³¹. ɕu⁵⁵ rʷi⁵⁵ moŋ⁵³　　　　ɑ³¹　　we⁵⁵ tha³¹ rɯŋ⁵⁵ ha³¹ lʲo⁵⁵ ɑ³¹. tɕe⁵⁵ we⁵⁵
PRES　笛子　　吹（笛子）PRES　TOP　听　　　喜欢　　PEF　他　TOP
从前，村里有个有钱人爱听吹笛子。

ɕu⁵⁵ rʷi⁵⁵ moŋ⁵³　　　ja³¹ me³⁵ ma³¹ lɯm⁵⁵ ka³¹ sɯŋ³⁵ i⁵⁵ ja³¹. e⁵⁵ me³⁵
笛子　　吹（笛了）NOM　人　百　　　三　　　　　有　PEF　这人
为他吹笛子的人有三百人，

ma³¹ lɯm⁵⁵ ka³¹ sɯŋ³⁵ we⁵⁵ ŋ̊⁵³　　la³¹ mɯŋ³⁵ ɑ³¹ lɯŋ⁵⁵ pa⁵⁵ ɑ³¹ go³¹ tɕe⁵⁵
百　　　三　　　　TOP　白天　每　　　一起　　　　　　LOC　他
他常常让这三百人一起给他吹笛子。村里有个年青人，

we³¹ ɕu⁵⁵ rʷi⁵⁵ moŋ⁵³　　　　ŋ̊³⁵ ɑ³¹. ma³¹ tʲɯŋ⁵⁵ kʲan⁵⁵ go³¹ me³⁵ ha³¹ prɯ⁵³
DAT　笛子　　吹（笛子）给　PEF　村　　　　里　LOC　青年男人

khɯn⁵⁵ i⁵⁵ ja³¹. pa³¹ wɯn⁵⁵ ɑŋ⁵⁵ ja³¹ me³⁵ we⁵⁵ ɕu⁵⁵ rʷi⁵⁵ moŋ⁵³　　　　ɑ³¹

一　　　有 PEF 钱　　　　　　有　NOM 人　TOP 笛子　　吹（笛子）PEF

thɑ³¹ rɯŋ⁵⁵ hɑ³¹ lʲo⁵⁵ ɑ³¹ kɑ³¹ sɑ⁵³ ɑ³¹ go³¹, we⁵⁵ go³¹ pɑ³¹ wɯn⁵⁵ ɑŋ⁵⁵ jɑ³¹
听　　　　喜欢　　PEF 知道　　PEF　　那之后　钱　　　有　NOM
知道这个有钱人爱听吹笛子以后，

me³⁵ ŋ̍³⁵　go³¹ hɑ³¹ nɑ⁵⁵ ɑ³¹　jɑ³¹. tɕe⁵⁵ reŋ⁵⁵ mu³¹ ɕu⁵⁵ rʷi⁵⁵ khɯn⁵⁵
人　房屋 LOC 进　　　PEF PEF 他　请　　也　笛子　　　一
就到有钱人家里，请求让他也吹笛子。

moŋ⁵³　　　　lɑ⁵³. we⁵⁵ jim⁵⁵ go³¹ bʲeŋ⁵³, tɕe⁵⁵ ɕu⁵⁵ rʷi⁵⁵ moŋ⁵³　　　kɑ³¹ sɑ⁵³
吹（笛子）HS　但是　　　　　　　他　笛子　　吹（笛子）会
但是他根本不会吹笛子，

jim⁵⁵ lɑ⁵³. bɯk⁵³ reŋ⁵⁵ tsai⁵⁵ ɕu⁵⁵ rʷi⁵⁵ moŋ⁵³　　　ɑ³¹ tɑ³¹ tʲau⁵⁵ go³¹, tɕe⁵⁵
不　HS　次　请　每　笛子　　吹（笛子）　时光　　　　LOC 他
每次吹笛子的时候，

je⁵⁵ me³⁵ tɑ³¹ hoŋ⁵⁵ go³¹ moŋ³⁵ ho³¹ lɑ⁵³. ɕu⁵⁵ rʷi⁵⁵ ɕi³⁵ ɑ³¹ go³¹, pɯi⁵⁵ dɑ⁵⁵
TOP 人　群　　　LOC 躲　MER HS　笛子　　拿 PEF　　很
他就藏在人群中，

prɑ⁵⁵ moŋ⁵³　　　di⁵⁵ tɑ³¹ thɯi⁵³ thɯi⁵³ hɑ³¹ lɑɯ⁵³ ɑ³¹ lɑ⁵³. e⁵⁵ ɑ³¹ thɯi⁵³
好　吹（笛子）PRES 总是　　　　假　　　PEF HS　这 后
拿着笛子假装吹得很认真，

moŋ⁵³　　　di⁵⁵ e⁵⁵ hɑ³¹ lɑɯ⁵³ ɑ³¹ kɯ³¹ ŋ̍⁵³ rɑŋ⁵⁵ ɕɑ⁵³ lɑ⁵³. me³⁵ ɕɑ⁵⁵ ɳu³¹
吹（笛子）PRES 这 假　　　PEF 天　　很久　HS　人　谁　ALLA
就这样吹了很多天，

kɑ³¹ sɑ⁵³ ho³¹ jim⁵⁵ lɑ⁵³. rɑŋ⁵⁵ ɕɑ⁵³ jim⁵⁵ go³¹, pɑ³¹ wɯn⁵⁵ ɑŋ⁵⁵ jɑ³¹ me³⁵ we⁵⁵
知道　MER 不　HS　不久　　LOC 钱　　有　NOM 人　TOP
一直没有被人发现。不久，

nɑŋ³⁵ ɑ³¹ go³¹ ɕi⁵⁵ goŋ³⁵ ɑ³¹ lɑ⁵³. tɕe⁵⁵ ɑ⁵⁵ ju⁵⁵ ɑ⁵⁵ we⁵⁵ ɕu⁵⁵ rʷi⁵⁵ moŋ⁵³
生病 PEF 死 PEF　HS 他 儿子　TOP 笛子　　吹（笛子）
这个有钱人生病死了，

a³¹ we⁵⁵ tha³¹ rɯŋ⁵⁵ ha³¹ lʲo⁵⁵ a³¹ la⁵³. we⁵⁵ pʲeŋ⁵⁵, tɕe⁵⁵ a⁵⁵ ju⁵⁵ a⁵⁵ we⁵⁵
PEF TOP 听   喜欢   PEF HS 于是   他 儿子   TOP
他的儿子也喜欢听吹笛子。

a³¹ lɯŋ⁵⁵ pa⁵⁵ a³¹ moŋ⁵³   a³¹ we⁵⁵ tha³¹ rɯŋ⁵⁵ ha³¹ lʲo⁵⁵ jim⁵⁵ la⁵³.
一起   吹（笛子）PEF TOP 听   喜欢   不   HS

ɕu⁵⁵ rʷi⁵⁵ moŋ⁵³   ha³¹ lʲo⁵⁵ ja³¹ me³⁵ we⁵⁵ khɯn⁵⁵ tʲõ⁵⁵ khɯn⁵⁵ tʲõ⁵⁵
笛子   吹（笛子）喜欢   NOM 人 TOP 一   个   一   个
可是，他的儿子不喜欢听大家一起吹，

moŋ⁵³   a³¹ go³¹ tɕe⁵⁵ tha³¹ rɯŋ⁵⁵ a³¹. me³⁵ ha³¹ prɯ⁵³ we⁵⁵ ka³¹ sa⁵³
吹（笛子）PEF   他 听   PEF 青年男人   TOP 知道
喜欢让吹笛子的人一个一个吹给他听，

li⁵³ ja³¹ go³¹, ka³¹ ro⁵³ thɯi⁵³ lɯi⁵³ tʲu⁵³ goŋ³⁵ a³¹. a³¹ mʲu⁵⁵ go³¹, tɕe⁵⁵
后   立刻   自己 逃走 MER PEF   今后   LOC 他
那个年青人知道以后，就赶紧逃跑了，

ɕu⁵⁵ rʷi⁵⁵ moŋ⁵³   ka³¹ sa⁵³ di⁵⁵   thɯi⁵³ e⁵⁵ tɕo⁵³ ha³¹ laɯ⁵³ jim⁵⁵ la⁵³.
笛子   吹（笛子）会   PRES 自己 这 敢   假   不   HS
再也不敢假装自己会吹笛子了。

　　从前，村里有个有钱人爱听吹笛子。为他吹笛子的人有三百人，他常常让这三百人一起给他吹笛子。村里有个年青人，知道这个有钱人爱听吹笛子以后，就到有钱人家里，请求让他也吹笛子。但是他根本不会吹笛子，每次吹笛子的时候，他就藏在人群中，拿着笛子假装吹得很认真，就这样吹了很多天，一直没有被人发现。不久，这个有钱人生病死了，他的儿子也喜欢听吹笛子。可是，他的儿子不喜欢听大家一起吹，喜欢让吹笛子的人一个一个吹给他听，那个年青人知道以后，就赶紧逃跑了，再也不敢假装自己会吹笛子了。

2.90　水鸟和小鱼

ma³¹ tɕi⁵³ ta³¹ koŋ⁵⁵ mboŋ⁵⁵ kʲaŋ⁵⁵ go³¹ ma³¹ tɕi⁵³ pʲa⁵⁵   khɯn⁵⁵ i⁵⁵
河   旁边   上   LOC 水   鸟（总称） 一   有
在一条小河边上，住着一只水鸟，

ja³¹ la⁵³. tɕe⁵⁵ pɯi⁵⁵ da⁵⁵ na³¹ tʲoŋ⁵³ a³¹ la⁵³. kɯ³¹ ŋ̩⁵³ kɯ⁵³ go³¹,
PRES HS 他 很 饿 PEF HS 天 一 LOC
它非常饿。有一天，

bɯ⁵⁵ pa⁵⁵ a³¹ hɯ³¹ tʲɯŋ⁵³ a³¹ ta³¹ ŋa⁵³ ta³¹ hoŋ⁵⁵ kɯ⁵³ pu⁵⁵ hʷaŋ⁵⁵ kʲan⁵⁵
突然 看见 PEF 鱼 群 一 山洞 里
他突然看见一群小鱼从小洞里游了出来，

go³¹ ha³¹ na⁵⁵ dza³¹ la⁵³. tɕe⁵⁵ ha³¹ lʲo⁵⁵ di⁵⁵ jim⁵⁵ jiʔ⁵³ ha³¹ laɯ⁵³ kau⁵⁵
LOC 来 DIR-TO HS 他 高兴 PRES 不 假装
它就假装很不开心的样子和小鱼们打招呼，

a³¹ go³¹, ta³¹ ŋa⁵³ we³¹ ma³¹ ro⁵⁵ a³¹. ta³¹ ŋa⁵³ a³¹ hu³⁵ a³¹, nuŋ³⁵ ɕim⁵⁵
PEF 鱼 DAT 说话 PEF 鱼 问 PEF 你 什么
它就假装很不开心的样子和小鱼们打招呼，

kɯn³⁵ lɯm⁵⁵ pra⁵⁵ jim⁵⁵ khɯn⁵⁵ tɯ³¹ ru⁵³ a³¹. ma³¹ tɕi⁵³ pʲa⁵⁵ we⁵⁵
事情 坏 一 遇见 PEF 水 鸟（总称） TOP
小鱼问："你遇到了什么不好的事情吗？"

la⁵³, haŋ³⁵ a³¹ ne⁵⁵ we³¹ we⁵⁵ ta³¹ reɯ⁵⁵ di⁵⁵. raŋ⁵⁵ ɕa⁵³ jim⁵⁵ thɯi⁵³ a³¹ ne⁵⁵
说 我 你们 OBJ 担心 PRES 不久 后 你们
水鸟说："我是在为你们担心，

ka³¹ dʲɯ⁵⁵ ɕi⁵⁵ tʲu⁵³ ja³¹ ma⁵⁵ go⁵⁵. ta³¹ ŋa⁵³ tɕu³¹ a³¹ hu³⁵ a³¹,
全部 死 IMM ASP 鱼 们 问 PEF
因为过不久你们就都要死了。"

ɕim⁵⁵ ken⁵⁵ neŋ⁵⁵ bo⁵³ m⁵⁵? ma³¹ tɕi⁵³ pʲa⁵⁵ we⁵⁵ la⁵³, e⁵⁵ ta³¹ koŋ⁵⁵
为什么 表不肯定 水 鸟（总称） TOP 说 这 河
小鱼们问："为什么呢？"

kʲan⁵⁵ go³¹ ma³¹ tɕi⁵³ we⁵⁵ rɯn⁵⁵ ɕoŋ³⁵ tʲu⁵³ ja³¹ ma⁵⁵ go⁵⁵, a³¹ ne⁵⁵ ɕim⁵⁵
里 LOC 水 TOP 天旱 IMM ASP 你们 什么
水鸟说："这河里的水要干了，

tha⁵³ ja³¹ aŋ⁵⁵ jim⁵⁵ ɕa⁵³ a³¹ go³¹. ta³¹ ŋa⁵³ a⁵⁵ tɕu³¹ ha³¹ pʲan⁵⁵ ha³¹ tʲo⁵⁵

吃　NOM　有　没　变　PEF　　　鱼　　　小　们　　互相
你们都没有吃的了。"

a³¹ hu³⁵ ga³⁵ na⁵⁵ a³¹ go³¹, ma³¹ tɕi⁵³ pʲa⁵⁵　　　　we⁵⁵ la⁵³, nuŋ³⁵ la⁵³ a³¹ go³¹
问　REC ROU PEF　水　　鸟（总称）TOP　说　你　说　PEF
小鱼们互相商量了一会，

ka³¹ da³⁵ e⁵⁵ ja³⁵?　　　ma³¹ tɕi⁵³ pʲa⁵⁵　　　　la⁵³, e⁵⁵ tʰʲɯ⁵⁵ ja⁵⁵ pluŋ⁵⁵ go³¹
怎样　这 疑问语气 水　　鸟（总称）说　这 山　　后　LOC
问水鸟说："你说怎么办呢？"

tɯ³¹ wi⁵⁵ kʰɯn⁵⁵ aŋ⁵⁵ ma⁵⁵ go⁵⁵, lum⁵⁵ kuŋ⁵⁵ go³¹ ma³¹ tɕi⁵³ we⁵⁵ pɯi⁵⁵ da⁵⁵
湖　一　有　ASP　　里面　LOC 水　TOP　很
水鸟说："在这座山的后面有一个湖，

dɯŋ⁵⁵ ja³¹ ma⁵⁵ go⁵⁵, a³¹ ne⁵⁵ we⁵⁵ go³¹ bo⁵³ a³¹　hʲa⁵³ po³¹ deŋ³⁵.　a³¹ ne⁵⁵
清　PEF ASP　　你们　那里　去　PEF 可以　表估计 你们
里面满满的都是清水，你们可以到那里去，

dʲeŋ⁵⁵ di⁵⁵ go³¹ bʲeŋ⁵³, haŋ³⁵ a³¹ ne⁵⁵ we³¹ kha³¹ tʲau⁵⁵ a³¹ go³¹ hʷeŋ⁵⁵ bo⁵³
同意　IMM 假如　我　你们　CMT　带　　PEF　看　去
如果你们愿意，我就带你们去吧。"

kʲɯ⁵³. ta³¹ ŋa⁵³ a⁵⁵ tɕu³¹ la⁵³, ŋ̊⁵⁵　je⁵⁵ ma³¹ tɕi⁵³ kʲaŋ⁵⁵ go³¹ ji⁵⁵ ja³¹ mei⁵³
祈使语气鱼　小　们　说　我们 TOP 水　　上　LOC 全部

kʰɯ³¹ lai⁵⁵ kʲaŋ⁵⁵ go³¹ tɕhi⁵³ ɕi³⁵　jim⁵⁵ ma⁵⁵ go⁵⁵. ma³¹ tɕi⁵³ pʲa⁵⁵
地上　　　LOC 走　可以 不　ASP　　水　鸟（总称）
小鱼们说："可是我们不能离开水从陆地上走着去。"

we⁵⁵ la⁵³, haŋ³⁵ a³¹ ne⁵⁵ we³¹ kʰɯn⁵⁵ ge⁵³ kʰɯn⁵⁵　ge⁵³　dʲɯ⁵⁵ di⁵⁵ ga³⁵ tʲu⁵³.
TOP　说　我　你们　CMT 一　助词 一　　助词 叼　IMM
水鸟说："我来把你们一个一个叼过去吧。"

ta³¹ ŋa⁵³ a⁵⁵ tɕu³¹ ka³¹ dʲɯ⁵⁵ dʲeŋ⁵⁵ a³¹. we⁵⁵ pʲeŋ⁵⁵ ma³¹ tɕi⁵³ pʲa⁵⁵
鱼　小　们　全部　　同意 PEF 于是　水　　鸟（总称）
小鱼们都同意了。

we⁵⁵ ta³¹ ŋa⁵³ a⁵⁵ we⁵⁵ khɯn⁵⁵ ge⁵³ khɯn⁵⁵ ge⁵³ dʲɯ⁵⁵ a³¹ go³¹ phlaŋ³⁵
TOP 鱼 小 TOP 一 助词 一 助词 叼 PEF 石头
于是水鸟把小鱼一个一个地叼到远处的一块石头上，

khɯn⁵⁵ kʲaŋ⁵⁵ tsho⁵³ a³¹ go³¹, tɕe⁵⁵ a³¹ lɯŋ³⁵ we³¹ tha⁵³ goŋ³⁵ a³¹ la⁵³.
一 上 放置 PEF 他们 CMT 吃 PEF HS
把它们吃掉了。

在一条小河边上，住着一只水鸟，它非常饿。有一天，他突然看见一群小鱼从小洞里游了出来，它就假装很不开心的样子和小鱼们打招呼，小鱼问："你遇到了什么不好的事情吗？"水鸟说："我是在为你们担心，因为过不久你们就都要死了。"小鱼们问："为什么呢？"水鸟说："这河里的水要干了，你们都没有吃的了。"小鱼们互相商量了一会，问水鸟说："你说怎么办呢？"水鸟说："在这座山的后面有一个湖，里面满满的都是清水，你们可以到那里去，如果你们愿意，我就带你们去吧。"小鱼们说："可是我们不能离开水从陆地上走着去。"水鸟说："我来把你们一个一个叼过去吧。"小鱼们都同意了。于是水鸟把小鱼一个一个地叼到远处的一块石头上，把它们吃掉了。

2.91 驴和老虎

ha⁵⁵ joŋ⁵⁵ go³¹, krau⁵³ khɯn⁵⁵ i⁵⁵ ja³¹ la⁵³. a³¹ lim⁵⁵ go³¹ ta³¹ breŋ⁵³ ma³¹ la⁵³
以前 LOC 驴 一 有 NOM HS 路 LOC 肉 寻找
从前有一头驴，

a³¹ bo³¹ da⁵⁵ khɯn⁵⁵ hɯ³¹ tʲɯŋ⁵³ a³¹. bo³¹ da⁵⁵ we⁵⁵ krau⁵³ we⁵⁵ hɯ³¹ tʲɯŋ⁵³
PEF 老虎 一 看 PEF 老虎 TOP 驴 TOP 看见
在路上看见一只正在找食物的老虎，老虎看见驴，

a³¹ go³¹, ha³¹ lʲo⁵⁵ ga³⁵ a³¹ go³¹ gra³⁵ a³¹ tha⁵³ ja³¹ ma³¹ dʲoŋ⁵⁵ a³¹. krau⁵³
PEF 高兴 TER PEF 虎啸 PEF 吃 PRES 准备 PEF 驴
高兴地叫着，准备吃了驴。

we⁵⁵ pɯi⁵⁵ da⁵⁵ rai⁵³ ho³¹, ma³¹ ro⁵⁵ a³¹, nuŋ³⁵ a³¹ tʲa⁵⁵ haŋ³⁵ we³¹ tha⁵³ ja³¹.
TOP 很 怕 MER 说 PEF 你 现在 我 CMT 吃 PEF
驴很害怕，说："你现在不要吃我，

haŋ³⁵ dʲɯŋ⁵³ kɯ³¹ tʲe⁵³ e⁵⁵ go³¹ ne³¹, haŋ³⁵ we³¹ tha⁵³ na⁵⁵, we⁵⁵ ta³¹ tʲau⁵⁵

我　　胖　　一点　　　　　后　　　　我　　CMT　吃　ROU　那　时候
等我长得胖一点的时候再吃我吧，

go³¹ ne³¹ tha⁵³ pra⁵⁵. dzoŋ⁵⁵ ta³¹ tʲau⁵⁵ khi⁵³ a³¹ go³¹, bo³¹ da⁵⁵ we⁵⁵ krau⁵³
后　　吃　好　冷　　时候　　到　　PEF　老虎　　TOP　驴
那时候味道才好呢。" 冬天到了，

we⁵⁵ ma³¹ la⁵³ goŋ³⁵ ho³¹, tɕe⁵⁵ we³¹ tha⁵³ ja³¹ ma³¹ dʲoŋ⁵⁵ a³¹. krau⁵³ tɕe⁵⁵
TOP　寻找　PEF　　　他　　CMT　吃　PEF　准备　　　PEF　驴　他
老虎来找驴，准备吃了驴，

la⁵³, bo³¹ da⁵⁵ a³¹ mroŋ⁵⁵　　　　　　ŋ̍⁵⁵　pʲou⁵³ tɕhaɯ⁵⁵ ha³¹ ma⁵⁵ ga³¹
说　老虎　　哥哥（弟称、妹称）我们　跑　　比赛
驴说："老虎大哥，我们赛跑吧，

ki⁵⁵ ja³¹. ɕa⁵⁵ ka³¹ ro⁵³ joŋ³⁵ pʲou⁵³ ha³¹ ne⁵⁵ a³¹　　sa⁵³　hʷeŋ⁵⁵ kɯ⁵³. nuŋ³⁵
PEF　谁　快　最　跑　　可以　PROG　大概　看　ASP　你
看谁跑得快。

ka³¹ ro⁵³ joŋ³⁵ pʲou⁵³ ha³¹ ne⁵⁵ ja³¹　bʲeŋ⁵³ nuŋ³⁵ haŋ³⁵ we³¹ tha⁵³ tʲa⁵³. haŋ³⁵
快　最　跑　　可以　PRES　如果　你　我　CMT　吃　祈使语气我
如果你快，你就吃了我；

ka³¹ ro⁵³ joŋ³⁵ pʲou⁵³ ha³¹ ne⁵⁵ ja³¹　bʲeŋ⁵³ nuŋ³⁵ haŋ³⁵ we³¹ tha⁵³ ja³¹.
快　最　跑　　可以　PRES　如果　你　我　CMT　吃　PRES
如果我快，就别吃我了。"

a³¹ tʲa⁵⁵ pʲou⁵³ ha³¹ ma⁵⁵ ga³¹ tʲɯ³⁵ ja³¹　ma³¹ dʲoŋ⁵⁵. bo³¹ da⁵⁵ we⁵⁵ ha⁵⁵ joŋ⁵⁵
现在　跑　比赛　　　　开始　PRES　准备　　　老虎　　TOP　先
比赛开始了，老虎跑得很快，

ka³¹ ro⁵³ pʲou⁵³ di⁵⁵　ga³⁵ bo³¹.　krau⁵³ we⁵⁵ ha³¹ ne⁵⁵ ja³¹ jim⁵⁵. bo³¹ da⁵⁵
快　跑　PRES　CON　DIR-AW　驴　TOP　赢　　PEF　没　老虎
最后驴输了。

we⁵⁵ ha³¹ lʲo⁵⁵ ga³⁵ goŋ³⁵ a³¹ ma³¹ ro⁵⁵ a³¹, a³¹ tʲa⁵⁵ pʲan⁵⁵ haŋ³⁵ nuŋ³⁵ we³¹
TOP　高兴　CON　PEF　　说　　PEF　现在　REC　我　你　CMT

老虎高兴地说："这次我可以吃你了吧。"

tha⁵³ ja³¹ ɕa⁵³ bo⁵⁵ deŋ³⁵. krau⁵³ tɕe⁵⁵ la⁵³, bo³¹ da⁵⁵ a³¹ mroŋ⁵⁵
吃　PEF　成功　　表估计　驴　　他　说　老虎　　哥哥（弟称、妹称）

haŋ³⁵ be⁵⁵ e⁵⁵ pʲou⁵³ di⁵⁵　a³¹ go³¹ we⁵⁵ khɯ³¹ lai⁵⁵ kʲaŋ⁵⁵ go³¹ ta³¹ ko⁵⁵ dzu⁵³
我　慢　跑　PRES　因为　　　地上　　　　LOC　文字　　写
驴说："老虎大哥，我跑得慢是因为我在看地上写的字，

ho³¹ hɯ³¹ tʲɯŋ⁵³ a³¹, nuŋ³⁵ e⁵⁵ ta³¹ ko⁵⁵ we⁵⁵ tɕu³¹ ka³¹ sa⁵³ a³¹　ja³⁵?
MER　看　　PEF　你　这　文字　那些　　　知道　　PEF　疑问语气
你认识这些字吗？"

bo³¹ da⁵⁵ we⁵⁵ krau⁵³ tɯ³¹ kɯ⁵⁵ ma³¹ ro⁵⁵ a³¹ we⁵⁵ tha³¹ rɯŋ⁵⁵ a³¹ go³¹,
老虎　　TOP　驴　话　　说　　那　听　PEF

pɯi⁵⁵ da⁵⁵ dʲeŋ⁵⁵ tʲu⁵³. we⁵⁵ go³¹ krau⁵³ we⁵⁵ la⁵³. haŋ³⁵ ta³¹ ko⁵⁵ e⁵⁵ tɕu³¹
很　　　同意　MER　那之后　驴　TOP　说　我　文字　这些
老虎听了同意了驴的话。

ka³¹ dʲɯ⁵⁵ ka³¹ sa⁵³ a³¹　la⁵³. haŋ³⁵ tɯ³¹ kɯ⁵⁵ mu³¹ pɯi⁵⁵ da⁵⁵ tha³¹ rɯŋ⁵⁵
全部　　知道　PEF HS　我　话　　也　很　　听
驴说："地上有很多汉字，我都会写。"　接着，驴又说，我的声音也很好听，

pra⁵⁵, ma³¹ ro⁵⁵ thɯi⁵³ gra³⁵ a³¹. bo³¹ da⁵⁵ we⁵⁵ tha³¹ rɯŋ⁵⁵ a³¹ go³¹ krau⁵³
好　说　　后　虎啸　PEF　老虎　　TOP　听　　　PEF　　驴
说着就叫了起来。

we⁵⁵ pɯi⁵⁵ da⁵⁵ ha³¹ ne⁵⁵. we⁵⁵ go³¹ krau⁵³ we³¹ la⁵³, haŋ³⁵ nuŋ³⁵ we³¹ tha⁵³
TOP　很　　　可以　那之后　驴　DAT　说　我　你　CMT　吃
老虎听了更觉得驴很厉害，

ja³¹　jim⁵⁵, nuŋ³⁵ haŋ³⁵ a⁵⁵　tɯ³¹ mroŋ⁵⁵ i⁵⁵ na⁵⁵. haŋ³⁵ nuŋ³⁵ we³¹ a³¹ gu⁵³
PRES　不　你　我　TOP　朋友　　是 ROU　我　你　CMT　保护
就对驴说："我不吃你了，请做我的朋友吧，我可以保护你。"

tʲu⁵³. a³¹ mʲu⁵⁵ go³¹, bo³¹ da⁵⁵ ma⁵⁵ krau⁵³ ma⁵⁵ a⁵⁵　tɯ³¹ mroŋ⁵⁵ ɕa⁵³

IMM 今后　　LOC 老虎　　和 驴　　和　　TOP 朋友　　　变
最后，驴和老虎成了好朋友，

gon³⁵ ɑ³¹ la⁵³. ɕa⁵⁵ mu³¹ tɕe⁵⁵ we³¹ ɑ³¹ khaŋ⁵⁵ tsho⁵⁵ jim⁵⁵.
PEF　　HS　谁　也　他　CMT 欺侮　　　　　没
再也没有人敢欺负它。

　　从前有一头驴，在路上看见一只正在找食物的老虎，老虎看见驴，高兴地叫着，准备吃了驴。驴很害怕，说："你现在不要吃我，等我长得胖一点的时候再吃我吧，那时候味道才好呢。"冬天到了，老虎来找驴，准备吃了驴，驴说："老虎大哥，我们赛跑吧，看谁跑得快。如果你快，你就吃了我；如果我快，就别吃我了。"比赛开始了，老虎跑得很快，最后驴输了。老虎高兴地说，"这次我可以吃了你了吧。"驴说："老虎大哥，我跑得慢是因为我在看地上写的字，你认识这些字吗？"老虎听了同意了驴的话。驴说："地上有很多汉字，我都会写。"接着，驴又说，我的声音也很好听，说着就叫了起来。老虎听了更觉得驴很厉害，就对驴说："我不吃你了，请做我的朋友吧，我可以保护你。"最后，驴和老虎成了好朋友，再也没有人敢欺负他。

2.92　巫师和鬼

ha⁵⁵ joŋ⁵⁵ go³¹, me³⁵ khɯn⁵⁵ i⁵⁵ ja³¹ we⁵⁵ la⁵³: tɕe⁵⁵ ŋ̊⁵³ la⁵³ meŋ⁵³
以前　　LOC 人　一　　有 PEF TOP 说　他　每天
从前，有一个人说他天天被鬼压身，

khɯ³¹ n̠im⁵⁵ ha³¹ dai⁵⁵ ja³¹ la⁵³. gʷak³⁵ we⁵⁵ ka³¹ sa⁵³ li⁵³ ja³¹ go³¹ pɯi⁵⁵ da⁵⁵
鬼　　　压　　PEF HS 巫师　TOP 知道　后　　　很
巫师知道了很生气，

khem⁵⁵ mʲoŋ⁵⁵ ho³¹. we⁵⁵ li⁵³ ja³¹ la⁵³ khɯ³¹ n̠im⁵⁵ nuŋ³⁵ haŋ³⁵ we³¹ ha³¹ dai⁵⁵
生气　　MER 后　　　说 鬼　　　你　我　CMT 压
生气了后，说鬼"你我压

tɕo⁵³ sa³¹　　tɕo⁵³ jim⁵⁵ sa³¹　　hʷeŋ⁵⁵ gʷak³⁵ we⁵⁵ tɕe⁵⁵ ŋ̊³⁵ khi⁵³ ja³¹. ŋ̊³⁵
敢 表疑问 敢 不 表疑问 看 巫师 TOP 他 家 到 PEF 家
就说看鬼敢不敢压他。于是他去这个人家，

tei³⁵ ja⁵⁵ nuŋ³⁵ bo⁵³ goŋ³⁵ tʲɑ⁵³. tɕe⁵⁵ ŋ̊³⁵ kʲan⁵⁵ khi⁵³ ja³¹ go³¹ tiŋ⁵³ we⁵⁵
主人 你 去 PEF Imp 他 家里 到 后 衣服 TOP
他进到家里，

m̩⁵³ pren⁵⁵ ta³¹ tɕoŋ⁵⁵ kʲaŋ⁵⁵ go³¹ me³⁵ ŋ̍⁵³ ho³¹ ta⁵³ thei⁵⁵ ha³¹ preŋ⁵³ ho³¹.
床　　　　　　　上　LOC　人　睡　MER　样子　　装　　　　MER
把衣服放在床上，装成一个人睡觉的样子，

gʷak³⁵ tɕe⁵⁵ a³¹ põ³⁵ kʲaŋ⁵⁵ go³¹ moŋ³⁵ ho³¹. khɯ³¹ ȵim⁵⁵ ha³¹ na⁵⁵ a³¹ go³¹,
巫师　他　围墙　　上　LOC　躲　MER　鬼　　　来　PEF
巫师自己躲在横梁上面。鬼来的时候，

tɯ³¹ gaŋ³⁵ bu⁵⁵ ge⁵³ ma⁵⁵ ta³¹ saɯ⁵³ bu⁵⁵ ge⁵³ khɯɯ⁵⁵ ɕi³⁵ ho³¹. tɕe⁵⁵ pʲou⁵³
蚱蜢　　把　助词　和　野草　　把　助词　一　　拿　MER　他　跑
带着一把蚂蚱和一把青草，

di⁵⁵ ga⁵⁵ a⁵⁵ go³¹ na³¹ mɯɯ⁵⁵ tshɯk⁵⁵ mboŋ⁵⁵ go³¹. tɯ⁵⁵ gaŋ³⁵ bu⁵⁵ ge⁵³
PRES 近　LOC 炭火　　　　旁边　LOC　蚂蚱　　把　助词
他跑到炭火旁边把蚂蚱点着，

ha⁵³ tɕi⁵³ bo³¹, pei⁵⁵ pa⁵⁵ pei⁵⁵ pa⁵⁵ tha³¹ rɯŋ⁵⁵ dza³¹ go³¹ gra³⁵ a³¹.
点　DIR-AW 贝巴贝巴　　　　　听　　DIR-TO 时候 喊　PEF
听见"贝巴贝巴"的声音，

bɯ³¹ doŋ⁵³ ta³¹ saɯ⁵³ bu⁵⁵ ge⁵³ ha⁵³ tɕi⁵³ bo³¹, na³¹ mɯɯ⁵⁵ khau⁵⁵ khau⁵⁵
又　　野草　　把　助词　点　DIR-AW 火　　烟　冒烟
又点了一把青草，把它烧出烟来，

dza³¹. me³⁵ mboŋ⁵⁵ ga⁵⁵ a⁵⁵ ɕi³⁵ a³¹ go³¹ a³¹ wei⁵⁵ a³¹. we³¹ lɯn³¹ go³¹
DIR-TO 人　旁边　近　拿　PEF　摇　　PEF 这时
拿到人的周围摇来摇去。这时候巫师跳了出来，把鬼抓住，

gʷak³⁵ we⁵⁵ du⁵³ dza³¹, khɯ³¹ ȵim⁵⁵ we³¹ rʷo⁵³ goŋ³⁵ bo³¹. tɕe⁵⁵
巫师　TOP 跳 DIR-TO 鬼　　　CMT 抓　PEF DIR-AW 他
拿到人的周围摇来摇去。这时候巫师跳了出来，把鬼抓住，

ma³¹ thuŋ⁵⁵ rʷo⁵³ a³¹ go³¹ khɯ³¹ ȵim⁵⁵ we⁵⁵ kɯ³¹ tʲe⁵³ lʲɯ⁵⁵ goŋ³⁵ bo³¹.
稳　　抓 PEF 鬼　　　TOP 小　变 PEF DIR-AW
他抓得越紧，鬼就变得越小，

pʲou⁵³ tʲu⁵³ ja³¹ ma³¹ dʲoŋ⁵⁵ a³¹. gʷak³⁵ we⁵⁵ la⁵³: nuŋ³⁵ ha³¹ nu⁵⁵ ȵu³¹ pʲou⁵³

跑　　IMM　　准备　　　　PROS 巫师　TOP　说　你　　哪里　　　LOC　跑
准备逃跑。巫师说："你往哪儿跑，

tʲu⁵³ ja³¹ we⁵⁵ di⁵⁵. tɯm⁵⁵ mu³¹ haŋ³⁵ tɯm⁵⁵, khɯ³¹ lai⁵⁵ mu³¹ haŋ³⁵
IMM　　想　IMM　天　　也　我　天　　地　　　　也　我
天是我的天，地是我的地，

khɯ³¹ lai⁵⁵, thʲɯ⁵⁵ ja⁵⁵ mu³¹ haŋ³⁵ thʲɯ⁵⁵ ja⁵⁵, ma³¹ tɕi⁵³ mu³¹ haŋ³⁵
地　　　　山　　也　我　山　　水　　　也　我
山是我的山，水是我的水，

ma³¹ tɕi⁵³, kha³¹ leŋ⁵⁵ mu³¹ haŋ³⁵ kha³¹ leŋ⁵⁵, a³¹ lim⁵⁵ mu³¹ haŋ³⁵ a³¹ lim⁵⁵.
水　　门　　　也　我　门　　　路　　也　我　路
门是我的门，路是我的路。"

khɯ³¹ ȵim⁵⁵ we⁵⁵ tha³¹ tʲɯŋ⁵³ li⁵³ ja³¹ go³¹ dɯ³¹ rɯŋ⁵⁵ ɕa⁵³ bo³¹,　　gʷak³⁵
鬼　　　　TOP　听见　　后　　大　　　变　DIR-AW 巫师
鬼听了以后只好变大了，

we⁵⁵ rʷo⁵³ goŋ³⁵ bo³¹.　　groŋ⁵³ ka³¹ prai⁵⁵ mei⁵³ ka³¹ ri⁵³ goŋ³⁵ a³¹ go⁵⁵,
TOP 抓　PEF　DIR-AW 腿　　四　　　　全部　捆　　PEF　后
巫师就抓住了他，把它四条腿绑着，

ta³¹ kra⁵⁵ kʲan⁵⁵ tsho⁵³ a³¹ go³¹ ta³¹ dzi⁵⁵ tshɯʔ⁵³ goŋ³⁵ bo³¹.　　ha³¹ la⁵⁵ ȵu³¹
筐　　里　　放置 PEF　高　　吊　　　PEF　DIR-AW 下面　　LOC
装在筐子里吊到上面，

ta³¹ saɯ⁵³ hraɯ⁵³ a³¹ go³¹ ha³¹ bom⁵⁵ bo³¹.　　khɯ³¹ ȵim⁵⁵ bɯ³¹ lɯm⁵⁵ we⁵⁵
野草　烧　　PEF　熏　　DIR-AW 鬼　　眼睛　　　TOP
下面用青草点火把它熏了一顿，

min⁵⁵, kʷã⁵³ loŋ⁵³ bɯ³¹ lɯm⁵⁵ ha³¹ tɯ⁵⁵ tʲuʔ⁵⁵ ho⁵³, ha³¹ bom⁵⁵ a³¹　koŋ³⁵
黄　猫头鹰　眼睛　　大约　样子　熏　　PEF CAU
鬼的眼睛是黄色的，像猫头鹰的眼睛，

blai⁵⁵ tsa³⁵ ho³¹. gʷak³⁵ la⁵³: nuŋ³⁵ a³¹ mʲu⁵⁵ go³¹ ha³¹ na⁵⁵ a³¹ go³¹ me³⁵ we⁵⁵
流眼泪　MER 巫师　说　你　　今后　　LOC 来　　PEF　人　TOP

被熏出了眼泪。巫师说：你还敢不敢再来吓人家？

rai⁵³ koŋ³⁵ na⁵⁵? a³¹ mʲu⁵⁵ go³¹, gʷak³⁵ we⁵⁵ khɯ³¹ n̥im⁵⁵ we⁵⁵ ma³¹ tʲa⁵³
怕　　CAU　ROU　今后　　LOC　巫师　TOP　鬼　　　　TOP　放
后来，巫师就把鬼放了，

goŋ³⁵ a³¹, a³¹ mʲu⁵⁵ go³¹, khɯ³¹ n̥im⁵⁵ we⁵⁵ e⁵⁵ ŋ̊³⁵　go³¹ ha³¹ na⁵⁵ a³¹　jim⁵⁵ la⁵³.
PEF　今后　LOC　鬼　　　　TOP　这　房屋 LOC 来　　PRES 没　HS
从此以后，鬼再也没来这个人家了。

　　从前，有一个人说他天天被鬼压身，巫师知道了很生气，就说看鬼敢不敢压他。于是他去这个人家，让主人离开，他进到家里，把衣服放在床上，装成一个人睡觉的样子，巫师自己躲在横梁上面。鬼来的时候，带着一把蚂蚱和一把青草，他跑到炭火旁边把蚂蚱点着，听见"贝巴贝巴"的声音，又点了一把青草，把它烧出烟来，拿到人的周围摇来摇去。这时候巫师跳了出来，把鬼抓住，他抓得越紧，鬼就变得越小，准备逃跑。巫师说："你往哪儿跑，天是我的天，地是我的地，山是我的山，水是我的水，门是我的门，路是我的路。"鬼听了以后只好变大了，巫师就抓住了他，把它四条腿绑着，装在筐子里吊到上面，下面用青草点火把它熏了一顿，鬼的眼睛是黄色的，像猫头鹰的眼睛，被熏出了眼泪。巫师说："你还敢不敢再来吓人家？"后来，巫师就把鬼放了，从此以后，鬼再也没来这个人家了。

2.93　小猫钓鱼

kɯ³¹ ŋ̊⁵³ ge⁵³ khɯn⁵⁵ go³¹, ma³¹ dʐa⁵³ rai⁵³ ma⁵⁵ we⁵⁵ a⁵⁵　ka³¹ tʲau⁵⁵
天　　助词　一　　LOC　猫　　　　母亲 TOP　孩子　引

a³¹ go³¹ ta³¹ pra⁵⁵ go³¹ tɯn⁵⁵ a³¹ tɕaŋ⁵³ lʲa³⁵ a³¹. ma³¹ dʐa⁵³ rai⁵³ a⁵⁵ we⁵⁵
PEF　岸　　LOC　钓　　　　　　PEF 猫　　　　小　TOP
有一天，猫妈妈带着小猫到河边钓鱼。

ha³¹ lʲo⁵⁵ ho³¹ la⁵³. ma⁵⁵ doŋ³¹ tɯn⁵⁵ a³¹ tɕaŋ⁵³ lʲa³⁵ ha³¹ ma⁵⁵ ga³¹ ja³¹ la⁵³.
高兴　　MER HS　母亲 比　钓　　　　　　比赛　　　　　PEF HS
小猫很高兴，要跟妈妈比赛谁钓的鱼多。

ta³¹ pra⁵⁵ khi⁵³ ja³¹ go³¹, ma³¹ dʐa⁵³ rai⁵³ a⁵⁵ we⁵⁵ ka³¹　ro⁵³
岸　　到　　时候　猫　　　　小　TOP　立刻　握
到了河边，小猫立刻开始钓鱼，

tɯn⁵⁵ a³¹ tɕaŋ⁵³ lʲa³⁵. raŋ⁵⁵ pra⁵⁵ ka³¹ lʲoŋ³⁵, ta³¹ ŋa⁵³ ta³¹ khrai⁵⁵ we⁵⁵
钓　　　　　　一会　　等候　　鱼　　绳子　　TOP
等了一会儿，

ma³¹ tʲan⁵⁵ a³¹ jim⁵⁵. we⁵⁵ lɯi⁵⁵ a³¹ go⁵⁵, ta³¹ tɕiχ⁵³ khɯn⁵⁵ jim³⁵ dza³¹　la⁵³.
移动　　　没　然后　　　　蜻蜓　　一　　飞　DIR-TO HS
鱼竿还没有动，这时，一只蜻蜓飞过来，

ma³¹ dʐa⁵³ rai⁵³ a⁵⁵ we⁵⁵ ta³¹ ŋa⁵³ ta³¹ khrai⁵⁵ tsho⁵³ goŋ³⁵ a³¹ go⁵⁵ ta³¹ tɕiχ⁵³
猫　　　　小　TOP　鱼　　绳子　　放置　PEF　后　蜻蜓
小猫就把鱼竿放下去捉蜻蜓了。

rʷo⁵³ a³¹. ta³¹ tɕiχ⁵³ we⁵⁵ dʲa⁵³ lɯ³¹ dʲa⁵³ lɯ³¹ jim³⁵ goŋ³⁵ bo³¹.
捉　PEF　蜻蜓　　TOP　远　越　远　越　飞　PEF　DIR-AW
蜻蜓越飞越远，

ma³¹ dʐa⁵³ rai⁵³ a⁵⁵ we⁵⁵ rʷo⁵³ tɕiŋ⁵⁵ a³¹　jim⁵⁵ a³¹ go⁵⁵ bɯ³¹ doŋ⁵³ ha³¹ na⁵⁵
猫　　　　小　TOP　捉　到　PEF　没　后　又　　来
小猫捉不到，

na⁵⁵ a³¹ go³¹ tɯn⁵⁵ a³¹ tɕaŋ⁵³ lʲa³⁵ na⁵⁵. ma³¹ dʐa⁵³ rai⁵³ a⁵⁵ we⁵⁵ ma⁵⁵
ROU　PEF　钓　　　　　　　　ROU　猫　　　小　TOP　母亲
只好回来继续钓鱼。

ta³¹ ŋa⁵³ dɯ³¹ rɯŋ⁵⁵ khɯn⁵⁵ ta³¹ ŋa⁵³ ho³¹ hɯ³¹ tʲɯŋ⁵³ bo³¹.　tɕe⁵⁵ a³¹ tʲa⁵⁵
鱼　　大　　一　鱼　　MER　看见　　DIR-AW　他　现在
小猫看到妈妈已经钓到一条大鱼。

mu³¹ tɯn⁵⁵ a³¹ tɕaŋ⁵³ lʲa³⁵ tɕiŋ⁵⁵ ho³¹ jim⁵⁵ bo³¹.　we⁵⁵ lɯi⁵⁵ a³¹ go⁵⁵
也　钓　　　　　　　到　MER　没　DIR-AW　然后
自己还没钓到鱼，于是又坐下来钓鱼。这时，

bɯ³¹ doŋ⁵³ di⁵⁵ na³¹ a³¹ go³¹ tɯn⁵⁵ a³¹ tɕaŋ⁵³ lʲa³⁵ na⁵⁵. we⁵⁵ go³¹
又　坐下　PEF　钓　　　　　　　ROU　那之后
自己还没钓到鱼，于是又坐下来钓鱼。这时，

kɯ³¹ pʲu⁵⁵ lʲu⁵⁵ khɯn⁵⁵ jim³⁵ dza³¹.　ma³¹ dʐa⁵³ rai⁵³ a⁵⁵ we⁵⁵ ta³¹ khrai⁵⁵

蝴蝶　　　　　一　　飞　　DIR-TO　猫　　　　　　小　TOP　绳子
一只蝴蝶飞过来，

tsho⁵³ goŋ³⁵ na⁵⁵ a³¹ go³¹ kɯ³¹ pʲu⁵⁵ lʲu⁵⁵ rʷo⁵³ a³¹. kɯ³¹ pʲu⁵⁵ lʲu⁵⁵ dʲa⁵³
放置　PEF　ROU　PEF　蝴蝶　　　　　捉　PEF　蝴蝶　　　　远
小猫就把鱼竿放下去捉蝴蝶了。

lɯ³¹ dʲa⁵³ lɯ³¹ jim³⁵ goŋ³⁵ na⁵⁵ di⁵⁵ ga³⁵ bo³¹. ma³¹ dʑa⁵³ rai⁵³ a⁵⁵ we⁵⁵
越　远　越　飞　PEF　ROU　PRES REC DIR-AW　猫　　　　小　TOP
蝴蝶越飞越远，

rʷo⁵³ tɕiŋ⁵⁵ a³¹ jim⁵⁵ go³¹ ha³¹ na⁵⁵ na⁵⁵ a³¹ go³¹ bɯ³¹ doŋ⁵³ lʲa³⁵ na⁵⁵.
捉　到　PEF　没　因为　来　　ROU　PEF　又　　钓　ROU
小猫还是捉不到，只好回来继续钓鱼，

we⁵⁵ lɯi⁵⁵ a³¹ go⁵⁵ ma³¹ dʑa⁵³ rai⁵³ ma⁵⁵ we⁵⁵ bɯ³¹ doŋ⁵³ ta³¹ ŋa⁵³
然后　　　　　　　猫　　　　母亲 TOP　又　　　鱼
这时，它发现妈妈又钓到一条大鱼，

dɯ³¹ rɯŋ⁵⁵ khɯn⁵⁵ lʲa³⁵ na⁵⁵ bo³¹. we⁵⁵ go³¹ ma⁵⁵ we³¹ a³¹ hu³⁵ a³¹, nuŋ³⁵
大　　　　一　　钓　ROU DIR-AW 那之后　母亲 CMT　问　　PEF　你

ɕim⁵⁵ ken⁵⁵ nen⁵⁵ dɯ³⁵ tɕiŋ⁵⁵ a³¹? haŋ³⁵ je⁵⁵ ta³¹ ŋa⁵³ a⁵⁵ khɯn⁵⁵ mu³¹ tɕiŋ⁵⁵
为什么　　　　多　获得 PEF 我　TOP 鱼　　小　一　　也　获得
就问妈妈："为什么你钓了很多大鱼，我连一条小鱼也钓不上。"

jim⁵⁵. ma⁵⁵ we⁵⁵ ma³¹ ro⁵⁵ a³¹, ta³¹ ŋa⁵³ lʲa³⁵ di⁵⁵ go³¹ tha³¹ rau⁵⁵ di⁵⁵ di⁵⁵.
没　母亲 TOP　说　　　PEF 鱼　钓　PROG LOC 耐心　　坐　PRES
妈妈说："钓鱼需要耐心，

nuŋ³⁵ je⁵⁵ ta³¹ tɕiχ⁵³ rʷo⁵³ na⁵⁵ kɯ³¹ pʲu⁵⁵ lʲu⁵⁵ rʷo⁵³ na⁵⁵ e⁵⁵ a³¹ go⁵⁵ ta³¹ ŋa⁵³
你　TOP 蜻蜓　捉　ROU 蝴蝶　　　　　捉　ROU 这 后　　鱼
你一会儿捉蜻蜓，一会儿捉蝴蝶，

ɕim⁵⁵ tɕiŋ⁵⁵ jim⁵⁵ la⁵³. ma³¹ dʑa⁵³ rai⁵³ a⁵⁵ we⁵⁵ ma⁵⁵ tɯ³¹ kɯ⁵⁵ we⁵⁵
什么　获得 不　HS　猫　　　　小 TOP 母亲 话　　　TOP
肯定钓不到鱼。"小猫听了妈妈的话，

tha³¹ ruɯŋ⁵⁵ a³¹ go⁵⁵, tha³¹ rau⁵⁵ di⁵⁵ na⁵⁵ a³¹ go³¹ ta³¹ ŋa⁵³ lʲa³⁵ na⁵⁵.
听　　　后　　　耐心　　坐 ROU PEF　鱼　　钓　ROU

ta³¹ tɕiχ⁵³ ma⁵⁵ kɯ³¹ pʲu⁵⁵ lʲu⁵⁵ ma⁵⁵ jim³⁵ na⁵⁵ dza³¹　go³¹ mu³¹ rʷo⁵³ lʲa³⁵
蜻蜓　和　蝴蝶　　和　飞　ROU DIR-TO LOC　也　捉　钓
就耐心地坐下来钓鱼，蜻蜓和蝴蝶飞过来也不捉，

jim⁵⁵. a³¹ mʲu⁵⁵ go³¹, ta³¹ ŋa⁵³ dɯ³¹ ruɯŋ⁵⁵ khɯn⁵⁵ lʲa³⁵ bo³¹.
不　今后　LOC 鱼　大　　一　　钓　DIR-AW
最后，它终于钓到了一条大鱼。

　　有一天，猫妈妈带着小猫到河边钓鱼。小猫很高兴，要跟妈妈比赛谁钓的鱼多。到了河边，小猫立刻开始钓鱼，等了一会儿，鱼竿还没有动。这时，一只蜻蜓飞过来，小猫就把鱼竿放下去捉蜻蜓了。蜻蜓越飞越远，小猫捉不到，只好回来继续钓鱼。小猫看到妈妈已经钓到一条大鱼。自己还没钓到鱼，于是又坐下来钓鱼。这时，一只蝴蝶飞过来，小猫就把鱼竿放下去捉蝴蝶了。蝴蝶越飞越远，小猫还是捉不到，只好回来继续钓鱼，这时，它发现妈妈又钓到一条大鱼，就问妈妈："为什么你钓了很多大鱼，我连一条小鱼也钓不上。"妈妈说："钓鱼需要耐心，你一会儿捉蜻蜓，一会儿捉蝴蝶，肯定钓不到鱼。"小猫听了妈妈的话，就耐心地坐下来钓鱼，蜻蜓和蝴蝶飞过来也不捉，最后，它终于钓到了一条大鱼。

2.94　放羊的孩子

ha⁵⁵ joŋ⁵⁵ go³¹, a⁵⁵　khɯn⁵⁵ i⁵⁵ ja³¹, we⁵⁵ mo³¹ hʷa⁵⁵ kɯ³¹ tɕi⁵³ a³¹ ku⁵³ ŋ̥³⁵
以前　LOC 孩子 一　有 PEF 那　富人　山羊　守　给
从前，有一个小孩给有钱人家放羊，

a³¹. tei³⁵ ja⁵⁵ we⁵⁵ kɯ³¹ ŋ̥⁵³ dʲɯ⁵⁵ go³¹, ta⁵³ tum⁵⁵ wɯn⁵⁵ dɯŋ⁵³ ŋ̥³⁵ a³¹. pei⁵⁵
PEF 主人　TOP 天　每　LOC 糌粑　碗　只　给 PEF 别的
主人每天只给他一碗糌粑，其他什么都没有，

ɕim⁵⁵ mu³¹ ŋ̥³⁵ jim⁵⁵. tɕe⁵⁵ kɯ³¹ ŋ̥⁵³ dʲɯ⁵⁵ go³¹ ka⁵⁵ ge⁵³ ne³¹ tha⁵³ a³¹, ka⁵⁵
什么　也　给 不　他　天　　每　LOC 半　助词　吃 PEF 半
他每天只吃一半，

ge⁵³　a³¹ we⁵⁵ kʷaɯ⁵³ a⁵⁵ proŋ³⁵ a³¹, ma³¹ dʐa⁵³ rai⁵³ proŋ³⁵ a³¹, keŋ³¹ keŋ⁵³

助词 那　狗崽　喂　PEF 猫　　　喂　PEF 鹦鹉
留下的他给一只小狗、一只小猫、一只鹦鹉吃。

proŋ³⁵ a³¹. tɕe⁵⁵ kɯ³¹ tɕi⁵³ a³¹ ku⁵³ li⁵³ ja³¹ go³¹ ha³¹ na⁵⁵ na⁵⁵ a³¹ go³¹
喂　PEF 他 山羊　守　后　　来　ROU PEF
他每天放羊回来，

ma³¹ dʑa⁵³ rai⁵³ gui³⁵ ho³¹, kʷaɯ⁵³ we⁵⁵ tɕe⁵⁵ mboŋ⁵⁵ go³¹ di⁵⁵ ho³¹,
猫　　抱 MER 狗 TOP 他 旁边 LOC 坐 MER
把猫抱在怀里，小狗蹲在他旁边，

keŋ³¹ keŋ⁵³ we⁵⁵ kɯ³¹ tsa⁵⁵ ka³¹ leŋ⁵⁵ klou⁵⁵ go³¹ deŋ³⁵ ho³¹. tɕe⁵⁵ a³¹ lɯŋ³⁵
鹦鹉　　TOP 阳台　门口　　LOC 站 MER 他们
鹦鹉站在窗边，

ta⁵³ tɯm⁵⁵ tha⁵³ tʲɯ³⁵　　ma³¹ ro⁵⁵ ga³⁵ a³¹. kɯ³¹ ŋ̩⁵³ khɯn⁵⁵ go³¹ tei³⁵ ja⁵⁵
糌粑　吃　边……边 说话 CON PEF 天　一　LOC 主人
他们一边吃着糌粑，一边说话。有一天，

we⁵⁵ a⁵⁵　ɳaŋ³⁵ goŋ³⁵ ho³¹. tei³⁵ ja⁵⁵ we⁵⁵ pa³¹ wɯn⁵⁵ dɯ³⁵ dɯŋ⁵³　bo³¹,
TOP 孩子 生病 PEF　主人　TOP 钱　多　充分的 DIR-AW
主人的儿子生病了，主人花了很多钱给儿子治病，

tɕe⁵⁵ a⁵⁵ ju⁵⁵ a⁵⁵ ɳaŋ³⁵ ja³¹ we⁵⁵ pra⁵⁵ ha³¹ ne⁵⁵ ho³¹ jim⁵⁵. kɯ³¹ tɕi⁵³ a³¹ ku⁵³
他 儿子　生病 PEF TOP 好　可以　MER 不　山羊　守
他儿子的病还是没有好。

ja³¹ a⁵⁵　we⁵⁵ hɯ³¹ tʲɯŋ⁵³ a³¹ go³¹ ta³¹ we⁵⁵ ɳaŋ³⁵ ho³¹. kɯ³¹ lʲoŋ⁵⁵ ge⁵³
NOM 孩子 TOP 看见　PEF　心　痛 MER 晚上　助词
放羊的孩子看到了很难受，一天晚上，

go³¹, tɕe⁵⁵ m̩⁵³ pren⁵⁵ kʲaŋ⁵⁵ raŋ⁵⁵ ho³¹ go³¹　me³⁵ ma³¹ ro⁵⁵ ga³⁵ a³¹
LOC 他 床　上　躺 MER 时候 人 说话 CON PEF
他躺在床上，听见好像有人说话，

tha³¹ tʲɯŋ⁵³ a³¹. tha³¹ rɯŋ⁵⁵ ma³¹ kau⁵³ na⁵⁵ a³¹　pʲan⁵⁵ kʷaɯ⁵³,
听见　PEF 听　清楚　ROU PEF REC 狗

仔细一听，

ma³¹ dʑa⁵³ rai⁵³, keŋ³¹ keŋ⁵³ ma³¹ ro⁵⁵ ga³⁵ a³¹. ma³¹ dʑa⁵³ rai⁵³ ma³¹ ro⁵⁵ a³¹,
猫　　　　鹦鹉　　说话　CON PEF 猫　　　　说话　PEF
原来是小狗、小猫和鹦鹉在说话。

tei³⁵ ja⁵⁵ a⁵⁵　we⁵⁵ ȵaŋ³⁵ ho³¹ we⁵⁵ ka³¹ da³⁵ ma³¹ pra⁵³　ja³¹? keŋ³¹ keŋ⁵³
主人　孩子 TOP 生病 MER TOP 怎样　医治（疾病）PEF 鹦鹉
小猫说："主人儿子的病怎么治？"

we⁵⁵ la⁵³ lʲoŋ⁵⁵ n̩⁵³ di⁵⁵　go³¹, kɯ³¹ prau⁵³ kru⁵³ na³⁵ kʲan⁵⁵ leŋ⁵³ a³¹　la⁵³.
TOP 说 傍晚 睡 PROG 时候 蜘蛛　耳朵　里　进 PRES HS
鹦鹉说："晚上睡觉的时候，蜘蛛钻进了他的耳朵，

na³¹ mɯn⁵⁵ mɯn⁵⁵ breχ³⁵ a³¹　leŋ³⁵ bo³¹　go³¹, ŋ̍³⁵ kʲan⁵⁵ go³¹ ma³¹ tɕi⁵³
火　烧　　　　PROS 暖和 DIR-AW 时候 家 里　LOC 水
只要用火把家里烤暖和，再洒上水，

a³¹ waɯ⁵³ a³¹ go³¹, kɯ³¹ prau⁵³ we⁵⁵ ja³¹　je⁵⁵　ka³¹ thɯ⁵⁵ kɯ³¹ ta⁵³
泼　PEF 蜘蛛　想 PRES 助词 夏　呼叫
蜘蛛以为夏天到了，

we³¹ ho³¹, we⁵⁵ go³¹ a³¹ kau³⁵ na⁵⁵ dza³¹,　hʷaŋ⁵⁵ ra⁵⁵ lʲɯ⁵⁵ na⁵⁵ dza³¹. a⁵⁵
PROS 那之后 爬　ROU DIR-TO 空的 快 变 ROU DIR-TO 孩子
就会爬出来，耳朵就空了，

we⁵⁵ ta³¹ ma⁵⁵ thɯ⁵³ ȵoŋ⁵⁵ jɪm⁵⁵ thɯi⁵³ pra⁵⁵ na⁵⁵ bo³¹　deŋ³⁵. kɯ³¹ tɕi⁵³
TOP 吃药　　　要 不 后 好 ROU DIR-AW 表估计 山羊
不用吃药，病就会好了。"

a³¹ ku⁵³ ja³¹ a⁵⁵　we⁵⁵ keŋ³¹ keŋ⁵³ ma³¹ ro⁵⁵ a³¹　tha³¹ rɯŋ⁵⁵ a³¹ go³¹,
守　NOM 孩子 TOP 鹦鹉　说 PEF 听　PEF
放羊的孩子听了鹦鹉的话，

tei³⁵ ja⁵⁵ we³¹ thɯ³¹ tʲa⁵⁵ a³¹. tei³⁵ ja⁵⁵ we⁵⁵ tɕe⁵⁵ ma³¹ ro⁵⁵ a³¹ mʲu⁵⁵ thɯi⁵³
主人　DAT 告诉　PEF 主人　TOP 他 说　将来 后
告诉了主人，主人按照他说的去做，

ba⁵³ a³¹ go³¹, raŋ⁵⁵ ça⁵³ a³¹ jim⁵⁵ thɯi⁵³, a⁵⁵　n̩aŋ³⁵ ja³¹ we⁵⁵ pra⁵⁵ na⁵⁵
做　PEF　　过了几天　　　　后　孩子 生病 NOM TOP 好 ROU
没过几天，儿子的病就好了。

bo³¹.　tei³⁵ ja⁵⁵ we⁵⁵ a⁵⁵　kɯ³¹ tɕi⁵³ a³¹ ku⁵³ ja³¹ a³¹ we⁵⁵ kho⁵⁵ ta⁵⁵ noŋ⁵⁵
DIR-AW 主人　TOP 孩子 山羊　　守　　NOM 那个　　谢谢　　要
主人为了感谢这个放羊的孩子，

la⁵³ a³¹ go³¹, tɕe⁵⁵ a³¹ jaŋ⁵⁵ we⁵⁵ we³¹ ŋ̊³⁵ a³¹, ta³¹ prɯ⁵³ mu³¹ dɯ³⁵ dɯŋ⁵³ ŋ̊³⁵
说　PEF　他　女儿　那　DAT 嫁 PEF 东西　　也　多　充分的 送
就把自己的女儿嫁给了他，还送了很多嫁妆。

la⁵³. a³¹ mʲu⁵⁵ go³¹, kɯ³¹ tɕi⁵³ a³¹ ku⁵³ ja³¹ a⁵⁵　we⁵⁵ tim³⁵ ja³¹ mu³¹ aŋ⁵⁵,
HS 今后　LOC 山羊　　放羊　NOM 孩子 TOP 喝　NOM 也　有
　
tha⁵³ ja³¹ mu³¹ aŋ⁵⁵, kɯ⁵⁵ ja³¹ mu³¹ aŋ⁵⁵ ça⁵³ a³¹　la⁵³.
吃　NOM 也　有　披　NOM 也　有 变 PRES HS
从此，放羊的孩子过上了幸福的生活。

　　从前，有一个小孩给有钱人家放羊，主人每天只给他一碗糌粑，其他什么都没有。他每天只吃一半，留下的他给一只小狗、一只小猫、一只鹦鹉吃。他每天放羊回来，把猫抱在怀里，小狗蹲在他旁边，鹦鹉站在窗边，他们一边吃着糌粑，一边说话。有一天，主人的儿子生病了，主人花了很多钱给儿子治病，他儿子的病还是没有好。放羊的孩子看到了很难受，一天晚上，他躺在床上，听见好像有人说话，仔细一听，原来是小狗、小猫和鹦鹉在说话。小猫说："主人儿子的病怎么治。"鹦鹉说："晚上睡觉的时候，蜘蛛钻进了他的耳朵，只要用火把家里烤暖和，再洒上水，蜘蛛以为夏天到了，就会爬出来，耳朵就空了，不用吃药，病就会好了。"

　　放羊的孩子听了鹦鹉的话，告诉了主人，主人按照他说的去做，没过几天，儿子的病就好了。主人为了感谢这个放羊的孩子，就把自己的女儿嫁给了他，还送了很多嫁妆。从此，放羊的孩子过上了幸福的生活。

2.95　老虎和狐狸

ha⁵⁵ joŋ⁵⁵ go³¹ thʲɯ⁵⁵ ja⁵⁵ kʲaŋ⁵⁵ go³¹, bo³¹ da⁵⁵ ma⁵⁵ ta³¹ prɯ³⁵ ma⁵⁵ i⁵⁵ ja³¹.
从前　LOC 山　　上　LOC 老虎　和　狐狸　和 有 PRES
以前在一座山上，有一只老虎和一只狐狸。

thʲɯ⁵⁵ ja⁵⁵ phlaŋ³⁵ klaŋ⁵⁵ kʲan⁵⁵ go³¹ kʷaɯ⁵³ ta³¹ prɯ³⁵ khɯn⁵⁵ doŋ⁵³ i⁵⁵ ja³¹.
山　　　石头　　窟窿　里　　LOC　豺狗　　　　　一　　又　有　PRES
山洞里还有一只豺狗，

kɯ³¹ ŋ̊⁵³ ge⁵³ khɯn⁵⁵ go³¹, ta³¹ prɯ³⁵ we⁵⁵ bo³¹ da⁵⁵ we³¹ se⁵³ goŋ³⁵ ja³¹ we⁵⁵
天　　助词　一　　LOC　狐狸　　TOP　老虎　　OBJ　死　PEF　　想
有一天，狐狸想杀死这只老虎。

ho³¹. ta³¹ prɯ³⁵ we⁵⁵ kʷaɯ⁵³ ta³¹ prɯ³⁵ we³¹ gra³⁵ a³¹ go³¹ a³¹ lɯŋ⁵⁵ pa⁵⁵ a³¹
MER　狐狸　　TOP　豺狗　　　　DAT　喊　PEF　　一起
狐狸叫上豺狗一起去找老虎。

bo³¹ da⁵⁵ ma³¹ la⁵³ bo³¹ a³¹. tɕe⁵⁵ a³¹ lɯŋ³⁵ bo³¹ da⁵⁵ mboŋ⁵⁵ ga⁵⁵ a⁵⁵ khi⁵³
老虎　寻找　DIR-AW 他们　　　老虎　　旁边　近　到
他们来到老虎的跟前，

bo³¹,　ta³¹ prɯ³⁵ we⁵⁵ bo³¹ da⁵⁵ we³¹ la⁵³: nuŋ³⁵ je⁵⁵ e⁵⁵ khɯ³¹ lai⁵⁵ kʲaŋ⁵⁵
DIR-AW 狐狸　　TOP　老虎　　DAT　说　你　TOP　这　地上
狐狸对老虎说："你是世上最厉害的，

go³¹ pɯi⁵⁵ da⁵⁵ ha³¹ ne⁵⁵ ja³¹ me³⁵. me³⁵ ka³¹ dʲɯ⁵⁵ nuŋ³⁵ we³¹ rai⁵³ ja³¹.
LOC　很　　　可以　NOM 人　人　全部　　你　OBJ　怕　PRES
大家都害怕你。

nuŋ³⁵ ŋ̊⁵⁵　a⁵³ dza⁵³ i⁵⁵ na³⁵, a³¹ mʲu⁵⁵ go³¹ ŋ̊⁵⁵　ka³¹ dʲɯ⁵⁵ nuŋ³⁵ tɯ³¹ kɯ⁵⁵
你　我们 大王　是 IND 今后　LOC 我们 全部　　你　话
请你当我们的大王吧，

tha³¹ rɯŋ⁵⁵ tʲu³¹. kʷaɯ⁵³ ta³¹ prɯ³⁵ we⁵⁵ la⁵³ ŋ̊⁵⁵　nuŋ³⁵ we³¹ ŋ̊³⁵
听　　　CON　豺狗　　　　TOP　说 我们 你　DAT　房屋
以后我们都听你的。"

ta³¹ groŋ⁵⁵ khɯn⁵⁵ ta³¹ rɯ⁵³ ŋ̊³⁵ tʲu³¹. ŋ̊⁵⁵　ŋ̊⁵³　la³¹ mɯŋ³⁵ nuŋ³⁵ we³¹
美丽　　　一　　建设　给 IMM 我们 白天 每　　　你　DAT
豺狗说："我们要给你建一个漂亮的房子。

ta³¹ prɯ⁵³ tha⁵³ pra⁵⁵ ŋ̊³⁵ tʲu³¹. nuŋ³⁵ a³¹ mʲu⁵⁵ go³¹ a³¹ boŋ⁵⁵ bo⁵³ noŋ⁵⁵ jim⁵⁵.
东西　吃　好　给　CON　你　今后　　LOC　房子外　去　必须　不

我们每天都给你最好的东西吃，你以后就不用再出门了。"

bo³¹ da⁵⁵ la⁵³: pra⁵⁵ ma³¹ thoŋ⁵⁵, e⁵⁵ ta⁵³ thei⁵⁵ kɯ³¹ nɯm⁵⁵ pra⁵⁵ we⁵⁵ haŋ³⁵
老虎　说　好　很　　这　样子　事情　　好　TOP　我

老虎说："太好了，

ha⁵⁵ joŋ⁵⁵ go³¹ mu³¹ we⁵⁵ deŋ³⁵　a³¹　jim⁵⁵. a³¹ mʲu⁵⁵ go³¹, bo³¹ da⁵⁵ we⁵⁵
以前　LOC　也　想　表估计　PEF　没　今后　LOC　老虎　　TOP

这么好的事情我从来没想过。"

a³¹ boŋ⁵⁵ bo⁵³ ja³¹ jim⁵⁵, ŋ̩⁵³　la³¹ mɯŋ³⁵ ŋ̊³⁵ kʲan⁵⁵ go³¹ i⁵⁵ ja³¹. bo³¹ da⁵⁵
房子外　上　　不　白天　每　　　家里　　LOC　住　PRES　老虎

以后，老虎就不再出门去了，每天都呆在房里。

ŋ̩⁵³　la³¹ mɯŋ³⁵ tha⁵³ a³¹　we⁵⁵ ta³¹ prɯ³⁵ ma⁵⁵ kʷaɯ⁵³ ta³¹ prɯ³⁵ ma⁵⁵
白天　每　　吃　PEF　那　狐狸　　和　豺狗　　　　和

老虎每天吃着狐狸和豺狗送过来的肉。

ta³¹ breŋ⁵³ sa⁵³ a³¹　we³¹ tha⁵³. ta³¹ tʲau⁵⁵ raŋ³⁵ ɕa⁵³ a³¹ go⁵⁵, bo³¹ da⁵⁵ we⁵⁵
肉　　送　PEF　CMT　吃　时间　　很久　　后　老虎　　TOP

过了很长时间，

pɯi⁵⁵ da⁵⁵ a³¹ tʲaŋ³⁵ a³¹　ɕa⁵³ goŋ³⁵ ho³¹. tɕe⁵⁵ tʲɯŋ⁵⁵ we⁵⁵ ɕim⁵⁵ ha³¹ ne⁵⁵
很　　懒惰　PEF　变　PEF　　他　身体　TOP　什么　可以

老虎就变得特别懒。他的身体开始不管用了，

jim⁵⁵ ɕa⁵³ ho³¹, lã³⁵　mu³¹ greŋ⁵³ ɕi³⁵　jim⁵⁵ ɕa⁵³ ho³¹. kɯ³¹ ŋ̩⁵³ ge⁵³ khɯm⁵⁵
不　变　MER　牙齿　也　咬　可以　不　变　MER　天　　助词　一

牙齿也不管用了。有一天，

go³¹, ta³¹ prɯ³⁵ ma⁵⁵ kʷaɯ⁵³ ta³¹ prɯ³⁵ ma⁵⁵ a³¹ lɯŋ⁵⁵ pa⁵⁵ a³¹ bo³¹ da⁵⁵
LOC　狐狸　和　豺狗　　　　和　一起　　　　老虎

狐狸和豺狗一起来看老虎。

doŋ⁵³ hʷeŋ⁵⁵ goŋ³⁵ ho³¹. ta³¹ prɯ³⁵ we⁵⁵ bo³¹ da⁵⁵ we³¹ la⁵³: nuŋ³⁵ we⁵⁵ ja³¹

又	看	PEF	狐狸	TOP	老虎	DAT	说	你	想	PEF

狐狸对老虎说：

ŋ̍⁵⁵	je⁵⁵	nuŋ³⁵	we³¹	ɑ³¹	suɯŋ⁵⁵	me⁵⁵	proŋ³⁵	ja³¹	we⁵⁵	di⁵⁵	ja³⁵?	ŋ̍⁵⁵
我们	TOP	你	DAT	活	生	喂	PEF	想	IMM	疑问语气		我们

"你以为我们会永远养着你吗？

ɑ³¹	tʲɑ⁵⁵	ha³¹	na⁵⁵	ɑ³¹	we⁵⁵	ta³¹	pruɯ⁵³	sa⁵³	goŋ³⁵	ɑ³¹	jim⁵⁵.	nuŋ³⁵	we³¹	se⁵³	ja³¹
现在	来	那	东西		送	PEF	不	你	CMT	杀	PEF				

我们这次可不是来给你送东西的，而是来杀你的。

ha³¹	na⁵⁵.	ha⁵⁵	joŋ⁵⁵	go³¹,	nuŋ³⁵	puɯi⁵⁵	da⁵⁵	ha³¹	ne⁵⁵	ja³¹	la⁵³.	ŋ̍⁵⁵	nuŋ³⁵
来		以前	LOC	你	很		可以		PEF	HS		我们	你

we³¹	se⁵³	ha³¹	ne⁵⁵	jim⁵⁵.	ɑ³¹	tʲɑ⁵⁵	nuŋ³⁵	ha³¹	ne⁵⁵	jim⁵⁵	ɕa⁵³	so⁵³.	ŋ̍⁵⁵	je⁵⁵
DAT	杀	可以	不	现在	你	可以	不	变	SEM	我们	TOP			

以前你是最厉害的，我们不能杀死你，现在你已经起不来了。

ɑ³¹	tʲɑ⁵⁵	nuŋ³⁵	we³¹	se⁵³	goŋ³⁵	ja³¹.	nuŋ³⁵	ta³¹	breŋ⁵³	we³¹	tha⁵³	ja³¹.	nuŋ³⁵
现在	你	CMT	杀	PEF		你	肉		CMT	吃	PRES		你

我们现在就要把你杀死，吃你的肉，

ha³¹	rʷai⁵³	we³¹	tim³⁵	ja³¹.	ta³¹	pruɯ³⁵	ma⁵⁵	kʷaɯ⁵³	ta³¹	pruɯ³⁵	ma⁵⁵	ma³¹	ro⁵⁵
血		CMT	喝	PRES	狐狸	和	豺狗		和	说			

喝你的血。"

ɑ³¹	duɯŋ⁵⁵	ɑ³¹	luɯŋ⁵⁵	pa⁵⁵	ɑ³¹	bo³¹	da⁵⁵	we³¹	se⁵³	goŋ³⁵	bo³¹.
完	一起		老虎		CMT	死	PEF	DIR-AW			

说完他们就把老虎杀死了。

　　以前在一座山上，有一只老虎和一只狐狸，山洞里还有一只豺狗。有一天，狐狸想杀死这只老虎。狐狸叫上豺狗一起去找老虎。他们来到老虎的跟前，狐狸对老虎说："你是世上最厉害的，大家都害怕你。请你当我们的大王吧，以后我们都听你的。"豺狗说："我们要给你建一个漂亮的房子。我们每天都给你最好的东西吃，你以后就不用再出门了。"老虎说："太好了，这么好的事情我从来没想过。"以后，老虎就不再出门去了，每天都呆在房里。老虎每天吃着狐狸和豺狗送过来的肉。过了很长时间，老虎就变得特别懒。他的身体开始不管用了，牙齿也不管用了。有一天，狐狸和豺狗一起来看老虎。

狐狸对老虎说："你以为我们会永远养着你吗?我们这次可不是来给你送东西的,而是来杀你的。以前你是最厉害的,我们不能杀死你,现在你已经起不来了。我们现在就要把你杀死,吃你的肉,喝你的血。"说完他们就把老虎杀死了。

2.96 聪明的驴

ha⁵⁵ joŋ⁵⁵ go³¹, thʲɯ⁵⁵ ja⁵⁵ kʲaŋ⁵⁵ go³¹ ta³¹ phɯ⁵⁵, ta³¹ m̥⁵⁵, ta³¹ prɯ³⁵
以前　　LOC 山　　　上　　LOC 狐狸　　　狗熊　　狼
从前,在一座山上,

ka³¹ dʲɯ⁵⁵ kha³¹ lʲau⁵⁵ ba⁵³ ha³¹ lʲo⁵⁵ ho³¹ jim⁵⁵. tɕe⁵⁵ a³¹ lɯŋ³⁵ ka³¹ sɯŋ³⁵
全部　　水田　　做　喜欢　　MER 不　他们　　　　三
狼、熊和狐狸都不喜欢干活,

a³¹ lɯŋ⁵⁵ pa⁵⁵ a³¹ go³¹ a⁵⁵ joŋ⁵⁵ we³¹ a³¹ khaŋ⁵⁵ tsho⁵⁵ a³¹, kɯ³¹ ŋ̥⁵³ ge⁵³
一起　　　　　LOC 小弟　　OBJ 欺侮　　　PEF 天　　助词
他们三个就在一起欺负弱小。

khɯn⁵⁵ go³¹ tɕe⁵⁵ a³¹ lɯŋ³⁵ tha⁵³ ma³¹ la⁵³ a³¹, bɯ⁵⁵ pa⁵⁵ a³¹ ta³¹ saɯ⁵³
一　　LOC 他们　　　吃　寻找　PEF 突然　　　野草
有一天,他们正在找食物,

khɯ³¹ lai⁵⁵ kʲaŋ⁵⁵ krau⁵³ khɯn⁵⁵ i⁵⁵ ja³¹ hɯ³¹ tʲɯŋ⁵³ bo³¹,　tɕe⁵⁵ a³¹ lɯŋ³⁵
地上　　　　驴　一　　　住　看见　　　DIR-AW 他们
突然看见草地上有一头驴,

krau⁵³ we⁵⁵ tha⁵³ ja³¹　ho³¹. krau⁵³ we⁵⁵ hɯ³¹ tʲɯŋ⁵³ a³¹　ta³¹ phɯ⁵⁵, ta³¹ m̥⁵⁵,
驴　TOP 吃　PRES MER 驴　　TOP 看见　　　PEF 狐狸　　　狗熊
他们便想吃了驴。驴看到狼、

ta³¹ prɯ³⁵ ha³¹ pʲan⁵⁵ ha³¹ tʲo⁵⁵ a³¹ kau³⁵ a³¹　tɕe⁵⁵ a³¹ lɯŋ³⁵ haŋ³⁵ we⁵⁵ tha⁵³
狼　　互相　　　　　爬　PEF 他们　　　我　TOP 吃
熊和狐狸走过来,

ja³¹ we⁵⁵ ho³¹. pʲou⁵³ tʲu⁵³ mu³¹ tɕiŋ⁵³ ja³¹ jim⁵⁵ ça⁵³ li⁵³ ho³¹. we⁵⁵ lɯi⁵⁵ a³¹
PEF 想　MER 跑　　IMM 也　可以 PEF 不　MER　　　想　ASP
知道他们要吃自己,但是逃跑已经来不及了,

go⁵⁵ pɯi⁵³ n̠oŋ⁵³ khɯn⁵⁵ we⁵⁵ i⁵⁵ ja³¹. krau⁵³ tɕe⁵⁵ la⁵³, a³¹ tʲa⁵⁵ je⁵⁵
又　办法　　　一　　TOP　有 PEF 驴　　他　说　现在　　TOP

只好想了一个办法，驴说：

ka³¹ thɯ⁵⁵ ma⁵⁵ go⁵⁵, haŋ³⁵ ka³¹ ba⁵⁵ ɕoŋ³⁵ ho³¹ tho?⁵³ mu³¹ dɯ³⁵ a³¹　jim⁵⁵.
春　　ASP　　我　很　　干　MER 肉　也　多　PRES 不

"现在是春天，我很瘦，没有很多肉，

haŋ³⁵ dʲɯŋ⁵³ a³¹　ta³¹ ɕa⁵³ li⁵³ ja³¹ go³¹ ne⁵³ a³¹ ne⁵⁵ haŋ³⁵ we⁵⁵ tha⁵³ di⁵⁵ a⁵⁵.
我　胖　　PEF ITE 后　　　　　又　你们　我　TOP　吃　PROS

等到我吃胖了，你们再吃我吧。"

ta³¹ phɯ⁵⁵, ta³¹ m̥⁵⁵, ta³¹ prɯ³⁵ we⁵⁵ ja³¹ krau⁵³ ma³¹ ro⁵⁵ a³¹ we⁵⁵ ɕa⁵³　jim⁵⁵
狐狸　　狗熊　狼　　想　PEF 驴　说　　　那个　　错误 不是

狼、熊和狐狸觉得驴说的对，

la⁵⁵ we⁵³ ho³¹. we⁵⁵ go³¹ ka³¹ thɯ⁵⁵ khi⁵³ ja³¹　ne⁵³ tha⁵³ la⁵³ ma³¹ ro⁵⁵ ga³⁵
MER　　　　那之后 秋　　　到　PRES 又　吃　TOP 说　　REC

因此，决定等到秋天再吃驴。

a³¹. krau⁵³ tɕe⁵⁵ we⁵⁵ ta³¹ phɯ⁵⁵, ta³¹ m̥⁵⁵, ta³¹ prɯ³⁵ tha⁵³ ja³¹
PEF 驴　他　TOP 狐狸　　狗熊　狼　　吃　PRES

驴已经忘了敌人要吃他，

we⁵⁵ ma³¹ sa⁵³ goŋ³⁵ ho³¹. we⁵⁵ pʲen⁵⁵ ta³¹ phɯ⁵⁵, ta³¹ m̥⁵⁵, ta³¹ prɯ³⁵
忘记　　　PEF　　　于是　狐狸　　狗熊　狼

tɕe⁵⁵ a³¹ lɯŋ³⁵ we⁵⁵ ma³¹ sa⁵³ ho³¹ jim⁵⁵. tɕe⁵⁵ a³¹ lɯŋ³⁵ bɯ³¹ doŋ⁵³ ta³¹ saɯ⁵³
他们　　　忘记　　　MER 不是 他们　　又　　野草

可是狼、熊和狐狸却没有忘，

kʲaŋ⁵⁵ ha³¹ na⁵⁵ na⁵⁵ a³¹ go³¹ krau⁵³ we⁵⁵ ma³¹ la⁵³ na⁵⁵ goŋ³⁵ ho³¹. krau⁵³
上　来　　ROU PEF 驴　那 寻找　ROU PEF　驴

他们又来到草地上找驴，

we⁵⁵ tɕe⁵⁵ a³¹ lɯŋ³⁵ ha³¹ na⁵⁵ na⁵⁵ hɯ³¹ tʲɯŋ⁵³ a³¹ go³¹ bɯ³¹ doŋ⁵³ we⁵⁵ i⁵⁵

TOP 他们　　　　来　　ROU 看见　　PEF 又　　　想　　有
驴看到他们来了，又想出一个办法，

na⁵⁵ a³¹ go³¹ ma³¹ ro⁵⁵ a³¹. a³¹ ne⁵⁵ haŋ³⁵ we⁵⁵ tha⁵³ ja³¹ bʲeŋ⁵³ haŋ³⁵ çi⁵⁵
ROU PEF　说话　PEF 你们　我　TOP 吃　PEF 如果　我　死
说："你们要吃我，我马上要死了，

tʲu⁵³ ja³¹, ŋ̍⁵⁵　ka³¹ dʲɯ⁵⁵ ta³¹ saɯ⁵³ kʲaŋ⁵⁵ go³¹ bei³⁵ kʲɯ⁵³.　ka³¹ da³⁵ bei³⁵
IMM　我们 全部　　野草　上　LOC 跳　祈使语气 怎样　　跳
我们在草地上跳个舞吧。

ja³¹ pɯi⁵³ ɳoŋ⁵³ we⁵⁵ ŋ̍⁵⁵ tɕu³¹ ka³¹ rʷi⁵⁵ a³¹ lɯŋ⁵⁵ pa⁵⁵ a³¹ tʲã⁵⁵ a³¹ go³¹ bei³⁵
NOM 办法　　　TOP 我们　绳子　一起　　　系 PEF　跳
跳法是用一条绳子把我们连在一起，

ja³¹. haŋ³⁵ ka³¹ lɯŋ⁵⁵ ma⁵⁵ go⁵⁵, haŋ³⁵ ha⁵⁵ joŋ⁵⁵ bei³⁵ ja³¹, a³¹ ne⁵⁵ plɯŋ⁵⁵
PEF 我　高　ASP　　我　先　　跳 PEF 你们　后
我个子高，在最前面，

go³¹ bei³⁵ dza³¹. ta³¹ phɯ⁵⁵, ta³¹ m̥⁵⁵, ta³¹ prɯ³⁵ we⁵⁵ krau⁵³ ma³¹ ro⁵⁵ a³¹
LOC 跳　DIR-TO 狐狸　　狗熊　狼　　TOP 驴　说话　PEF
你们跟在后面。"狼、熊和狐狸答应了驴，

tiŋ⁵⁵ bo³¹.　tɕe⁵⁵ a³¹ lɯŋ³⁵ we⁵⁵ mu³¹ a³¹ jim⁵⁵ krau⁵³ we⁵⁵ ka³¹ ro⁵³ lɯ³¹
答应 DIR-AW 他们　　　想 也　PEF 不是 驴　TOP 快　　越
但是他们没想到驴越跳越快，

ka³¹ ro⁵³ lɯ³¹ du⁵³ di⁵⁵　ga³⁵ bo³¹.　ta³¹ saɯ⁵³ kʲaŋ⁵⁵ pʲou⁵³ di⁵⁵　ga³⁵
快　越　跳 PRES CON DIR-AW 野草　　上　跑　PRES CON
从草地跑到山边，

a³¹ go⁵⁵ thʲɯ⁵⁵ ja⁵⁵ mboŋ⁵⁵ khi⁵³ ho³¹, thʲɯ⁵⁵ ja⁵⁵ mboŋ⁵⁵ go³¹ pʲou⁵³ di⁵⁵
后　山　旁边　到 MER 山　旁边　LOC 跑　PRES
从山边跑到山顶。

ga³⁵ a³¹ go⁵⁵ dzaɯ⁵³ kʲaŋ⁵⁵ khi⁵³ ho³¹. we⁵⁵ pʲeŋ⁵⁵ ta³¹ phɯ⁵⁵, ta³¹ m̥⁵⁵,
CON 后　顶部　上　到 MER 于是　　狐狸　　狗熊

ta³¹ prɯ³⁵ we⁵⁵ krau⁵³ ta³¹ breŋ⁵³ tha⁵³ tɕiŋ⁵⁵ a³¹ jim⁵⁵, we⁵⁵ lɯi⁵⁵ bʲe⁵⁵, gɯ⁵³
狼　　TOP 驴　肉　　吃　到　PEF 没　于是　　　　累
结果，狼、熊和狐狸没有吃上驴肉，

ja³¹ go³¹ ɕi⁵⁵ goŋ³⁵ a³¹ la⁵³.
时候　死　PEF　　HS
累死了。

　　从前，在一座山上，狼、熊和狐狸都不喜欢干活，他们三个就在一起欺负弱小。有
一天，他们正在找食物，突然看见草地上有一头驴，他们便想吃了驴。驴看到狼、熊和
狐狸走过来，知道他们要吃自己，但是逃跑已经来不及了，只好想了一个办法，驴说：
"现在是春天，我很瘦，没有很多肉，等到我吃胖了，你们再吃我吧。"狼、熊和狐狸
觉得驴说的对，因此，决定等到秋天再吃驴。驴已经忘了敌人要吃他，可是狼、熊和狐
狸却没有忘，他们又来到草地上找驴，驴看到他们来了，又想出一个办法，说："你们
要吃我，我马上要死了，我们在草地上跳个舞吧。跳法是用一条绳子把我们连在一起，
我个子高，在最前面，你们跟在后面。"狼、熊和狐狸答应了驴，但是他们没想到驴越
跳越快，从草地跑到山边，从山边跑到山顶。结果，狼、熊和狐狸没有吃上驴肉，却累
死了。

2.97　狼来了

ha⁵⁵ joŋ⁵⁵ go³¹, kɯ³¹ tɕi⁵³ a³¹ ku⁵³ ja³¹ a⁵⁵ khɯn⁵⁵ i⁵⁵ ja³¹. tɕe⁵⁵ n̩⁵³
从前　LOC 山羊　守　NOM 孩子 一　　有 PEF 他　白天
从前，有个放羊的孩子，

la³¹ mɯŋ³⁵ thʲɯ⁵⁵ ja⁵⁵ go³¹ kɯ³¹ tɕi⁵³ a³¹ ku⁵³ bo⁵³ a³¹. kɯ³¹ n̩⁵³ khɯn⁵⁵ go³¹,
每　　山　　LOC 山羊　守　去 PEF 天　一　　LOC
他每天都去山上放羊。有一天，

tɕe⁵⁵ thʲɯ⁵⁵ ja⁵⁵ go³¹ kɯ³¹ tɕi⁵³ a³¹ ku⁵³ a³¹. tɕe⁵⁵ ɕim⁵⁵ mu³¹ ba⁵³ ja³¹ aŋ⁵⁵
他　山　　LOC 山羊　守　PEF 他　什么 也　做 NOM 有
他在山上放羊，觉得没什么事可做，

jim⁵⁵ la⁵³ we⁵³ ho³¹ go³¹ me³⁵ tɕu³¹ doŋ³¹ roŋ⁵⁵ ka⁵⁵ a³¹. we⁵⁵ go³¹, tɕe⁵⁵
没 PROS　　　　因为 别人　ALLA 开玩笑 PROS 那之后　他
就想和大家开玩笑，于是，

thʲɯ⁵⁵ ja⁵⁵ ha³¹ la⁵⁵ ɳu³¹ kha³¹ lʲau⁵⁵ ba⁵³ ja³¹ me³⁵ we³¹ gra³⁵ a³¹:
山　　　下面　　ALLA 农民　　　　　　　　　　DAT 喊　PEF
他向山下正在种田的农夫们大声喊：

kʷaɯ⁵³ ta³¹ prɯ³⁵ ha³¹ na⁵⁵ wa³¹, kʷaɯ⁵³ ta³¹ prɯ³⁵ ha³¹ na⁵⁵ wa³¹, haŋ³⁵
豺狗　　　　　来　　PROS 豺狗　　　　　来　　PROS 我
"狼来了，狼来了，帮帮我啊！"

we⁵⁵ a³¹ brɯŋ⁵⁵ bo⁵³ mʲoŋ³⁵. kha³¹ lʲau⁵⁵ ba⁵³ ja³¹ me³⁵ gra³⁵ a³¹ tha³¹ tʲɯŋ⁵³
TOP 帮助　想　　农民　　　　　　　　喊　PEF 听见
农夫们听到喊声，

a³¹ go⁵⁵, ka³¹ ro⁵³ thɯi⁵³ ta³¹ ko⁵³ ɕi³⁵ a³¹ go³¹ thʲɯ⁵⁵ ja⁵⁵ ɳu³¹ pʲou⁵³ a³¹.
后　　立刻　　　锄头　拿 PEF　山　　LOC 跑　PEF
急忙拿着锄头往山上跑，

tɕe⁵⁵ a³¹ lɯŋ³⁵ pʲou⁵³ tʲɯ³⁵　　gra³⁵ a³¹, a⁵⁵　rai⁵³ jim⁵⁵ bo⁵³ m⁵⁵　ŋ⁵⁵
他们　　跑　边……边喊 PEF 孩子 怕　不　表不肯定 我们
他们边跑边喊："孩子，不要害怕，

nuŋ³⁵ we⁵⁵ hok⁵³ a³¹ brɯŋ⁵⁵ tʲu³¹. kha³¹ lʲau⁵⁵ ba⁵³ ja³¹ me³⁵ tɕu³¹ khi⁵³
你　TOP 打　帮助　IMM 农民　　　　　　　们　到
我们来帮你打狼。"

ja³¹ go³¹ ɕim⁵⁵ mu³¹ i⁵⁵ jim⁵⁵. kɯ³¹ tɕi⁵³ a³¹ ku⁵³ ja³¹ me³⁵ a⁵⁵　we⁵⁵ ha⁵⁵ ha⁵⁵
后　什么 也　不在　山羊　守　NOM 人　孩子 TOP 哈哈
农夫们跑到山上一看，什么也没有。

la⁵³ ma³¹ ra⁵⁵ a³¹ go³¹ ma³¹ ro⁵⁵ a³¹: haŋ³⁵ a³¹ ne⁵⁵ we³¹ la⁵³ ha³¹ lau⁵³ di⁵⁵.
HS 笑　PEF 说　　PEF 我　你们　DAT 骗　　　　PRES
放羊的孩子哈哈大笑说："你们被我骗了。"

kɯ³¹ ja⁵⁵ ka³¹ n⁵⁵ a³¹ na⁵³ go³¹, kɯ³¹ tɕi⁵³ a³¹ ku⁵³ ja³¹ a⁵⁵　we⁵⁵ bɯ³¹ doŋ⁵³
晚上　二　早晨　LOC 山羊　守　NOM 孩子 TOP 又
第二天，放羊的孩子又在山上喊：

graᵌ⁵ naⁿ⁵⁵. kʷaɯ⁵³ taᵌ¹ prɯᵌ⁵ haᵌ¹ naⁿ⁵⁵ waᵌ¹, kʷaɯ⁵³ taᵌ¹ prɯᵌ⁵ haᵌ¹ naⁿ⁵⁵
喊　ROU　豺狗　　　　　　来　　PROS　豺狗　　　　　　来
"狼来了，狼来了，

waᵌ¹, haŋᵌ⁵ weⁿ⁵⁵ aᵌ¹ brɯŋ⁵⁵ boⁿ⁵³ mʲoŋᵌ⁵. khaᵌ¹ lʲauⁿ⁵⁵ baⁿ⁵³ jaᵌ¹ meᵌ⁵ bɯᵌ¹ doŋⁿ⁵³
PROS　我　TOP　帮助　　　想　　　农民　　　　　　　　又
帮帮我啊！"

thʲɯ⁵⁵ jaⁿ⁵⁵ ȵuᵌ¹ kʷaɯ⁵³ taᵌ¹ prɯᵌ⁵ hokⁿ⁵³ aᵌ¹ brɯŋ⁵⁵ jaᵌ¹ haᵌ¹ naⁿ⁵⁵ naⁿ⁵⁵.
山　　　LOC　豺狗　　　　　　　打　帮助　PEF　来　　ROU
农夫又冲上来帮他打狼，

aᵌ¹ tʲaⁿ⁵⁵ haᵌ¹ naⁿ⁵⁵ aᵌ¹　muᵌ¹ ɕimⁿ⁵⁵ muᵌ¹ iⁿ⁵⁵　　hoᵌ¹ jimⁿ⁵⁵. kɯᵌ¹ tɕiⁿ⁵³ aᵌ¹ kuⁿ⁵³ jaᵌ¹
现在　来　　PEF　也　什么　也　存在 MER　没　山羊　守　NOM
可是还是没有看见狼，

meᵌ⁵ aⁿ⁵⁵　weⁿ⁵⁵ haⁿ⁵⁵ haⁿ⁵⁵ laⁿ⁵³ maᵌ¹ raⁿ⁵⁵ tʲɯᵌ⁵ maᵌ¹ roⁿ⁵⁵ aᵌ¹, aᵌ¹ neⁿ⁵⁵ weⁿ⁵⁵
人　孩子 TOP　哈哈　　HS　笑　　　边……边说　PEF　你们　TOP
放羊的孩子大笑说：

aᵌ¹ tʲaⁿ⁵⁵ muᵌ¹ laⁿ⁵³ haᵌ¹ lauⁿ⁵³ koŋᵌ⁵ aᵌ¹. meᵌ⁵ kaᵌ¹ dʲɯᵌ⁵ khemⁿ⁵⁵ mʲoŋⁿ⁵⁵ hoᵌ¹.
现在　也　骗　　　CAU　　　人　大家　生气　　　　MER
"你们又被我骗了。"大家都很生气，

aᵌ¹ mʲuⁿ⁵⁵ goᵌ¹ meᵌ⁵ tɕuᵌ¹ tɕeⁿ⁵⁵ tɯᵌ¹ kɯⁿ⁵⁵ weⁿ⁵³ lɯŋⁿ⁵⁵ jimⁿ⁵⁵. kɯᵌ¹ ȵⁿ⁵³ kaᵌ¹ nⁿ⁵⁵
今后　　LOC　别人　他　话　　不信任　　天　　二
从此再也不相信他的话了。

kaᵌ¹ sɯŋᵌ⁵ ɕaⁿ⁵³ liⁿ⁵³ jaᵌ¹ goᵌ¹, kʷaɯ⁵³ taᵌ¹ prɯᵌ⁵ gɯᵌ¹ lɯiⁿ⁵³ dʑimᵌ⁵ haᵌ¹ naⁿ⁵⁵
三　　后　　　　豺狗　　　　　　真正的　　　来
过了几天，狼真的来了，

hoᵌ¹. kɯᵌ¹ tɕiⁿ⁵³ dɯᵌ⁵ dɯŋⁿ⁵³　thaⁿ⁵³ koŋᵌ⁵ hoᵌ¹. kɯᵌ¹ tɕiⁿ⁵³ aᵌ¹ kuⁿ⁵³ jaᵌ¹ meᵌ⁵
MER　山羊　多　充分的　吃　CAU　MER　山羊　　守　NOM　人
吃了很多羊，

aⁿ⁵⁵　weⁿ⁵⁵ pɯiⁿ⁵⁵ daⁿ⁵⁵ raiⁿ⁵³ hoᵌ¹, khaᵌ¹ lʲauⁿ⁵⁵ baⁿ⁵³ jaᵌ¹ meᵌ⁵ weⁿ⁵⁵ tɕuᵌ¹ weᵌ¹

孩子 TOP 很　　怕 MER 农民　　　　　　　　　那些　　DAT
放羊的孩子非常害怕，

gra³⁵ a³¹, kʷaɯ⁵³ ta³¹ prɯ³⁵ ha³¹ na⁵⁵ wa³¹, kʷaɯ⁵³ ta³¹ prɯ³⁵ ha³¹ na⁵⁵ wa³¹,
喊　PEF 豺狗　　　来　　PROS 豺狗　　　　来　　PROS
向农夫们喊："狼来了，狼来了，

haŋ³⁵ we⁵⁵ a³¹ brɯŋ⁵⁵ bo⁵³ mʲoŋ³⁵. kʷaɯ⁵³ ta³¹ prɯ³⁵ gɯ³¹ lɯi⁵³ dʑim³⁵
我　TOP 帮助　　想　　豺狗　　　　真正的
帮帮我啊！狼真的来了。"

ha³¹ na⁵⁵ ho³¹. kha³¹ lʲau⁵⁵ ba⁵³ ja³¹ me³⁵ tɕe⁵⁵ gra³⁵ a³¹　tha³¹ tʲɯŋ⁵³ a³¹ go⁵⁵,
来　　MER 农民　　　　　　　　　他　喊　PEF 听见　　后
农夫们听到他的喊声，

tɕe⁵⁵ a³¹ tʲa⁵⁵ mu³¹ la⁵³ ha³¹ lau⁵³ a³¹ gra³⁵ a³¹　we⁵⁵ ho³¹. me³⁵ ka³¹ dʲɯ³⁵
他　现在　也　说谎　　　　喊　PEF 想 MER 人　大家
以为他又在说谎，

tɕe⁵⁵ we³¹ hʷeŋ⁵⁵ mu³¹ jim⁵⁵. me³⁵ tɕu³¹ tɕe⁵⁵ we⁵⁵ a³¹ brɯŋ⁵⁵ bo⁵³ aŋ⁵⁵ jim⁵⁵.
他　CMT 看　也　不　别人　他　TOP 帮助　　去　有　没
大家都不理他，没有人去帮他，

we⁵⁵ li⁵³ ja³¹ go³¹, kɯ³¹ tɕi⁵³ we⁵⁵ kʷaɯ⁵³ ta³¹ prɯ³⁵ tha⁵³ a³¹ dɯŋ⁵⁵ koŋ³⁵ ho³¹.
后　　　　LOC 山羊　TOP 豺狗　　　　吃　完　CAU MER
结果他的羊都被狼咬死了。

　　从前，有个放羊的孩子，他每天都去山上放羊。有一天，他在山上放羊，觉得没什么事可做，就想和大家开玩笑，于是，他向山下正在种田的农夫们大声喊："狼来了，狼来了，帮帮我啊！"农夫们听到喊声，急忙拿着锄头往山上跑，他们边跑边喊："孩子，不要害怕，我们来帮你打狼。"农夫们跑到山上一看，什么也没有。放羊的孩子哈哈大笑说："你们被我骗了。"第二天，放羊的孩子又在山上喊："狼来了，狼来了，帮帮我啊！"农夫又冲上来帮他打狼，可是还是没有看见狼，放羊的孩子大笑说："你们又被我骗了。"大家都很生气，从此再也不相信他的话了。过了几天，狼真的来了，吃了很多羊，放羊的孩子非常害怕，向农夫们喊："狼来了，狼来了，帮帮我啊！狼真的来了。"农夫们听到他的喊声，以为他又在说谎，大家都不理他，没有人去帮他。结果他的羊都被狼咬死了。

2.98　三只小猪

maˈ³¹ tʲɯŋ⁵⁵ kʲan⁵⁵ go³¹, bɯ³¹ lʲɯ⁵⁵ kru³⁵ khɯn⁵⁵ bɯ³¹ lʲɯ⁵⁵ a⁵⁵ ka³¹ sɯŋ³⁵ i⁵⁵
村　　　里　　LOC　母猪　　　　　　一　　猪崽　　三　　　有
村里住着一位猪妈妈和三只可爱的小猪。

ja³¹. kɯ³¹ lʲoŋ⁵⁵ ge⁵³ go³¹, bɯ³¹ lʲɯ⁵⁵ kru³⁵ we⁵⁵ a⁵⁵　ka³¹ sɯŋ³⁵ we⁵⁵ we³¹
PRES 晚上　　　助词　LOC　母猪　　　　　TOP　孩子　三　　　那　　DAT
一天晚上，猪妈妈对三只小猪说：

ma³¹ ro⁵⁵ a³¹: a³¹ ne⁵⁵ ta³¹ tsai⁵⁵ ɕa⁵³ ma³¹ go⁵⁵. a³¹ ne⁵⁵ thɯi⁵³ tha⁵³ tʲu⁵³ ja³¹
说话　PEF 你们　年长　　变　助词　　你们　自己　吃　IMM
"你们已经长大了，应该独立生活了，

tim³⁵ tʲu⁵³ ja³¹ ma³¹ la⁵³ noŋ⁵⁵ ma³¹ go⁵⁵. a³¹ ne⁵⁵ thɯi⁵³ ŋ̍³⁵　ta³¹ rɯ⁵³ tʲu⁵³
喝　IMM　寻找　要　助词　你们　自己　房屋　建设　IMM
你们要自己盖房子，

a³¹ go⁵⁵ i⁵⁵ noŋ⁵⁵ ma³¹ go⁵⁵. bɯ³¹ lʲɯ⁵⁵ a⁵⁵ ka³¹ sɯŋ³⁵ we⁵⁵ ta³¹ we⁵⁵ we⁵⁵ a³¹
后　住　要　助词　猪崽　　　三　　　TOP　心　　想　PEF
然后搬出去住吧。"三只小猪开始思考自己要盖什么样的房子。

ŋ̍³⁵　ɕim⁵⁵ ta³¹ rɯ⁵³ ja³¹. ta³¹ tsai⁵⁵ joŋ⁵⁵ ha⁵⁵ joŋ⁵⁵ ŋ̍³⁵　ba⁵³ a³¹, tɕe⁵⁵ kʲe³⁵
房屋 什么　建设　PRES 年长　　　先　　房屋 做　PEF 他　稻子
老大先动手了，他抱来很多稻草，

ta³¹ sɯ⁵³ dɯ³⁵ gui³⁵ dza³¹　ho³¹ kʲe³⁵ ta³¹ saɯ⁵³ ŋ̍³⁵　ta³¹ rɯ⁵³ ja³¹ go³¹
野草　多　抱　DIR-TO MER 稻子　野草　　房屋　建设　后
搭建了一座稻草屋，

ha³¹ lʲo⁵⁵ a³¹ go³¹ gra³⁵ a³¹, haŋ³⁵ ŋ̍³⁵　aŋ⁵⁵ la⁵³. kɯ³¹ ja⁵⁵ ka³¹ n̍⁵⁵ go³¹,
高兴　PEF　喊　PEF 我　房屋　有　HS　晚上　二　　LOC
高兴地喊："我有自己的房子了。"第二天，

a⁵⁵ joŋ⁵⁵ we⁵⁵ mu³¹ ŋ̍³⁵　ta³¹ rɯ⁵³ ja³¹　ma³¹ dʲoŋ⁵⁵ a³¹. tɕe⁵⁵ thʲɯ⁵⁵ ja⁵⁵
小弟　TOP 也　房屋　建立　PRES 准备　　PROS 他　山
老二也准备盖房子，

kʲaŋ⁵⁵ go³¹ ta³¹ hu⁵³ dɯ³⁵ tʲɯ⁵⁵ ho³¹. tɕa³¹ pla⁵⁵ ni⁵³ ho³¹. raŋ⁵⁵ ɕa⁵³ jim⁵⁵
上　 LOC　木料　多　砍　MER　板子　　割　MER 不久
他到山上砍了许多木头，锯成木板，不久，

go³¹, a⁵⁵ joŋ⁵⁵ mu³¹ ma³¹ sen⁵³ ŋ̍³⁵ khɯn⁵⁵ ta³¹ rɯ⁵³ ho³¹. a⁵⁵ joŋ⁵⁵ ŋ̍³⁵ we⁵⁵
LOC 小弟　 也　 木房　　　　一　 建设　 MER 小弟　 房屋 TOP
老二也盖好了自己的木房子，

ta³¹ tsai⁵⁵ joŋ⁵⁵ doŋ³¹ mu³¹ ma³¹ thɯŋ⁵⁵ joŋ³⁵. bɯ³¹ lʲɯ⁵⁵ a⁵⁵
年长　　　　 COC 也　牢　　　　 比较标记猪崽
老二的房子比老大的要结实。

kɯ³¹ tʲe⁵³ e⁵⁵ we⁵⁵ raŋ⁵⁵ thɯi⁵³ we⁵⁵ ma³¹ la⁵⁵ phlaŋ³⁵ ŋ̍³⁵ 　khɯn⁵⁵ ta³¹ rɯ⁵³
小的　　　 TOP 半天 后　 决定　　　 石头　 房屋 一　　 建设
最小的小猪想了很久，决定要建一栋用石头砌成的房子，

ja³¹ 　we⁵⁵ di⁵⁵. phlaŋ³⁵ ŋ̍³⁵ 　ta³¹ rɯ⁵³ a³¹ go³¹ pɯi⁵⁵ da⁵⁵ ma³¹ thɯŋ⁵⁵ ɕa⁵³
PRES 想 PRES 石头　 房屋 建设　 PEF 很　　 牢　　　　变
这种石头房子是非常坚固的，

bo⁵³ m̍⁵⁵ deŋ³⁵. ka³¹ ra³⁵ ma³¹ n̩a⁵³ a³¹ 　ha³¹ rɯŋ⁵⁵ a³¹ 　mu³¹ rai⁵³ jim⁵⁵.
表估计　　 雨　 下　 PRES 风　　 PRES 也　怕　不
不怕风吹雨打，

we⁵⁵ go³¹ bʲeŋ⁵³, phlaŋ³⁵ ŋ̍³⁵ 　e⁵⁵ ta³¹ rɯ⁵³ a³¹ go³¹ pɯi⁵⁵ da⁵⁵ gɯ⁵³ tʲu⁵³.
那之后　 如果 石头　 房屋 这 建设　 PEF 很　　 累　 IMM
可是建这样的房子非常辛苦。

raŋ³⁵ ɕa⁵³ phlaŋ³⁵ ŋ̍³⁵ 　ta³¹ rɯ⁵³ a³¹ dɯŋ⁵⁵. kɯ³¹ n̩⁵³ ge⁵³ khɯn⁵⁵ go³¹,
很久　　 石头　 房屋 建设　 完　 天　　 助词 一　 LOC
经过了很长时间，他的房子也盖好了。有一天，

kʷaɯ⁵³ ta³¹ prɯ³⁵ khɯn⁵⁵ ha³¹ na⁵⁵ ho³¹. ta³¹ tsai⁵⁵ joŋ⁵⁵ we⁵⁵ ka³¹ ro⁵³ thɯi⁵³
豺狗　　　　　　 一　 来　 MER 年长　　　　 TOP 立刻
来了一只狼，

kʲe³⁵ ta³¹ saɯ⁵³ ŋ̍³⁵   kʲan⁵⁵ go³¹ moŋ³⁵ goŋ³⁵ bo³¹.   we⁵⁵ lɯi⁵⁵ bʲe⁵⁵
稻子 野草   房屋 里 LOC 躲   PEF DIR-AW 然后
老大赶忙躲进自己的稻草屋，

kʷaɯ⁵³ ta³¹ prɯ³⁵ we⁵⁵ kʲe³⁵ ta³¹ saɯ⁵³ ŋ̍³⁵   we⁵⁵ we³¹ moŋ⁵³ ha³¹ rɯŋ⁵⁵
豺狗   TOP 稻子 野草   房屋 那 CMT 吹   风
可是，狼一下就把稻草屋吹倒了，

goŋ³¹ bo³¹. we⁵⁵ pʲen⁵⁵ ta³¹ tsai⁵⁵ joŋ⁵⁵ we⁵⁵ a⁵⁵ joŋ⁵⁵ ŋ̍³⁵   n̠u³¹ pʲou⁵³
PEF   结果   年长   TOP 小弟   房屋 LOC 跑
老大只好逃到老二家，

goŋ³¹ bo³¹. kʷaɯ⁵³ ta³¹ prɯ³⁵ we⁵⁵ ka³¹ ro⁵³ thɯi⁵³ dʲoŋ⁵⁵ dza³¹ go³¹ la⁵³. e⁵⁵
PEF   豺狗   TOP 快   追   DIR-TO   HS   这
狼很快追了过来，

ma³¹ sen⁵³ ŋ̍³⁵ we⁵⁵ pra⁵⁵ jim⁵⁵. tɕe⁵⁵ bɯk⁵³ ba⁵³ a³¹ bɯk⁵³ ba⁵³ a³¹ ka³¹ leŋ⁵⁵
木房   TOP 坏   他 一下   一下   门
他一下一下地向大门撞去，

we³¹ din⁵⁵ a³¹, raŋ⁵⁵ ɕa⁵³ jim⁵⁵ thɯi⁵³, ma³¹ sen⁵³ ŋ̍³⁵ we⁵⁵ din⁵⁵ lʲa⁵³
CMT 碰 PEF 不久   后   木房   TOP 碰   跌
不一会儿，木头房子就被撞倒了。

goŋ³¹ bo³¹. nen⁵⁵ mro⁵⁵ ka³¹ n⁵⁵ we⁵⁵ a⁵⁵ joŋ⁵⁵ ŋ̍³⁵ n̠u³¹ pʲou⁵³ di³¹ ga³⁵ bo³¹.
PEF   兄弟   二   TOP 小弟   家 LOC 跑   TER DIR-AW
兄弟俩只好逃到最小的小猪家，

kʷaɯ⁵³ ta³¹ prɯ³⁵ we⁵⁵ bɯ³¹ doŋ⁵³ dʲoŋ⁵⁵ dza³¹. phlaŋ³⁵ ŋ̍³⁵   we⁵⁵ ka³¹ da³⁵
豺狗   TOP 又   追   DIR-TO   石头   房屋 TOP 怎样
狼又追上来，

leŋ⁵³ a³¹ mu³¹ leŋ⁵³ ɕi⁵⁵ so⁵³ jim⁵⁵. we⁵⁵ lɯi⁵⁵ a³¹ go⁵⁵, kʷaɯ⁵³ ta³¹ prɯ³⁵
进 PEF 也 进 PSV SEM 不 然后   豺狗
可是狼怎么也进不来，

we⁵⁵ ŋ̍³⁵   kʲaŋ⁵⁵ n̠u³¹ du⁵³ so⁵³ bo³¹.   ŋ̍³⁵   kʲaŋ⁵⁵ n̠u³¹ go³¹ lɯ³¹ gɯm⁵⁵

TOP 房屋 上　　ALLA 跳　SEM DIR-AW 房屋 上　　LOC　　　房脊
最后狼跑到屋顶上，想从屋顶溜进去，

bo⁵³ ja³¹ e⁵⁵ ja³¹. a⁵⁵ joŋ⁵⁵ we⁵⁵ ka³¹ sa⁵³ li⁵³ ja³¹ go³¹ ka³¹ ro⁵³ thɯi⁵³
上　　PSV PRES 小弟　TOP 知道　　后　　　　快
老三发现后，马上点起了火，

na³¹ mun⁵⁵ mun⁵⁵ breχ³⁵ a³¹. kʷaɯ⁵³ ta³¹ prɯ³⁵ we⁵⁵ na³¹ mun⁵⁵ kʲan⁵⁵
火　　　烧　　　PEF 豺狗　　　　　TOP 火　　　里
狼掉进了火里，

ha³¹ rʷi⁵³ goŋ³⁵ dza³¹. lɯ³¹ mun⁵⁵ ka³¹ dʲɯ⁵⁵ gru⁵⁵ goŋ³¹ bo³¹.
掉　　PEF DIR-TO 尾巴　　　全部　　焦　　PEF
整个尾巴都烧着了。

kʷaɯ⁵³ ta³¹ prɯ³⁵ we⁵⁵ gra³⁵ dɯ³⁵ pʲou⁵³ goŋ³⁵ di³¹ ga³⁵ bo³¹.　a³¹ mʲu⁵⁵
豺狗　　　　　TOP 喊　多　跑　　PEF TER　DIR-AW 今后
他大叫着逃走了，

go³¹, bɯ³¹ lʲɯ⁵⁵ a⁵⁵ nen⁵⁵ mro⁵⁵ ka³¹ suɯ³⁵ doŋ⁵³ go³¹ ha³¹ na⁵⁵ a³¹ jim⁵⁵.
LOC 猪崽　　兄弟　三　　又　LOC 来　　PEF 没
再也不敢来找三只小猪的麻烦。

　　村里住着一位猪妈妈和三只可爱的小猪。一天晚上，猪妈妈对三只小猪说："你们已经长大了，应该独立生活了，你们要自己盖房子，然后搬出去住吧。"三只小猪开始思考自己要盖什么样的房子。老大先动手了，他抱来很多稻草，搭建了一座稻草屋，高兴地喊："我有自己的房子了。"第二天，老二也准备盖房子，他到山上砍了许多木头，锯成木板，不久，老二也盖好了自己的木房子，老二的房子比老大的要结实。最小的小猪想了很久，决定要建一栋用石头砌成的房子，这种石头房子是非常坚固的，不怕风吹雨打，可是建这样的房子非常辛苦。经过了很长时间，他的房子也盖好了。有一天，来了一只狼，老大赶忙躲进自己的稻草屋，可是，狼一下就把稻草屋吹倒了，老大只好逃到老二家，狼很快追了过来，他一下一下地向大门撞去，不一会儿，木头房子就被撞倒了。兄弟俩只好逃到最小的小猪家，　狼又追上来，可是狼怎么也进不来，最后狼跑到屋顶上，想从屋顶溜进去，老三发现后，马上点起了火，狼掉进了火里，整个尾巴都烧着了。他大叫着逃走了，再也不敢来找三只小猪的麻烦。

2.99 小马过河

ha³¹ buɯŋ⁵⁵ khɯɯn⁵⁵ kʲan⁵⁵ go³¹, ma³¹ roŋ⁵⁵ ma⁵⁵, ma³¹ roŋ⁵⁵ a⁵⁵, ta³¹ li⁵³ a⁵⁵,
森林 一 里 LOC 马 母亲 马驹 松鼠 小
在森林里，住着马妈妈、小马、小松鼠和老牛。

ma³¹ tsau⁵³ ta³¹ paɯ⁵⁵ i⁵⁵ ja³¹ la⁵³. kɯ³¹ ŋ̩⁵³ ge⁵³ khɯɯn⁵⁵ go³¹, ma³¹ roŋ⁵⁵
牛（总称） 老 住 PEF HS 天 助词一 LOC 马

ma⁵⁵ we⁵⁵ ma³¹ roŋ⁵⁵ a⁵⁵ we⁵⁵ ma³¹ ro⁵⁵ a³¹, ȵuŋ³⁵ a³¹ tʲa⁵⁵ ta³¹ tsai⁵⁵ ça⁵³
母亲 TOP 马驹 向 说 PEF 你 现在 年长 变
一天，马妈妈对小马说："你已经长大了，

ja³¹ a³¹ go⁵⁵. a³¹ ma⁵⁵ we⁵⁵ kha³¹ lʲau⁵⁵ ba⁵³ a³¹ brɯɯŋ⁵⁵ ja³¹. ȵuŋ³⁵ a³¹ ma⁵⁵
PRES 后 母亲 TOP 地（一块） 做 帮助 PEF 你 母亲
可以帮妈妈干活了。

we⁵⁵ e⁵⁵ ta³¹ khi³⁵ ge⁵³ ta³¹ tha⁵³ we⁵⁵ ma³¹ tɕi⁵³ mʲu⁵⁵ ma³¹ tʲɯɯŋ⁵⁵ go³¹ sa⁵³
TOP 这 粮食袋 助词 粮食 TOP 河 对面 村 LOC 送
你帮妈妈把这袋粮食送到河对面的村子里。"

ŋ̩³⁵ kʲɯ⁵³. ma³¹ roŋ⁵⁵ a⁵⁵ we⁵⁵ ha³¹ lʲo⁵⁵ a³¹ go³¹ ma⁵⁵ la⁵³ we⁵⁵ tiŋ⁵⁵
给 祈使语气 马驹 TOP 高兴 PEF 母亲 说 并列连词 答应
小马高兴地答应了妈妈，

bo³¹. ta³¹ tha⁵³ glai⁵³ ja³¹ go³¹ bo⁵³ bo³¹. ma³¹ roŋ⁵⁵ a⁵⁵ we⁵⁵ tɕhi⁵³ ja³¹
DIR-AW 粮食 背 后 走 DIR-AW 马驹 TOP 走 PRES
背着粮食走了。

tɕhi⁵³ ja³¹ thɯɯi⁵³ ta³¹ pra⁵⁵ mboŋ⁵⁵ ha³¹ na⁵⁵ bo³¹. ma³¹ tɕi⁵³ a⁵⁵ we⁵⁵
走 PRES 后 岸 旁边 来 DIR-AW 河 小 TOP
小马走着走着来到小河边，

ta³¹ proŋ⁵⁵ aŋ⁵⁵ jim⁵⁵. jo⁵⁵ di⁵⁵ ga³⁵ ja³¹. ma³¹ roŋ⁵⁵ a⁵⁵ we⁵⁵ e⁵⁵ ma³¹ tɕi⁵³
桥 有 没 涉 PRES TER PRES 马驹 TOP 这 河
小河没有桥，只能走过去，

we⁵⁵ ka³¹ da⁵⁵ gie⁵³ rɯm⁵⁵ ka³¹ sa⁵³ jim⁵⁵. we³¹ lɯn³¹ go³¹, tɕe⁵⁵ hɯ³¹ tʲɯŋ⁵³
TOP 多么……也 深 知道 不 这时 他 看见
可是小马不知道这河有多深，

a³¹ ma³¹ tsau⁵³ ta³¹ paɯ⁵⁵ khɯn⁵⁵ ta³¹ pra⁵⁵ go³¹ ta³¹ saɯ⁵³ tha⁵³ a³¹.
PRES 牛（总称）老 一 岸 LOC 野草 吃 PROG
这时，他看见有一头老牛在河边吃草，

pʲou⁵³ di⁵⁵ ga⁵⁵ a⁵⁵ go³¹ ma³¹ tsau⁵³ ta³¹ paɯ⁵⁵ we⁵⁵ we³¹ a³¹ hu³⁵ a³¹.
跑 IMM 近 LOC 牛（总称）老 那 DAT 问 PRES
就跑过去问老牛，

ma³¹ roŋ⁵⁵ a⁵⁵ we⁵⁵ ma³¹ ro⁵⁵ a³¹, ma³¹ tsau⁵³ a³¹ ba³⁵ paɯ⁵⁵ haŋ³⁵ ma³¹ tɕi⁵³
马驹 TOP 说 PEF 牛（总称）伯父 我 河
小马说："牛伯伯，

mʲu⁵⁵ bo⁵³ ja³¹. ɳuŋ³⁵ we³¹ a³¹ hu³⁵ tʲu³⁵ e⁵⁵ ma³¹ tɕi⁵³ we⁵⁵ ka³¹ da³⁵ rɯm⁵⁵.
对面 上 你 DAT 问 打断 这 河 TOP 怎样 深
我要过河去，请问这条河有多深？"

ma³¹ tsau⁵³ ta³¹ paɯ⁵⁵ we⁵⁵ la⁵³: e⁵⁵ ma³¹ tɕi⁵³ we⁵⁵ rɯm⁵⁵ jim⁵⁵. ma³¹ tɕi⁵³
牛（总称）老 TOP 说 这 河 TOP 深 不 水
老牛说："这条河不深，

we⁵⁵ haŋ³⁵ groŋ⁵³ ha³¹ bʲan⁵⁵ ta⁵³ ɕa⁵³ a³¹. ɳuŋ³⁵ bo⁵³ tʲa⁵³. kɯn³⁵ lɯm⁵⁵
TOP 我 腿 齐 变 PRES 你 去 祈使语气 事情
河水才到我的小腿，你走吧，没事。"

jim⁵⁵. ma³¹ roŋ⁵⁵ a⁵⁵ we⁵⁵ kru⁵³ keŋ⁵⁵ ma³¹ ro⁵⁵ a³¹: ka³¹ sa⁵³ bo³¹,
没 马驹 TOP 头 点 说 PEF 知道 DIR-AW
小马点点头说："知道了，

ma³¹ tsau⁵³ a³¹ ba³⁵ paɯ⁵⁵ kho⁵⁵ ta⁵⁵ ɳuŋ³⁵. ma³¹ roŋ⁵⁵ a⁵⁵ we⁵⁵ bo⁵³ ja³¹ e⁵⁵
牛（总称）伯父 谢谢 你 马驹 TOP 走 PRES 这
谢谢牛伯伯。" 小马刚要过河，

thɯi⁵³. ta³¹ li⁵³ a⁵⁵ khɯn⁵⁵ pʲou⁵³ dza³¹ ma³¹ roŋ⁵⁵ a⁵⁵ we³¹ gra³⁵ a³¹.

后　　松鼠　　小一　　　跑　　DIR-TO　马驹　　　　　DAT　喊　　PRES
一只小松鼠跑过来，

ta³¹ li⁵³ a⁵⁵ ma³¹ roŋ⁵⁵ a⁵⁵ la⁵³ e⁵⁵ ma³¹ tɕi⁵³ we⁵⁵ pɯi⁵⁵ da⁵⁵ rɯm⁵⁵. n̥uŋ³⁵
松鼠　　小　马驹　　　说　这　河　　　TOP　很　　　深　　　你
对着小马大喊："小马，小马，这条河很深，

bo⁵³ ha³¹ ne⁵⁵ ta³¹ ŋ⁵⁵ pra⁵⁵ jim⁵⁵. ta⁵⁵ pɯ⁵³ lʲoŋ⁵⁵ go³¹ haŋ³⁵ tɯ³¹ mroŋ⁵⁵
走　　可以　　禁忌　　　　　几天前　　　LOC　我　　朋友
你千万别走。前几天，

khɯn⁵⁵ e⁵⁵ ma³¹ tɕi⁵³ go³¹ tseŋ⁵³ se⁵³ goŋ³⁵ bo³¹.　　ma³¹ roŋ⁵⁵ a⁵⁵ we⁵⁵ ta³¹ li⁵³
一　　这河　　　LOC　淹　死　PEF　DIR-AW　马驹　　　　TOP　松鼠
我的一个朋友就被这条河淹死了。"

la⁵³ we⁵⁵ tha³¹ tʲɯŋ⁵³ a³¹ go³¹, tɕe⁵⁵ bɯ³¹ don⁵³ ma⁵⁵ ma³¹ la⁵³ na⁵⁵ bo⁵³
说　TOP　听见　　PEF　他　又　　母亲　寻找　ROU　去
小马听完小松鼠的话只能回去找妈妈。

bo³¹.　　ma⁵⁵ we⁵⁵ ma³¹ roŋ⁵⁵ a⁵⁵ ta³¹ tha⁵³ glai⁵³ na⁵⁵ dza³¹　ho³¹
DIR-AW　母亲　TOP　马驹　　　粮食　　背　ROU　DIR-TO　MER
妈妈看见小马背着粮食回来了，

hɯ³¹ tʲɯŋ⁵³ a³¹ go³¹ ma³¹ roŋ⁵⁵ a⁵⁵ we³¹ a³¹ hu³⁵ a³¹. ɕim⁵⁵ kɯ³¹ nɯm⁵⁵
看见　　PEF　马驹　　　DAT　问　　PRES　什么　事情
就问小马："遇到什么困难了？"

tɯ³¹ ru⁵³ a³¹? ma³¹ roŋ⁵⁵ a⁵⁵ we⁵⁵ ma³¹ tsau⁵³ ta³¹ paɯ⁵⁵ la⁵³ ma⁵⁵ ta³¹ li⁵³
遇见　　疑问　马驹　　　　TOP　牛（总称）老　　说　和　松鼠

a⁵⁵ tɯ³¹ kɯ⁵⁵ we⁵⁵ ma⁵⁵ we³¹ ha³¹ tʲa⁵⁵ a³¹. ma⁵⁵ we⁵⁵ la⁵³ ma³¹ tɕi⁵³ rɯm⁵⁵
小　话　　　TOP　母亲　DAT　告诉　　PEF　母亲　TOP　说　河　　　深
小马把老牛和小松鼠的话告诉妈妈，

ja³¹　rɯm⁵⁵ jim⁵⁵ n̥uŋ³⁵ haŋ³¹ thɯi⁵³ bo⁵³ ha³¹ rʷeŋ³⁵ goŋ³⁵ a³¹ ne³¹ ka³¹ sa⁵³
PRES　深　　不　自己　　　　走　量　PEF　后　知道
妈妈说："河水到底深不深，只有自己亲自试了之后才知道。

bo⁵³ m̥⁵⁵ deŋ³⁵. bo⁵³ kʲɯ⁵³,　　　a³¹ ma⁵⁵ n̥uŋ³⁵ doŋ⁵³ a³¹ lɯŋ⁵⁵ pa⁵⁵ a³¹
表估计　　　走　祈使语气　母亲　你　都　一起
走，妈妈跟你一起去试试。"

ha³¹ rʷeŋ³⁵ bo⁵³ kʲɯ⁵³.　　we⁵⁵ li⁵³ ja³¹ go⁵⁵, ma³¹ roŋ⁵⁵ a⁵⁵ ma⁵⁵ ma⁵⁵ ma⁵⁵
量　　　走　祈使语气　然后　　　　　马驹　　和　母亲　和

ma³¹ tɕi⁵³ mboŋ⁵⁵ ha³¹ na⁵⁵. ma³¹ roŋ⁵⁵ a⁵⁵ we⁵⁵ tɕe⁵⁵ thɯi⁵³ ma³¹ tɕi⁵³ jo⁵⁵
水　　旁边　来　　马驹　　TOP　他自己　　河　涉
于是小马和妈妈来到小河边，小马亲自过河，

a³¹.　tɕe⁵⁵ hɯ³¹ tʲɯŋ⁵³ a³¹　　ma³¹ tɕi⁵³ we⁵⁵ ma³¹ tsau⁵³ ta³¹ paɯ⁵⁵ la⁵³ we⁵⁵
PRES 他　看见　　PRES 水　　　TOP　牛（总称）老　　说　TOP
他发现河水既没有老牛说的那么浅，

mu³¹ rɯm⁵⁵ jim⁵⁵. ta³¹ li⁵³ a⁵⁵ la⁵³ rɯm⁵⁵ di⁵⁵　kʲɯ⁵³　　mu³¹ jim⁵⁵. ɕim⁵⁵
也　深　不　松鼠　小　说　深　PRES 祈使语气 也　不　什么
也没有小松鼠说的那么深。

go³¹ mu³¹ n̥uŋ³⁵ haŋ³¹ thɯi⁵³ ha³¹ rʷeŋ³⁵ li⁵³ ja³¹ ne³¹ ka³¹ sa⁵³ a³¹.
LOC 也　自己　　　　量　　后　　　知道　PRES
任何事情，只有自己亲自试了才知道。

　　在森林里，住着马妈妈、小马、小松鼠和老牛。一天，马妈妈对小马说："你已经长大了，可以帮妈妈干活了。你帮妈妈把这袋粮食送到河对面的村子里。"小马高兴地答应了妈妈，背着粮食走了。小马走着走着来到小河边，小河没有桥，只能走过去，可是小马不知道这河有多深，这时，他看见有一头老牛在河边吃草，就跑过去问老牛，小马说："牛伯伯，我要过河去，请问这条河有多深？"老牛说："这条河不深，河水才到我的小腿，你走吧，没事。"小马点点头说："知道了，谢谢牛伯伯。"小马刚要过河，一只小松鼠跑过来，对着小马大喊："小马，小马，这条河很深，你千万别走。前几天，我的一个朋友就被这条河淹死了。"小马听完小松鼠的话只能回去找妈妈。妈妈看见小马背着粮食回来了，就问小马："遇到什么困难了？"小马把老牛和小松鼠的话告诉妈妈，妈妈说："河水到底深不深，只有自己亲自试了之后才知道。走，妈妈跟你一起去试试。"于是小马和妈妈来到小河边，小马亲自过河，他发现河水既没有老牛说的那么浅，也没有小松鼠说的那么深。任何事情，只有自己亲自试了才知道。

2.100　四个动物吃果子

bɯ⁵⁵ ja⁵³ ɑ³¹ go⁵⁵, tʲu⁵³ rɯ³¹ goŋ⁵⁵ ta³¹ mim⁵³ ta³¹ me⁵³ jin⁵⁵ i⁵⁵ ja³¹.
很早以前　　　 鸡　兔子　猴子　　大象　　　有 PEF
很久以前，有一只、一只兔、一只猴和一只象，

tɕe⁵⁵ ɑ³¹ lɯŋ³⁵ ka³¹ dʲɯ⁵⁵ pra⁵⁵ ru⁵³ ga³⁵ naŋ⁵⁵ ɑ³¹. tʲu⁵³ we⁵⁵ jim³⁵ ka³¹ sa⁵³
他们　　　 全部　　好 和解　　　 PEF 鸡 TOP 飞　会
他们关系很好。鸡会飞，

ɑ³¹. kɯ³¹ ŋ̍⁵³　khɯn⁵⁵ go³¹, tɕe⁵⁵ ɕi³⁵ ɑ³¹　ma³¹ seŋ⁵⁵ ta³¹ plai⁵⁵ khɯn⁵⁵
PEF 天（量词）一　　 LOC 他　拿 PEF 果子　　种子　　　 一
有一天，他找来一棵果树的种子。

ma³¹ la⁵³ dza³¹　ho³¹. rɯ³¹ goŋ⁵⁵ we⁵⁵ pɯi⁵⁵ da⁵⁵ dzɯ⁵³ ja³¹. tɕe⁵⁵ ma³¹ seŋ⁵⁵
寻找　 DIR-TO MER 兔子　　 TOP 很　　聪明 PEF 他　果子
兔子很聪明，

ta³¹ plai⁵⁵ we⁵⁵ khɯ³¹ lai⁵⁵ kʲan⁵⁵ go³¹ li⁵³ bo³¹,　 ta³¹ mim⁵³ we⁵⁵ e⁵⁵
种子　　 TOP 地　　 里　 LOC 后 DIR-AW 猴子　　 TOP 这
他把种子种在地里，

ma³¹ seŋ⁵⁵ ta³¹ ɕi⁵³ ɕɯ³⁵ ɑ³¹　ka³¹ sa⁵³ ɑ³¹ go⁵⁵, ŋ̍⁵³　 la³¹ mɯŋ³⁵ tɯ³¹ ri⁵⁵
果子　　 结果　　 PEF 知道　后　　 白天 每　　　 肥料
猴知道这棵树可以结果子，就天天给树施肥。

tsho⁵³ ɑ³¹. ta³¹ me⁵³ jin⁵⁵ ma³¹ seŋ⁵⁵　ta³¹ ɕi⁵³ bra⁵⁵ tha⁵³ mu³¹ ho³¹. ŋ̍⁵³
放置 PEF 大象　　　 树（总称）果子　　　 吃　 也 MER 白天
象也想吃果子，

la³¹ mɯŋ³⁵ ha³¹ ɳa⁵³ boŋ⁵⁵ ka³¹ lɯŋ⁵⁵ we⁵⁵ ma³¹ tɕi⁵³ du⁵⁵ ɑ³¹ go³¹ e⁵⁵
每　　 鼻子　　 长　　 TOP 水　　 吮 PEF　这
就天天用长鼻子从河里吸水给树浇水。

ma³¹ seŋ⁵⁵　we⁵⁵ lu⁵³ ɑ³¹. raŋ⁵⁵ ɕa⁵³ jim⁵⁵ thɯi⁵³ ma³¹ seŋ⁵⁵　we⁵⁵ dɯ³¹ rɯŋ⁵⁵
树（总称）TOP 灌 PEF 不久　　　 后　 树（总称）TOP 大
不久，树就长大了，

ça⁵³ ho³¹. ta³¹ çi⁵³ bra⁵⁵ ka³¹ ro⁵³ thɯi⁵³ çi⁵³ ho³¹ tʲu⁵³ ça⁵³ ho³¹. tʲu⁵³ we⁵⁵
变　 MER　果子　　　　 马上　　　　 结果　 MER　变　 MER　鸡　 TOP
很快就结果了。

ma³¹ seŋ⁵⁵　 kʲaŋ⁵⁵ go³¹ ta³¹ çi⁵³ bra⁵⁵ we⁵⁵ çi⁵⁵ tʲɯ³⁵ dɯ³¹ ruŋ⁵⁵ tʲɯ³⁵
树（总称）上　 LOC 果子　　　 TOP 红　又　大　　　 又
鸡看见树上的果子又大又红，

hɯ³¹ tʲɯŋ⁵³ ho³¹. ta³¹ we⁵⁵ kʲan⁵⁵ go³¹ we⁵⁵ a³¹, e⁵⁵ haŋ³⁵ çi³⁵ dza³¹ ta³¹ plai⁵⁵.
看见　　　 MER 心　　 里　 LOC 想　 PEF 这 我　 拿来　　 种子
心里想：这是我带来的种子，

e⁵⁵ ta³¹ çi⁵³ bra⁵⁵ ma³¹ seŋ⁵⁵　 çi³⁵ ho³¹ we⁵⁵ haŋ³⁵ a³¹ ba⁵⁵.
这 果子　　　 树（总称）拿　 MER TOP 我的
所以果子都是我的。

we⁵⁵ lɯi⁵⁵ a³¹ bʲeŋ⁵³ tçe⁵⁵ ŋ̍⁵³　 la³¹ mɯŋ³⁵ ma³¹ seŋ⁵⁵　 kʲaŋ⁵⁵ i⁵⁵　 a³¹ go³¹
于是　　　　　　 他 白天 每　 树（总称）上　 存在 PEF
于是，他每天呆在树上吃果子。

ta³¹ ta³¹ çi⁵³ bra⁵⁵ tha⁵³ a³¹. ta³¹ mim⁵³ ma³¹ seŋ⁵⁵　 çu⁵⁵ bo³¹,　 tçe⁵⁵
ITE 果子　　　 吃　 PEF 猴子　 树（总称）爬　 DIR-AW 他
猴子可以爬树，

ta³¹ çi⁵³ bra⁵⁵ tha⁵³ mʲoŋ³⁵ a³¹ go³¹ ma³¹ seŋ⁵⁵　 kʲaŋ⁵⁵ çu⁵⁵ bo³¹,　 tha³¹ dʲoŋ³⁵
果子　　　 吃　 想　 PEF　 树（总称）上　 爬　 DIR-AW 饱
他想吃果子就爬到树上，

li⁵³ ja³¹ ne⁵³ ha³¹ jau⁵⁵ ha³¹ na⁵⁵ na⁵⁵. ta³¹ me⁵³ jin⁵⁵ tʲɯŋ⁵⁵ we⁵⁵ dɯ³¹ ruŋ⁵⁵,
ASP　 又　 向下　来　　 ROU 大象　　　 身体　 TOP 大
吃饱了就爬下来。象的个子高，

ha³¹ ɳa⁵³ bon⁵⁵ ka³¹ lɯŋ⁵⁵ we⁵⁵ ma³¹ seŋ⁵⁵　 kʲaŋ⁵⁵ go³¹ ta³¹ çi⁵³ bra⁵⁵ çi³⁵ a³¹
鼻子　　　 长　　 TOP 树（总称）上　 LOC 果子　　　 拿 PEF
就用鼻子取树上的果子吃。

tha⁵³ a³¹. rɯ³¹ goŋ⁵⁵ we⁵⁵ ta³¹ ɕi⁵³ bra⁵⁵ tha⁵³ tɕiŋ⁵⁵ a³¹ jim⁵⁵ a³¹ go⁵⁵
吃　PEF　兔子　　　TOP　果子　　　吃　获得　PEF　不　后

pɯi⁵⁵ da⁵⁵ khem⁵⁵ mʲoŋ⁵⁵ ho³¹. e⁵⁵ ma³¹ seŋ⁵⁵　we⁵⁵ dɯ³¹ rɯŋ⁵⁵ tʲɯ³⁵
很　　生气　　　　　MER　这 树（总称）　TOP　大　　　又
兔子吃不到果子很生气。

ka³¹ lɯŋ⁵⁵ tʲɯ³⁵ ɕa⁵³ goŋ³⁵ ho³¹. ta³¹ me⁵³ jin⁵⁵ mu³¹ ta³¹ ɕi⁵³ bra⁵⁵ tha⁵³ jim⁵⁵
高　　又　变　PEF　大象　　　也　果子　　　吃　不
这棵树越长越高，大象也吃不到果子了，

ɕa⁵³ goŋ³⁵ ho³¹. tɕe⁵⁵ a³¹ lɯŋ³⁵ khu⁵³ ga³⁵ a³¹. ta³¹ me⁵³ jin⁵⁵ we⁵⁵ ma⁵⁵
变　PEF　　他们　　　吵架　　PEF　大象　　　那　和
他们开始争吵。

ta³¹ mim⁵³ ma⁵⁵ we³¹ la⁵³, ma³¹ seŋ⁵⁵　ka³¹ lɯŋ⁵⁵ ɕa⁵³ goŋ³⁵ ho³¹.
猴子　　　和　DAT　说　树（总称）　高　　　变　PEF
象对鸡和猴子说："树太高了，

a³¹ ne⁵⁵ ka³¹ n⁵⁵ je⁵⁵ tha⁵³ a³¹. ŋ⁵⁵　je⁵⁵ tha⁵³ jim⁵⁵ go³¹. wu³¹ li⁵⁵
你俩　　　　TOP　吃　PEF　我们　TOP　吃　没　LOC　那样
只有你们俩能吃到，我们吃不到，

ha³¹ pʲan⁵⁵ da⁵³ ɕa⁵³ ho³¹ jim⁵⁵. tʲu⁵³ ma⁵⁵ ta³¹ mim⁵³ ma⁵⁵ tɕe⁵⁵ we⁵⁵ hʷeŋ⁵⁵
公平　　　　变　MER　不　鸡　和　猴子　　　和　他　TOP　看
这样不公平。"　鸡和猴子不理他。

mu³¹ jim⁵⁵. we⁵⁵ lɯi⁵⁵ a³¹ bʲeŋ⁵³ ta³¹ me⁵³ jin⁵⁵ we⁵⁵ dzɯ⁵³ me³⁵ khɯn⁵⁵
也　不　于是　　　　　　大象　　　TOP　聪明　人　一

ma³¹ la⁵³ a³¹ go³¹ tɕe⁵⁵ a³¹ lɯŋ³⁵ we⁵⁵ a³¹ brɯŋ⁵⁵ a³¹. dzɯ⁵³ ja³¹ me³⁵ we⁵⁵
寻找　PEF　他们　　　TOP　帮助　PEF　聪明　NOM　人　TOP
于是象找来一个聪明人帮他。

la⁵³, a³¹ ne⁵⁵ ka³¹ dʲɯ⁵⁵ e⁵⁵ ta³¹ ɕi⁵³ bra⁵⁵ we⁵⁵ tha⁵³ tɕiŋ⁵⁵ bo³¹　deŋ³⁵.
说　你们　全部　　这果子　　　TOP　吃　到　DIR-AW　表估计
聪明人说："你们每个人都应该吃到这个果子，

a³¹ ne⁵⁵ ka³¹ dʲɯ⁵⁵ kha³¹ lʲau⁵⁵ ba⁵³ ja³¹　ma⁵⁵ go⁵⁵. a³¹ ne⁵⁵ khu⁵³ ga³⁵ ja³¹
你们　全部　水田　做　PRES ASP　你们　吵架　PEF
因为你们都付出过劳动。你们不要争吵，

jim⁵⁵. me³⁵ ka³¹ dʲɯ⁵⁵ tha⁵³ tɕiŋ⁵⁵ a³¹ khɯn⁵⁵ we⁵⁵ ha³¹ ri⁵⁵ ga³⁵ tʲu⁵³ ja³¹.
不　人　全部　吃　到　PEF 一　TOP 尝　REC IMM
应该想个大家都能吃到果子的办法，

a³¹ li⁵⁵ a³¹ go⁵⁵ ne⁵³, a³¹ ne⁵⁵ pra⁵⁵ ru⁵³ ga³⁵ naŋ⁵⁵ di⁵⁵. ma³¹ seŋ⁵⁵
这样　后　又　你们　好　和解　IMM 树（总称）
只有这样，才不会破坏你们的感情，

ta³¹ ɕi⁵³ bra⁵⁵ mu³¹ dɯ³⁵ lɯ³¹ dɯ³⁵ lɯ³¹ bo³¹　deŋ³⁵. tɕe⁵⁵ a³¹ lɯŋ³⁵
果子　也　多　越　多　越　DIR-AW 表估计 他们
果子也能越来越多。"

ka³¹ dʲɯ⁵⁵ ça⁵³ ho³¹ jim⁵⁵ la⁵³ we⁵⁵ ho³¹. we⁵⁵ pʲeŋ⁵⁵, tɕe⁵⁵ ka³¹ dʲɯ⁵⁵
全部　错误 MER 不　说　想 MER 于是　他　全部
他们都觉得有道理，

a³¹ lɯŋ⁵⁵ pa⁵⁵ a³¹ la⁵³ ga³⁵ a³¹. we⁵⁵ tʲɯŋ⁵³ thau⁵⁵ ɕi⁵⁵ ko³¹ ne³¹ pra⁵⁵ khɯn⁵⁵
一起　　说 REC PEF 想念　　办法　后　好　一
于是就一起商量，终于想出了好办法。

we⁵⁵ tʲɯŋ⁵³ a³¹. tɕe⁵⁵ a³¹ lɯŋ³⁵ ta³¹ me⁵³ jin⁵⁵ we⁵⁵ ha³¹ la⁵⁵ deŋ³⁵ joŋ³⁵
想念　　PEF 他们　　大象　　TOP 下首　站　比较标记
他们让大象站下边，

ho³¹, ta³¹ me⁵³ jin⁵⁵ kʲaŋ⁵⁵ go³¹ ta³¹ mim⁵³ deŋ³⁵ joŋ³⁵　　ho³¹, ta³¹ mim⁵³
MER 大象　　　上　LOC 猴子　站　比较标记 MER 猴子
猴子站在象上，

kʲaŋ⁵⁵ go³¹ rɯ³¹ goŋ⁵⁵ deŋ³⁵ joŋ³⁵　　ho³¹, rɯ³¹ goŋ⁵⁵ kʲaŋ⁵⁵ go³¹ tʲu⁵³ deŋ³⁵
上　LOC 兔子　站　比较标记 MER 兔子　　上　LOC 鸡 站
兔站在猴子上，鸡站在兔子上，

joŋ³⁵　　　ho³¹. we⁵⁵ go³¹ tʲu⁵³ ta³¹ ɕi⁵³ bra⁵⁵ wu⁵⁵ a³¹ go³¹ rɯ³¹ goŋ⁵⁵ we³¹ ŋ̊³⁵
比较标记 MER 那之后　鸡　果子　　　掐　PEF　兔子　　DAT 给
然后鸡摘下的果子交给兔，

a³¹, rɯ³¹ goŋ⁵⁵ go³¹ ta³¹ mim⁵³ we³¹ ŋ̊³⁵ a³¹. ta³¹ mim⁵³ go³¹ ta³¹ me⁵³ jin⁵⁵
PEF 兔子　　LOC 猴子　想　给 PEF 猴子　　LOC 大象
兔交给猴，

ŋ̊³⁵ a³¹. ta³¹ ɕi⁵³ bra⁵⁵ wu⁵⁵ na⁵⁵ dza³¹　ho³¹ me³⁵ ka³¹ dʲɯ³⁵ peŋ⁵³ ga³⁵ a³¹
给 PEF 果子　　　掐　ROU DIR-TO MER 人　大家　　分　REC PEF
猴交给象，果子摘下来大家分着吃。

tha⁵³ a³¹. a³¹ mʲu⁵⁵ go³¹, tɕe⁵⁵ a³¹ lɯŋ³⁵ khu⁵³ ga³⁵ jim⁵⁵ ɕa⁵³ ho³¹. me³⁵
吃　PEF 今后　LOC 他们　　吵架　　不　变 MER 人
最后他们再也不争吵了，

ka³¹ dʲɯ³⁵ pɯi⁵⁵ da⁵⁵ ha³¹ lʲo⁵⁵ ho³¹.
大家　　很　　高兴　MER
大家都很开心。

　　很久以前，有一只鸡、一只兔、一只猴和一只象，他们关系很好。鸡会飞，有一天，他找来一棵果树的种子。兔子很聪明，他把种子种在地里，猴知道这棵树可以结果子，就天天给树施肥。象也想吃果子，就天天用长鼻子从河里吸水给树浇水。不久，树就长大了，很快就结果了。鸡看见树上的果子又大又红，心里想：这是我带来的种子，所以果子都是我的。于是，他每天呆在树上吃果子。猴子可以爬树，他想吃果子就爬到树上，吃饱了就爬下来。象的个子高，就用鼻子取树上的果子吃。兔子吃不到果子很生气。

　　这棵树越长越高，大象也吃不到果子了，他们开始争吵。象对鸡和猴子说："树太高了，只有你们俩能吃到，我们吃不到，这样不公平。"鸡和猴子不理他。于是象找来一个聪明人帮他。聪明人说："你们每个人都应该吃到这个果子，因为你们都付出过劳动。你们不要争吵，应该想个大家都能吃到果子的办法，只有这样，才不会破坏你们的感情，果子也能越来越多。"他们都觉得有道理，于是就一起商量，终于想出了好办法。他们让大象站下边，猴子站在象上，兔站在猴子上，鸡站在兔子上，然后鸡摘下的果子交给兔，兔交给猴，猴交给象，果子摘下来大家分着吃。

　　最后他们再也不争吵了，大家都很开心。

2.101　铜锅生儿子

ha⁵⁵ joŋ⁵⁵ go³¹, tha⁵³ khɯ³¹ n̠im⁵⁵ mo³¹ hʷa⁵⁵ me³⁵ khɯn⁵⁵ i⁵⁵ ja³¹ la⁵³. ŋ̊³⁵
以前　　LOC　　吝啬　　　富人　　人　一　　住　HS　房屋
从前，有个小气的富人，

kʲan⁵⁵ go³¹ pren⁵⁵ pu⁵³ dɯ³⁵ pɯi⁵⁵ da⁵⁵ aŋ⁵⁵ la⁵³. dɯŋ⁵³ we⁵⁵ pren⁵⁵ pu⁵³
里　　LOC　铜锅　　多　很　　有　HS　穷人　TOP　铜锅
家里有很多铜锅。

ma³¹ ko⁵⁵ tʲu⁵³ na⁵⁵ la⁵³. pren⁵⁵ pu⁵³ ba⁵³ a⁵⁵ ɕa⁵³ koŋ³⁵ tʲu⁵³ na⁵⁵ la⁵³ rai⁵³
用　　PSV　ROU　HS　铜锅　　薄　变　CAU　MER　ROU　HS　怕
穷人怕铜锅越用越薄一直舍不得用。有一天，

ja³¹. dɯŋ⁵³ we⁵⁵ ma³¹ ko⁵⁵ tɕo⁵³ lʲa⁵⁵ ho³¹ jim⁵⁵. kɯ³¹ ŋ̊⁵³ khɯn⁵⁵ go³¹, dɯŋ⁵³
PEF　穷人　TOP　用　　敢　　MER　　不　天　　一　　LOC　穷人
穷人怕铜锅越用越薄一直舍不得用。有一天，

we⁵⁵ mo³¹ hʷa⁵⁵ we⁵⁵ ma³¹ la⁵³ bo⁵³ a³¹　la⁵³. tɯ³¹ kɯ⁵⁵ pra⁵⁵ dɯ³⁵
那　富人　　　TOP　寻找　去　PEF　HS　话　　好　多
穷人去找富人，说了很多好话，

ma³¹ thoŋ⁵⁵ ma³¹ ro⁵⁵ a³¹　la⁵³. mo³¹ hʷa⁵⁵ nuŋ³⁵ haŋ³⁵ we⁵⁵ pren⁵⁵ pu⁵³
很　　　说　　PEF　HS　富人　　你　我　TOP　铜锅
很说PEF HS富人你我TOP铜锅

khɯn⁵⁵ a³¹ ŋa³⁵ ŋ̊³⁵ na⁵⁵ la⁵³. ŋ̊⁵³　tɯ³¹ kɯ³¹ ma³¹ ro⁵⁵ hʷeŋ⁵⁵ ma⁵⁵ go³¹
一　　借　　给　ROU　HS　白天　半　　　说话　　看　和　LOC
请求富人借锅给他。说了半天，

ne³¹,　　mo³¹ hʷa⁵⁵ we⁵⁵ we⁵⁵ go³¹ ne³¹ tiŋ⁵⁵ a⁵⁵ tɕe⁵⁵ we³¹ kɯ³¹ ŋ̊⁵³ ka³¹ n⁵⁵
……后　富人　　　那　TOP　　　答应　他　DAT　天　　二
富人才答应把锅借给他两天。

a³¹ ŋa³⁵ la⁵³. kɯ³¹ ŋ̊⁵³ ka³¹ n⁵⁵ ɕa⁵³ li⁵³ ja³¹ go³¹, mo³¹ hʷa⁵⁵ we⁵⁵ pren⁵⁵ pu⁵³
借　HS　天　二　后　　　富人　　TOP　铜锅
两天以后，富人来要锅。

ɕi³⁵ na⁵⁵ goŋ³⁵ ho³¹ la⁵³. dɯŋ⁵³ we⁵⁵ pren⁵⁵ pu⁵³ khɯn⁵⁵ go³¹ pren⁵⁵ pu⁵³ a⁵⁵

拿 ROU PEF　　　HS 穷人 TOP 铜锅　　　一　　　LOC 铜锅　　　小

khɯn⁵⁵ tsho⁵³ a³¹ la⁵³. mo³¹ hʷa⁵⁵ we⁵⁵ a³¹ hu³⁵ a³¹, e⁵⁵ pren⁵⁵ pu⁵³ a⁵⁵ we⁵⁵
一　　放置 PEF HS 富人　　TOP 问 PEF 这 铜锅　　小 TOP
穷人在锅里放了一口小锅。

ha³¹ nu⁵⁵ nuŋ³⁵ ha³¹ na⁵⁵ a³¹? dɯŋ⁵³ we⁵⁵ ha³¹ tʲa⁵⁵, e⁵⁵ pren⁵⁵ pu⁵³ we⁵⁵
哪里　你　来　　疑问 穷人 那 告诉 这 铜锅　　TOP
富人问："这个小锅是哪里来的？" 穷人回答说：

a⁵⁵ khɯn⁵⁵ me⁵⁵ bo³¹. nuŋ³⁵ pren⁵⁵ pu⁵³ me⁵⁵ a³¹ go³¹ a³¹ lɯŋ⁵⁵ pa⁵⁵ a³¹
孩子 一　生 DIR-AW 你 铜锅　　生 PEF　一起
"这个锅生了个儿子，因为是你的锅生的，

nuŋ³⁵ we³¹ ha³¹ lʲa⁵³ na⁵⁵ di⁵⁵. a³¹ mʲu⁵⁵ go³¹ dɯŋ⁵³ we⁵⁵ bɯ³¹ doŋ⁵³
你　DAT 扔　　ROU PRES 今后　LOC 穷人 TOP 又
一起还给你吧。"

mo³¹ hʷa⁵⁵ we⁵⁵ we³¹ pren⁵⁵ pu⁵³ a³¹ ŋa³⁵ na⁵⁵. mo³¹ hʷa⁵⁵ we⁵⁵ we⁵⁵ ja³¹,
富人　　那 DAT 铜锅　　借 ROU 富人　　TOP 想 PEF
后来，穷人又去找富人借锅。

haŋ³⁵ pren⁵⁵ pu⁵³ me³⁵ pei⁵⁵ we³¹ a³¹ ŋa³⁵ a³¹ go⁵⁵ pʲan⁵⁵, ha³¹ lʲa⁵³ na⁵⁵
我　铜锅　　别人　DAT 借　后　RC 扔　　ROU
富人想："我把锅借给其他人，

dza³¹　a³¹ go⁵⁵, kɯ³¹ tʲe⁵³ e⁵⁵ ba⁵³ a⁵⁵ ɕa⁵³ ta³¹ la⁵⁵ ho³¹. tɕe⁵⁵ we³¹ a³¹ ŋa³⁵
DIR-TO 后　一点　　薄　变　总是　MER 他 DAT 借
还回来总是用薄了一点，

a³¹ go³¹ ne³¹,　pren⁵⁵ pu⁵³ khɯn⁵⁵ a³¹ ŋa³⁵ di⁵⁵ ga³⁵ a³¹ go⁵⁵, pren⁵⁵ pu⁵³
PEF ……后 铜锅　　　一　借　PRES CON 后　铜锅
只有借给他的时候，

ka³¹ n⁵⁵ ha³¹ na⁵⁵ na⁵⁵ la⁵⁵ ho³¹. mo³¹ hʷa⁵⁵ we⁵⁵ ka³¹ ro⁵³ ma³¹ thoŋ⁵⁵
二　来　ROU ABL MER 富人　　TOP 马上　很
一个锅出去两个锅回来。"

pren⁵⁵ pu⁵³ tɕe⁵⁵ we³¹ ɑ³¹ ŋɑ³⁵ ɑ³¹ dɯŋ⁵⁵ ɑ³¹. raŋ⁵⁵ pra⁵⁵ ɕa⁵³ ɑ³¹ go³¹,
铜锅　　　他　CMT 借　　完　　PEF 几天　　后
于是富人马上就答应借锅给他。几天后，

mo³¹ hʷɑ⁵⁵ we⁵⁵ pren⁵⁵ pu⁵³ bɯ³¹ doŋ⁵³ ɕi³⁵ na⁵⁵ goŋ³⁵ ho³¹, dɯŋ⁵³ we⁵⁵
富人　　TOP 铜锅　　又　　　拿 ROU PEF　穷人　TOP
富人又来拿锅，

bɯ³¹ doŋ⁵³ pren⁵⁵ pu⁵³ kɯ³¹ ŋ̩⁵³ go³¹ pren⁵⁵ pu⁵³ ɑ⁵⁵ khɯn⁵⁵ tsho⁵³ ho³¹ la⁵³.
又　　铜锅　　个　　LOC 铜锅　　小 一　　放置　MER HS
穷人又在锅里放了一口小锅，

we⁵⁵ go³¹, pren⁵⁵ pu⁵³ we⁵⁵ mo³¹ hʷɑ⁵⁵ we⁵⁵ we³¹ ha³¹ lʲa⁵³ na⁵⁵ ɑ³¹ la⁵³.
那之后　铜锅　　TOP 富人　　那 DAT 扔　ROU PEF HS
然后把锅还给了富人。

mo³¹ hʷɑ⁵⁵ we⁵⁵ ɑ³¹ hu³⁵ ɑ³¹, ɕim⁵⁵ ken⁵⁵ neŋ⁵⁵ pren⁵⁵ pu⁵³ nuŋ³⁵ we³¹ ɑ³¹ ŋɑ³⁵
富人　　TOP 问　PEF 为什么　　　铜锅　　你 DAT 借
富人问："为什么锅借给你就会生儿子呢？"

ɑ³¹ reŋ⁵⁵ tsai⁵⁵ ɑ⁵⁵ me⁵⁵ ɑ³¹? dɯŋ⁵³ we⁵⁵ raŋ⁵⁵ we⁵⁵ di⁵⁵ bo³¹ la⁵⁵
PEF 请　每　分娩　疑问 穷人　TOP 半天　想 PROG DIR-AW ABL
穷人假装想了半天，

e⁵⁵ je⁵⁵ ha³¹ lɑɯ⁵³ ɑ³¹ la⁵³, haŋ³⁵ mu³¹ ɕim⁵⁵ ken⁵⁵ neŋ⁵⁵ kʲa⁵³ ha³¹ ka³¹ sa⁵³
这样　假　　PEF 说 我　也　为什么　　　还是　　知道
说："我也不知道是什么原因，

ɑ³¹ jim⁵⁵. haŋ³⁵ we⁵⁵ ɑ³¹ go³¹ ŋ̍⁵⁵ ka³¹ n⁵⁵ me³⁵ me³⁵ pra⁵⁵ ka³¹ dʲɯ⁵⁵. me³⁵
PEF 不　我　想 PEF 我俩　　人 人 好　全部　　人
我想可能是因为我们俩都是好人，

pra⁵⁵ ka³¹ n⁵⁵ ɑ³¹ lɯŋ⁵⁵ pa⁵⁵ ɑ³¹ tɯ³¹ ru⁵³ ga⁵⁵ ɑ³¹ go⁵⁵ we⁵⁵ go³¹ pren⁵⁵ pu⁵³
好　二　　一起　　　遇见　　后　　那之后　铜锅
两个好人遇到一块，

we⁵⁵ ɑ⁵⁵ ju⁵⁵ ɑ⁵⁵ me⁵⁵ ho³¹. mo³¹ hʷɑ⁵⁵ we⁵⁵ hɑ⁵⁵ hɑ⁵⁵ lɑ⁵³ mɑ³¹ rɑ⁵⁵ ɑ³¹
TOP 儿子 生 MER 富人 TOP 哈哈 哈哈 HS 笑 PEF
锅就会生儿子了。" 富人哈哈大笑，

we⁵⁵ ɑ³¹ go³¹ tɕe⁵⁵ mɑ³¹ ro⁵⁵ ɑ³¹ we⁵⁵ ɕɑ⁵³ jim⁵⁵ ho³¹. mo³¹ hʷɑ⁵⁵ we⁵⁵ dɯŋ⁵³
想 PEF 他 说话 那 错误 没 MER 富人 TOP 穷人
觉得他说的对。

we³¹ lɑ⁵³, ɑ³¹ mʲu⁵⁵ go³¹ nuŋ³⁵ ɕim⁵⁵ noŋ⁵⁵ ɑ³¹ hɑŋ³⁵ nuŋ³⁵ we³¹ ɑ³¹ ŋɑ³⁵
DAT 说 今后 LOC 你 什么 要 PROS 我 你 DAT 借
富人对穷人说："今后你缺什么我都借给你。"

 n̩⁵⁵ di⁵⁵. dɯŋ⁵³ we⁵⁵ lɑ⁵³, ɑ³¹ mʲu⁵⁵ go³¹ mu³¹ hɑŋ³⁵ ɑ³¹ ŋɑ³⁵ jɑ³¹ ɕɑ⁵³
PROS 穷人 那 说 今后 LOC 也 我 借 PRES 变
穷人说："过几天我还要借锅，

bo⁵³ m̩⁵⁵. ɑ³¹ mʲu⁵⁵ pʲan⁵⁵, pren⁵⁵ pu⁵³ dɯ³¹ rɯŋ⁵⁵ joŋ³⁵ tɑ³¹ ɑ³¹ ŋɑ³⁵ jɑ³¹.
表不肯定 今后 RC 铜锅 大 最 ITE 借 PRES
不过要大一点的。"

mo³¹ hʷɑ⁵⁵ we⁵⁵ we⁵⁵ jɑ³¹, e⁵⁵ pren⁵⁵ pu⁵³ we⁵⁵ pɯ³¹ dai⁵⁵ jim⁵⁵ ɑ³¹ go³¹,
富人 TOP 想 PEF 这个 铜锅 TOP 金子 不 PEF
富人想：这锅不是金子的，

pɯ³¹ dai⁵⁵ noŋ⁵⁵ gie⁵³, tɕe⁵⁵ we³¹ bɯ⁵⁵ kɯ⁵³ ɑ³¹ ŋɑ³⁵ ɑ³¹ go³¹ ɑ⁵⁵ ju⁵⁵ ɑ⁵⁵
金子 要是 他 DAT 次 一 借 PEF 儿子
要是金子的，借给他一次就生个儿子，

khɯn⁵⁵ me⁵⁵ dzɑ³¹. dɯ³¹ tɑ³¹ ɑ³¹ ŋɑ³⁵ ɑ³¹ pʲan⁵⁵, mo³¹ hʷɑ⁵⁵ ɕɑ⁵³ goŋ³¹ bo³¹
一 生 DIR-TO 多 ITE 借 PEF RC 富人 变 PEF
多借几次不是发财了吗？

di⁵⁵? rɑŋ⁵⁵ prɑ⁵⁵ ɕɑ⁵³ li⁵³ jɑ³¹ go³¹, dɯŋ⁵³ we⁵⁵ pren⁵⁵ pu⁵³ ɑ³¹ ŋɑ³⁵ nɑ⁵⁵
PRES 几天 后 穷人 TOP 铜锅 借 ROU
几天后，穷人来借锅。

goŋ³⁵ ho³¹. mo³¹ hʷɑ⁵⁵ we⁵⁵ pɯ³¹ dai⁵⁵ pu⁵³ dɯ³¹ rɯŋ⁵⁵ khɯn⁵⁵ brai³⁵ ɑ³¹ go³¹

PEF　　　富人　　TOP　金子　　锅大　　　　一　　买　　PEF
富人买了个很大的金锅借给了他。

tɕe⁵⁵ we³¹ a³¹ ŋa³⁵ ho³¹. dɯŋ⁵³ we⁵⁵ ŋ̊³⁵　kʲan⁵⁵ ɕi³⁵ na⁵⁵ di³¹ ga³⁵ a³¹ go⁵⁵,
tɕe⁵⁵ we³¹ a³¹ ŋa³⁵ ho³¹　dɯŋ⁵³ we⁵⁵ ŋ̊³⁵　kʲan⁵⁵ ɕi³⁵ na⁵⁵ di³¹ ga³⁵ a³¹ go⁵⁵
他　DAT 借　MER　穷人　TOP 房屋　里　拿　ROU TER　后
穷人拿回去一看是金子的就把锅打碎，

hʷeŋ⁵⁵ ja³¹ go³¹ pɯ³¹ dai⁵⁵ pu⁵³ n̩u³¹ ɕa⁵³ ho³¹ we⁵⁵ pʲeŋ⁵⁵ bu³¹ rʷa³⁵ ɦa³¹
看过　　LOC 金子　　锅 ALLA 变　MER 于是　　锅　TOP 闭
穷人拿回去一看是金子的就把锅打碎，

ma³¹ dɯŋ⁵⁵ gon³⁵ a³¹, we⁵⁵ go³¹ pu⁵³ brai³⁵ ha³¹ ne⁵⁵ jim⁵⁵ dɯŋ⁵³ we⁵⁵ tɕu³¹
碎　　PEF　　　那之后　锅　买　可以　　不　穷人　那些
分给了其他买不起锅的穷人。

we³¹ peŋ⁵³ gon³⁵ a³¹. raŋ⁵⁵ pra⁵⁵ ɕa⁵³ li⁵³ ja³¹ go³¹, mo³¹ hʷa⁵⁵ we⁵⁵ ha³¹ lʲo⁵⁵
DAT 分　PEF　　　几天　　后　　　　　富人　　　TOP　高兴
分给了其他买不起锅的穷人。

dɯ⁵⁵ ha³¹ na⁵⁵ a³¹ go³¹ pu⁵³ ɕi³⁵ na⁵⁵ gon³⁵ a³¹ la⁵³. ta³¹ we⁵⁵ go³¹ we⁵⁵ ja³¹
助词 来　　PEF　锅　拿 ROU PEF　　HS　心　　LOC 想　PEF
过了几天，富人开心地来拿锅，

la⁵³, pɯ³¹ dai⁵⁵ pu⁵³ dɯ³¹ rɯŋ⁵⁵ we⁵⁵ bɯ³¹ don⁵³ pɯ³¹ dai⁵⁵ pu⁵³ a⁵⁵　khɯn⁵⁵
HS　金子　　锅　大　　　TOP　又　　金子　　锅　儿童 一
想着大金锅又生了个小金锅儿子。

me⁵⁵ ho³¹ la⁵⁵ we⁵³ ho³¹. mo³¹ hʷa⁵⁵ we⁵⁵ ŋ̊³⁵　len⁵³ a³¹ go³¹, dɯŋ⁵³ we⁵⁵
生　MER MER　　　富人　　　TOP 房屋 进　PEF　穷人　TOP
富人一进门，

khro⁵³ dɯ⁵⁵ ma³¹ ro⁵⁵ a³¹, pu⁵³ dɯ³¹ rɯŋ⁵⁵ ɕi⁵⁵ gon³⁵ a³¹, ma³¹ dɯŋ⁵⁵ lʲɯ⁵⁵
哭　　助词 说　　PEF 锅大　　　　死 PEF　碎　　变
穷人就哭着说："大锅死了，成了碎片。

gon³⁵ bo³¹.　　haŋ³⁵ ma³¹ dɯŋ⁵⁵ lʲɯ⁵⁵ gon³⁵ bo³¹,　hʷeŋ⁵⁵ a³¹ go⁵⁵ me³⁵ pei⁵⁵
PEF DIR-AW 我　碎　　　　变　　PEF DIR-AW 看　后　　别人
我看它碎了没用，

we³¹ ŋ̥³⁵ goŋ³⁵ a³¹. mo³¹ hʷa⁵⁵ we⁵⁵ a³¹ hu³⁵ a³¹, pu⁵³ we⁵⁵ ka³¹ da³⁵ ŋ̣oŋ⁵⁵ çi⁵⁵
DAT 给 PEF 富人 TOP 问 PEF 锅 TOP 怎样 死
就把它给了别人。" 富人问："锅怎么会死呢？"

ja³¹ lʲɯ⁵⁵? dɯŋ⁵³ we⁵⁵ la⁵³, a⁵⁵ me⁵⁵ ka³¹ sa⁵³ a³¹ ta³¹ prɯ⁵³ pʲan⁵⁵
PEF 变 穷人 TOP 说 生 会 PRES 东西 RC

ka³¹ dʲɯ⁵⁵ çi⁵⁵ ka³¹ sa⁵³ ja³⁵? me³⁵ ma³¹ tsau⁵³ ma³¹ roŋ⁵⁵ kɯ³¹ tçi⁵³
都,全 死 会 吗 人 牛（总称） 马 山羊
穷人说："凡是能生儿子的东西不是都会死吗？

ka³¹ dʲɯ⁵⁵ me⁵³ wu³¹ li⁵⁵. mo³¹ hʷa⁵⁵ we⁵⁵ thau⁵⁵ çi⁵⁵ aŋ⁵⁵ ba³⁵ a³¹ jim⁵⁵ go³¹,
都 那样 富人 TOP 办法 有 没 因为
人、牛、马、羊都是这样。" 富人没有办法，

khem⁵⁵ mʲoŋ⁵⁵ a³¹ go³¹ bo⁵³ na⁵⁵ bo³¹.
生气 PEF 走 ROU DIR-AW
最后生气地走了。

　　从前，有个小气的富人，家里有很多铜锅。穷人怕铜锅越用越薄一直舍不得用。有一天，穷人去找富人，说了很多好话，请求富人借锅给他。说了半天，富人才答应把锅借给他两天。
　　两天以后，富人来要锅。穷人在锅里放了一口小锅。富人问："这个小锅是哪里来的？"穷人回答说："这个锅生了个儿子，因为是你的锅生的，一起还给你吧。"后来，穷人又去找富人借锅。富人想："我把锅借给其他人，还回来总是用薄了一点，只有借给他的时候，一个锅出去两个锅回来。"于是富人马上就答应借锅给他。几天后，富人又来拿锅，穷人又在锅里放了一口小锅，然后把锅还给了富人。富人问："为什么锅借给你就会生儿子呢？"穷人假装想了半天，说："我也不知道是什么原因，我想可能是因为我们俩都是好人，两个好人遇到一块，锅就会生儿子了。"富人哈哈大笑，觉得他说的对。富人对穷人说："今后你缺什么我都借给你。"
　　穷人说："过几天我还要借锅，不过要大一点的。"富人想：这锅不是金子的，要是金子的，借给他一次就生个儿子，多借几次不是发财了吗？几天后，穷人来借锅。富人买了个很大的金锅借给了他。穷人拿回去一看是金子的就把锅打碎，分给了其他买不起锅的穷人。过了几天，富人开心地来拿锅，想着大金锅又生了个小金锅儿子。富人一进门，穷人就哭着说："大锅死了，成了碎片。我看它碎了没用，就把它给了别人。"富人问："锅怎么会死呢？"穷人说："凡是能生儿子的东西不是都会死吗？人、牛、马、羊

都是这样。"富人没有办法，最后生气地走了。

2.102　分苦荞饼的故事

ha⁵⁵ joŋ⁵⁵ go³¹, ma³¹ dʑa⁵³ rai⁵³ khɯn⁵⁵ ma⁵⁵ ta⁵³ tɕha⁵³ gɯm³⁵ i⁵⁵ ja³¹ la⁵³.
以前　　LOC　猫　　　　　一　　和　野猫　　　　　　住　　HS
从前有一只家猫和一只野猫，

kɯ³¹ ŋ̍⁵³ la³¹ mɯŋ³⁵ ha³¹ bɯŋ⁵⁵ mboŋ⁵⁵ go³¹ tɯ³¹ ru⁵³ ga⁵⁵ a³¹　la⁵³.
天　　每　　森林　　　旁边　　LOC　遇见　　　　PEF HS
经常在树林旁见面。

ta⁵³ tɕha⁵³ gɯm³⁵ we⁵⁵ ja³¹, ma³¹ dʑa⁵³ rai⁵³ doŋ³¹ a⁵⁵　tɯ³¹ mroŋ⁵⁵
野猫　　　　　　想　PEF　猫　　　　　　COC　TOP 朋友
野猫想：

e⁵⁵ ta³¹ hi⁵⁵ pɯi⁵⁵ da⁵⁵ pra⁵⁵ ja³¹. tɕe⁵⁵ kha³¹ lʲau⁵⁵ ba⁵³ ja³¹ me³⁵ ŋ̍³⁵　kʲan⁵⁵
这种　　很　　好　PEF　他　农民　　　　　　　房屋　里
能和家猫交个朋友多好，

go³¹ i⁵⁵ ja³¹ go³¹ ŋ̍⁵³　la³¹ mɯŋ³⁵ tha⁵³ pra⁵⁵ tha⁵³ ja³¹ aŋ⁵⁵. haŋ³⁵
LOC 住　　因为 白天 每　　　吃　　好　吃　　NOM 有　　我
他在农民家里住，每天都有好东西吃，

thʲɯ⁵⁵ ja⁵⁵ kʲaŋ⁵⁵ i⁵⁵ di⁵⁵　doŋ³¹ ɳu³¹ pra⁵⁵ joŋ³⁵.　　we⁵⁵ lɯi⁵⁵ a³¹ thɯi⁵³,
山　　　上　　住 PRES 比　　　好　　比较语尾 这时
比我住在山上好，

tɕe⁵⁵ ma³¹ dʑa⁵³ rai⁵³ doŋ⁵³ ma³¹ la⁵³ bo⁵³ bo³¹.　　ma³¹ dʑa⁵³ rai⁵³ we⁵⁵ ja³¹
他　猫　　　　　又　　寻找　去 DIR-AW 猫　　　　　想　PEF
然后他就去找家猫了。

ta⁵³ tɕha⁵³ gɯm³⁵ ka³¹ ça⁵⁵ heŋ⁵⁵ ta³¹ we⁵⁵ a³¹ go⁵⁵, tɯ³¹ mroŋ⁵⁵ e⁵⁵ gʲen³¹
野猫　　　　可怜　　　ITE 后　　　朋友　　　这里
家猫觉得野猫很可怜就答应做他的朋友。

la⁵³ wa³¹ tiŋ⁵⁵ bo³¹.　　tɕe⁵⁵ ka³¹ n⁵⁵ la⁵³ ga³⁵ a³¹, tha³¹ dʲoŋ³⁵ li⁵³ ja³¹ go³¹

说 PRES 答应 DIR-AW 他俩　　　　说 REC PEF 饱　　　　后
他们俩约定：

a³¹ lɯŋ⁵⁵ pa⁵⁵ a³¹ m̥⁵⁵　a³¹. tha⁵³ ja³¹ hɯ³¹ tʲɯŋ⁵³ a³¹ go⁵⁵ ha³¹ lʲu⁵³ ma⁵⁵
一起　　　　　玩耍 PROS 吃　NOM 看　　　后　　平局
吃饱了在一起玩，找到食物平分。

peŋ⁵³ ga³⁵ la⁵³. ma³¹ dʑa⁵³ rai⁵³ we⁵⁵ ka³¹ tɕi⁵⁵ rʷo⁵³ tɕiŋ⁵⁵ a³¹ go⁵⁵ mʲu⁵⁵ ŋ̥³⁵
分　HS 猫　　　　TOP 老鼠　捉　到　后　　　房屋
每当捉到老鼠或者主人给糌粑的时候，

tei³⁵ ja⁵⁵ we⁵⁵ ta³¹ dɯŋ⁵³ ŋ̥³⁵ a³¹ go⁵⁵ mʲu⁵⁵, ma³¹ dʑa⁵³ rai⁵³ we⁵⁵
主人　TOP 糌粑　给 后　　　猫　　　　　TOP

ta⁵³ tɕha⁵³ gɯm³⁵ we³¹ kɯ³¹ tʲe⁵³ e⁵⁵ dɯ³⁵ joŋ³⁵ ta³¹　ŋ̥³⁵ a³¹. we⁵⁵ ja³¹ tɕe⁵⁵
野猫　　　　DAT 一点　　多　最　总是　给 PEF 想 PEF 他
家猫总是多分给野猫一点，

je⁵⁵ ka³¹ rou³⁵ ma⁵⁵ go⁵⁵ la⁵³. kɯ³¹ ŋ̥⁵³ khɯn⁵⁵ go³¹, tɕe⁵⁵ a³¹ lɯŋ³⁵ a³¹ lim⁵⁵
TOP 客人　ASP　HS 天　一　　LOC 他们　　　路
觉得他是客人。有一天，

kʲaŋ⁵⁵ tɕhi⁵³ ju³¹ go³¹ a⁵⁵　khɯn⁵⁵ ha³¹ bra⁵⁵ plaŋ⁵⁵ ha³¹ di⁵³ goŋ³⁵ ho³¹
上　走　时候　孩子 一　苦荞　块　遗失 PEF
他们在路上看见一个小孩掉了一个苦荞饼，

hɯ³¹ tʲɯŋ⁵³ a³¹, ma³¹ dʑa⁵³ rai⁵³ we⁵⁵ ka³¹ dou⁵⁵ a³¹ la⁵³. ha⁵⁵ joŋ⁵⁵ doŋ³¹
看见　PEF 猫　　　　TOP 拾　PEF HS 以前　比
家猫便拾起来，

ta³¹ thɯi⁵³ thɯi⁵³ dʲu⁵⁵ ga³⁵ ta⁵³ tɕha⁵³ gɯm³⁵ we³¹ ka⁵⁵ dɯ³⁵ peŋ⁵³ bo³¹
总是　　　　相同　野猫　　　CMT 半 多 分 DIR-AW
和往常一样，分了一大半给野猫。

la⁵³. ta⁵³ tɕha⁵³ gɯm³⁵ we⁵⁵ kɯ³¹ tʲe⁵³ kɯ³¹ greŋ⁵⁵ a³¹ go⁵⁵ tha⁵³ pra⁵⁵
HS 野猫　　　　TOP 小　咬　后　吃　好
野猫咬了一口觉得很好吃，

la⁵⁵ we⁵³ ho³¹, ma³¹ dʑa⁵³ rai⁵³ we⁵⁵ dɯ³⁵ joŋ³⁵ ta³¹　a³¹　ɕi³⁵ la⁵⁵ we⁵³ ho³¹.
MER　　　猫　　　　TOP 多　最　总是 PEF 拿 MER
就想和家猫多要一些。

tɕe⁵⁵ ma³¹ dʑa⁵³ rai⁵³ we³¹ la⁵³, nuŋ³⁵ je⁵⁵ ka⁵⁵ dɯ³¹ rɯŋ⁵⁵ joŋ³⁵ we⁵⁵ nuŋ³⁵
他 猫　　　　　DAT 说 你 TOP 半 大　　最 那 你
他对家猫说:"你把大块的留给自己,

ɕi³⁵ a³¹. nuŋ³⁵ wu³¹ li⁵⁵ je⁵⁵ ja³¹. ma³¹ dʑa⁵³ rai⁵³ ta³¹ we⁵⁵ kʲan⁵⁵ go³¹
拿 PEF 你 那样　TOP 不 猫　　　　心　里 LOC
你不能这样!"

pɯi⁵⁵ da⁵⁵ khem⁵⁵ mʲoŋ⁵⁵ ho³¹ koŋ⁵⁵　　la⁵³, nuŋ³⁵ a⁵⁵ bom⁵⁵ ka⁵⁵ ge⁵³
很　　生气　　　　MER 陈述语气 说 你 TOP 块 半 助词
家猫心里很生气,

we⁵⁵ haŋ³⁵ doŋ³¹ dɯ³¹ rɯŋ⁵⁵ joŋ³⁵　　la⁵⁵ we⁵³ di⁵⁵. ta⁵³ tɕha⁵³ gɯm³⁵ we⁵⁵
TOP 我 比　大　　　比较标记 PRES　　　野猫　　　　TOP
说:"你的那块不是比我的大吗?"

la⁵³ haŋ³⁵ nuŋ³⁵ doŋ³¹ ji³⁵ ga³⁵ la⁵⁵ we⁵³ di⁵⁵. ma³¹ dʑa⁵³ rai⁵³ we⁵⁵ la⁵³, nuŋ³⁵
说 我 你 比 换 PRES　　　猫　　　　TOP 说 你
野猫说:"我愿意和你换。"

dɯ³¹ rɯŋ⁵⁵ khɯn⁵⁵ kɯ³¹ greŋ⁵⁵ li⁵³ goŋ⁵³ go³¹, kɯ³¹ tʲe⁵³ e⁵⁵ tʲɯ⁵³ ɕa⁵³
大　　　咬　　ASP　　　一点　少 变
家猫说:"你已经咬了一大口,不但少了,

goŋ⁵³ go³¹, we⁵⁵ pʲeŋ⁵⁵ ka³¹ pɯ⁵³ ɕa⁵³ li⁵³ ja³¹. ta⁵³ tɕha⁵³ gɯm³⁵ we⁵⁵ la⁵³,
ASP　　　于是　脏　变 ASP　野猫　　　　TOP 说
而且也脏了。"

nuŋ³⁵ dɯ³¹ rɯŋ⁵⁵ joŋ³⁵　　go³¹ haŋ³⁵ we³¹ ji³⁵ ga³⁵ hu⁵⁵ a³¹ ho³¹ jim⁵⁵.
你 大　　　比较标记 LOC 我 DAT 换　舍得 MER 不
野猫说:"你不愿意和我换就是因为你的苦荞饼大。"

ma³¹ dʑa⁵³ rai⁵³ pɯi⁵⁵ da⁵⁵ khem⁵⁵ mʲoŋ⁵⁵ goŋ³⁵ ho³¹, tɕe⁵⁵ ka³¹ n⁵⁵ me³⁵
猫　　　　　很　　生气　　PEF　　他俩　　　人
家猫很生气，

khu⁵³ ga³⁵ a³¹. raŋ⁵⁵ pra⁵⁵ ta³¹　khu⁵³ ga³⁵ li⁵³ a³¹ go⁵⁵, ha³¹ bɯŋ⁵⁵ ȵu³¹ go³¹
吵架　　PEF 一会　　总是 吵架　　ASP　　森林　　LOC
两个便吵了起来。

ɕa⁵⁵ ɕa⁵³ ho³¹ sa⁵³　ɕa⁵³ ho³¹ jim⁵⁵ sa⁵³　me³⁵ ma³¹ la⁵³ a³¹. tɕe⁵⁵ a³¹ lɯŋ³⁵
谁 错误 MER 大概 错误 MER 没　大概 人　寻找　　PEF 他们
吵了一会儿就到树林里去找人评理。

ta³¹ mim⁵³ khɯŋ⁵⁵ tɯ³¹ ru⁵³ ga⁵⁵ bo³¹.　ta³¹ mim⁵³ ȵu³¹　ma³¹ ro⁵⁵ reŋ⁵⁵
猴子　　一　　遇见　　DIR-AW 猴子　　ALLA 说话　　请
他们碰见一只猴子，

ne³¹,　ta³¹ mim⁵³ we⁵⁵ ha³¹ bra⁵⁵ plaŋ⁵⁵ ɕi³⁵ di⁵⁵　thɯi⁵³ nɯŋ³⁵ ja³¹ nɯŋ³⁵
……后 猴子　　TOP 苦荞　　块　拿 PROG 自己　闻　PEF 闻
就请猴子评理。猴子拿着苦荞饼闻了闻，

ja³¹, we⁵⁵ ja³¹ pɯi⁵⁵ da⁵⁵ ŋ̍⁵⁵ nɯŋ³⁵ a³¹, tɕe⁵⁵ thɯi⁵³ ȵu³¹ pɯi⁵⁵ da⁵⁵ tha⁵³
PEF 想 PEF 很　　香　　PEF 他　自己　AG 很　　吃
觉得特别香，自己也特别想吃。

mʲoŋ³⁵ ho³¹. ta³¹ mim⁵³ we⁵⁵ ta⁵³ tɕha⁵³ gum³⁵ we³¹ la⁵³, nuŋ³⁵ kɯ³¹ tʲe⁵³ e⁵⁵
想　　MER 猴了　　TOP 野猫　　　DAT 说　你　一点
猴子对野猫说：“你虽然吃了一口，

tha⁵³ goŋ³⁵ we⁵⁵ gɯ³¹ mu³¹, ma³¹ dʑa⁵³ rai⁵³ don³¹ ȵu³¹ dɯ³¹ rɯŋ⁵⁵ joŋ³⁵ ta³¹
吃　PEF 但是　　　猫　　　比　　大　　比较标记
但是还是比家猫的大一点，

aŋ⁵⁵. e⁵⁵ kɯ³¹ tʲe⁵³ e⁵⁵ we⁵⁵ ka³¹ da³⁵ peŋ⁵³ ja³⁵?　ta⁵³ tɕha⁵³ gum³⁵ ma⁵⁵
有　这 一点　　TOP 怎样　分 疑问语气 野猫　　　　和
这一点怎么分呢？”

ma³¹ dʑa⁵³ rai⁵³ ma⁵⁵ la⁵³, nuŋ³⁵ ha³¹ na⁵⁵ a³¹　ɕa⁵⁵ ɕa⁵³　a³¹　sa⁵³　ɕa⁵³　jim⁵⁵

猫　　　　　和　说　你　来　　　　PEF　谁　错误　PEF　大概　错误　没
野猫和家猫说："你是来给我们评理的,

sa⁵³　ma³¹　ro⁵⁵　goŋ³⁵　a³¹,　kɯ³¹　tʲe⁵³　e⁵⁵　dɯ³⁵　joŋ³⁵　ta³¹　we⁵⁵　nuŋ³⁵　tha⁵³
大概　说　　PEF　　一点　　　多　比较标记　TOP　你　吃
多的一点就你吃吧。"

tʲa⁵³.　　　ta³¹　mim⁵³　la⁵³,　haŋ³⁵　ha³¹　laɯ⁵³　a³¹　　tha⁵³　tɕo⁵³　jim⁵⁵　koŋ⁵⁵.
祈使语气　猴子　　说　我　假　　PEF　吃　敢　不　陈述语气
猴子说："我不好意思吃。"

ma³¹　dʐa⁵³　rai⁵³　we⁵⁵　ta⁵³　tɕha⁵³　gɯm³⁵　we³¹　la⁵³,　noŋ⁵⁵　tha⁵³　tʲa⁵³.　ta³¹　mim⁵³
猫　　　　　　　TOP　野猫　　　　　　DAT　说　必须　吃　祈使语气猴子
家猫和野猫说："不要客气,你吃吧。"

we⁵⁵　ta⁵³　tɕha⁵³　gɯm³⁵　ha³¹　bra⁵⁵　plaŋ⁵⁵　we⁵⁵　ka⁵⁵　kɯ³¹　groŋ⁵⁵　tha⁵³
TOP　野猫　　　　　　苦荞　　块　　那　咬一口　　　　吃
猴子把野猫的苦荞饼咬了一大口,

goŋ³¹　bo³¹.　ma³¹　dʐa⁵³　rai⁵³　ka⁵⁵　ge⁵³　doŋ³¹　ɳu³¹　kɯ³¹　tʲe⁵³　e⁵⁵　joŋ³⁵　　ɕa⁵³
PEF　　猫　　　　　　块　助词　比　　一点　　　比较标记　变
又比家猫的那块小了。

goŋ³¹　bo³¹.　ta³¹　mim⁵³　la⁵³,　a³¹　tʲa⁵⁵　ka³¹　da³⁵　e⁵⁵　ja³¹　ki³⁵?　bɯ³¹　doŋ⁵³
PEF　　　猴子　　说　现在　　怎样　　这　疑问词　又
猴子说："这下怎么办呢?

dʲu⁵⁵　ga³⁵　jim⁵⁵　ɕa⁵³　ho³¹.　ma³¹　dʐa⁵³　rai⁵³　we⁵⁵　a³¹,　ta⁵³　tɕha⁵³　gɯm³⁵　a³¹
不同　　　　变　MER　猫　　　　　　想　PEF　野猫　　　　　GEN
更不一样大了。"

bom⁵⁵　ta³¹　la⁵⁵　tha⁵³　mu³¹　pra⁵⁵　jim⁵⁵　ɕa⁵³　na⁵⁵,　haŋ³⁵　a³¹　bom⁵⁵　tha⁵³
块　　总是　吃　也　坏　　　　变　ROU　我　GEN　块　　吃
家猫想:光吃野猫的也不好,也吃点我的吧。

tʲa⁵³.　　　ta³¹　mim⁵³　tɕe⁵⁵　ka³¹　rou³⁵　e:⁵⁵　ʔi⁵⁵　po⁵³　jim⁵⁵,　bɯ³¹　doŋ⁵³
祈使语气　猴子　　他　客气　　　　　　　不　又

ma³¹ dʑa⁵³ rai⁵³ ha³¹ bra⁵⁵ plaŋ⁵⁵ we⁵⁵ ka⁵⁵ kɯ³¹ groŋ⁵⁵ na⁵⁵ bo³¹.
猫　　　　　苦荞　　块　TOP　咬一口　　　ROU　DIR-AW
猴子不再客气了，又把家猫的饼咬了一口。

ma³¹ dʑa⁵³ rai⁵³ ha³¹ bra⁵⁵ plaŋ⁵⁵ ta⁵³ tɕha⁵³ gɯm³⁵ doŋ³¹ ȵu³¹ kɯ³¹ tʲe⁵³ e⁵⁵
猫　　　　　苦荞　　块　野猫　　　　　比　　小的
家猫的饼又比野猫的小了，

joŋ³⁵　　çа⁵³ goŋ³⁵ a³¹ la⁵³. ta⁵³ tɕha⁵³ gɯm³⁵ ta³¹ we⁵⁵ kʲan⁵⁵ go³¹
比较标记 变　PEF　　HS　野猫　　　　　心　　里　LOC

pɯi⁵⁵ da⁵⁵ ha³¹ lʲo⁵⁵ a³¹ la⁵³. we⁵⁵ go³¹, ta³¹ mim⁵³ we⁵⁵ la⁵³, a³¹ tʲa⁵⁵ pʲan⁵⁵
很　　高兴　PEF HS　那之后　猴子　　TOP　说　　现在　REC
野猫很高兴。这时，

bɯ³¹ doŋ⁵³ dɯ³¹ rɯŋ⁵⁵ dʲu⁵⁵ ga³⁵ jim⁵⁵ çа⁵³ bo³¹.　haŋ³⁵ ha³¹ jɯ⁵⁵ ȵam⁵⁵
又　　大　　　不同　　　　变　DIR-AW 我　一定
猴子说："这下又不一样大了，

a³¹ ne⁵⁵ ka³¹ n̥⁵⁵ we⁵⁵ ha³¹ lʲu⁵³ ma⁵⁵ ka⁵⁵ peŋ⁵³ ŋ̊³⁵ tʲu⁵³ la⁵³. ma³¹ ro⁵⁵
你俩　　　　　TOP　平局　　　块　分　给　IMM　HS　说
我一定要帮你们分成一样大的。"

a³¹ dɯŋ⁵⁵ a³¹ thɯi⁵³, ma³¹ dʑa⁵³ rai⁵³ ma⁵⁵ ta⁵³ tɕha⁵³ gɯm³⁵ ma⁵⁵ tiŋ⁵⁵ jim⁵⁵
完　　后　　猫　　　　和　野猫　　　　　和　答应　没

praɯ⁵⁵ thɯi⁵³, tɕe⁵⁵ bɯ³¹ doŋ⁵³ ta⁵³ tɕha⁵³ gɯm³⁵ ha³¹ bra⁵⁵ plaŋ⁵⁵ we⁵⁵
还是　　后　他　又　　野猫　　　　　苦荞　　块　TOP
说完，还没等两只猫同意，

ka⁵⁵ kɯ³¹ groŋ⁵⁵ goŋ³¹ bo³¹. ha⁵⁵ joŋ⁵⁵ kɯ³¹ greŋ⁵⁵ a³¹　doŋ⁵³ dʲu⁵⁵ ga³⁵ jim⁵⁵
咬一口　　　PEF　先　　咬　　　　PEF 又　不同
他又把野猫的饼咬了一口。

kɯ³¹ greŋ⁵⁵ a³¹ ho³¹, ta³¹ mim⁵³ we⁵⁵ ŋ̊⁵³ ja⁵⁵ jim⁵⁵ kɯ³¹ greŋ⁵⁵ a³¹.
咬　　　MER　猴子　TOP 昼夜　没　咬　　　　PEF

越咬越不一样，猴子便不停地咬，

ma³¹ dʑa⁵³ rai⁵³ ma⁵⁵ ta⁵³ tɕha⁵³ gɯm³⁵ ma⁵⁵ blem⁵⁵ dɯ³¹ rɯŋ⁵⁵ ka³¹ mai⁵³
猫　　　和　野猫　　　和　眼睛　大　　瞪眼
两只猫都瞪大眼睛看着。

ja³¹ hʷeŋ⁵⁵ ho³¹. ha³¹ bra⁵⁵ plaŋ⁵⁵ tha⁵³ a³¹ dɯŋ⁵⁵ tʲu⁵³ ɕa⁵³ a³¹ go³¹,
PEF 看　MER 苦荞　块　吃　完　　IMM 后
直到饼快吃完的时候，

ta⁵³ tɕha⁵³ gɯm³⁵ we⁵⁵ du³¹ ka⁵⁵ ha³¹ ne⁵⁵ jim⁵⁵ ɕa⁵³ li⁵³ ja³¹ go³¹ la⁵³, tɕe⁵⁵
野猫　　　　TOP 忍受　可以　不　后　　　HS 他
野猫实在忍不住了，

bɯ⁵⁵ pa⁵⁵ a³¹ ma³¹ ro⁵⁵ a³¹, nuŋ³⁵ bo⁵³ na⁵⁵ tʲa⁵³. nuŋ³⁵ ŋ⁵⁵ ka³¹ n⁵⁵ we³¹
突然　　　说　PEF 你　走　ROU 祈使语气你　我俩　　CMT
他一把抢过来说："你走吧，

ha³¹ bra⁵⁵ plaŋ⁵⁵ pen⁵³ a³¹ brɯŋ⁵⁵ non⁵⁵ jim⁵⁵. ma³¹ dʑa⁵³ rai⁵³ mu³¹
苦荞　块　分　帮助　　要　不　猫　　　也
你不要帮我们分饼了。"

ha³¹ bra⁵⁵ plaŋ⁵⁵ ɕi³⁵ gon³⁵ na⁵⁵ di⁵⁵　ga³⁵ a³¹　la⁵³. we⁵⁵ go³¹ bʲen⁵³ me³⁵
苦荞　块　拿 PEF ROU PRES TER PEF HS　但是　　　人
家猫也把饼拿了回去，

ka³¹ n⁵⁵ me³⁵ ha³¹ bra⁵⁵ plaŋ⁵⁵ we⁵⁵ tha⁵³ a³¹ dɯŋ⁵⁵ khon⁵⁵ bu⁵⁵ ɕik⁵³ ho³¹ la⁵³.
二　人　苦荞　块　TOP 吃　完　　差不多　　　MER HS
但是两个人的饼都基本被吃光了。

　　从前有一只家猫和一只野猫，经常在树林旁见面。野猫想：能和家猫交个朋友多好，他在农民家里住，每天都有好东西吃，比我住在山上好，然后他就去找家猫了。家猫觉得野猫很可怜就答应做他的朋友。他们俩约定：吃饱了在一起玩，找到食物平分。每当捉到老鼠或者主人给糌粑的时候，家猫总是多分给野猫一点，觉得他是客人。有一天，他们在路上看见一个小孩掉了一个苦荞饼，家猫便拾起来，和往常一样，分了一大半给野猫。野猫咬了一口觉得很好吃，就想和家猫多要一些。他对家猫说："你把大块的留给自己，你不能这样！"家猫心里很生气，说："你的那块不是比我的大吗？"野猫说：

"我愿意和你换。"家猫说:"你已经咬了一大口,不但少了,而且也脏了。"野猫说:"你不愿意和我换就是因为你的苦荞饼大。"家猫很生气,两个便吵了起来。吵了一会儿就到树林里去找人评理。他们碰见一只猴子,就请猴子评理。猴子拿着苦荞饼闻了闻,觉得特别香,自己也特别想吃。

猴子对野猫说:"你虽然吃了一口,但是还是比家猫的大一点,这一点怎么分呢?"野猫和家猫说:"你是来给我们评理的,多的一点就你吃吧。"猴子说:"我不好意思吃。"家猫和野猫说:"不要客气,你吃吧。"

猴子把野猫的苦荞饼咬了一大口,又比家猫的那块小了。猴子说:"这下怎么办呢?更不一样大了。"家猫想:光吃野猫的也不好,也吃点我的吧。猴子不再客气了,又把家猫的饼咬了一口。家猫的饼又比野猫的小了,野猫很高兴。这时,猴子说:"这下又不一样大了,我一定要帮你们分成一样大的。"

说完,还没等两只猫同意,他又把野猫的饼咬了一口。越咬越不一样,猴子便不停地咬,两只猫都瞪大眼睛看着。直到饼快吃完的时候,野猫实在忍不住了,他一把抢过来说:"你走吧,你不要帮我们分饼了。"家猫也把饼拿了回去,但是两个人的饼都基本被吃光了。

2.103　老人和麻雀

ha⁵⁵ joŋ⁵⁵ a³¹ go⁵⁵ me³⁵ ta³¹ paɯ⁵⁵ kuɯ⁵⁵ i⁵⁵ a³¹ puɯ⁵⁵ da⁵⁵ duɯ⁵³ ga³⁵ la⁵³.
从前　　　　老人　　　　一　　有 PEF 很　　穷　　CON HS
从前有一个老人,非常穷困,

kha³¹ lʲau⁵⁵ kuɯ³¹ duɯ⁵³ ma³¹ tsau⁵³ dʲuɯ³⁵ ka³¹ suɯ³⁵ raŋ⁵⁵ kʲaŋ⁵⁵ go³¹ kuɯ⁵⁵
地(一块)　仅　　　牛(总称)只　　三　　　躺　　上　　LOC 一
只有一块能卧下三头牛的土地。

kha³¹ lʲau⁵⁵ aŋ⁵⁵ la⁵³. leŋ³⁵ ta³¹ tʲau⁵⁵ khi⁵³ na⁵⁵ a³¹ me³⁵ ta³¹ paɯ⁵⁵
地(一块)　有　HS　暖和 时间　　到　ROU PEF 老人
天气暖和了,

ta³¹ plai⁵⁵ kuɯ³¹ duɯ⁵³ kha³¹ lʲau⁵⁵ kʲaŋ⁵⁵ ta³¹ plai⁵⁵ tin⁵³ a³¹ la⁵³. kuɯ³¹ prai⁵³
种子　　仅　　　地(一块)里　播种　　　PEF HS　麻雀
老人把仅有的种子撒到地里,

ta³¹ rau³⁵ jim³⁵ dza³¹　a³¹ la⁵³. ta³¹ plai⁵⁵ kuɯ³¹ duɯ⁵³ we⁵⁵ tha⁵³ a³¹ duɯ⁵⁵
群　　飞　DIR-TO PEF HS　种子　　仅　　　TOP 吃　完
可一群麻雀飞来,把种子都吃光了。

goŋ³⁵ a³¹ la⁵³. me³⁵ ta³¹ pauɯ⁵⁵ we⁵⁵ buɯ³¹ doŋ⁵³ mo³¹ hʷa⁵⁵ ta³¹ plai⁵⁵
PEF   HS   老人   TOP   又   富人   种子
老人只好去和富人借种子，

ha³¹ ŋa³⁵ dza³¹   a³¹ bo⁵⁵. kuɯ³¹ ŋ̩⁵³ ka³¹ n̩⁵⁵ a³¹ go⁵⁵, kuɯ³¹ prai⁵³ buɯ³¹ doŋ⁵³
借   DIR-TO PEF   天   二   后   麻雀   又
可第二天播种后，

jim³⁵ na⁵⁵ dza³¹   la⁵³. ta³¹ plai⁵⁵ we⁵⁵ tha⁵³ a³¹ duɯŋ⁵⁵ goŋ³⁵ bo³¹   la⁵³.
飞   ROU DIR-TO HS   种子   TOP   吃   完   PEF   DIR-AW HS
又一群麻雀飞来，又把种子吃光了。

me³⁵ ta³¹ pauɯ⁵⁵ we⁵⁵ buɯ³¹ doŋ⁵³ mo³¹ hʷa⁵⁵ ta³¹ plai⁵⁵ ha³¹ ŋa³⁵ na⁵⁵ dza³¹
老人   TOP 又   富人   种子   借   ROU DIR-TO
老人再一次去和富人借种子。

a³¹   la⁵³. ta³¹ plai⁵⁵ tin⁵³ a³¹ go⁵⁵ buɯ³¹ doŋ⁵³ huɯ³¹ tʲuɯŋ⁵³ kuɯ³¹ prai⁵³ ta³¹ rau³⁵
PEF HS   播种   后   又   看见   麻雀   群
老人在自己的地里把种子撒下去，

jim³⁵ na⁵⁵ dza³¹. tɕe⁵⁵ ta³¹ plai⁵⁵ we⁵⁵ tha⁵³ a³¹ la⁵³. e⁵⁵ buɯ³⁵ kuɯn⁵⁵ go³¹
飞   ROU DIR-TO 他   种子   TOP   吃   PEF HS   这   次   一   LOC
不一会儿就看到有一群麻雀飞过来，吃他的种子。

me³⁵ ta³¹ pauɯ⁵⁵ we⁵⁵ tɕe⁵⁵ luɯŋ³⁵ a³¹ li⁵⁵ guɯ⁵³ du³¹ ka⁵⁵ jim⁵⁵ a³¹   la⁵³. phlaŋ³⁵
老人   TOP 他们   再三   忍受   不   PEF HS   石头
这次老人忍无可忍，

kuɯn⁵⁵ di⁵⁵ luɯi⁵³ a³¹ la⁵³ kuɯ³¹ prai⁵³ we⁵⁵ lʲa⁵³ bo³¹   la⁵³. kuɯ³¹ prai⁵³ we⁵⁵
一   举 PEF   HS 麻雀   TOP   扔   DIR-AW HS   麻雀   TOP
捡起一块石头，向麻雀砸过去，

rai⁵³ goŋ³⁵ a³¹ go⁵⁵ hu⁵⁵ la⁵⁵ la⁵⁵ jim³⁵ goŋ³⁵ bo³¹   la⁵³.
怕   PEF   后   呼啦啦   飞   PEF   DIR-AW HS
麻雀受惊呼啦啦飞走了。

kɯ³¹ prai⁵³ ta³¹ loŋ⁵⁵ ɕi⁵⁵ kɯn⁵⁵ lɯ³¹ mɯn⁵⁵ ɕi⁵⁵ kɯn⁵⁵ i⁵⁵ ja³¹ la⁵³.
麻雀　　翅膀　红　一　尾巴　　红　一　有 PEF HS
老人走过去，看见有一只红翅膀、红尾巴的小麻雀，

me³⁵ ta³¹ paɯ⁵⁵ bo⁵³ a³¹　hɯ³¹ tʲɯŋ⁵³ a³¹　groŋ⁵³ we⁵⁵ wa⁵³ ɕa⁵⁵ goŋ³⁵ a³¹
老人　　　　　走 PEF 看见　　PEF 腿 TOP 受伤　　PEF
腿被自己砸伤了。

la⁵³. ta³¹ we⁵⁵ lim⁵⁵ me³⁵ ta³¹ paɯ⁵⁵ kɯ³¹ prai⁵³ we⁵⁵ a³¹ tʲo⁵³ ka⁵⁵ kʲan⁵⁵ go³¹
HS 和气　　　老人　　　麻雀　　　TOP 手掌　　里 LOC
善良的老人把小麻雀放到手心，

tsho⁵³ a³¹　la⁵³. we⁵⁵ n̩⁵⁵ na³¹ ma³¹ ro⁵⁵ a³¹: kɯ³¹ prai⁵³ a⁵⁵ kɯ³¹ prai⁵³ a⁵⁵
放置 PEF HS 难过　　　说　　PEF 麻雀　小 麻雀　小
难过地说："小麻雀啊，小麻雀，

n̪uŋ³⁵ haŋ³⁵ we³¹ ha³¹ we⁵⁵ a³¹ jim⁵⁵ dza³¹　goŋ³⁵ bo⁵⁵. n̪uŋ³⁵
你　我 OBJ 讨厌　　　不 DIR-TO PEF ICP 你
你不能怪我，

ɕim⁵⁵ ken⁵⁵ neŋ⁵⁵ haŋ³⁵ ta³¹ plai⁵⁵ tha⁵³ goŋ³⁵ ta³¹ la⁵⁵. kɯ³¹ prai⁵³ we⁵⁵
为什么　　　　我　种子　吃 PEF ITE　麻雀　　　TOP
谁叫你天天来吃我的种子呢。"

ma³¹ ro⁵⁵ a³¹　wu³¹ li⁵⁵ jim⁵⁵ a³¹　wu³¹ li⁵⁵ jim⁵⁵ a³¹　la⁵³. haŋ³⁵ tɯm⁵⁵
说　　PEF 那样　不是 PEF 那样　　不是 PEF HS 我　天
小麻雀说："不是的，不是的。

rɯŋ³⁵ tsai⁵⁵ ta³¹ plai⁵⁵ tha⁵³ goŋ³⁵ jim⁵⁵ la⁵³. haŋ³⁵ a³¹ tʲa⁵⁵ n̩⁵³ bɯ³⁵ khɯn⁵⁵
每天　　种子　吃 PEF 不是 HS 我　今天　　第一
我不是天天来吃您的种子，今天是我第一次来，

ha³¹ na⁵⁵ tʲu⁵³ la⁵³. haŋ³⁵ n̪uŋ³⁵ ta³¹ plai⁵⁵ bra⁵⁵ kɯn⁵⁵ tha⁵³ goŋ³⁵ bo³¹　la⁵³.
来　 MER HS 我　你　种子　粒　一　吃 PEF DIR-AW HS
我只吃了您一粒种子。"

me³⁵ ta³¹ paɯ⁵⁵ we⁵⁵ ta³¹ we⁵⁵ n̩⁵⁵ na³¹ go³¹.　 kɯ³¹ prai⁵³ we⁵⁵ ŋ³⁵ go³¹

老人　　　　　TOP　心　　　内疚　DIR-TO 麻雀　　　TOP　家 LOC

老人很内疚，便把小麻雀带回家，

beŋ⁵⁵ na⁵⁵ di³¹ ga³⁵ a³¹ la⁵³. ta³¹ poŋ⁵³ kɯ³¹ dɯŋ⁵³ ɕi³⁵ dza³¹ go³¹

回　　TER　PEF HS 糌粑　　仅　　　拿来　　DIR-TO

把仅有的糌粑拿出来给小麻雀吃，

kɯ³¹ prai⁵³ we³¹ ŋ̥³⁵ a³¹ la⁵³. pra⁵⁵ tɕe⁵⁵ hʷi⁵⁵ hoŋ⁵⁵ a³¹ la⁵³. kɯ³¹ n̥⁵³

麻雀　　DAT　给 PEF HS 好　它　照顾　　PEF HS 天

细心地照料它。

ka³¹ n⁵⁵ a³¹ go⁵⁵, kɯ³¹ prai⁵³ wa⁵³ põ⁵⁵ pra⁵⁵ na³⁵ a³¹ la⁵³. ha³¹ tʲa⁵⁵ moŋ⁵⁵

二　　后　麻雀　　伤口　好　IND PEF HS 还

两天以后，小麻雀的伤好了，

jim³⁵ ha³¹ ne⁵⁵ goŋ³⁵ ɕa⁵³ a³¹ la⁵³. bɯ³¹ doŋ⁵³ me³⁵ ta³¹ paɯ⁵⁵ kru⁵³ kʲaŋ⁵⁵

飞　可以　PEF 变　PEF HS 又　　老人　　头　上

又可以飞来飞去了，

dʲoŋ⁵³ a³¹ la⁵³. bɯ³¹ doŋ⁵³ me³⁵ ta³¹ paɯ⁵⁵ khɯ³¹ liŋ⁵⁵ pa³⁵ kʲaŋ⁵⁵ dʲoŋ⁵³ a³¹

骑　PEF HS 又　　老人　　肩膀　　　上　骑　PEF

它一会儿落在老人头上，一会儿落到老人肩上。

la⁵³. kɯ³¹ n̥⁵³ ka³¹ sɯŋ³⁵ go³¹, kɯ³¹ prai⁵³ we⁵⁵ ta³¹ plai⁵⁵ bra⁵⁵ kɯn⁵⁵ dʲɯ⁵⁵

HS 天　三　　LOC 麻雀　TOP 种子　粒　一　叼

a³¹ go⁵⁵ me³⁵ ta³¹ paɯ⁵⁵ a³¹ tʲo⁵³ ka⁵⁵ kʲan⁵⁵ tsho⁵³ a³¹ la⁵³. ma³¹ ro⁵⁵ a³¹

后　老人　　　手掌　里　放置 PEF HS 说　　PEF

第三天，小麻雀衔来一粒种子放到老人手心，

la⁵³: haŋ³⁵ n̠uŋ³⁵ ta³¹ plai⁵⁵ ka³¹ tsɯm⁵³ bra⁵⁵ kɯn⁵⁵ tha⁵³ dza³¹ bo⁵⁵, haŋ³⁵

HS 我　你　种子　青稞　　粒　一　吃　DIR-TO ICP 我

说："我吃了你一粒青稞种子，

n̠uŋ³⁵ ta³¹ plai⁵⁵ lʷo⁵⁵ pu⁵³ bra⁵⁵ kɯn⁵⁵ da⁵³ na⁵⁵ di⁵⁵ la⁵³ la⁵³. ma³¹ ro⁵⁵

你　种子　萝卜　粒　一　还　ROU IMM HS　说

还您一粒萝卜种子。"

a³¹ duɯŋ⁵⁵ a³¹ go⁵⁵ kɯ³¹ prai⁵³ jim³⁵ goŋ³⁵ bo³¹   la⁵³.
完   后   麻雀   飞   PEF DIR-AW HS
说完，小麻雀飞走了。

me³⁵ ta³¹ paɯ⁵⁵ we⁵⁵ lʷo⁵⁵ pu⁵³ ta³¹ plai⁵⁵ kɯn⁵⁵ tɕiŋ⁵⁵ a³¹ pɯi⁵⁵ da⁵⁵
老人   TOP 萝卜   种子   一   获得 PEF 很
老人得到一粒萝卜种子非常高兴，

ha³¹ lʲo⁵⁵ a³¹ la⁵³, kha³¹ lʲau⁵⁵ kʲan⁵⁵ go³¹ li³⁵ a³¹ la⁵³. we⁵⁵ lʲoŋ⁵⁵ go³¹ tʲɯ³⁵
高兴 PEF HS 地（一块） 里   LOC 种 PEF HS 那 傍晚 LOC 开始
把它种在地里。

ka³¹ ra³⁵ kɯn⁵⁵ ma³¹ n̩ɑ⁵³ a³¹ la⁵³ a³¹ su⁵³ ŋ̍⁵³ a³¹ na⁵³ go³¹ kha³¹ lʲau⁵⁵ kʲan⁵⁵
雨   一   下   PEF HS 明天   早晨 LOC 地（一块） 里
当天晚上下了一场雨，

khi⁵³ a³¹ hʷeŋ⁵⁵ a³¹ la⁵³ kha³¹ lʲau⁵⁵ kʲan⁵⁵ go³¹ kɯ³¹ tʲe⁵³ e⁵⁵ lei⁵³ ji⁵⁵ kɯn⁵⁵
到 看见   PEF HS 地（一块） 里   LOC 小的   嫩芽   一
第二天早上老人到地里一看，土里长出一株幼苗，

la⁵³ a³¹ la⁵³, ta³¹ dʲɯn⁵³ na³⁵ na³⁵ ka³¹ n⁵⁵ lei⁵³ ji⁵⁵ la⁵³ a³¹ la⁵³.
出穗 PEF HS 肥   树叶 片 二   嫩   出穗 PEF HS
有两片肥嫩的叶子。

me³⁵ ta³¹ pɑɯ⁵⁵ wɛ⁵⁵ lʷo⁵⁵ pu⁵³ ma³¹ tɕi⁵³ lou⁵³ a³¹ tɯ³¹ ri⁵⁵ tsho⁵³ a³¹ la⁵³.
老人   那 萝卜   浇   PEF 肥料   放置 PEF HS
老人给萝卜浇水施肥，

lʷo⁵⁵ pu⁵³ lei⁵³ ji⁵⁵ kɯ³¹ ŋ̍⁵³ kɯn⁵⁵ kɯ³¹ ŋ̍⁵³ kɯn⁵⁵ a³¹ sɯŋ⁵⁵ a³¹ la⁵³,
萝卜   嫩芽 天   一   天   一   生长   PEF HS
小萝卜苗一天天长高长大，

ta³¹ pro³⁵ kɯn⁵⁵ ta³¹ pɯ⁵⁵ a³¹ la⁵³. ta³¹ plai⁵⁵ ha³¹ pɯ³⁵ ta³¹ tʲau⁵⁵ khi⁵³ a³¹
花   一   开花   PEF HS 种子   收获   时候   到 PEF
开出一朵小花。到了丰收的时候，

la⁵³, me³⁵ ta³¹ paɯ⁵⁵ we⁵⁵ lʷo⁵⁵ pu⁵³ kɯm⁵⁵ ha³¹ prau⁵³ dza³¹ a³¹ la⁵³.
HS 老人　　　　TOP 萝卜　　一　　拔　　　DIR-TO PEF HS

dɯ³¹ rɯŋ⁵⁵ dʲu⁵⁵ ga³⁵ a³¹ tɕan⁵⁵ tʷi⁵⁵ pu⁵³ dʲoŋ³¹ a³¹ la⁵³. ha³¹ lʲo⁵⁵
大　　相同　PEF 铝　　锅　COC PEF HS 高兴
老人挖出一个大得像铁锅一样的萝卜，

the³¹ rɯm⁵³ bɯm³⁵ tʲau⁵³ kɯ³¹ tʲa⁵³ goŋ³⁵ ja³¹ la⁵³.
嘴　　　　　　　盖上　　　PEF 不 HS
高兴得合不拢嘴。

me³⁵ ta³¹ paɯ⁵⁵ we⁵⁵ lʷo⁵⁵ pu⁵³ ŋ³⁵ go³¹ a³¹ bu⁵⁵ na⁵⁵ di³¹ ga³⁵ la⁵³. kɯ³¹ ŋ̊⁵³
老人　　　TOP 萝卜　家 LOC 扛　ROU TER　HS 天
老人把萝卜扛回家，

rɯŋ³⁵ tsai⁵⁵ ta³¹ tʲau⁵⁵ aŋ⁵⁵ ma³¹ mʲu⁵⁵ go³¹ hʷeŋ⁵⁵ ja³¹ hʷeŋ⁵⁵ a³¹ ba⁵³ ja³¹
每天　　时间　有　后　　LOC 看　PEF 看　　PEF 摸 PEF
每天一有时间就看一看，摸一摸，

ba⁵³ a³¹. lʷo⁵⁵ pu⁵³ we⁵⁵ gɯ³¹ ta³¹ mu³¹ tha⁵³ hu⁵⁵ jim⁵⁵ la⁵³. ta³¹ plai⁵⁵
摸 PRES 萝卜　　TOP 却　　　　吃　舍得 不 HS 种子
舍不得把萝卜吃掉。

mo³¹ hʷa⁵⁵ we³¹ da⁵³ a³¹　ta³¹ tʲau⁵⁵ khi⁵³, me³⁵ ta³¹ paɯ⁵⁵ we⁵⁵ ka³¹ tsɯm⁵³
富人　　DAT 还 PROS 时候　到　老人　　　　TOP 青稞
到了还富人种子的时候，

ta³¹ plai⁵⁵ da⁵³ na⁵⁵ ja³¹ aŋ⁵⁵ jim⁵⁵ la⁵³ we⁵⁵ a³¹　we⁵⁵ a³¹ go⁵⁵ lʷo⁵⁵ pu⁵³
种子　还 ROU NOM 有 没 HS 想　PEF 想　后　萝卜
老人没有青稞种子可以还。想来想去，

dɯ³¹ rɯŋ⁵⁵ mo³¹ hʷa⁵⁵ we³¹ ŋ̊³⁵ dʲeŋ⁵⁵ tiŋ⁵⁵ a⁵⁵ we⁵⁵ ho³¹ la⁵³.
大　　富人　　DAT 给 同意 答应　想 MER HS
决定把大萝卜给富人。

we⁵⁵ lɯi⁵⁵ a³¹ go⁵⁵ lʷo⁵⁵ pu⁵³ peŋ⁵⁵ kɯm⁵⁵ ga⁵³ dza³¹　goŋ³⁵ ka³¹ n⁵⁵ ɕa⁵³
然后　　萝卜　嘭　一　裂开 DIR-TO PEF 二　变

这时，萝卜"嘭"的一声裂成了两半，

ɑ³¹ ga⁵³ goŋ³⁵ bo³¹ la⁵³. lʷo⁵⁵ pu⁵³ n̪u³¹ kʲan⁵⁵ go³¹ ɑ⁵⁵ jaŋ⁵⁵ kɯn⁵⁵ tɕhi⁵³
PEF 裂开 PEF DIR-AW HS 萝卜 从 里 LOC 女孩 一 走
从里面走出一个小姑娘，

dza³¹ la⁵³. ɑ⁵⁵ jaŋ⁵⁵ the³¹ rum⁵³ bɯm³⁵ phʲu⁵⁵ tu⁵⁵ lɯi⁵³ ɑ³¹ me³⁵ ta³¹ pɑɯ⁵⁵
DIR-TO HS 女孩 嘴   撅嘴   PEF 老人
小姑娘撅着嘴问老人："老爷爷，

ɑ³¹ hu³⁵ ɑ³¹ la⁵³, ɑ³¹ tʲɑ⁵⁵ ɑ⁵⁵ n̪uŋ³⁵ ɕim⁵⁵ ken⁵⁵ neŋ⁵⁵ haŋ³⁵ me³⁵ pei⁵⁵ we³¹
问 PEF HS 祖父 TOP 你 为什么   我 别人 DAT
你为什么要把我送给别人呢？"

ŋ̊³⁵ goŋ³⁵ di³¹ ga³⁵ la⁵³. me³⁵ ta³¹ pɑɯ⁵⁵ bɯ⁵⁵ pa⁵⁵ ɑ³¹ ɑ³¹ hu³⁵ goŋ³⁵ bo³¹
送 PEF TER HS 老人   突然   问 PEF DIR-AW

la⁵³, n̪uŋ³⁵ n̪uŋ³⁵ ɕa⁵⁵ ja³⁵   la⁵³ la⁵³? lʷo⁵⁵ pu⁵³ kʲan⁵⁵ go³¹ n̪u³¹ ha³¹ na⁵⁵
HS 你 你 谁 疑问语气 HS 萝卜 里 LOC 从 来
老人一惊说："你，你是谁？"

ja³¹ ɑ⁵⁵ jaŋ⁵⁵ la⁵³: ɑ³¹ tʲɑ⁵⁵ ɑ⁵⁵ n̪uŋ³⁵ rai⁵³ ja³¹ la⁵³, haŋ³⁵ ɑ⁵⁵ la⁵⁵ mu³¹
NOM 女孩 说 祖父 TOP 你 怕 别 HS 我 TOP 拉姆
从萝卜里出来的姑娘说："老爷爷，你别害怕，

pru⁵⁵ jaŋ⁵⁵ la⁵³, ɑ³¹ tʲɑ⁵⁵ ta³¹ tʲau⁵⁵ n̪uŋ³⁵ tɕhi⁵³ ha³¹ ne⁵⁵ ja³¹ ba⁵³ ha³¹ ne⁵⁵
神   HS 现在   你 走 可以 PRES 做 可以
我是拉姆神女。

ɑ³¹ tʲɑ⁵⁵ ta³¹ tʲau⁵⁵ n̪uŋ³⁵ dɯŋ⁵³ ɑ³¹ hʷeŋ⁵⁵ ɑ³¹ la⁵³, haŋ³⁵ n̪uŋ³⁵ we³¹
现在   你 穷 PRES 看 PEF HS 我 你 DAT
看到您这么善良、勤劳却如此穷苦，

ta³¹ pru⁵³ dɯ³⁵ ŋ̊³⁵ noŋ⁵⁵ di⁵⁵ la⁵³. la⁵³ ɑ³¹ dɯŋ⁵⁵ di³¹ ga³⁵, me³⁵ ta³¹ pɑɯ⁵⁵
东西 多 给 要 PROG HS 说 完 TER 老人
我要送一些礼物给您。"

we⁵⁵ ŋ³⁵　we⁵⁵ ta³¹ me⁵⁵ ha³¹ pei⁵³ tʲɯ⁵³ ŋ³⁵　dɯ³¹ rɯŋ⁵⁵ ça⁵³ goŋ³⁵ di³¹ ga³⁵
TOP 房屋 TOP 旧　坏　少　房屋 大　变 PEF TER
说着老人的小破屋变成了崭新的大房子，

bo³¹.　ŋ³⁵ tɯ³¹ wã⁵⁵ go³¹ ma³¹ tsau⁵³ kɯ³¹ tçi⁵³ tsi³⁵　ma³¹ roŋ⁵⁵ ta³¹ hoŋ⁵⁵
DIR-AW 院子　LOC 牛（总称）山羊　骡子 马　群
院子里有成群的牛羊和骡马。

ɳu³¹ i⁵⁵ bo³¹　goŋ³⁵ a³¹ la⁵³. a⁵⁵ jaŋ⁵⁵ hɯ³¹ tʲɯŋ⁵³ jim⁵⁵ la⁵³.
ALLA 有 DIR-AW PEF　HS 女孩　看不见　HS
小姑娘不见了。

me³⁵ ta³¹ paɯ⁵⁵ we⁵⁵ a³¹ mʲu⁵⁵ go³¹ puɪ⁵⁵ da⁵⁵ mo³¹ hʷa⁵⁵ ça⁵³ goŋ³⁵ a³¹ la⁵³.
老人　　　TOP 将来　LOC 很　富　变 PEF HS
老人过上了富足的生活。

　　从前有一个老人，非常穷困，只有一块能卧下三头牛的土地。天气暖和了，老人把仅有的种子撒到地里，可一群麻雀飞来，把种子都吃光了。老人只好去和富人借种子，可第二天播种后，又一群麻雀飞来，又把种子吃光了。老人再一次去和富人借种子。老人在自己的地里把种子撒下去，不一会儿就看到有一群麻雀飞过来，吃他的种子。这次老人忍无可忍，捡起一块石头，向麻雀砸过去，麻雀受惊呼啦啦飞走了。

　　老人走过去，看见有一只红翅膀、红尾巴的小麻雀，腿被自己砸伤了。善良的老人把小麻雀放到手心，难过地说："小麻雀啊，小麻雀，你不能怪我，谁叫你天天来吃我的种子呢。"小麻雀说："不是的，不是的。我不是天天来吃您的种子，今天是我第一次来，我只吃了您一粒种子。"

　　老人很内疚，便把小麻雀带回家，把仅有的糌粑拿出来给小麻雀吃，细心地照料它。两天以后，小麻雀的伤好了，又可以飞来飞去了，（它）一会儿落在老人头上，一会儿落到老人肩上。第三天，小麻雀衔来一粒种子放到老人手心，说："我吃了你一粒青稞种子，还您一粒萝卜种子。"说完，小麻雀飞走了。

　　老人得到一粒萝卜种子非常高兴，把它种在地里。当天晚上下了一场雨，第二天早上老人到地里一看，土里长出一株幼苗，有两片肥嫩的叶子。老人给萝卜浇水施肥，小萝卜苗一天天长高长大，开出一朵小花。到了丰收的时候，老人挖出一个大得像铁锅一样的萝卜，高兴得合不拢嘴。

　　老人把萝卜扛回家，每天一有时间就看一看，摸一摸，舍不得把萝卜吃掉。

　　到了还富人种子的时候，老人没有青稞种子可以还。想来想去，决定把大萝卜给富人。这时，萝卜"嘭"的一声裂成了两半，从里面走出一个小姑娘，小姑娘撅着嘴问老人："老爷爷，你为什么要把我送给别人呢？"

老人一惊说："你，你是谁？"从萝卜里出来的姑娘说："老爷爷，你别害怕，我是拉姆神女。看到您这么善良、勤劳却如此穷苦，我要送一些礼物给您。"说着老人的小破屋变成了崭新的大房子，院子里有成群的牛羊和骡马。小姑娘不见了。老人过上了富足的生活。

3 对照词汇

a⁵⁵ja⁵³	哎呀	kha³¹dzem⁵³	被子
ha³¹lʲo⁵⁵	爱	la³¹ma⁵⁵	本地藏族
ta³¹pra⁵⁵	岸	pɯ⁵³ta³¹ka³¹sa⁵³	本领
au⁵⁵au⁵⁵	嗷嗷	ha³¹n̻a⁵³boŋ⁵⁵	鼻子
lim³⁵	八	ha³¹n̻a⁵⁵gɯm⁵⁵	鼻子
a³¹la⁵³	芭蕉	doŋ³¹	比
ha³¹prau⁵³	拔	doŋ³¹n̻u³¹	比
pʲu⁵⁵	拔	joŋ³⁵	比较标记
ta³¹rẽ⁵⁵ha³¹prau⁵³	拔	joŋ³⁵ta³¹	比较标记
m̩⁵⁵	拔毛	la⁵⁵na⁵³pʲe⁵⁵	比如
bu⁵⁵	把	ha³¹ma⁵⁵ga³¹	比赛
lʲo⁵⁵	白	tɕhau⁵⁵ha³¹ma⁵⁵ga³¹	比赛
n̩⁵³	白天	noŋ⁵⁵	必须
ma³¹lɯm⁵⁵	百	tʲɯ³⁵	边……边
ɕi³¹tsa³⁵	搬	pla⁵⁵	扁
lɯi⁵³	搬	ɕa⁵³	变
tɕa³¹pla⁵⁵	板子	ji³⁵	变
pɯi⁵³n̻oŋ⁵³	办法	lʲan⁵⁵	变
thau⁵⁵ɕi⁵⁵	办法	lʲɯ⁵⁵	变
ka⁵⁵	半	bo⁵³m̩⁵⁵	表不肯定
tɯ³¹kɯ³¹	半	bo⁵³m̩⁵⁵deŋ³⁵	表估计
raŋ⁵⁵	半天	deŋ³⁵	表估计
a³¹ka³⁵	拌	sa³¹	表疑问
proŋ⁵⁵dʲau⁵⁵	绊倒	ja⁵³	别
a³¹brɯŋ⁵⁵	帮助	pei⁵⁵	别的
lʲoŋ⁵⁵	傍晚	me³⁵pei⁵⁵	别人
ba⁵³a⁵⁵	薄	me³⁵tɕu³¹	别人
tha³¹dʲoŋ³⁵	饱	pin⁵⁵niau³¹	宾鸟
a³¹gu⁵³	保护	ta³¹prɯ³⁵	冰
gui³⁵	抱	we⁵⁵	并列连词
pei⁵⁵pa⁵⁵	贝巴	po⁵⁵mi⁵³	波密
pɯi⁵³pu⁵³ye⁵⁵niau³¹	贝布约鸟	prɯ⁵³	剥
ba⁵⁵	背	ma³¹ren⁵⁵	剥米
glai⁵³	背	ta³¹plai⁵⁵tin⁵³	播种

tin⁵³	播种	tha⁵³kɯm⁵³	吃
a³¹ba³⁵paɯ⁵⁵	伯父	ta³¹ma⁵⁵tha⁵³	吃药
pe⁵³	簸箕	ta³¹ruɯŋ⁵³	尺
wa³⁵	补标记	ta³¹loŋ⁵⁵	翅膀
jim⁵⁵	不	dɯŋ⁵³	充足的
ta³¹la⁵⁵	不断地	ta³¹pɯm⁵⁵	虫（总称）
moŋ³¹we⁵³lʲa⁵⁵jim⁵⁵	不管	bɯ³¹reŋ⁵⁵	仇人
gɯ⁵⁵mu³¹	不管；哪怕	ha³¹bei⁵³	丑
raŋ⁵⁵ɕa⁵³jim⁵⁵	不久	leŋ⁵³bi³¹	出来
dʲu⁵⁵ga³⁵jim⁵⁵	不同	pre⁵³	除草
we⁵³lɯŋ⁵⁵jim⁵⁵	不信任	a³¹dʲo⁵⁵go³¹	除了
i⁵⁵jim⁵⁵	不在	dʲɯŋ⁵³pʲeŋ³⁵we⁵⁵lɯi⁵⁵	除了
kha³¹dzem⁵³	布	lɯi⁵⁵a³¹go³¹	除了
mo³¹hʷa⁵⁵	财主	ta³¹pẽ⁵³	厨房
tʲɯ⁵³	裁	ta³¹ko⁵³	锄头
ni⁵³	采	la⁵⁵	穿
saŋ³⁵	踩	tiŋ⁵³	穿
phlam⁵³	茶	m̩⁵³pren⁵⁵	床
tsa⁵⁵ji⁵⁵	察隅	m̩⁵³pren⁵⁵ta³¹tɕoŋ⁵⁵	床
khoŋ⁵⁵bu⁵⁵ɕik⁵³	差不多	moŋ⁵³	吹
hra⁵⁵	拆	moŋ⁵³	吹笛子
ma³¹seŋ⁵⁵	柴火	ta³¹tʲau⁵⁵	春
kʷaɯ⁵³ta³¹prɯ³⁵	豺狗	bɯ³⁵	次
kɯ³¹tɕhiŋ⁵³	馋	bɯ⁵⁵	次
kɯ³¹hlai⁵⁵	肠子	bɯk⁵³	次
kɯ³¹ɬai⁵⁵	肠子	ma⁵⁵tsan⁵³	葱
ha³¹ri⁵⁵	尝	dzɯ⁵³	聪明
a³¹tʲa⁵⁵a³¹tʲa⁵⁵	常常	ta³¹dzɯ⁵³	聪明
baɯ⁵³tsai⁵⁵	常常	doŋ³¹	从
ta³¹ɕiŋ⁵⁵	唱	ȵu³¹	从
khu⁵³ga³⁵	吵架	ha⁵⁵joŋ⁵⁵	从前
koŋ⁵⁵	陈述语气	ha⁵⁵joŋ⁵⁵a³¹go⁵⁵	从前
ka³¹ta⁵³la⁵⁵ja³¹	称呼	ka⁵⁵dɯ³¹rɯŋ⁵⁵joŋ⁵⁵	粗的
ɕa⁵³bo⁵⁵	成功	ma³¹tʲɯŋ⁵⁵	村
dʲoŋ⁵³	乘坐	mlã³⁵me³⁵	村民
ta³¹tha⁵³	吃	da³¹raŋ⁵³	达让
tha⁵³	吃	ha³¹ȵa⁵⁵	答

tiŋ⁵⁵	答应	ha³¹nu⁵⁵la⁵³goŋ³⁵	到处
tiŋ⁵⁵a⁵⁵	答应	we³¹ka⁵⁵	到处
ho⁵³	打	kʲe³⁵sɑu⁵³	稻草
hok⁵³	打	kʲe³⁵	稻子
tʲu³⁵	打断	tɕɯŋ⁵⁵	得
ma³¹lɯŋ⁵³	打猎	ka³¹lʲoŋ³⁵	等候
ta³¹breŋ⁵⁵ma³¹lɯŋ⁵³	打猎	dai⁵³	傣人
ga⁵³	打破	dai⁵³ba³¹me³⁵	傣人
ta³¹we⁵⁵we⁵⁵	打算	deŋ⁵⁵reŋ³⁵	傣人
dɯ³¹rɯŋ⁵⁵	大	la⁵⁵pa⁵⁵	傣人的裤子
sa⁵³	大概	ka³¹mai⁵³	瞪眼
gra³⁵	大喊	gem⁵⁵	低
ka³¹dʲɯ³⁵	大家	dou⁵⁵	滴
kʲe³⁵kau⁵⁵	大米	ɕu⁵⁵rʷi⁵⁵	笛子
da³¹dzi⁵⁵	大声地	khlai⁵⁵	地
ma³¹tɕi⁵³dɯ³¹rɯŋ⁵⁵	大水	khɯ³¹lai⁵⁵	地
ha⁵³	大腿	kha³¹lʲau⁵⁵	地（一块）
a⁵³dza⁵³	大王	ta³¹re⁵⁵	地板
ta³¹me⁵³jin⁵⁵	大象	mlã³⁵	地方
ha³¹tɯ⁵⁵	大约	mlaŋ³⁵	地方
kha³¹tʲau⁵⁵	带	khɯ³¹lai⁵⁵kʲaŋ⁵⁵	地上
tʲaɯ⁵³	戴	pa³¹mroŋ⁵⁵	弟弟（兄姐称）
we⁵⁵ta³¹reɯ⁵⁵	担心	bɯ³⁵ka³¹sɯŋ³⁵	第三
we⁵⁵a³¹dʲo⁵⁵	但是	bɯ³⁵khɯn⁵⁵	第一
we⁵⁵gʲe³¹je⁵⁵	但是	ha⁵³tɕi⁵³	点
we⁵⁵gɯ³¹e⁵⁵	但是	keŋ⁵⁵	点
we⁵⁵gɯ³¹mu³¹	但是	dʲɯ⁵⁵	叼
we⁵⁵go³¹bʲeŋ⁵³	但是	pa⁵⁵	雕塑
we⁵⁵go³⁵e⁵⁵	但是	pʲa⁵⁵	雕像
we⁵⁵jim⁵⁵go³¹bʲeŋ⁵³	但是	tshɯʔ⁵³	吊
ta³¹ra⁵⁵	刀	lʲa³⁵	钓
ŋa⁵³	倒	tɯn⁵⁵a³¹tɕaŋ⁵³lʲa³⁵	钓
kho⁵³ta³¹ʔe⁵³	倒霉	dʲoŋ⁵³	掉
khi⁵³	到	ha³¹rʷi⁵³	掉
tɕiŋ⁵⁵	到	lʲa⁵³	跌
ha³¹nu⁵⁵	到处	tiŋ⁵⁵taŋ⁵⁵	叮当
ha³¹nu⁵⁵la⁵³a³¹	到处	dzem⁵⁵	顶

dzaɯ⁵³	顶部	ka³¹n⁵⁵ha⁵⁵lɯŋ⁵⁵	二十
ŋ̃ã⁵⁵ha³¹lou⁵⁵tɯ³¹ru⁵⁵	丢脸	ha³¹glɯm⁵³	发抖
toŋ⁵⁵la⁵⁵ʂan⁵⁵	东拉山	prau⁵³	发脾气
ta³¹prɯ⁵³	东西	khi⁵³lʲe⁵⁵	发誓
ka³¹sa⁵³	懂	ɬai⁵⁵	翻
ha³¹breŋ⁵⁵	动物	hʷi³⁵	烦恼
ja³¹ta³¹tʲu⁵³	动物	kɯ³¹ɬai⁵⁵	反
ma⁵³pʲa⁵³ja³¹	动物	ta³¹pẽ³⁵	饭
ta³¹breŋ⁵³	动物	lɯ³¹gɯm⁵⁵	房脊
kraŋ⁵⁵	洞	ŋ̩³⁵	房屋
ka³¹dʲɯ⁵⁵me⁵³	都	ŋ̩³⁵kuŋ⁵⁵	房屋
mei⁵³dʲɯ⁵⁵	都	lɯm⁵⁵kuŋ⁵⁵	房子里
ka³¹dʲɯ⁵⁵	都；全	a³¹boŋ⁵⁵	房子外
ha³¹kɯm⁵⁵	陡坡	a³¹kou⁵³	放
roŋ⁵⁵	逗	ma³¹tʲa⁵³	放
thai⁵⁵	毒	ha³¹ko⁵⁵	放置
ka³¹tʲo⁵³	堵	tsho⁵³	放置
kɯ³¹tʲoŋ⁵³	短	jim³⁵	飞
du⁵³	断	tom⁵⁵ka³¹rai⁵⁵	飞机
du⁵³brɯn⁵³	断	ta³¹dʲɯŋ⁵³	肥
ma³¹seŋ⁵³ha³¹rʷo⁵³	断的枝	tɯ³¹ri⁵⁵	肥料
brem⁵⁵	堆	peŋ⁵³	分
mʲu⁵⁵	对面	peŋ⁵³ga³⁵	分
a³¹thu⁵³	炖	peŋ⁵³ga³⁵	分别
dun⁵³ba⁵⁵	顿巴	po⁵³peŋ⁵³	分别
dɯ³¹	多	a⁵⁵me⁵⁵	分娩
dɯ³⁵	多	a⁵⁵me⁵⁵a³¹	分娩
ma³¹lɯ⁵⁵	多	a³¹me⁵⁵iŋ⁵⁵	风
ka³¹da⁵⁵gie⁵³	多么……也	ha³¹rɯŋ⁵⁵	风
ka³¹da³⁵kɯ⁵⁵	多少	ma³⁵iŋ³¹pɯi⁵⁵ta³¹	风景
ja⁵³	夺	ha³¹di⁵⁵	风俗
moŋ³⁵	躲	ta³¹me³⁵a³¹	疯
a³¹koŋ³⁵	剁	ta³¹wa⁵³hui⁵⁵	蜂蜜
na³¹tʲoŋ⁵³	饿	me³⁵jaŋ⁵⁵ma³¹wa⁵⁵	夫妻
a⁵⁵ju⁵⁵a⁵⁵	儿子	ha³¹toŋ⁵⁵	扶
kru⁵³na³⁵	耳朵	rau⁵³wa⁵⁵	浮
ka³¹n⁵⁵	二	din⁵⁵	腐烂

ma⁵⁵ba³⁵	父母	lɯ³¹joŋ³⁵	更
a³¹ba³⁵	父亲	a³¹tʲu⁵³ta³¹tsu⁵³	工匠
ba³⁵	父亲	a³¹lai⁵³	弓
na³¹ba³⁵	父亲	ha³¹pʲan⁵⁵da⁵³	公平
ba³⁵ju⁵⁵a⁵⁵	父子	kʷaɯ⁵³	狗
we⁵⁵poŋ⁵⁵	附近	ta³¹ɳ̍⁵⁵	狗熊
mo³¹hʷa⁵⁵	富	kʷaɯ⁵³a⁵⁵	狗崽
mo³¹hʷa⁵⁵	富人	ku³¹su⁵³	骨髓
ka³⁵pa³⁵	盖	ri³¹boŋ³⁵	骨头
tʲa⁵³	盖	ha³¹di⁵⁵	故事
ŋ³⁵gu⁵⁵	盖房	e⁵⁵dɯ³¹pɯi⁵⁵	故意
ta³¹rɯ⁵³	盖房	ha³¹rɯŋ⁵⁵ŋa³¹	刮
tʲau⁵³kɯ³¹tʲa⁵³	盖上	iŋ⁵⁵	刮
dʲoŋ⁵⁵	赶	ɕi⁵³	挂
tɕo⁵³	敢	pɯŋ⁵⁵	关
am⁵³	感叹	a³¹dza⁵⁵	官
hi³¹	感叹语气	lu⁵³	灌
ɕoŋ³⁵	干	khɯ³¹phlou³⁵	罐子
min⁵³jin⁵⁵	刚刚	khɯ³¹ɳim⁵⁵	鬼
tɯ³¹kã⁵⁵	缸	po⁵³a³¹	贵
ka³¹lɯŋ⁵⁵	高	ta³¹khrɯm⁵⁵	棍子
ta³¹dzi⁵⁵	高	pu⁵³	锅
ha³¹lʲo⁵⁵	高兴	poŋ⁵³	锅巴
ha³¹tʲa⁵⁵	告诉	mlã³¹reŋ⁵⁵	国王
thɯ³¹dʲa⁵⁵tʲo⁵⁵	告诉	kʷo⁵⁵	果皮
thɯ³¹tʲa⁵⁵	告诉	ma³¹seŋ⁵⁵	果子
a³¹mroŋ⁵⁵	哥哥（弟称、妹称）	ma³¹seŋ⁵⁵ɕi⁵³	果子
		ta³¹ɕi⁵³bra⁵⁵	果子
ni⁵³	割	raŋ⁵⁵ɕa⁵³a³¹jim⁵⁵	过了几天
kɯ³¹man³⁵	格曼	lo⁵³ji⁵⁵	过溜索
bom⁵⁵	个	ha³¹da³⁵	哈达
kɯ³¹ɳ̍⁵³	个	ha⁵⁵ha⁵⁵	哈哈
tʲõ⁵⁵	个	a³¹tʲa⁵⁵mu⁵³	还
ti⁵³i⁵⁵joŋ³¹	个别	da⁵³	还
ŋ̍̃³⁵	给	ha³¹ɳa⁵³	还
ka⁵³lʲaŋ⁵³di⁵⁵	耕地	ha³¹tʲa⁵⁵moŋ⁵⁵	还
a³¹lɯ³¹joŋ³⁵	更	we⁵⁵go³⁵e⁵⁵	还

we⁵⁵lɯi³¹goŋ³⁵	还	ta³¹mim⁵³	猴子
kʲa⁵³ha³¹	还是	a³¹go⁵⁵	后
praɯ⁵⁵	还是	a³¹go⁵⁵mʲu⁵⁵	后
a⁵⁵	孩子	a³¹lɯn³¹go³¹	后
ha³¹lou⁵⁵a³¹	害羞	a³¹thɯi⁵³	后
gra³⁵	喊	ça⁵³a³¹go³¹	后
khi⁵⁵	汉	ça⁵³li⁵³ja³¹go³¹	后
ha³⁵pra⁵³	好	gɯi⁵⁵	后
ha³⁵pra⁵⁵	好	go³¹ne³¹	后
pra⁵⁵	好	ja³¹go³¹	后
ta³¹ȵoŋ⁵⁵	好听	ko³¹ne³¹	后
tim³⁵	喝	li⁵³	后
doŋ³⁵	和	li⁵³a³¹go⁵⁵	后
ma⁵⁵	和	li⁵³ja³¹go³¹	后
ru⁵³ga³⁵naŋ⁵⁵	和解	li⁵³ja³¹ne³¹	后
ta³¹we⁵⁵lim⁵⁵	和气	ma³¹mʲu⁵⁵	后
la³¹ma⁵⁵	和尚	ne³¹	后
ma³¹tɕi⁵³	河	plɯŋ⁵⁵	后
ma³¹tɕi⁵³ta³¹koŋ⁵⁵	河	thɯi⁵³	后
ta³¹koŋ⁵⁵	河	we⁵⁵a³¹go⁵⁵	后
ta⁵³pra⁵⁵	河	we⁵⁵li⁵³ja³¹	后
ta³¹koŋ⁵⁵a³¹kʷi⁵⁵	河谷	we⁵⁵li⁵³ja³¹ne³¹	后
ta³¹pɯm⁵⁵	盒子	plɯŋ⁵⁵	后背
ka³¹no⁵⁵	黑	hʷa⁵³ça⁵³	后悔
poŋ⁵³	痕迹	phoŋ⁵³	后悔
ka³¹ba⁵⁵	很	a³¹mʲu⁵³go³¹	后来
pɯi⁵⁵da⁵⁵	很	we³¹gɯ⁵⁵lɯn³¹	后来
ma³¹thoŋ⁵⁵	很；太	we³¹gɯi⁵⁵a³¹go⁵⁵	后来
dɯ³⁵thɯi⁵⁵	很多	lɯn³¹	后来
raŋ³⁵a³¹	很久	we³¹ma³¹mʲu⁵⁵go⁵⁵	后来
raŋ³⁵ça⁵³	很久	gɯi⁵⁵	
raŋ⁵⁵ça⁵³	很久	wu³¹li⁵⁵a⁵³go³¹	后来
bɯ⁵⁵a³¹go⁵⁵	很久以前	we³¹gɯi⁵⁵a³¹go⁵⁵	后来；然后
pɯ³¹ja⁵⁵go³¹	很久以前	plɯŋ⁵⁵mʲu⁵⁵	后面
bɯ⁵⁵ja⁵³a³¹go⁵⁵	很早以前	ta³¹lɯ⁵⁵	厚
çi⁵⁵	红	kɯ³¹ta⁵³	呼叫
ta³¹hʷi⁵⁵	虹	hu⁵⁵la⁵⁵la⁵⁵	呼啦啦

ta³¹phɯ⁵⁵	狐狸	raŋ⁵⁵pra⁵⁵	几天
ta³¹prɯ³⁵	狐狸	ta⁵⁵pɯ⁵³lʲoŋ⁵⁵	几天前
tɯ³¹kaŋ⁵⁵	葫芦	tsai⁵⁵jim⁵⁵	计算不
tɯ³¹wi⁵⁵	湖	ka³¹sa⁵³	记得
kɯ³¹pʲu⁵⁵lʲu⁵⁵	蝴蝶	ka³¹sa⁵³di³⁵	记得
gra³⁵	虎啸	ta³¹we⁵⁵tsho⁵³naŋ⁵⁵	记住
ha³¹pʲan⁵⁵ha³¹tʲo⁵⁵	互相	ta³¹la⁵⁵	继续
mbu⁵⁵	户	ka³¹ja⁵³goŋ³⁵	祭品
ta³¹pro³⁵	花	ŋ̊³⁵	家
dzu⁵⁵ha³¹tʲu⁵⁵	画	mlaŋ³⁵	家乡
tɯ³¹kɯ⁵⁵	话	ŋ̊³⁵dʲɯ³⁵	家族
we⁵³sem⁵³	怀疑	ha³¹laɯ⁵³	假
ha³¹pei⁵³	坏	la⁵³ha³¹laɯ⁵³	假
pra⁵⁵jim⁵⁵	坏	go³¹bʲeŋ⁵³	假如
ji³⁵ga³⁵	换	pei⁵⁵go³¹bʲeŋ⁵³	假如
min⁵⁵	黄	ji?⁵³ha³¹laɯ⁵³kau⁵⁵	假装
ma³¹gɯŋ⁵⁵	黄瓜	ŋ̊³⁵ja³¹	嫁
ma³¹tʲan⁵⁵a³¹	晃	khɯ³¹liŋ⁵⁵pa³⁵	肩膀
la⁵³hlaɯ³⁵	谎言	ka³¹tɯ⁵⁵	拣
be⁵⁵na⁵⁵	回	tʲɯ⁵⁵	剪
beŋ⁵⁵na⁵⁵	回	ta³¹rɯ⁵³	建立
preŋ⁵⁵hui⁵⁵	回	ŋ³⁵gu⁵⁵	建设
la³¹da⁵³	回答	ta³¹rɯ⁵³	建设
ka³¹sa⁵³	会	a³¹lai⁵³pɯ⁵⁵	箭
a³¹sɯŋ⁵⁵	活	tɕaŋ⁵⁵la⁵⁵	江拉
na³¹mɯn⁵⁵	火	tɕʲaŋ⁵⁵la⁵⁵	江拉
mɯn⁵⁵tshaɯ⁵⁵	火炭	pɯ³¹ha³¹jau⁵⁵	降落
ta³¹kʲaŋ⁵⁵	火星	kha³¹ji³⁵ga³⁵	交换
tɕiŋ⁵⁵	获得	ma³¹tɕi⁵³lou⁵³	浇
tʲu⁵³ma³¹na⁵³	鸡蛋	we⁵⁵noŋ⁵⁵tʲu⁵⁵	骄傲
rɯŋ⁵³	鸡啼	gru⁵⁵	焦
dɯ³¹roŋ³⁵	鸡爪谷	kha³¹dʲu³⁵	角落
tɯ⁵⁵roŋ⁵³pra⁵⁵	鸡爪谷	groŋ⁵³	脚
tɕi³⁵la⁵⁵	吉拉	groŋ⁵³pa⁵⁵	脚
dʲɯŋ⁵⁵m⁵⁵dʲɯŋ⁵⁵	极高的	ha³¹tsho⁵³	叫
a³¹dɯm⁵⁵	集中	tsho⁵³	叫
we⁵⁵kɯ³¹reχ⁵⁵	嫉妒	tɕau⁵³	叫（格曼）

wu^{31}li^{53}we^{55}ti^{53}	觉得	bɯ^{55}thɯ^{55}	就
ta^{31}hʷi^{53}	教	glɯ^{53}	卷
ha^{31}ru^{53}	接待	phʲu^{55}tu^{55}	撅嘴
tɕie^{31}la^{55}	杰拉	we^{55}ma^{31}la^{55}	决定
ɕi^{53}ho^{31}	结果	ta^{31}pɯ^{55}	开花
ta^{31}ɕi^{53}ɕɯ^{35}	结果	tʲɯ^{35}	开始
we^{55}bʲe^{55}	结果	gu^{35}dzu^{35}tʲu^{55}kɯ^{31}	开头
we^{55}pʲeŋ^{55}	结果	roŋ^{55}ka^{55}	开玩笑
lʲu^{55}	结婚	tʲɯ^{55}	砍
lʲu^{55}tha^{55}	结婚	hɯ^{31}tʲɯŋ^{53}	看
pa^{31}thɯi^{55}	姐姐（弟妹称）	hʷeŋ^{55}	看
a^{31}ŋa^{35}	借	hʷeŋ^{55}ja^{31}	看
ha^{31}ŋa^{35}	借	hʷeŋ^{55}tʲuʔ^{53}	看
tɕa^{31}ma^{55}	斤	hɯ^{31}tʲɯŋ^{53}jim^{55}	看不见
a^{31}mʲu^{55}	今后	hʷeŋ^{55}ja^{31}	看过
a^{31}tʲa^{55}n̥^{53}	今天	a^{31}hʷeŋ^{55}	看见
kʲe^{35}kau^{55}	金币	hɯ^{31}tʲɯŋ^{53}	看见
tɕiŋ^{55}loŋ^{31}	金龙	hʷeŋ^{55}tʲɯŋ^{53}	看见
pɯ^{31}dai^{55}	金子	kɯ^{31}tʲɯŋ^{53}	看见
kɯ^{31}dɯŋ^{53}	仅	a^{31}bu^{55}	扛
tsi^{53}	紧	ha^{31}ka^{53}	烤
leŋ^{53}	进	ka^{31}ɕa^{55}heŋ^{55}	可怜
ga^{55}a^{55}	近	ha^{31}ne^{55}	可能
pra^{55}jim^{55}	禁忌	ɕi^{35}	可以
ta^{31}ŋ^{55}pra^{55}jim^{55}	禁忌	ha^{31}ne^{55}	可以
sen^{55}	茎	hʲa^{53}po^{31}	可以
ta^{31}la^{35}	经常	tɕiŋ^{53}	可以
khlai^{55}pu^{55}hʷaŋ^{55}	井	tɯ^{31}roŋ^{55}ɕoŋ^{55}	渴
ma^{31}tɕi^{53}		ka^{31}rou^{35}eː^{55}ʔi^{55}po^{53}	客气
ha^{31}dʲɯŋ^{55}	敬	ka^{31}rou^{35}	客人
tha^{53}kɯ^{31}la^{55}	镜子	tɯ^{31}pɯi^{55}	肯定猜测
kɯn^{55}n̠iŋ^{55}	九	dɯ^{31}pɯi^{55}	肯定语气
ju^{53}	酒	m^{55}	肯定语气
me^{55}	旧	hʷaŋ^{55}	空的
ta^{31}me^{55}	旧	khro^{53}	哭
a^{31}bleŋ^{55}	救	klaŋ^{55}	窟窿
ha^{31}ru^{53}	救	ha^{31}bra^{55}	苦荞

bom⁵⁵	块	luɯ⁵⁵kuŋ⁵⁵	里面
dʲɯŋ³⁵	块	ha⁵³ne⁵⁵	厉害
plaŋ⁵⁵	块	a³¹bei³⁵raŋ⁵⁵thɯi⁵³	立刻
ka³¹ro⁵³	快	a³¹bei³⁵raŋ⁵⁵thɯi⁵³	立刻
ka³¹ro⁵³thɯi⁵³	快	ka³¹	立刻
ra⁵⁵	快	ka³¹ro⁵³thɯi⁵³	立刻；马上
ta³¹kra⁵⁵	筐	bra⁵⁵	粒
a³¹baɯ⁵⁵	捆	ma³¹tho⁵³ka³¹	连接
ka³¹ri⁵³	捆	ȵa⁵⁵	脸
ta³¹tʲoŋ⁵⁵	困难	ru⁵⁵ga⁵³	恋爱
ma³¹goŋ⁵⁵	拉	seŋ⁵³	凉
la⁵⁵mu³¹	拉姆	pɯi⁵⁵thɯŋ⁵⁵	凉快
pɯ³¹tsaɯ⁵⁵	辣椒	a³¹ka⁵³	粮仓
ha³¹na⁵⁵	来	ta³¹tha⁵³	粮食
ha³¹pʲan⁵⁵ha³¹tʲo⁵⁵	来回	tha⁵³min⁵⁵	粮食
a³¹tʲaŋ³⁵	懒惰	ta³¹khi³⁵	粮食袋
ȵoŋ⁵⁵proŋ⁵³	烂	ka³¹poŋ⁵⁵ʔi⁵⁵tɕa⁵⁵	两旁
laŋ³¹ta³⁵ma³¹	朗达玛	ha³¹rʷeŋ³⁵	量
laŋ³¹tshuo⁵³hu³⁵	浪措湖	ta³¹brẽ⁵⁵kʷaɯ⁵³	猎狗
ta³¹ri⁵³tɕi⁵⁵	浪费	ta³¹breŋ⁵⁵ma³¹lɯŋ⁵³	猎人
po⁵³ɫŋ³⁵	牢	ja³¹me³⁵	
ta³¹paɯ⁵⁵	老	ta³¹breŋ⁵⁵o⁵³ja³¹me³⁵	猎人
ta³¹dzai⁵⁵joŋ⁵⁵	老大	ta³¹broŋ⁵³tshoŋ³⁵me³⁵	猎人
bo³¹da⁵⁵	老虎	ga⁵³ho⁵³	裂缝
ta³¹paɯ⁵⁵	老年人	ga⁵³	裂开
me³⁵ta³¹paɯ⁵⁵	老人	tha⁵³khɯ³¹ȵim⁵⁵	吝啬
ta³¹plɯŋ⁵⁵mroŋ⁵⁵ja⁵⁵	老三	tɯ³¹poŋ⁵⁵	铃
ta³¹ko⁵⁵ta³¹hʷi⁵³ja³¹	老师	ha³¹lou⁵³dʲa⁵⁵	留下
me³⁵		blɯm⁵³	流
ka³¹tɕi⁵⁵	老鼠	blai⁵⁵tsa³⁵	流眼泪
gɯ⁵³	累	brʷa³⁵	龙
dzoŋ⁵⁵	冷	dau⁵³	漏
ka³¹lʲaŋ⁵³	犁	ma³¹tɕu⁵³	鹿
kʲan⁵⁵	里	a³¹lim⁵⁵	路
kɯi⁵³	里	lʷo⁵⁵pu⁵³	萝卜
kɯŋ⁵⁵	里	tsi³⁵	骡子
kuŋ⁵⁵	里	luo⁵³y³¹	洛瑜

词条	释义	词条	释义
dʲu⁵⁵	珞巴族	ta³¹groŋ⁵⁵	美丽
luɯŋ⁵³	落下	ka³¹leŋ⁵⁵	门
n̻a⁵³pɯi³⁵	落下	kha³¹leŋ⁵⁵	门
krau⁵³	驴	ka³¹leŋ⁵⁵klou⁵⁵	门口
tɕan⁵⁵tʷi⁵⁵	铝	bɯm⁵³	焖
kɯ³¹prai⁵³	麻雀	tɕu³¹	们
ma³¹roŋ⁵⁵	马	ta³¹wa⁵⁵	蜜蜂
ma³¹roŋ⁵⁵a⁵⁵	马驹	ma⁵⁵dzɯŋ⁵⁵	庙
ka³¹ro⁵³	马上	a³¹mɯŋ⁵⁵	名字
ma³¹roŋ⁵⁵gra³⁵	马嘶	a³¹su⁵³n̻⁵³	明天
kɯ³¹jɯ⁵⁵	蚂蚁	a³¹su⁵³na⁵³	明天
tɯ⁵⁵gaŋ³⁵	蚂蚱	ha⁵⁵lʲɯ⁵⁵	命令
ja³⁵	吗	ba⁵³	摸
m̩⁵³	埋	ma⁵³dim⁵³ma⁵³go³¹	磨碎
brai³⁵	买	a³¹ma⁵⁵	母亲
kha⁵⁵	迈步	bɯ³¹lʲɯ⁵⁵kru³⁵	母猪
kha⁵⁵kɯ⁵³	迈步	ma³¹seŋ⁵³ta³¹tsau⁵³	木钉子
kha³¹ji³⁵	卖	ma³¹seŋ⁵³n̻³⁵	木房
blɯŋ⁵⁵	满	ma³¹seŋ⁵³ba⁵³ja³¹me³⁵	木匠
be⁵⁵e⁵⁵	慢	ta³¹hu⁵³	木料
pɯ³¹e⁵⁵	慢慢	ta³¹pro⁵⁵dʲoŋ⁵⁵	木梯
pɯ³¹e⁵⁵pe⁵⁵	慢慢	ma³¹seŋ⁵³	木头
pɯ³¹e⁵⁵pe⁵⁵bo⁵⁵	慢慢	ɕi³⁵	拿
pɯ³¹e⁵⁵bo⁵⁵	慢慢地	ɕi³⁵dza³¹	拿来
waŋ⁵⁵jim⁵⁵	忙	ɕi³⁵dɯ³¹ga³⁵	拿去
ma³¹dʐa⁵³rai⁵³	猫	ha³¹nu⁵⁵	哪里
kʷã⁵³loŋ⁵³	猫头鹰	a³¹we⁵⁵	那
tɕu⁵³la³⁵	牦牛	we⁵⁵	那
gɯ³⁵	帽子	a³¹ɕi⁵³	那边
jim⁵⁵	没	a³¹we⁵⁵	那个
ma³¹go⁵⁵a³¹jim⁵⁵	没用	ɕi⁵³ma³¹mʲu⁵⁵	那里
dʲɯ⁵⁵	每	a³¹ɕi⁵³	那里；那边
la³¹mɯŋ³⁵	每	we⁵⁵n̻⁵³	那天
tsai⁵⁵	每	a³¹we⁵⁵tɕu³¹	那些
me³⁵sɯŋ⁵⁵dʲɯ⁵⁵	每个人	we⁵⁵tɕu³¹	那些
n̻⁵³la⁵³meŋ⁵³	每天	wu³¹li⁵⁵	那样
rɯŋ³⁵tsai⁵⁵	每天		

we⁵⁵go³¹	那之后
na⁵³y⁵³ʂan⁵⁵kou⁵⁵	纳玉山沟
ta³¹we⁵⁵tha³¹rau⁵⁵	耐心
tha³¹rau⁵⁵	耐心
ma³¹wa⁵³a⁵⁵	男孩
ma³¹a⁵⁵	男人
ma³¹wa⁵³a⁵⁵	男人
we⁵⁵n̩⁵⁵na³¹	难过
n̩⁵⁵na³¹	内疚
lei⁵³ji⁵⁵	嫩芽
tɕiŋ⁵³	能
n̩uŋ³⁵	你
a³¹ne⁵⁵ka³¹n⁵⁵	你俩
a³¹ne⁵⁵	你们
n̩uŋ³⁵ja³¹	你自己
kɯ³¹nɯŋ⁵⁵	年
nɯŋ⁵⁵	年
kɯ³¹nɯŋ⁵⁵a⁵⁵a³¹	年青
ta³¹tsai⁵⁵	年长
ta³¹tsai⁵⁵joŋ⁵⁵	年长
tsai⁵⁵	念
la⁵⁵ma⁵⁵ta³¹ko⁵⁵tsai⁵⁵	念经
kʷan⁵³	酿
ma³⁵ka³¹pʲa⁵⁵	鸟
pʲa⁵⁵	鸟（总称）
ha³¹tʲu⁵³	捏
ni⁵³tʂi⁵³tsan⁵³phɯ³¹	聂赤赞普
ma³¹tsau⁵³	牛（总称）
rau⁵⁵	牛角
prem⁵⁵	牛圈
ma³¹tsau⁵³ta³¹breŋ⁵³	牛肉
kha³¹lʲau⁵⁵ba⁵³ja³¹me³⁵	农民
po⁵³	奴仆
nu⁵³tɕaŋ⁵⁵	怒江
leŋ³⁵	暖和
a³¹jaŋ⁵⁵	女儿
a⁵⁵jaŋ⁵⁵	女孩

jaŋ⁵⁵	女人
me³⁵a⁵⁵	女人
me³⁵jaŋ⁵⁵a⁵⁵	女人
kɯ³¹mu⁵³	女婿
plã⁵⁵	趴
a³¹kau³⁵	爬
ɕu⁵⁵	爬
rai⁵³	怕
wɯn⁵³kɯ³¹le⁵⁵	盘子
mboŋ⁵⁵	旁边
dʲɯŋ⁵³	胖
me³⁵ta³¹roŋ⁵⁵	胖子
pʲou⁵³	跑
tsau⁵⁵	跑
nda³⁵	赔偿
dɯŋ⁵⁵tɯm⁵⁵	赔礼
ma³¹dʲoŋ⁵⁵	配制
peŋ⁵⁵	嘭
tɯ³¹mroŋ⁵⁵	朋友
din⁵⁵	碰
kɯ⁵⁵	披
pen⁵⁵	皮
phi³⁵ɕou⁵⁵ka³¹mu⁵³	皮休嘎木
kɯ³¹sa⁵³pɯm⁵⁵	屁股
ta³¹we⁵⁵pʲoŋ⁵⁵jim⁵⁵	偏心
la⁵³ha³¹lau⁵³	骗
la⁵³ha³¹lau⁵³ja³¹me³⁵	骗子
liŋ⁵⁵kau⁵⁵	平
ha³¹lʲu⁵³ma⁵⁵	平局
liŋ⁵⁵kau⁵⁵	平原
ma⁵³liŋ⁵⁵kau⁵⁵	平原
tʲe⁵³kɯ³¹lai⁵⁵	瓶子
a³¹waɯ⁵³	泼
brai⁵⁵	破
po⁵³	仆人
wen⁵³	七
me³⁵jaŋ⁵⁵	妻子

a³¹khaŋ⁵⁵tsho⁵⁵	欺侮	duɯŋ⁵³	穷人
ha³¹bʲan⁵⁵ta⁵³	齐	ta³¹dʑi³⁵	蚯蚓
pei⁵³	其他	bo⁵³	去
pei⁵³ta³¹n̠oŋ⁵⁵	奇怪	ji⁵⁵ja³¹mei⁵³	全部
kʲɯ⁵³	祈使语气	ka³¹dʲɯ⁵⁵	全部
tʲa⁵³	祈使语气	ka³¹mei⁵³	全部
dʲoŋ⁵³	骑	mei⁵³	全部
ma³¹roŋ⁵⁵dʲoŋ⁵³	骑马	ka³¹dʲɯ⁵⁵mai⁵⁵	全部的
tʲoŋ⁵³	起床	ma³¹tɕi⁵³a⁵⁵	泉水
a³¹mɯŋ⁵⁵tsho⁵³	起名	la⁵³tɯ³¹mei⁵⁵	劝告
ha⁵⁵ma⁵⁵	气味	teŋ⁵⁵mei⁵⁵	劝架
wu⁵⁵	掐	gɯ³¹ta³¹mu³¹	却
ka³¹tʲau⁵⁵	牵	ta³¹hoŋ⁵⁵	群
ma³¹tsau⁵³ka³¹tʲau⁵⁵	牵	ta³¹rau³⁵	群
ha⁵⁵n̠a⁵⁵mʲu⁵⁵	前面	we³¹gɯ³⁵	然后
pa³¹wɯŋ⁵⁵	钱	we³¹gɯi⁵⁵a³¹go⁵⁵lɯn³¹	然后
to⁵³ka³¹loŋ⁵⁵	浅	we⁵⁵gɯ³¹e⁵⁵	然后
ge⁵⁵ha³¹rau⁵⁵	枪	we⁵⁵li⁵³ja³¹go⁵⁵	然后
ta³¹ku⁵⁵	强	we⁵⁵lɯi⁵⁵a³¹go⁵⁵	然后
a³¹tseŋ⁵⁵	墙壁	we⁵⁵lɯi⁵⁵bʲe⁵⁵	然后
a³¹põ³⁵kraŋ⁵⁵	墙缝	ma³¹to⁵³	染
ma³¹ɕa⁵⁵aŋ³⁵	悄悄地	tai⁵⁵	热
ta³¹proŋ⁵⁵	桥	tɕo⁵³rɯi³⁵	热巴舞
lʲe³⁵	切	me³⁵	人
a³¹n̠uŋ⁵⁵	亲属	du³¹ka⁵⁵	忍受
ta³¹kroŋ⁵⁵	勤快	dʑim³⁵tha³¹rau⁵⁵	认真
ka³¹tsɯm⁵³	青稞	kɯ⁵⁵dʑim³⁵	认真地
me³⁵ha³¹prɯ⁵³	青年男人	ha³¹lʲa⁵³	扔
jaŋ⁵⁵rau⁵⁵	青年女子	lʲa⁵³	扔
me³⁵ha³¹jaŋ⁵⁵rau⁵⁵	青年女子	jou³⁵	融化
dɯŋ⁵⁵	清	a³¹nuŋ⁵⁵	揉
a³¹ba⁵⁵a³⁵	清楚	ta³¹breŋ⁵³	肉
ma³¹kau⁵³	清楚	thoʔ⁵³	肉
ta³¹tɕiχ⁵³	蜻蜓	khɯn⁵⁵dʲɯŋ⁵³pʲeŋ³⁵	如此
ha⁵⁵ta³¹we⁵³	情愿	bʲeŋ⁵³	如果
reŋ⁵⁵	请	ro⁵³lie⁵³	若列
dɯŋ⁵³	穷	pɑɯ⁵³	撒

puɯk⁵³	撒	ɑ⁵³thu⁵³	烧开
ka³¹sɯŋ³⁵	三	thu⁵³	烧开
ma³¹tɕha⁵⁵	散开	thu⁵³tʲu⁵⁵	烧开
saŋ⁵⁵ɑ⁵⁵kha³¹ɯr³¹si⁵³	桑阿卡尔寺	ha³¹bom⁵⁵	烧香
wa⁵⁵	搔	tʲɯ⁵³	少
ha³¹bɯŋ⁵⁵	森林	kɯ³¹tʲe⁵³e⁵⁵	少的
ma³¹seŋ⁵⁵bɯŋ⁵⁵pa⁵⁵	森林	thɯ³¹liŋ⁵³na³⁵	舌头
ma³¹seŋ⁵⁵pa⁵⁵	森林	ta³¹bu⁵⁵	蛇
se⁵³	杀	hu⁵⁵	舍得
ka³¹pa⁵³	傻子	o⁵³	射
ka³¹pa⁵³ɑ³¹tsha⁵⁵	傻子	jo⁵⁵	涉
ma³¹kao⁵⁵	筛粮	lʲe³⁵	伸
da³¹gɯ⁵⁵	山	tɕaŋ⁵⁵	伸
thʲɯ⁵⁵ja⁵⁵	山	tʲɯŋ⁵⁵	身体
thʲɯ⁵⁵kɯm⁵⁵	山	rɯm⁵⁵	深
pu⁵⁵hʷa⁵⁵	山洞	ɕim⁵⁵	什么
ɑ³¹kʷi⁵⁵	山谷	ɕim⁵⁵e⁵⁵ja³¹go³¹	什么时候
thʲɯ⁵⁵ja⁵⁵bom³⁵	山脚	pru⁵⁵jaŋ⁵⁵	神
sam⁵⁵nam³¹	山南	lʲeŋ⁵³	升起
ha³¹kɯm⁵⁵	山坡	bro⁵³	生
ha³¹min³⁵	山羊	li⁵⁵na⁵³	生
kɯ³¹tɕi⁵³	山羊	me⁵⁵	生
thʲɯ⁵⁵ja⁵⁵tɯ³¹boŋ³⁵	山腰	me⁵⁵ɑ³¹	生
wa⁵³põ⁵⁵	伤口	naŋ³⁵	生病
ta³¹we⁵⁵ŋ̍⁵³	伤心	ȵaŋ³⁵	生病
kʲe⁵⁵ga³⁵	商量	braŋ⁵⁵	生根
bo⁵³ja³¹	上	ha³¹dʑiŋ³⁵	生姜
gʲaŋ⁵⁵	上	khem⁵⁵mʲoŋ⁵⁵	生气
ja⁵⁵	上	ɑ³¹sɯŋ⁵⁵	生长
kʲaŋ⁵⁵	上	ka³¹rʷi⁵⁵	绳子
ɕou⁵⁵	上车	ta³¹khrai⁵⁵	绳子
ha⁵³kʲaŋ⁵⁵	上面	ha⁵³lɯ⁵⁵	剩
ma³¹thɯɯ⁵³	上游	lɯ⁵⁵	剩
tɯ³¹kʲaŋ⁵⁵	上游	lo⁵⁵	剩下
hraɯ⁵³	烧	thɯŋ⁵⁵	尸体
mɯn⁵⁵breχ³⁵	烧	ɑ³¹khaŋ⁵⁵ɕa⁵³	失败
prɯ⁵⁵	烧	mɯn⁵⁵dɯŋ⁵⁵	施魔法

ha⁵⁵lɯŋ⁵⁵	十	so³⁵	梳
m̩⁵⁵ha⁵⁵lo⁵⁵	十一月	n̠oŋ⁵⁵	熟
ra³⁵ha⁵⁵lo⁵⁵	十月	ma³¹seŋ⁵⁵	树（总称）
phlaŋ³⁵thɯ⁵⁵ja³¹me³⁵	石匠	ɕa⁵⁵	谁
tɕi³¹kɯ⁵⁵	石磨	ma³¹tɕi⁵³	水
phlaŋ³⁵	石头	kha³¹lʲau⁵⁵	水田
ma³¹ro⁵³	石崖	kɯ³¹tseŋ⁵³	水桶
a³¹ta³¹tʲau⁵⁵	时光	n̩⁵³	睡
ja³¹go³¹	时候	du⁵⁵	吮
kɯ³¹ŋ⁵⁵	时候	la⁵³	说
lɯm⁵⁵go³¹	时候	ma³¹ro⁵⁵	说
ta³¹tʲau⁵⁵	时候	ma³¹ro⁵⁵	说话
thɯi⁵³je³¹	时候	khra⁵³	说话声
ta³¹tʲau⁵⁵	时间	la⁵³ha³¹lɯ⁵³a³¹	说谎
ka³¹dou⁵⁵	拾	ɕe⁵⁵	死
tha⁵³tim³⁵	食品	ɕi⁵⁵	死
mlã³⁵ha³¹pu⁵³	世界	se⁵³	死
kɯ³¹nɯm⁵⁵	事情	ka³¹prai⁵⁵	四
kɯn³⁵lɯm⁵⁵	事情	pei⁵⁵ha⁵⁵lo⁵⁵	四月
am⁵³	是	soŋ⁵⁵khaŋ⁵⁵loŋ³¹	松康龙
i⁵⁵	是	soŋ⁵⁵lin³⁵	松林
we⁵⁵ta⁵⁵thɯi⁵³thɯi⁵³	适应	ta³¹li⁵³	松鼠
ha³¹blu⁵⁵koŋ³⁵a³¹	释放	tshu⁵³	松树
ʂi⁵⁵tɕa⁵⁵mo³⁵ni³⁵	释迦牟尼	n̩⁵³	送
ha³¹pɯ³⁵	收获	sa⁵³	送
a³¹tʲo⁵³	手	ta³¹so⁵⁵	酥油
ha³¹tʲo⁵³	手	tsai⁵⁵	算
a³¹tʲo⁵³ka⁵⁵	手掌	ma³¹dɯŋ⁵⁵	碎
ta³¹pẽ³⁵phen³⁵	手抓饭	tɕe⁵⁵	他
a³¹ku⁵³	守	tɕe⁵⁵ka³¹n⁵⁵	他俩
a⁵³ku⁵³	守	tɕe⁵⁵a³¹lɯŋ³⁵	他们
wa⁵³ɕa⁵⁵	受伤	tɕe⁵⁵lɯŋ³⁵	他们
gau⁵³ɕoŋ³⁵	瘦	tɕe⁵⁵lɯŋ³⁵tɕu³¹	他们
me³⁵gau⁵³ɕoŋ³⁵	瘦子	tɕe⁵⁵thɯi³¹	他自己
ta³¹ko⁵⁵	书	tɕe⁵⁵thɯi⁵³	他自己
a³¹ba⁵³a⁵⁵	叔叔	tɕe⁵⁵	它
ba⁵³a⁵⁵	叔叔	tɕe⁵⁵	她

kru⁵³ndi³⁵	抬	pra⁵⁵koŋ⁵⁵ʔaŋ⁵⁵	痛快
tʲaŋ⁵⁵	抬	a³¹kau⁵³	偷
ka³¹ba⁵⁵	太	kru⁵³	头
rɯn⁵⁵	太阳	kru⁵³tsɑɯ⁵⁵	头顶
tha⁵³khɯ³¹tɕhin⁵³	贪心	thɯŋ³⁵	头发
thak⁵³tɕhin⁵³	贪心	jou⁵³	透
ta³¹pro⁵⁵	毯子	khʲu⁵³ɑ³¹	透明
na³¹mɯn⁵⁵tshɯk⁵⁵	炭火	bɯ⁵⁵pa⁵⁵ɑ³¹	突然
raŋ⁵⁵	躺	tɯ³¹ma⁵³kɯ⁵⁵	土话
ble⁵⁵	烫	a³¹thei⁵⁵tʲo⁵⁵	吐口水
a³¹m̩⁵⁵ɕi⁵³	桃子	rɯ³¹goŋ⁵⁵	兔子
ha³¹we⁵⁵ɑ³¹	讨厌	groŋ⁵³	腿
ta³¹krai⁵⁵	套索	ma³¹goŋ⁵⁵	拖
ta³¹rau⁵⁵	藤子	rɯŋ⁵³	脱
pi³⁵	踢	ha⁵³roŋ⁵⁵tʲoŋ⁵⁵	驼背
kɯ³¹n̩⁵³	天	kui⁵⁵	挖
tɯm⁵⁵	天	wa⁵⁵	挖
kɯ³¹n̩⁵³	天（量词）	a³¹boŋ⁵⁵	外面
rɯn⁵⁵ɕoŋ³⁵	天旱	a³¹dɯŋ⁵⁵	完
ɕau⁵⁵	甜	dɯŋ⁵⁵	完
lʲo⁵³	舔	ŋ̩⁵⁵	玩耍
ka³¹bei⁵³	调解	lʲoŋ⁵⁵ta³¹peŋ³⁵	晚饭
bei³⁵	跳	bɯ⁵⁵lʲoŋ⁵⁵kɯ³¹	晚上
du⁵³	跳	kɯ³¹ja⁵⁵	晚上
neʰ³⁵	贴	kɯ³¹lʲoŋ⁵⁵	晚上
rɯŋ⁵⁵	听	lʲeŋ⁵³	晚上
tha³¹rɯŋ⁵⁵	听	wɯn⁵⁵	碗
tha³¹tʲɯŋ⁵³	听见	a³¹dzɯ⁵⁵jaŋ⁵⁵	王后
ha³¹rɯŋ⁵⁵ri⁵⁵bo³¹	停	mo³¹hʷa⁵⁵	王子
riʔ⁵⁵	停止	we⁵⁵ma³¹sa⁵³	忘记
doŋ³⁵	通过	ɕim⁵⁵ken⁵⁵neŋ⁵⁵	为什么
doŋ³⁵ji⁵⁵	通过	a³¹põ³⁵	围墙
pa³⁵	通过	lɯ³¹mɯn⁵⁵	尾巴
tɯ³¹mroŋ⁵⁵	同伴	me³¹meŋ⁵⁵	位
dʲeŋ⁵⁵	同意	proŋ³⁵	喂
pren⁵⁵pu⁵³	铜锅	tʲu⁵³proŋ³⁵	喂
ȵaŋ³⁵	痛	leŋ³⁵	温

wen³⁵tʂheŋ³⁵goŋ⁵⁵tʂu³¹	文成公主	ha³¹la⁵⁵	下首
ta³¹ko⁵⁵	文字	ka³¹thɯ⁵⁵	夏
nɯŋ³⁵	闻	ha⁵⁵joŋ⁵⁵	先
nɯŋ³⁵tim⁵³	闻	a³¹tʲa⁵⁵	现在
ma³¹thɯŋ⁵⁵	稳	a³¹tʲa⁵⁵ta³¹tʲau⁵⁵	现在
a³¹hu³⁵	问	we⁵⁵ga³⁵	相爱
haŋ³⁵	我	pom⁵⁵n̪ã⁵⁵	相貌
haŋ³⁵a³¹ba⁵⁵	我的	dʲu⁵⁵ga³⁵	相同
ŋ̍⁵⁵ka³¹n⁵⁵	我俩	we⁵³lɯŋ⁵⁵	相信
ŋ̍⁵⁵	我们	we⁵³lɯŋ⁵⁵di⁵³	相信
ŋ̍⁵⁵tɕu³¹	我们	n̪⁵⁵nɯŋ³⁵	香
haŋ³⁵thɯi⁵³	我自己	n̪⁵⁵nɯŋ³⁵n̪⁵⁵nɯŋ³⁵ŋ⁵⁵	香喷喷
ro⁵³	握	ka³¹a³¹	
wu⁵⁵bi³¹re⁵⁵	乌比热	rɯŋ⁵³	响
du³¹la⁵⁵	乌龟	rɯŋ⁵⁵a³¹	响声
u⁵⁵la⁵⁵san⁵⁵	乌拉山	bo⁵³mʲoŋ³⁵	想
gʷak³⁵	巫师	ɕim⁵⁵we⁵⁵	想
ma³¹ŋa³⁵	五	mʲoŋ³⁵	想
ma³¹ŋa³⁵ha⁵⁵lɯŋ⁵⁵	五十	we⁵⁵	想
tsheŋ⁵⁵ha⁵⁵lo⁵⁵	五月	we⁵⁵tʲɯŋ⁵³	想
ma³¹pa⁵⁵wei⁵⁵pra⁵⁵ha³¹	忤逆	we⁵⁵tʲɯŋ⁵³	想念
pre⁵³jim⁵⁵		ha³¹jau⁵⁵	向下
kɯ³¹pi⁵⁵	捂	ha³¹jau⁵⁵	向下；下降
rɯn⁵⁵leŋ⁵⁵kɯ³¹mʲu³⁵	西	lai⁵⁵	项链
la³¹ma⁵⁵la³¹	西藏	a⁵³a⁵⁵	小
la⁵⁵ma³⁵mlã³⁵	西藏	a⁵⁵	小
ta³¹hɯ⁵⁵	席子	kɯ³¹tʲe⁵³	小
ha³¹lʲo⁵⁵	喜欢	a⁵³a⁵⁵joŋ⁵⁵	小的
tʲã⁵⁵	系	kɯ³¹tʲe⁵³e⁵⁵	小的
ta⁵³hrɯ⁵⁵	细的	a⁵⁵joŋ⁵⁵	小弟
blɯm⁵⁵ma³¹me³⁵	瞎子	jo⁵³	小米
dza⁵⁵	下	groŋ⁵³ɕɯŋ³⁵	小腿
ha⁵³jau⁵³	下	ɕau³¹tʂau⁵⁵si⁵³	小昭寺
ma³¹n̪a⁵³	下	ma³¹ra⁵⁵	笑
ha³¹jau⁵⁵	下降	ŋ̍⁵³aŋ⁵⁵	些
ha⁵³dza⁵⁵	下来	khɯ³¹n̪im³⁵	鞋
ha³¹la⁵⁵	下面	dzu⁵³	写

ha³¹dza⁵³	卸	pei⁵⁵a³¹	演戏
kho⁵⁵ta⁵⁵	谢谢	kɯ³¹tsa⁵⁵	阳台
ta³¹we⁵⁵	心	ma³¹so⁵³	痒
ha³¹po⁵⁵tɯ⁵⁵	心脏	ta⁵³thei⁵⁵	样子
tɯ³¹kɯ³¹roŋ⁵⁵a³¹	辛勤	tʲuʔ⁵⁵ho⁵³	样子
me⁵³en⁵⁵	新	a³¹thɯ⁵⁵krɯ³⁵	腰
me⁵³n⁵⁵	新	a³¹wei⁵⁵	摇
kha³¹dɯn⁵⁵	星星	greŋ⁵³	咬
dzɯ⁵³	醒	kɯ³¹greŋ⁵⁵	咬
ba³¹me³⁵	姓	thaɯ⁵³	咬
mroŋ⁵⁵	兄弟	ka⁵⁵kɯ³¹groŋ⁵⁵	咬一口
nen⁵⁵mro⁵⁵	兄弟	a³¹we⁵⁵	舀
ma³¹ru⁵³	修理	noŋ⁵⁵	要
ta³¹waŋ⁵⁵	袖子	noŋ⁵⁵ŋa³¹	要
ɕin⁵³	旋转	noŋ⁵⁵gie⁵³	要是
gin⁵³	旋转	mu³¹	也
ha³¹ɕin⁵³	旋转	we⁵⁵gɯ³¹mu³¹ɕim⁵⁵	也
ka³¹thɯ⁵³	选	ta³¹saɯ⁵³	野草
ɕiŋ⁵⁵a³¹	学	pʲa⁵³ha³¹tui⁵³	野鸡
dʑoŋ³⁵	学	ta⁵³tɕha⁵³gɯm³⁵	野猫
ha³¹rʷai⁵⁵	雪	ta³¹keŋ⁵⁵	野牛
ha³¹rʷai⁵³	血	ta⁵³kɯŋ⁵⁵	野牛
ha³¹bom⁵⁵	熏	ma³¹dʑum⁵³	野山羊
ma³¹la⁵³	寻找	ha³¹bɯŋ⁵⁵i⁵⁵ja³¹ta³¹	
ha³¹dai⁵⁵	压	breŋ⁵⁵	野生动物
rɯi⁵⁵	压	ha³¹bɯɯŋ⁵⁵ta³¹breŋ⁵⁵	野兽
tʲu⁵³pla⁵³	压碎	khɯn⁵⁵	一
lã³⁵	牙齿	kɯ⁵³	一
ka³¹pa⁵⁵	哑巴	kɯn⁵⁵	一
ja³¹la⁵⁵ɕaŋ⁵⁵bo⁵⁵	雅拉香波	jɯ³¹gʲe⁵³	一边
ja³¹luŋ³⁵	雅隆	kɯ³¹tʲe⁵³e⁵⁵	一点
khau⁵⁵	烟	ha³¹jɯ⁵⁵ɳam⁵⁵	一定
tseŋ⁵³	淹	khɯn⁵⁵tʲo⁵³khɯn⁵⁵tʲo⁵³	一个一个
pla³⁵	盐	raŋ⁵³pra⁵³ɕa⁵³jim⁵⁵	一会
blem⁵⁵	眼睛	raŋ⁵³pra⁵⁵ta⁵⁵	一会
bɯ³¹lɯm⁵⁵	眼睛	raŋ⁵⁵pra⁵⁵	一会
blai⁵⁵	眼泪	we³¹gɯi⁵⁵	一会

kɯ³¹tshɯ⁵⁵	一会儿	i⁵⁵	有
raŋ⁵⁵ta⁵⁵	一会儿	bɯ³¹tʲaɯ⁵³	有时
to⁵³ge⁵³	一斤	bɯ⁵⁵kɯ⁵³gɯi⁵⁵go⁵⁵a³¹	
a³¹lɯŋ⁵⁵pa⁵⁵	一起		有一次
a³¹lɯŋ⁵⁵pa⁵⁵a³¹	一起	bɯk³⁵lɯn³¹bo⁵⁵kɯ⁵⁵	有一次
bɯk⁵³ba⁵³a³¹	一下	bɯ³¹doŋ⁵³	又
a³¹blai⁵⁵gʲe⁵³	一些	doŋ⁵³	又
jɯ³⁵ge³¹	一些	gie⁵³	又
tiŋ⁵³	衣服	go⁵⁵	又
ta³¹ma⁵⁵ba³¹pu⁵⁵	医生	lʲa⁵⁵na⁵⁵	又
ma³¹pra⁵³	医治（疾病）	ne⁵³	又
ma³¹tʲan⁵⁵a³¹	移动	we³¹lɯn³¹go³¹	于是
ha³¹di⁵³	遗失	we⁵⁵bʲe⁵⁵	于是
ka³¹ma⁵⁵	遗失	we⁵⁵lɯi⁵⁵a³¹bʲeŋ⁵³	于是
ja³⁵	疑问语气	we⁵⁵lɯi⁵⁵bʲe⁵⁵	于是
ha⁵⁵joŋ⁵⁵	以前	we⁵⁵pʲeŋ⁵⁵	于是
i⁵³du⁵⁵	义都	ta³¹ŋa⁵³	鱼
dʲu⁵⁵ba⁵⁵me³⁵	义都人	ka³¹pa⁵³	愚蠢
we³¹gɯ³⁵	因此	ka³¹pa⁵³tsha⁵⁵	愚蠢
khɯn⁵⁵dʲɯŋ⁵³pʲeŋ³⁵	因而	n̩⁵⁵	羽毛
a³¹go³¹we⁵⁵	因为	ka³¹ra³⁵	雨
pa³¹wɯn⁵⁵	银子	na³¹bõ³⁵	玉米
ka³¹tʲau⁵⁵	引	i³¹tɕhuŋ³⁵mei³⁵duo³¹	玉琼梅朵
jin⁵³du⁵³	印度	tɯ³¹ru⁵³	遇见
kɯ⁵³la⁵³mlã³⁵	印度	tɯ³¹ru⁵³ga⁵⁵	遇见
ka³¹nem⁵⁵	罂粟	pla⁵⁵	元
keŋ³¹keŋ⁵³	鹦鹉	geŋ⁵⁵wa⁵⁵	圆
tha⁵³ka³¹la⁵⁵	影子	dʲa⁵³	远
tɯ³¹bei⁵⁵	应该	ŋ̍³⁵tɯ³¹wã⁵⁵a³¹põ³⁵	院墙
ma³¹thɯŋ⁵⁵	硬	ŋ̍³⁵tɯ³¹wã⁵⁵	院子
ma³¹tʲoŋ⁵³ja³¹me³⁵	佣人	ha⁵⁵lo⁵⁵	月
kɯ³¹re⁵⁵preŋ⁵⁵	勇敢	ha⁵⁵lo⁵⁵	月亮
ma³¹ko⁵⁵	用	bra⁵⁵	岳父
ma³¹tɕi⁵⁵taɯ⁵⁵	游	na³¹bra⁵⁵	岳父
roŋ⁵⁵ka⁵⁵	游戏	jau⁵⁵	岳母
aŋ⁵⁵	有	gʲe⁵³	越
aŋ⁵⁵ba³⁵a³¹	有	lɯ³¹	越

ɑm³⁵	云	e⁵⁵	这个
ɑ³¹li⁵⁵gɯ⁵³	再三	ɑ³¹li⁵⁵	这里
ta³¹dɯŋ⁵³	糌粑	e⁵⁵gʲen³¹	这里
ta³¹poŋ⁵³	糌粑	e⁵⁵go³¹	这里；这边
ta⁵³tɯm⁵⁵	糌粑	we³¹lɯn³¹go³¹	这时
ka³¹pɯ⁵³	脏	we⁵⁵lɯi⁵⁵ɑ³¹thɯi⁵³	这时
ɑ³¹na⁵³	早	e⁵⁵tɕu³¹	这些
ɑ³¹na⁵³	早晨	ɑ³¹li⁵⁵	这样
ha⁵⁵juŋ⁵⁵	早的	e⁵⁵je⁵⁵	这样
ɑ³¹na⁵³ta³¹pẽ³⁵	早饭	e⁵⁵ta³¹hi⁵⁵	这种
ha⁵⁵joŋ⁵⁵thɯ⁵⁵	早就	gru⁵³	着火
zə⁵⁵	啧	ma³¹tʲu⁵³	着急
ɑ³¹kau⁵³jɑ³¹me³⁵	贼（小偷）	gɯ³¹li³⁵dʑim³⁵	真
ka³¹da³⁵ȵoŋ⁵⁵	怎么	tɯ³¹kɯ⁵⁵dʑim³⁵	真
ka³¹da³⁵	怎样	gɯ³¹lɯi⁵³dʑim³⁵	真正的
ka³¹da³⁵kɯ⁵⁵	怎样	su⁵³	蒸
ka³¹da³⁵ȵoŋ⁵⁵	怎样	mei⁵³	整个
woʔ⁵³	扎	ha³¹bʲan⁵⁵ta⁵³ɑ³¹	整齐
tʂa⁵⁵ba⁵⁵	扎巴	ȵa⁵⁵mʲu⁵⁵	正面
tʂa⁵⁵ɕi⁵⁵phiŋ³⁵tsuo⁵³	扎西平措	bʲoŋ⁵⁵mʲu⁵⁵	正确
tseŋ⁵⁵	眨	gui⁵⁵ɑ³¹go⁵⁵	之后
ɑ³¹põ³⁵	栅栏	ma³¹mʲu⁵⁵	之后
tɯ³¹gaŋ³⁵	蚱蜢	we⁵⁵go³¹thɯi⁵³	之后
deŋ³⁵	站	dʲɯŋ³⁵	只
ta³¹la⁵³	獐子	dɯŋ⁵³	只
ɑ³¹sɯŋ⁵⁵	长	khɯ³¹ja⁵⁵	只
jɯ⁵⁵	长	ka³¹sa⁵³	知道
ka³¹lɯŋ⁵⁵	长	ka³¹sa⁵³di³⁵	知道
ra⁵⁵	长久	ka³¹sa⁵³dʲu⁵⁵	知觉
kɯŋ³¹mʲu⁵³	长寿	tʲɯ⁵³	织
ma³¹wa⁵⁵	丈夫	kɯ³¹prau⁵³	蜘蛛
dʲo⁵³	照	ta³¹tiŋ⁵³ta³¹re⁵³	植物
ɑ³¹ku⁵³hoŋ⁵⁵	照顾	thu⁵⁵tɕi⁵⁵	植物油
hʷi⁵⁵hoŋ⁵⁵	照顾	kɯ³¹thɯn⁵³	指
hʷeŋ⁵⁵tʲuʔ⁵³	照镜子	pʲa⁵³ta³¹ȵa⁵⁵	雉
ha³¹tʲuʔ⁵³	遮	tʂuŋ⁵⁵gʷuo³⁵	中国
e⁵⁵	这	li³⁵	种

ta³¹plai⁵⁵	种子	bo⁵³	走
tʂou⁵⁵hʷɕa³⁵tɕʲan⁵³	周华健	tɕhi⁵³	走
ŋ̊⁵³ja⁵⁵	昼夜	khoŋ⁵⁵	足够
bɯ³¹lʲɯ⁵⁵	猪	pa⁵⁵ɕe³⁵	诅咒
bɯ³¹lʲɯ⁵⁵a⁵⁵	猪崽	ha⁵⁵joŋ⁵⁵me³⁵	祖先
wa⁵³tɕim⁵⁵	竹篓	ha³¹pi⁵⁵	钻
bra³⁵	竹子	kʷi⁵⁵	钻
hʷɯ⁵⁵	竹子	ha³¹tʲo⁵⁵	攥
me³⁵lɯn³⁵	主人	the³¹rɯm⁵³bɯm³⁵	嘴
tei³⁵ja⁵⁵	主人	joŋ³⁵	最
tʲu³⁵a⁵⁵	主人	tsai⁵⁵	尊重
ma³¹ɳu⁵³	煮	di⁵⁵na³¹	坐下
su⁵³	煮	di⁵⁵blom⁵⁵	座位
dɯ⁵⁵	助词	ba⁵³	做
ge⁵³	助词	ma⁵³ɳo⁵⁵	做
ge⁵³ne³¹	助词	kha³¹ji³⁵	做生意
ma³¹go⁵⁵	助词	la⁵⁵	ABL
i⁵⁵	住	ɳu³¹	AG
ta³¹m̥⁵⁵	柱子	doŋ³¹	ALLA
ta³¹hʷa⁵⁵	著名的	doŋ³¹ɳu³¹	ALLA
rʷo⁵³	抓	ɳu³¹	ALLA
ka³¹lʲau⁵³mlaŋ⁵⁵	庄稼	goŋ⁵³go³¹	ASP
ha³¹preŋ⁵³	装	joŋ⁵³ge⁵³	ASP
dʲoŋ⁵⁵	追	kɯ⁵³	ASP
ta³¹ko⁵³	锥子	li⁵³goŋ⁵³go³¹	ASP
ma³¹dʲoŋ⁵⁵	准备	li⁵³ja³¹	ASP
rʷo⁵³	捉	lɯi⁵⁵a³¹	ASP
ta³¹tɕoŋ³⁵	桌子	ma⁵⁵go⁵⁵	ASP
tʂuo³⁵ma³¹	卓玛	koŋ³⁵	CAU
ma³¹seŋ⁵³pʲa⁵³	啄木鸟	koŋ³⁵a³¹	CAU
ta³¹lʲaŋ⁵⁵	子弹	we³¹	CMT
ɳuŋ³⁵haŋ³¹	自己	doŋ³¹	COC
ɳuŋ³⁵haŋ³¹thɯi⁵³	自己	doŋ³¹ɳu³¹	COC
thɯi⁵³	自己	ga³⁵	CON
we⁵³lɯŋ⁵⁵ho³¹di⁵³di⁵³	自信	ne³¹ga³⁵	CON
ta³¹la⁵⁵	总是	tʲu³¹	CON
ta³¹thɯi⁵³thɯi⁵³	总是	tʲu³¹ga³⁵	CON

we³¹	DAT	ɑ³¹	PEF
bo³¹	DIR-AW	ɑ³¹bo⁵⁵	PEF
bo³¹ɑ³¹	DIR-AW	ɑ³¹go³¹	PEF
bo³¹wa³¹	DIR-AW	ɑ³¹goŋ³⁵	PEF
wa³¹	DIR-AW	ɑ³¹kɯn⁵⁵di⁵⁵	PEF
wu⁵⁵bo³¹	DIR-AW	bi⁵⁵	PEF
dzɑ³¹	DIR-TO	goŋ³¹	PEF
dzɑ³¹go³¹	DIR-TO	goŋ³¹bo³¹	PEF
goŋ⁵⁵	GEN	goŋ³⁵	PEF
ka³¹ba⁵³	GEN	goŋ³⁵ɑ³¹	PEF
lɑ⁵³	HS	goŋ³⁵ho³¹	PEF
lɑ⁵³lɑ⁵³	HS	goŋ³⁵jɑ³¹	PEF
ɑ³¹bo⁵⁵	ICP	goŋ³⁵tʲu⁵³	PEF
bo⁵⁵	ICP	ha³¹ɑ³¹	PEF
di⁵⁵	IMM	ha³¹kɯn⁵⁵jɑ³¹	PEF
di⁵⁵gɑ³⁵tʲu⁵³	IMM	ha³¹lɯi⁵³ɑ³¹	PEF
tʲu³¹	IMM	jɑ³¹	PEF
tʲu⁵³	IMM	ki⁵⁵jɑ³¹	PEF
tʲu⁵³jɑ³¹	IMM	lɯi⁵³ɑ³¹	PEF
ne³⁵	Imp	lɯi⁵³lɯi⁵³	PEF
tʲɑ⁵³	Imp	nɑ³⁵	PEF
tʲɑ⁵³kɯ⁵³	Imp	nɑ⁵⁵ɑ³¹go³¹	PEF
nɑ³⁵	IND	ɑ³¹	PRES
tɑ³¹	ITE	di⁵⁵	PRES
tɑ³¹lɑ⁵⁵	ITE	jɑ³¹	PRES
go³¹	LOC	kɯn⁵⁵di⁵⁵	PRES
ŋ̣u³¹	LOC	lɑ⁵⁵we⁵³di⁵⁵	PRES
ŋ̣u³¹go³¹	LOC	wɑ³¹	PRES
ɑ³¹ho³¹	MER	ɑ³¹di⁵⁵	PROG
ɕɑ⁵³li⁵³ho³¹	MER	di⁵⁵	PROG
ho³¹	MER	ha³¹ɑ³¹	PROG
lɑ⁵⁵we⁵³ho³¹	MER	ha³¹di⁵⁵	PROG
lʲɑ⁵⁵ho³¹	MER	ha³¹kɯn⁵⁵	PROG
tʲu⁵³	MER	kɯn⁵⁵jɑ³¹	PROG
tʲu⁵³ho³¹	MER	ɑ³¹	PROS
tʲu⁵³jɑ³¹	MER	bi³⁵	PROS
jɑ³¹	NOM	di⁵⁵ɑ⁵⁵	PROS

ɦɑ³¹	PROS	nɑ⁵⁵	ROU
lɑ⁵³we⁵³ho³¹	PROS	so⁵³	SEM
n̩⁵⁵di⁵⁵	PROS	di³¹	TER
wɑ³¹	PROS	di³¹gɑ³⁵	TER
we³¹ho³¹	PROS	gɑ³⁵	TER
ɕi⁵⁵	PSV	ɑ⁵⁵	TOP
ɕi⁵⁵tʲu⁵³	PSV	go³¹e⁵⁵	TOP
tʲu⁵³	PSV	je⁵⁵	TOP
gɑ³⁵	REC	we⁵⁵	TOP
pʲan⁵⁵	REC	we⁵⁵go³¹ne³¹	TOP

后 记

本书是我们在对我国西藏自治区察隅县上察隅镇与下察隅镇达让语现状进行实地调查语料的基础上标注而成的。在整个调查、研究过程中我们碰到了很多困难，付出了极大的努力。不过甚为欣慰的是本书即将付梓，这也算是为我们的辛苦画上了圆满的句号。

本书得以出版，我们最应该感谢的是江荻教授。首先，本书的调查、研究及编写是江荻教授所主持的国家社科基金重大招标项目"中国民族语言语法标注文本及软件平台"资助的。其次，本书的研究主要是建立在江荻等撰写的《达让语研究》（民族出版社）的基础之上的。在调查、研究、标注过程中，我们始终以《达让语研究》为主要参考，这是指导我们开展达让语语法描写的框架和基本原则。再次，在技术方面江荻教授给我们提供了无私帮助。本书标注前，江荻教授对我们进行了 Toolbox 等软件使用的培训；本书标注、成稿中，江荻教授帮我们解决了 Corpusbox 的输出，文稿的编辑、排版等很多技术性问题。江荻教授技术上的帮助，为本书的出版扫除了最后的障碍。最后，也是最令人感动的，江荻教授为本项研究提供了全程的学术指导。在我们动身调查前，江荻教授亲力亲为，不厌其烦地对我们进行了包括记音在内的相关培训工作；在我们回京对材料进行整理、研究的过程中，他又耐心地给我们答疑解惑……。总之，本书的成稿，江荻教授在学术上的直接和间接的贡献都是巨大的，尤其是，他作为长者在学术上的执着、认真，为人上的无私、宽容以及奖掖后辈的精神，都令我们敬佩不已。

我们还要感谢在具体调查过程中协助我们顺利完成任务的师长及朋友：中国社会科学院民族学与人类学研究所的孙宏开研究员、黄行研究员；江苏师范大学的苏晓青教授；中国社会科学院民族学与人类学研究所的韦学纯博士和燕海雄博士；中共察隅县原政协主席巴里龙、下察隅镇沙琼村村民巴布龙和上察隅镇西巴村村民米占丽。

需要说明的是，中国传媒大学语言学及应用语言学博士研究生孔繁丽在课题展开的早期也参与了部分语料的收集及试转写工作；硕士生许颖、林鑫、沈栋梁和高萍萍等在后期的语料整理过程中也付出了辛勤的劳动，我们也表示诚挚的谢意。

由于时间、学识有限，本书肯定存在不少缺点或不当之处，这些都由本书作者负责，也请学界同仁不吝赐教。

刘 宾 孟佳仪 李大勤

2016 年 4 月 10 日

图书在版编目（CIP）数据

达让语语法标注文本／刘宾，孟佳仪，李大勤著
. -- 北京：社会科学文献出版社，2019. 10
（中国民族语言语法标注文本丛书）
ISBN 978 - 7 - 5097 - 9529 - 3

Ⅰ.①达…　Ⅱ.①刘…②孟…③李…　Ⅲ.①藏缅语
族 - 语法 - 研究　Ⅳ.①H429.4

中国版本图书馆 CIP 数据核字（2016）第 185345 号

中国民族语言语法标注文本丛书
达让语语法标注文本

主　　编／江　荻　燕海雄　黄　行
著　　者／刘　宾　孟佳仪　李大勤

出 版 人／谢寿光
组稿编辑／宋月华　周志静
责任编辑／袁卫华

出　　版／社会科学文献出版社·人文分社（010）59367215
　　　　　　地址：北京市北三环中路甲 29 号院华龙大厦　邮编：100029
　　　　　　网址：www. ssap. com. cn
发　　行／市场营销中心（010）59367081　59367083
印　　装／三河市尚艺印装有限公司

规　　格／开　本：787mm × 1092mm　1/16
　　　　　　印　张：19　字　数：297 千字
版　　次／2019 年 10 月第 1 版　2019 年 10 月第 1 次印刷
书　　号／ISBN 978 - 7 - 5097 - 9529 - 3
定　　价／158. 00 元

本书如有印装质量问题，请与读者服务中心（010 - 59367028）联系